AF287795

Arjan Kozica, Kai Prüter und Hannes Wendroth (Hrsg.)

Unternehmen Bundeswehr?
Theorie und Praxis (militärischer) Führung

Unternehmen Bundeswehr? Theorie und Praxis (militärischer) Führung

Arjan Kozica, Kai Prüter und Hannes Wendroth (Hrsg.)

2014

Carola Hartmann Miles-Verlag

CIP-Kurztitelaufnahme der Deutschen Nationalbibliothek

Arjan Kozica, Kai Prüter und Hannes Wendroth (Hrsg.):
Unternehmen Bundeswehr?
Theorie und Praxis
(militärischer) Führung

Carola Hartmann Miles-Verlag, Berlin 2014
ISBN 978-3-937885-97-1

Herstellung: Books on Demand, Norderstedt

© Carola Hartmann Miles-Verlag,
George-Caylay-Str. 38, 14089 Berlin
(email: miles-verlag@t-online.de; www.miles-verlag.jimdo.com)

ISBN 978- 3-937885-97-1

Inhaltsverzeichnis

IV. ..... Bundeswehr und Wirtschaft: Gemeinsamkeiten, Unterschiede, Erfahrungen

V. ...... Perspektiven auf Führung in der Bundeswehr

Verzeichnis der AutorInnen

Unternehmen Bundeswehr. Einleitung in den Sammelband

Arjan Kozica, Kai Prüter & Hannes Wendroth

„Wo, wenn nicht beim Militär, kann man Führung lernen?" lautet eine typische Erwartungshaltung, mit der Seminarteilnehmer, Führungskräfte aus Verwaltung und Wirtschaft sowie zivile Gastdozenten an die Führungsakademie der Bundeswehr nach Hamburg kommen. Von uns, den Verfassern dieses Sammelbandes und Dozenten im Fachbereich Militärische Führung und Organisation, wurden nicht selten „Führungsrezepte" erwartet, die personen- und situationsbezogen angewandt werden könnten. Mit militärischen Zutaten müsste es doch möglich sein – so der weitverbreitete Glaube –, die eigenen Führungsherausforderungen effektiv und effizient zu bewältigen. Tatsächlich stammen viele Führungsinstrumente, wie beispielsweise die strategische Unternehmensführung, aus dem militärischen Kontext. Zudem reflektiert die Bundeswehr ihre Führungsprinzipien wohl intensiver als jede andere Organisation in Deutschland. Die Führungskräfte der Bundeswehr, nicht nur die höheren Offiziere im General-/Admiralstabsdienst, werden umfassend ausgebildet und dadurch auf ihre Führungsherausforderung gezielt vorbereitet. Letztlich spitzt sich in der Bundeswehr das Streben nach erfolgreicher Führung in der Frage nach dem Einsatz des eigenen Lebens und dem der anvertrauten Soldaten/Soldatinnen zu. Dieses Alleinstellungsmerkmal soldatischen Führens stellt für Seminarteilnehmer in Zivil und Uniform sowie für die verantwortlichen Dozenten eine besondere Faszination und Herausforderung dar.

Einfache Rezepte für gute Führung gibt es jedoch – ebenso wie in der Wirtschaft – auch in der Bundeswehr nicht. Zudem sind die Führungskräfte der Bundeswehr derzeit gefordert, aktuelle gesellschaftliche Entwicklungen zu bewältigen. Die Verknappung von Ressourcen, wiederholte Reformen („Transformation", „Neuausrichtung"),[1] Wertewandel (Stichworte: Generation Y, Vereinbarkeit von Familie und Beruf) und die allgemein steigende Komplexität (wie unter anderem bei der Planung und Durchführung von Einsätzen, oder Rüstungsvorhaben) sind Beispiele hierfür. Wie aber

---

[1] Für einen Überblick den Reformen der vergangenen Jahre siehe Portugall (2014), sowie zur Neuausrichtung den Sammelband Richter (2012).

sieht eine moderne militärische Führung des 21. Jahrhunderts aus, die geeignet ist, die Herausforderungen zeit- und lagegerecht zu bewältigen? Hierauf Antworten zu finden, ist für die Führungskräfte der Bundeswehr aus verschiedenen Gründen eminent wichtig. So sind die Streitkräfte darauf angewiesen, ihren Personalbedarf ausnahmslos über die Gewinnung von Freiwilligen sicherzustellen, nachdem im Jahr 2011 die Wehrpflicht ausgesetzt wurde. Die dafür notwendige Attraktivität ist nur dann zu gewährleisten, wenn in der Bundeswehr zeitgemäß geführt wird und die aktuelle Wertediskussion (z. B. Vereinbarkeit von Familie und Beruf) angemessen berücksichtigt werden. Führung selbst wird damit zur Gestaltungsgröße, zum eigentlichen Objekt und nicht lediglich zum Instrument, um den Wandel zu bewältigen. Vielleicht hat auch deswegen die derzeitige Bundesministerin der Verteidigung Dr. Ursula von der Leyen im Rahmen des neuen Attraktivitätsprogramms *Bundeswehr in Führung. Aktiv. Attraktiv. Anders.* angekündigt, die Führungskultur der Bundeswehr zu verbessern.[2] Unter den Stichworten „Gute Führung gestalten" und „Gute Führung ausbilden" wird derzeit unter Leitung des Zentrums Innere Führung der Bundeswehr ein Programm ausgearbeitet, das ab 2015 starten soll. Dieses Programm sieht beispielsweise die Ausbildung von bis zu 700 Multiplikatoren vor, deren Einsatz vor Ort für die gewünschte Führungskultur sorgen soll. Selbst Spitzenführungskräfte sollen im Veränderungsprozess intensiv durch sogenannte Führungscoachings begleitet werden.

Parallel zu den Herausforderungen, die sich aus dem Erfordernis der Attraktivität ergeben, gilt es, in der Bundeswehr effektiv und effizient zu führen. Das beinhaltet neben den weichen Zielen von Führung (wie Motivation, Attraktivität und Arbeitszufriedenheit sicherstellen) auch, dass die „harten" Ziele (wie Budgets einhalten, Strukturen und Verfahren etablieren) erreicht werden: Die Neuausrichtung strukturell umsetzen (Stationierungsplanung umsetzen, Kosten reduzieren), vorhandene Einsatzverpflichtungen wahrnehmen, bei Bedarf neue Einsatzszenarien planen, internationale Verpflichtungen einlösen und komplexe Beschaffungsvorhaben (bspw. Kampfdrohne, NH 90) realisieren. All dies verlangt nach effizienter und effektiver Führung und einem modernen Management der Streitkräfte.[3] Klassische

---

[2] Vgl. BMVg (2014).

[3] Vgl. Kern/Richter (2014).

militärische Führungsmechanismen wie Stabsarbeit, hierarchische Führung und konsequente Umsetzung scheinen hier sinnvoll.

Damit widersprechen sich aber offenbar die Anforderungen, die an eine moderne Führung in der Bundeswehr gestellt werden. So verlangen Mitarbeiter von Führungskräften in Wandelprozessen klare Vorgaben und Führungsentscheidungen (in der Neuausrichtung bspw. über Standorte, Waffensysteme, grundlegende Strukturen).[4] Tatsächlich hat die ministerielle Leitung der Bundeswehr die gegenwärtige Reform insbesondere „Top-Down" initiiert und umgesetzt. Allerdings erwarten die Angehörigen der Bundeswehr von ihren Führungskräften auch, dass sie die Menschen in Reformprozessen „mitnehmen", ihr Wissen einbinden, sie aktiv beteiligen und ihre Sorgen und Nöte ernst nehmen.[5] Gleichzeitig wird die empathische Führungskraft gefordert, die ein offenes Ohr für die Belange der Geführten hat, und sie an Entscheidungen beteiligt. Dass dies noch nicht immer gelingt, zeigt eine empirische Untersuchung zur Führungskultur in der Bundeswehr.[6] In dieser wird deutlich, dass in den Streitkräften autoritäre Führungsstile nach wie vor verbreitet sind, auch wenn sie nicht mehr als zeitgemäß gelten. Die Führungskräfte der Bundeswehr stehen also vor multiplen Herausforderungen.

Führung aus betriebswirtschaftlicher Perspektive: Die Idee des Sammelbands

Der vorliegende Band soll dazu beitragen, Antworten auf die Frage zu finden, was eine moderne militärische Führung ausmacht. Die grundlegende Perspektive ist – wenn man so will – eine betriebswirtschaftliche (was auch mit dem Titel „Unternehmen Bundeswehr" verdeutlicht werden soll). Im Fokus stehen dabei weniger managementbezogene Aspekte wie beispielsweise des effektiven Controllings, der Steuerung von Prozessen oder des Projektmanagements. Den Mittelpunkt dieses Bandes bildet vielmehr die Frage, wie die *Führungskräfte* mit den Herausforderungen umgehen und welche Führungsmodelle, Ansätze und Instrumente hierbei hilfreich sind. Damit fokussieren die Beiträge die Führungspersönlichkeit, sowie deren Aufgaben

---

[4] Vgl. Keicher et al. (2012).

[5] Vgl. Elbe/Lange (2012).

[6] Vgl. Dörfler-Dierken (2013).

in der unmittelbaren Führung von unterstelltem Personal. Dabei gilt es allerdings zu beachten, dass sich der Aspekt des Managements (die strukturelle Dimension) und des Führens von Mitarbeitern (die personale Dimension) nicht grundsätzlich trennen lassen und stets beide Aspekte zumindest implizit mitschwingen. Sprenger hält daher die durchaus übliche Unterscheidung in Management und Leadership[7] oder auch in strukturelle und personale Aspekte der Führung[8] zu Recht für künstlich.[9] Dennoch hilft eben diese künstliche Unterscheidung, das Phänomen „Führung" gedanklich zu durchdringen und bestimmte Aspekte stärker hervorzuheben – ohne die anderen zu negieren. Im vorliegenden Band wird den Aspekten der personalen Führung stärkeres Gewicht gegeben, ohne dass dabei die managementbezogenen Aspekte völlig außer Acht gelassen werden sollen.

In den verschiedenen Beiträgen diskutieren die Autoren und Autorinnen, wie eine effektive, effiziente und zugleich zeitgemäße Führung in der Bundeswehr aussehen kann. Mit welchen Ansätzen gelingt es also, die aktuellen Führungsherausforderungen zu bewältigen? Wie kann die militärische Führung weiterentwickelt und wie können die Führungskräfte der Bundeswehr ausgebildet werden? Für diese Fragen sucht das Buch nach Antworten. Wichtige Erkenntnisse können dabei auch durch einen „Blick über den Kasernenzaun" entstehen. Daher wird im vorliegenden Band das Verhältnis militärischer Führung und der Führung in der Wirtschaft aufgegriffen und in verschiedenen Beiträgen näher beleuchtet, wie zivile Organisationen mit der Frage zeitgemäßer Führung umgehen.

Der vorliegende Band ist in fünf Teile gegliedert. Nachdem im Teil I zwei Beiträge zu den Grundlagen der Führung in der Bundeswehr die Basis legen, folgen im zweiten Teil Beiträge zu den *Praktiken und Verfahren der Führung in der Bundeswehr*. Hierbei werden zentrale Führungsherausforderungen wie das Führen in Veränderungsprozessen sowie die Gestaltung der Vereinbarkeit von Familie und Beruf als Führungsaufgabe diskutiert. Der dritte Teil fokussiert die *Menschenführung in der Bundeswehr*. Stärker als im zweiten Teil nehmen diese Beiträge die Führungskraft und dessen Kompetenzen und Fähigkeiten sowie die unmittelbare Gestaltung zu den Geführten selbst in den Blick. Während die ersten drei Teile die Führung in der Bundeswehr

---

[7] Vgl. Kotter (2011).

[8] Vgl. Berthel/Becker (2010), S. 13-22.

[9] Vgl. Sprenger (2012), S. 14.

gleichsam aus einer Binnenperspektive diskutieren, wird die Perspektive im Teil IV und V bewusst erweitert. Dabei steht im Teil IV zunächst die Frage im Mittelpunkt, welche Gemeinsamkeiten die Führung in Bundeswehr und Wirtschaft haben und wie die Führung in der Bundeswehr „von außen" erlebt wird. Im Teil V wird dann ein Beitrag abgedruckt, der dafür eintritt, die bisher im Kontext der Führung der Bundeswehr diskutierten Theorien um eine systemische Betrachtung zu ergänzen bzw. auszutauschen. Hierbei wird aufgezeigt, wie Theorien das Denken beeinflussen und mit einer anderen (eben der systemischen) Brille die Führungsherausforderungen in der Bundeswehr anders betrachtet und – wie der Beitrag schlüssig argumentiert – auch besser bewältigt werden können.

Die Beiträge im Einzelnen

In den *Grundlagen zur Führung in der Bundeswehr* (Teil I) zeigt der Beitrag *Führung in der Bundeswehr: Eine Betrachtung ihres Wesens* von Angelika Dörfler-Dierken zunächst auf, dass es zwischen dem Führen in zivilen Organisationen und dem Führen in der Bundeswehr relevante Unterschiede gibt. Führen in militärischen Organisationen findet in einem „Referenzrahmen des Krieges" statt, und Töten auf Befehl kann Führungsrealität sein. Aus dieser Feststellung heraus dürfe allerdings keine Sondermoral für soldatisches Führen abgeleitet werden. Vielmehr gelte es, so die Verfasserin, sich der Besonderheiten bewusst zu sein und durch eine klug abgewogene „Innere Führung" Rechnung zu tragen. Die Verantwortung hierfür tragen, wie Dörfler-Dierken darstellt, insbesondere die höheren Führungskräfte der Bundeswehr.

Im Beitrag *Führen als Wesensmerkmal des Offizierberufs: Ein Essay* erläutert Hannes Wendroth seine Erfahrungen als langjährige Führungskraft der Bundeswehr. Wie „Führung" durch die Führungskräfte der Bundeswehr gelebt und praktiziert wird, bestimmt sich in jedem konkreten Fall aus mehreren Quellen, zu denen neben der soldatischen Sozialisierung auch biographische Erfahrungen zählen. Wendroth zeigt auf, wie seine (preußische geprägte) Erziehung seine Werte beeinflusst hat und wie die biographischen Erfahrungen der Kindheit mit den langjährigen Erfahrungen als Offizier der Bundeswehr ein Verständnis von Führung ergeben, das tief geprägt ist von Verantwortung, Pflichtgefühl und Vertrauen.

Der Teil II thematisiert *Praktiken und Verfahren der Führung in der Bundeswehr*. Zunächst diskutieren Arjan Kozica, Christian Wildhagen und Kai Prüter Leitbilder in der Bundeswehr. Sie verweisen gleich zu Beginn darauf, dass die Koexistenz der Leitbilder des Selbstverständnis Bundeswehr (Wir. Dienen. Deutschland) sowie der Attraktivitätsoffensive Bundeswehr in Führung. Aktiv. Attraktiv. Anders. Verwirrung stiftet. Auf Basis einer theoretischen Diskussion werden diese beiden sowie das Leitbild des Staatsbürgers in Uniform dargestellt und deren Beziehung untereinander diskutiert. Die Verfasser argumentieren, dass die Entwicklung und Implementierung von Leitbildern in einer Großorganisation wie der Bundeswehr zwar eine erhebliche Herausforderung darstellt, dass aber ein zeitgemäßes bundeswehreinheitliches Leitbild dennoch erforderlich ist. Sie regen daher abschließend an, über ein neues Leitbild der Bundeswehr nachzudenken.

Auch der Beitrag *Veränderungsmanagement: Eine zentrale Herausforderung für die Führungskräfte der Bundeswehr* von Thomas Peisl und Jörg Voigt beschäftigt sich mit der Neuausrichtung der Bundeswehr. Die Verfasser stellen sich die Frage, inwiefern die Zentrale Dienstvorschrift (ZDv) 10/1, in der wesentliche Grundlagen für die Führung in der Bundeswehr zusammengefasst sind, mit einem Führungsverständnis kompatibel ist, das aktiv organisationale Veränderungen gestaltet. Ausgehend von aktuellen Erkenntnissen zum Umgang mit Barrieren in Veränderungsprozessen wird diskutiert, ob die zentrale konzeptionelle Grundlage für die Führung in der Bundeswehr „up to date" ist. Ihr Befund ist dabei zwar grundsätzlich positiv. Allerdings zeigen die Autoren auch, dass der Umgang mit Barrieren in Veränderungsprozessen lediglich abstrakt enthalten ist und einer näheren Spezifizierung im Kontext eines bundeswehrbezogenen Veränderungsmanagements bedarf.

Mit einem Thema, das die Bundeswehr schon lange beschäftigt und durch die Bundesministerin, Frau Dr. Ursula von der Leyen, besondere Aufmerksamkeit erhalten hat, beschäftigen sich Martin Rost, Rafaela Kaus und René Schulz in ihrem Beitrag „*Vereinbarkeit von Familie und Beruf. Eine Managementaufgabe für Offiziere?*". Auf Basis einer Umfrage unter mehreren tausend Soldaten und Soldatinnen wird argumentiert, dass die Vereinbarkeit von Familie und Beruf sowohl auf der Ebene der strukturellen Führung (Regel, Vorschriften) als auch auf der Ebene der personalen Führung (Verhalten der Vorgesetzten) eine wesentliche Rolle spielt. Zudem wird deutlich, dass die Soldatinnen und Soldaten sich wünschen, künftig Familie und Beruf wesentlich besser vereinbaren zu können.

Im Teil III des Bandes, der sich mit *Menschenführung in der Bundeswehr* beschäftigt, thematisiert zunächst Arjan Kozica in seinem Beitrag *Emotional intelligente Führung in der militärischen Führungspraxis: Das Beispiel Bundeswehr* die Frage, welche Rolle Emotionen beim Führen von Mitarbeitern spielen und wie in der Bundeswehr emotional intelligent geführt werden kann. Dabei steht neben einer theoretischen Aufarbeitung der wissenschaftlichen Erkenntnisse zur Wirkungsweise von Emotionen beim Führen vor allem die Frage im Mittelpunkt, inwiefern sich emotionale intelligente Führung in der Bundeswehr umsetzen lässt. Der Verfasser verdeutlicht dabei, dass die ZDv 10/1 implizit emotional intelligentes Führen fordert, dieses aber nicht näher spezifiziert. Der Befund ist also ähnlich zu dem von Peisl und Voigt, die ebenfalls darauf hinweisen, dass die ZDv 10/1 viele Aspekte zeitgemäßer Führung integriert, diese aber der näheren Spezifizierung bedürfen.

Während die bisherigen Beiträge Anforderungen oder Werte einer guten militärischen Führungspraxis ausarbeiten, diskutiert Christian Warneke in seinem Beitrag die Frage, wie die Führungskräfte der Bundeswehr „gute Führung" lernen können. Im Mittepunkt seines Beitrags *Strategiespiele in der militärischen Führungsausbildung. Erkenntnisse aus der Psychologie des komplexen Problemlösens* steht ein Seminar, das am Fachbereich Militärische Führung und Organisation der Führungsakademie der Bundeswehr angeboten wird. Mittels eines Brettspiels wird in diesem Seminar eine komplexe Führungssituationen geschaffen, die als Vorlage für konkrete Handlung und anschließender Handlungsreflexion dienen. Warneke zeigt nun anhand der psychologischen Forschung sowie methodisch-didaktischer Überlegen auf, wie das Seminar dazu beiträgt, Führungskräfte innovativ und effektiv auszubilden und auf ihre Herausforderungen in der Praxis vorzubereiten.

Einsätze im Ausland und dabei insbesondere Gefechtssituationen stellen höchste Anforderungen an militärische Führungskräfte. Nachdem Dörfler-Dierken im ersten Beitrag bereits aus theoretisch-abstrakter Perspektive die Besonderheiten militärischer Führung verdeutlicht hat, beschreibt Christian von Blumröder im Beitrag *Führen im Gefecht. Erfahrungen als Kommandeur in Kunduz 2010/2011* seine Einsatz- und Gefechtserfahrungen. Die sachliche und gerade dadurch eindrucksvolle Schilderung verdeutlicht, welchen Anforderungen Führungskräfte im Gefecht begegnen. Zudem zeigt von Blumröder auch, wie Vorbereitung, Durchführung und Nachbereitung eines besonderen Auslandseinsatzes einem Offizier in Führungsverantwortung ein Höchstmaß an persönlicher Hingabe abverlangen.

Der Teil IV des Bandes verlässt die „Innenperspektive" militärischer Führung und widmet sich dem Thema *Bundeswehr und Wirtschaft: Gemeinsamkeiten, Unterschiede, Erfahrungen.* Sonja Sackmann diskutiert in ihrem Beitrag *Führungsqualifikation in der Bundeswehr – Fit für die Wirtschaft?*, inwiefern die Prägung der Zeitsoldaten durch das Führungsverständnis der Bundeswehr sowie deren militärische Führungsausbildung auf die Führungsherausforderungen in der Wirtschaft vorbereiten. Wenig überraschend stellt Sackmann auf Basis einer empirischen Untersuchung zunächst fest, dass die nach 12 oder 13 Jahren ausscheidenden Offiziere eine umfassendere Führungserfahrung haben, als ihre Altersgenossen. Die Studie zeigt aber vor allem, in welchen Fähigkeitsbereichen sich militärische Führungskräfte besonders auszeichnen und in welcher Hinsicht sie weniger gut dazu in der Lage sind, ihre gelernten Fähigkeiten auf die Führung in der Wirtschaft zu übertragen.

Welche Erfahrungen ein studierter Offizier nach 12 Jahren Dienstzeit nach seinem Übertritt in die zivile Wirtschaft machen kann, zeigt der Erfahrungsbericht *Ein Offizier in der Wirtschaft: Wie die Führungsprinzipien auf den Manageralltag vorbereiten.* Indem Thomas Haupt seine individuellen Erfahrungen kritisch reflektiert, ergänzt er die empirisch gestützten Ausführungen von Sackmann im vorhergehenden Beitrag. Auch Haupt zeigt auf, dass die Führungserfahrungen in der Bundeswehr eine gute Vorbereitung auf „Führen in der Wirtschaft" sind – aber eben auch nicht eins zu eins auf die zivile Welt übertragen werden können.

Der Beitrag *Ein Manager nähert sich der Führung in der Bundeswehr – Ein Blick von außen* von Diethelm Krull betrachtet die Führung in der Bundeswehr spiegelbildlich zum Beitrag von Thomas Haupt. Basierend auf einer Betrachtung des Wesens von Führung in der aktuellen Zeit, beschreibt Krull Führung in der Bundeswehr aus der Perspektive eines langjährigen Managers der zivilen Wirtschaft – der bislang keine intensiveren Erfahrungen mit der militärischen Führungspraxis hatte. Auf der Grundlage mehrerer Gespräche mit hochrangingen Führungskräften der Bundeswehr sowie der Analyse von Ausbildungsunterlagen und Vorschriften hat sich Krull einen umfassenden Eindruck über die Führung in der Bundeswehr erarbeitet. Er identifiziert zentrale Wesensmerkmale militärischer Führung und gleicht diese mit der Führungspraxis in zivilen Unternehmen ab. Dadurch bereitet er den Weg für ein gegenseitiges Lernen von militärischen und zivilen Führungskräften.

Im letzten Teil des Bandes werden die *Perspektiven für das Führen in der Bundeswehr* betrachtet. Die bisherigen Diskussionen über Führung in der

Bundeswehr sind entweder geprägt durch personenbezogene Ansätze (interaktionelle Führung, der Mensch im Mittelpunkt) oder thematisierten strukturelle Aspekte (Planungsprozesse, Veränderungsmanagement). Simon Kraus bietet in seinem Beitrag „*Konstruktivistische Führung: Ein Ansatz für Führung in der Bundeswehr*" eine Alternative hierzu. Mit einer konstruktivistischen Haltung, so Kraus, könne es besser gelingen, die Komplexität und Dynamik des Führens in der Organisation Bundeswehr zu erfassen. Kraus arbeitet die Grundzüge eines konstruktivistischen Führungsverständnisses für die Führung in der Bundeswehr heraus und verdeutlicht dabei, dass Führen durch Kontrolle, Macht und Objektivität zwangsläufig an seine Grenzen stoßen muss. Zudem zeigt er alternativ auf, wie Führungskräfte mittels Geschichten aus einer systemischen Perspektive heraus Organisationen irritieren können – und damit im Sinne eines konstruktivistischen Führungsverständnisses führen.

Abschließende Anmerkungen

Im vorliegenden Band werden zahlreiche Aspekte von Führung angesprochen. So werden beispielsweise Veränderungsmanagement, Führungsausbildung, Emotionen in der Führung, Vereinbarkeit von Familie und Beruf als Führungsherausforderung sowie persönliche Erfahrungen von zivilen und militärischen Führungskräften näher betrachtet. Die unterschiedlichen Facetten militärischer Führung lassen sich im praktischen Handeln nicht trennen, sondern können allenfalls analytisch als getrennt betrachtet werden. Damit ist es ein Ziel dieses Bandes, die Themenbreite moderner militärischer Führung zu verdeutlichen. Dadurch erhalten die Leserinnen und Leser einen umfassenden Einblick in die aktuellen Herausforderungen militärischer Führung und zahlreiche Anregungen, wie die Führung in der Bundeswehr weiterentwickelt werden kann.

Der vorliegende Band erhebt keinen Anspruch auf Vollständigkeit. Die Auswahl relevanter Aspekte bleibt notwendigerweise selektiv. So werden die taktische und operative Führung „im Gefecht", oder der Einfluss neuer Technologien auf die Führung nur bedingt thematisiert. Der vorliegende Band trägt damit dazu bei, das Phänomen der Führung in der Bundeswehr zu reflektieren und Möglichkeiten aufzuzeigen, wie eine moderne Führung in der Bundeswehr aussehen könnte. Nicht als Selbstzweck, sondern stets vor dem Hintergrund, dass soldatisches Führen in letzter Konsequenz den Einsatz von Menschenleben beinhaltet. In diesem Sinne bleibt zu wünschen, dass die guten Gedanken und Anregungen der verschiedenen Autoren dieses Bandes gehört werden und in der Praxis Anwendung finden.

Literatur

Berthel, J., Becker, F.G. (2010). Personal-Management. Grundzüge für Konzeption betrieblicher Personalarbeit. Schäffer-Poeschel: Stuttgart.

BMVg (2014). Aktiv. Attraktiv. Anders. Bundeswehr in Führung. Bundesministerium der Verteidigung: Berlin.

Dörfler-Dierken, A. (2013). Führung in der Bundeswehr. Soldatisches Selbstverständnis und Führungskultur nach der ZDv 10/1 Innere Führung, Miles-Verlag: Berlin.

Elbe, M., Lange, K. (2012). Ansätze des Change Management zur Neuausrichtung der Bundeswehr, in: Richter, F. (Hrsg.): Neuausrichtung der Bundeswehr. Beiträge zur professionellen Führung und Steuerung, Springer VS: Wiesbaden.

Keicher, I., Anke, T., Bohn, U., Crummenerl, C., Mergenthal, N. (2012). Digitale Revolution. Ist Change Management mutig genug für die Zukunft? Capgemini Consulting: Offenbach a.M.

Kern, E.-M./Richter, G. (2014, Hrsg.). Streitkräftemanagement. Neue Planungs- und Steuerungsinstrumente in der Bundeswehr. Springer-Gabler: Wiesbaden.

Kotter, J. P. (2011). Leading Change. Wie Sie Ihr Unternehmen in acht Schritten erfolgreich verändern. Vahlen: München.

Portugall, G. (2014). Verwaltungsmodernisierung in der Bundeswehr in den letzten 20 Jahren – eine kurze Entwicklungsgeschichte aus politikwissenschaftlicher Perspektive, in: Kern, E.-M., Richter, G. (Hrsg.). Streitkräftemanagement. Neue Planungs- und Steuerungsinstrumente in der Bundeswehr, SpringerGabler: Wiesbaden.

Richter, G. (2012, Hrsg.). Neuausrichtung der Bundeswehr. Beiträge zur professionellen Führung und Steuerung. Springer VS: Wiesbaden.

Sprenger, R. K. (2012). Radikal Führen. Campus Verlag: Frankfurt/New York.

Grundlagen zur Führung in der Bundeswehr

Führung in der Bundeswehr: Eine Betrachtung ihres Wesens

Angelika Dörfler-Dierken

Militärische Führung

Im militärischen Bereich ist ein besonderes Verständnis von Führung verbreitet, das sich von einem zivilen Verständnis von Führung unterscheidet: Während im Zivilbereich ganz unbestritten ist, dass es Menschen gibt, die in besonderer Weise Verantwortung für Arbeitsprozesse und Auftragserfüllung tragen, dass diese durch ihre spezifische Aufgabe innerhalb des Teams deshalb herausgehoben sind, weil sie eine besondere Funktion und Verantwortung für das Gelingen des Arbeitsprodukts tragen, ist Führung im Militär ein mit einer gewissen Aura umgebenes Phänomen: Menschen werden aufgrund ihres Dienstgrades zum Führer anderer erklärt, die gegebenenfalls über größere berufliche Erfahrung verfügen und manchmal auch weitaus lebens- sowie dienstälter sind. Natürlich kommen solche Ungleichzeitigkeiten auch in der Wirtschaft vor – aber die Fixierung auf den jeweiligen Dienstgrad führt im militärischen Bereich doch gelegentlich zu Friktionen.

Häufig identifizieren sich schon die Studierenden an den Universitäten der Bundeswehr als Führer von Soldatinnen und Soldaten, auch wenn ihre derzeitige Aufgabe allenfalls darin zu sehen sein sollte, sich selbst zu einem guten Studienabschluss zu führen.[1] Alte Leitsätze wie: „Wer führen will, muss dienen können!" oder - noch zugespitzter: „Führen heißt dienen!" – gelten bei diesen jungen Führern als obsolet (auch wenn sie häufig einer Plattitüde gleich vorgetragen werden), weil Führungskompetenz ihnen qua Dienstgrad zugesprochen wird. Selbstkritische Reflexion, die freie und eigene Wahl eines Vorbildes, die Auseinandersetzung mit dem offiziellen Leit-

---

[1] Vor allem für die männlichen Studierenden ist es wichtig, „Mitarbeiter führen [zu] können": Für 75 % der Studenten an den Bundeswehruniversitäten ist das „sehr wichtig und außerordentlich wichtig", für 20 % ist es „wichtig" und für 5 % „weniger wichtig oder gar nicht wichtig". Bulmahn, Thomas / Priewisch, Manon A.: Berufliche Erwartungen und Perspektiven. In: Bulmahn, Thomas et al. (Hrsg.): Ergebnisse der Studentenbefragung an den Universitäten der Bundeswehr Hamburg und München 2007. (SOWI-Forschungsbericht 89) Strausberg: Sozialwissenschaftliches Institut der Bundeswehr 2010, 91-103, hier 94. Vgl. a. Wieninger, Victoria: Probleme beim Studium und Studienabbruch. In: Bulmahn (Hrsg.) et al. 2010, 65-74.

bild der Bundeswehr, dem Staatsbürger in Uniform, die selbstständige Reibung daran und die Auseinandersetzung damit, die Bitte um Rückmeldung bei Kommilitonen oder Lehrenden ist für viele Studierende weniger wichtig als der Dienstgrad, der es erlaubt, sich als militärischer Führer zu gerieren.

Militärische Führer unterscheiden sich, so ist entsprechend dieser Vorbemerkungen zu vermuten, von Führungskräften in Wirtschaft und Industrie dadurch, dass Führung mit den entsprechenden Derivaten (wie etwa Führungskompetenz, Führungsverantwortung, Führungswille) zum Kernbegriff ihrer beruflichen Identität wird.[2]

Was geschieht mit Menschen, deren Selbstverständnis vom Eintritt in die Bundeswehr an in diesem Sinne geformt wird? Und wie mag es den jungen Leuten ergehen, die dann auch in ihrem beruflichen und familiären Alltag „Führer" sein und sich als solche beweisen wollen?

Führung zum Töten und Getötet werden?

Das Ziel, um dessentwillen junge Soldaten militärisch geführt werden, ist „der Einsatz", in dem der Soldat (natürlich auch – aber seltener – die Soldatin) die „boots on the ground" stellt beziehungsweise „die besondere Herausforderung" der „letzten einhundert Meter" erfährt. Das sind, ebenso wie der „Blickkontakt" zum Feind, euphemistische Ausdrücke für den Nahkampf im Gefecht.[3] Die Vielzahl der „Rollen", die Soldatinnen und Soldaten ausfüllen sollen – etwa Diplomat, Entwicklungshelfer, Polizist etc. – ändert nichts daran, dass in den gegenwärtigen Debatten innerhalb der Gruppe der Soldatinnen und Soldaten einerseits, zwischen Militär und Gesellschaft andererseits die Dimension von Kampf und Gefecht im Mittelpunkt der Aufmerksamkeit steht.

Auch Militärsoziologen unterstreichen, dass im Mittelpunkt der militärischen Profession und damit auch der beruflichen Sozialisation von Soldatinnen

---

[2] Zum Konzept der beruflichen Identität vgl. Leonhard, Nina: Berufliche Identität von Soldaten. Eine qualitative Untersuchung junger männlicher Soldaten der Bundeswehr aus den neuen und alten Bundesländern. (SOWI-Gutachten 3). Strausberg: Sozialwissenschaftliches Institut der Bundeswehr 2007, 16-19.

[3] Leutnantsbuch Heer. 80. Offizieranwärterjahrgang. Herausgegeben im Auftrag des Inspekteurs des Heeres durch Bundesministerium der Verteidigung, Führungsstab des Heeres. Verantwortlich für den Inhalt: Brigadegeneral Ernst-Peter Horn. O.O., o.Verl., Vorwort von Generalleutnant Freers datiert auf November 2010, 19.

und Soldaten der Erwerb von Kompetenzen zum professionellen Töten stehe und stehen müsse: Soldat-Sein setzt voraus und fördert

„die Bereitschaft und Fähigkeit, andere zu verletzen, zu töten oder ihre Existenzgrundlagen zu zerstören, die Bereitschaft sich töten oder verletzen zu lassen und beides auf Befehl im Rahmen einer arbeitsteiligen Organisation zu tun."[4]

Zu töten und sich töten zu lassen – das gilt als das distinkte Qualifikationsmerkmal des Soldatenberufs, das ihn von allen anderen Berufen unterscheidet. Dieser „Ernstfall"[5] des Soldatenberufs, das „heiße Gefecht", überschattet auch den Friedensdienst, denn trotz aller Ähnlichkeiten zwischen dem Staatsbeamten und dem Soldaten gibt es nach Meinung vieler Militärsoziologen, Soldaten, Politiker und Zivilisten gerade diesen grundlegenden Unterschied zu jeder anderen Profession.[6] Soldatinnen und Soldaten sind die einzige Berufsgruppe, deren Tätigkeit von der ultimativen Beendigung des Lebens eines Anderen her beschrieben wird. Die Professionalität von Soldaten wird seitens der Vertreter der These, der Soldatenberuf sei ein Beruf *sui generis*, gerade darin gesehen, dass sie das Töten besonders gut lernen und eher

---

[4] Apelt, Maja: Militärische Sozialisation. In: Gareis, Sven Bernhard / Klein, Paul (Hrsg.): Handbuch Militär und Sozialwissenschaft. 2. Aufl., Wiesbaden: VS Verl. für Sozialwissenschaften, 2006, 26-39, hier 26. Vgl. a. zum soldatischen Konstrukt der Besonderheit des eigenen Berufs die qualitative Analyse von Leonhard 2007, 20-24; 31-34. Entsprechende Formulierungen finden sich auch in Äußerungen von hochrangigen Soldaten, z.B. Generalmajor Jürgen Weigt, Kommandeur des Zentrum Innere Führung in Koblenz: Im Unterschied zu anderen Mitgliedern der Gesellschaft verlangt der Eid von Soldatinnen und Soldaten, „dass wir in letzter Konsequenz unsere Gesundheit und unser Leben einsetzen. Wir müssen im Extremfall töten und können getötet werden" (in: IF Zeitschrift für Innere Führung 1/2014, 4) und in der Zentralen Dienstvorschrift 10/1 Innere Führung (2008, Ziff. 105): „Ihr militärischer Dienst schließt den Einsatz der eigenen Gesundheit und des eigenen Lebens mit ein und verlangt in letzter Konsequenz, im Kampf auch zu töten." Wichtig ist es, immer wieder darauf aufmerksam zu machen, dass alle diese Definitionen des Soldatenberufs vom „äußersten Fall" (ultissima ratio) her konstruiert sind.

[5] In beziehungsreicher Anspielung auf ein Diktum von Gustav Heinemann, der in seiner Rede zum Antritt des Amtes des Bundespräsidenten 1969 gesagt hatte: „Der Frieden ist der Ernstfall", erschien im Jahr 1969 eine Sammlung von Aufsätzen von Wolf Graf von Baudissin u.d.T. Soldat für den Frieden. Entwürfe für eine zeitgemäße Bundeswehr. Hrsg. von Peter Schubert. München: Piper 1969.

[6] Biehl, Heiko / Leonhard, Nina: Militär und Tradition. In: Leonhard, Nina / Werkner, Ines-Jacqueline (Hrsg.): Militärsoziologie. Eine Einführung. Wiesbaden: VS Verlag für Sozialwissenschaften 2005, 216-239, hier 246.

als andere Menschen bereit sind, sich in Situationen zu begeben, in denen sie getötet werden können.

Polizisten benutzen gelegentlich auch ihre Schusswaffe, aber niemand würde ihr Berufsbild von der Erlaubnis zum Schusswaffengebrauch her zeichnen. Sie werden „in der Ausübung des Gewaltmonopols ständig mit den Abgründen in unserer Gesellschaft konfrontiert," heißt es betont zivil und Verständnis generierend.[7] Auch in einem bekannten Lexikon definiert man: Polizei „bezeichnet annäherungsweise diejenigen Personen und Institutionen der Exekutive, welche zur Durchsetzung der Rechtsordnung und zum Schutz der Rechtsgüter durch Zwangsmaßnahmen zuständig sind."[8] Die Gemeinsamkeit von Soldaten und Polizisten besteht im Gewaltmonopol des Staates, das auszuüben ihnen anvertraut ist. Gerade deshalb sind die Unterschiede in der Definition des Berufsbildes durch Wissenschaftler und Praktiker sowie die Äußerungen zur beruflichen Identität seitens vieler Soldatinnen und Soldaten derart auffällig. Selbst die Anwendung ziviler Gesetze auf den soldatischen Dienst – etwa von EU-Arbeitszeitrichtlinien – ändert an dem militärsoziologischen theoretischen Konstrukt des ‚Spezialisten für Tötung auf Befehl' nichts, obwohl es die Vertreter der *sui-generis*-These durchaus verwundern könnte, dass die Einsätze der Marine wie diejenigen europäischer Fischereiflotten arbeitsrechtlich und vor allem arbeitszeitrechtlich gestaltet werden sollen.[9]

---

[7] A.a.0. Der Schusswaffengebrauch wird als für die Polizisten höchst belastende Extremsituation und niemals als gewissermaßen normales Handwerk dargestellt in den Aufsätzen in Grützner, Kurt et al. (Hrsg.): Handbuch Polizeiseelsorge. 2. Aufl. Göttingen: Vandenhoeck & Ruprecht 2012, 11.

[8] Gusy, Christoph: Polizei, Polizeirecht. In: Heun, Walter et al. (Hrsg.): Evangelisches Staatslexikon. Neuausgabe. Stuttgart: Kohlhammer 2006, Sp. 1804-1814, hier 1805.

[9] Vgl. KPMG: Abschlusstext der Studie zur Entwicklung von attraktiven und konkurrenzfähigen Dienstzeit- und Dienstzeitausgleichsmodellen für Soldatinnen und Soldaten. Berlin 2013 (SKZ: UM 2OU C 022).

Juristen[10] gehen ebenso wie Theologen und Ethiker[11] gleichsam selbstverständlich von diesem theoretischen Konstrukt des Soldaten aus.[12] Aus solch einer Bestimmung des Zentrums des Berufs von Soldatinnen und Soldaten – getötet werden und töten – ergeben sich dann besondere Herausforderungen für die Führung von Soldatinnen und Soldaten, denn sie müssen – wie man früher sagte: – zum „Opfer des eigenen Lebens für Volk und Vaterland" bereit gemacht werden.[13] Sie müssen dahin geführt werden, im Kampf andere Menschen zu töten. Soldat beziehungsweise Soldatin zu werden heißt also, einzuwilligen und sich darauf vorzubereiten, eine der Grundregeln des Zusammenlebens der Menschen in der Zivilgesellschaft professi-

---

[10] Vgl. Beispielsweise Freudenberg, Dirk: Rules of Engagement. Möglichkeiten und Grenzen eines militärischen Führungsinstruments? Zu den Wechselwirkungen von Recht und Strategie im deutschen Führungsdenken. In: Hofbauer, Martin / Wagner, Raimond W. (Hrsg.): Kriegsbrauch und berufliches Selbstverständnis des Soldaten. (Einzelschriften zur Militärgeschichte 47) Freiburg i.Br. u.a.: Rombach Verl. 2012, 20-44. Die Rules of Engagement werden in dem genannten Aufsatz gezeichnet als Versuch der Politik in die militärische Auftragstaktik einzugreifen und das Handeln des Soldaten einzuschränken. So müsse gegebenenfalls Nothilfe für Kameraden oder Menschen im Einsatzgebiet unterbleiben.

[11] Vgl. beispielsweise den langjährigen Inhaber des Lehrstuhls für Evangelische Theologie an der Universität der Bundeswehr in München, Gottfried Küenzlen, der den Soldaten explizit abgrenzt vom „Sozialarbeiter, Gendarm, Mitarbeiter des Technischen Hilfsdienstes, Diplomat, Mediator zwischen den Kulturen usw. Wohlgemerkt (…) im Zentrum der soldatischen Existenz steht (…) der militärische Kämpfer. Oder auch hier mit Clausewitz, dem man gewiss nicht in allem mehr folgen muss, an dessen lakonisch-schlichte Formulierung man aber erinnern darf: ‚allem, wozu Streitkräfte gebraucht werden, liegt die Idee eines Gefechts zum Grunde; denn sonst würde man ja dazu keine Streitkräfte gebrauchen." Küenzlen, Gottfried: Kämpfer in postheroischer Zeit? Leitbilder für deutsche Soldaten zwischen Vision und Illusion. In: Bohn, Jochen / Bohrmann, Thomas / Küenzlen, Gottfried (Hrsg.): Die Bundeswehr heute. Berufsethische Perspektiven für eine Armee im Einsatz. (Beiträge zur Friedensethik 44) Stuttgart: Kohlhammer 2011, 27-42, hier 36.

[12] Vgl. die Einleitung und die Aufsätze in Dörfler-Dierken, Angelika / Kümmel, Gerhard (Hrsg.): Identität, Selbstverständnis, Berufsbild. Implikationen der neuen Einsatzrealität für die Bundeswehr. (Schriftenreihe des Sozialwissenschaftlichen Instituts der Bundeswehr 10) Wiesbaden: VS Verlag für Sozialwissenschaften, Springer 2010.

[13] Zur theologisch-ethischen Kritik des Opfergedankens in Folge protestantischer Grundentscheidungen nach dem Zweiten Weltkrieg vgl. Dörfler-Dierken, Angelika: Der Tod des Soldaten als Opfer. Protestantische Traditionslinien. In: Hettling, Manfred / Echternkamp, Jörg (Hrsg.): Bedingt erinnerungsbereit. Soldatengedenken in der Bundesrepublik. Göttingen: Vandenhoeck & Ruprecht 2008, 75-84.

onell zu verletzen: das Verbot der Anwendung von Gewalt gegen Mitmenschen.[14]

Wenn als Ziel der militärischen Ausbildung das professionelle Töten und getötet Werden beschrieben wird, dann besteht die besondere Herausforderung für Ausbilder darin, die Auszubildenden in die Gefahr hinein zu führen. Weil die meisten Menschen der Gefahr lieber ausweichen als ihr ins Auge zu blicken oder sie gar suchen, bedarf es einer besonderen Führungskompetenz, um aus Zivilisten Soldaten zu machen. Führung heißt dann Anleitung zur Selbstüberwindung, zur Überwindung des natürlichen Selbsterhaltungstriebes auf Befehl hin.[15]

Aktuelle Äußerungen von Theoretikern und Praktikern im Feld des Militärs zeichnen Soldatinnen und Soldaten als „Handwerker der Gewalt".[16] Wer Waffen gegen andere Menschen einsetzen darf, ist zum Herrn über deren Leben oder Tod geworden. Insbesondere in Gefechten erfährt er sich als mächtig und verletzlich zugleich – und wer ein Gefecht überlebt hat, soll sich danach unverwundbar fühlen und sogar die Wiederholung einer derartigen Adrenalinausschüttung suchen. „Krieger handeln mit dem Tod, sie nehmen anderen das Leben. Das ist eigentlich die Rolle Gottes", sagt der Vietnam-Veteran, Literaturwissenschaftler und Philosoph Karl Marlantes.[17]

---

[14] Vgl. grundsätzlich zur Gewaltthematik Stümke, Volker: Anthropologie der Gewalt. In: Bohrmann, Thomas / Lather, Karl-Heinz / Lohmann, Friedrich (Hrsg.): Handbuch Militärische Berufsethik. Bd. 1: Grundlagen. Wiesbaden: Springer VS 2013, 123-138.

[15] Vgl. die qualitative Studie zur militärischen Sozialisation von Bake, Julia: Das Bild vom demokratischen Soldaten. Erste Ergebnisse der empirischen Fallstudie zur Bundeswehr. In: Dörfler-Dierken / Kümmel 2010, 129-136, bes. S. 132: „Das genuin Soldatische [Tod und Verwundung, ADD] ist ein Tabu, prägt aber die Einsatzrealität und damit auch zunehmend das Selbstbild der Soldaten." Vgl. a. mit qualitativer Methodik Leonhard 2007, 56-61.

[16] Der Ausdruck wurde gebildet in Anlehnung an Gastrein, Norbert: Das Handwerk des Tötens. Roman. München: Deutscher Taschenbuch Verl. 2010.

[17] Karl Marlantes: Was es heißt, in den Krieg zu ziehen. Zürich, Hamburg: Arche 2013, 15. Innerhalb der Ressortforschung haben Klaus Ebeling und Anja Seiffert immer wieder auf die durch die Auslandseinsätze verursachte Tendenz der „Erosion des Gewaltverbots" innerhalb der Bundeswehr hingewiesen. Vgl. Seiffert, Anja: „Generation Einsatz" – Einsatzrealitäten, Selbstverständnis und Organisation. In: Dies. / Langer, Phil C. / Pietsch, Carsten (Hrsg.): Der Einsatz der Bundeswehr in Afghanistan. Sozial- und politikwissenschaftliche Perspektiven. (Schriftenreihe des Sozialwissenschaftlichen Instituts der Bundeswehr 11) Wiesbaden: VS Verl. für Sozialwissenschaften, Springer Fachmedien 2012, 79-100.

Soldatinnen und Soldaten müssen, so fordert Marlantes, davor bewahrt werden, in diese „Rolle" zu schlüpfen. Sie müssen die gewalthaltige Seite ihres Berufes in ihr Selbst- und Berufsbild so integrieren, dass es ihnen möglich ist, weiterhin ‚gute' Menschen zu sein, die im zivilen Leben ebenso gewaltaversiv sind wie ihre Mitbürger.

Wer militärische Führung vom Töten und getötet Werden her definiert, hat damit implizit also schon ein bestimmtes Berufsbild des Soldaten skizziert: Der Soldat ist ein Krieger, dessen Berufserfüllung allenfalls in geschichtlichen Ausnahmesituationen und in begrenzten geographischen Regionen – wie etwa in der Ära des Kalten Krieges in Westeuropa – nicht nachgefragt wird. Wenn ein General sagt, er habe 41 Jahre lang in der Bundeswehr gedient, ohne einen einzigen scharfen Schuss abzugeben, und er sei dankbar dafür, dann wirkt das heute, nach den Erfahrungen der Bundeswehr im Kosovo und in Afghanistan, unwiderruflich gestrig.[18]

Mit der skizzierten Sicht auf den Soldatenberuf, die das Töten und getötet Werden in den Mittelpunkt der militärischen Profession rückt, wäre der Grundgedanke von Friedensethik und Friedenspolitik aufgegeben, dass das Leitbild der beruflichen Identität eines Soldaten vom Gedanken der Pazifizierung her entwickelt werden sollte. Der Bezugspunkt soldatischen Handelns müsste dementsprechend der Frieden sein. Tatsächlich war der „Referenzrahmen" des Soldatenberufs über Jahrhundert derjenige des Krieges.

Führung im Referenzrahmen des Krieges

Die sozialpsychologische Methode der „Rahmenreferenzanalyse" macht verständlich, warum Menschen sich in konkreten Situationen so oder anders entscheiden. Der Londoner Historiker Sönke Neitzel und der Essener Sozialpsychologe Harald Welzer haben in ihrer grundlegenden Studie zur mentalen Ausrichtung von Wehrmachtssoldaten diese Methode angewendet und beschrieben. Sie unterscheiden vier „Referenzrahmen" jeglichen menschlichen Handelns:

---

[18] So Generalleutnant Andreas Wittenberg am 17. Januar 2004 bei den Theologischen Tagen in Halle. Zum Vordringen des Gedankens, der Soldatenberuf sei vom Töten her zu beschreiben, trägt sicher das seit einigen Jahren gängige Denken „vom Einsatz her" bzw. „auf den Einsatz hin" bei. Im Sinne der vorgetragenen Argumentation wäre es angemessener zu formulieren „im Einsatz für Frieden und Sicherheit".

„Referenzrahmen erster Ordnung umfassen das soziohistorische Hintergrundgefüge, vor dem Menschen in einer jeweiligen Zeit handeln.“[19]

Das ist etwa die Zugehörigkeit zum christlich-abendländischen oder zum afrikanischen Kulturkreis. Im Allgemeinen legt man sich darüber keine Rechenschaft ab. Es geht vielmehr um das „So-sein einer gegebenen Welt“,[20] um dasjenige, was selbstverständlich zu sein scheint.

„Referenzrahmen zweiter Ordnung sind historisch, kulturell und meist auch geographisch“[21] abzugrenzen und zu bestimmen. Das sogenannte Dritte Reich war ein solcher Referenzrahmen.

„Referenzrahmen dritter Ordnung (…) umfassen einen konkreten soziohistorischen Geschehenszusammenhang, in dem bestimmte Personen handeln, zum Beispiel also einen Krieg, in dem sie als Soldaten kämpfen.“[22]

„Referenzrahmen vierter Ordnung sind die jeweils besonderen Eigenschaften, Wahrnehmungsweisen, Deutungsmuster, gefühlten Verpflichtungen etc., die eine Person in eine Situation mit hineinbringt.“[23]

Die beiden Autoren untersuchen dann ausführlich anhand von Abhörprotokollen kriegsgefangener ehemaliger Wehrmachtssoldaten, wie der zweite und der dritte Referenzrahmen deren Handeln bestimmt hat. Sie konnten feststellen, dass der Referenzrahmen zweiter Ordnung – die nationalsozialistische Ideologie – den Referenzrahmen dritter Ordnung – den Zweiten Weltkrieg – in der Selbstdeutung der Soldaten geprägt hat: Weil sie Kämpfen, Töten und Sterben in der Ideologie des Dritten Reiches für „normal“ und normativ durch den Referenzrahmen Krieg gefordert hielten, konnten „normale Familienväter“ als Schlächter agieren, ganze Dörfer dem Erdboden gleichmachen, Massenerschießungen durchführen und Verbrechen an Kriegsgefangenen begehen.

„Aus unserer Sicht ist die Verschiebung des Referenzrahmens vom zivilen Zustand in jenen des Krieges der entscheidende Faktor (…) Krieg formiert einen Geschehens- und

---

[19] Neitzel, Sönke / Welzer, Harald: Soldaten. Protokolle vom Kämpfen, Töten und Sterben. Frankfurt a.M.: Fischer 2011, 18.Hervorhebung in der Vorlage. Vgl. a. die Auseinandersetzung damit von Biehl, Heiko. Wofür kämpfen Soldaten? Eine militärsoziologische Einordnung neuerer Studien zur Motivation von Wehrmachtsoldaten. In: Jahrbuch Innere Führung 2013: Wissenschaften und ihre Relevanz für die Bundeswehr als Armee im Einsatz. Berlin: Carola Hartmann Miles-Verl. 2013, 352-374.

[20] A.a.O., 19.

[21] A.a.O., 19, Hervorhebung in der Vorlage.

[22] A.a.O.,19, Hervorhebung in der Vorlage.

[23] A.a.O., 19, Hervorhebung in der Vorlage.

Handlungszusammenhang, in dem Menschen tun, was sie unter anderen Bedingungen niemals tun würden.[24]

Der Mainzer Historiker Felix Römer, der an denselben Quellen, den Abhörprotokollen der Amerikaner aus dem Geheimlager Fort Hunt bei Washington, gearbeitet hat wie Neitzel und Welzer, kommt – obwohl er sich auch mit den Referenzrahmen vierter Ordnung beschäftigt und die Soldaten stärker als Individuen in den Blick nimmt – zu sehr ähnlichen Schlussfolgerungen:

„In der Wehrmacht waren Nationalismus und Rassismus, Militarismus, Kameradschafts- und Härtekult überaus stark ausgeprägt. Ihr martialisches Ethos suchte seinesgleichen: Kampf, Einsatzwille, Pflichterfüllung und Opfermut standen als Werte an sich[25]*,*

die vor allem bei Unteroffizieren und Feldwebeln, die das nationalsozialistische Erziehungssystem mit der Hitlerjugend durchlaufen hatten, tief verwurzelt waren und prägend auf die jeweils von diesen militärischen Führern der unteren Ebenen geführten Gruppen einwirkten.

In einem kürzlich publizierten Aufsatz hat Sönke Neitzel die Militärsoziologen der Gegenwart aufgefordert, sich intensiver mit dem Referenzrahmen des Krieges und seinen Auswirkungen auf die Soldatinnen und Soldaten der heutigen Bundeswehr auseinanderzusetzen.[26] Seiner Meinung nach ist es gewissermaßen zwangsläufig, dass Soldaten, die von Krieg sprechen, auch die Gewaltdynamiken des Krieges in ihrer Selbst- und Wirklichkeitsdeutung mit vollziehen. Dazu würde dann auch gehören, dass die mentale Verankerung des Soldaten in der pluralistischen Gesellschaft, im demokratischen System und in der Familie angesichts der Lebens- und Erfahrungswirklichkeit im Felde zurücktritt zugunsten der mentalen Einbindung in die Primärgruppe der Kameraden, in der das Bestehen im Gefecht zum zentralen Identifikationsmerkmal soldatischer Professionalität geworden ist.

Empirisch orientierte militärsoziologische Forschung kann diese Veränderungen zwar auch aufzeigen; es ist aber zu betonen, dass das Normen- und Wertegefüge, in dem Bundeswehrsoldatinnen und -soldaten han-

---

[24] A.a.O., 394.

[25] Römer, Felix: Kameraden. Die Wehrmacht von innen. München, Zürich: Piper 2012, 470.

[26] Neitzel, Sönke: Der Westen und die Neuen Kriege. In: Hamburger Institut für Sozialforschung/Einstein Forum Potsdam (Hrsg.): Berliner Colloquien zur Zeitgeschichte, Beilage zu Mittelweg 36, Nr. 5, Oktober/November 2013, 63-78.

deln, sich von demjenigen der Wehrmachtssoldaten deutlich unterscheidet. Kriegstypische, entgrenzte Gewalt ist eine für Bundeswehrsoldaten eingehegte, eine „unmögliche Möglichkeit". Denn – in der Sprache von Neitzel und Welzer – der Referenzrahmen zweiter Ordnung ist in der Bundesrepublik Deutschland stabil auf Frieden und Gewaltaversion bezogen. Dagegen steht die Erfahrung von Soldatinnen und Soldaten des 22. ISAF-Kontingents: Sie sprachen sich während des Auslandseinsatzes im Jahre 2010 mit großer Mehrheit dafür aus, häufiger Waffengewalt zur Lösung ihrer Aufgaben einsetzen zu dürfen. Diese Ansicht wurde vom größten Teil des Kontingents geteilt, obwohl nur jeder fünfte Soldat persönlich und direkt in Gefechte mit Aufständischen verwickelt war.[27] Offenbar identifizierten sich die im Lager tätigen Soldatinnen und Soldaten mit den Kämpfern und richteten ihr Selbstbild entsprechend aus. Somit bestätigt sich die Einsicht: Gewaltanwendung schafft neue Ordnung, indem sie Ambiguität reduziert und Eindeutigkeit herstellt, weit über den Kreis derjenigen hinaus, die tatsächlich selbst Gewalt anwenden und erfahren.[28] Wenn Politik und Öffentlichkeit aber gewaltsame Konfliktlösungen ablehnen, fühlen Soldatinnen und Soldaten sich in ihrer beruflichen Identität abgelehnt – und ziehen sich möglicherweise in eine elitäre Sonderwelt zurück.

Die deutsche Politik versucht, trotz der skizzierten soldatischen Erfahrungen ein gewaltaversives berufliches Leitbild für Soldatinnen und Soldaten aufrechtzuerhalten. Deshalb wurde in der Zentralen Dienstvorschrift 10/1 Innere Führung. Selbstverständnis und Führungskultur der Bundeswehr (2008) ein weitestgehend ziviles Berufsbild gezeichnet.[29] Die Aufrechterhaltung des zweiten, friedensorientierten Referenzrahmens zeigt sich auch im Koalitionsvertrag vom 27. November 2013. Die Innere Führung wird an prominenter Stelle genannt: im ersten Abschnitt des Kapitels "Neuausrichtung der Bundeswehr" heißt es:

---

[27] Langer, Phil C.: Soldatenalltag in Afghanistan. In: Report Psychologie 36, 2011/6, 252-257. Vgl. a. Seiffert 2012, hier 86-88.

[28] Dörfler-Dierken, Angelika: Ambiguitätstoleranz. In: Kümmel, Gerhard et al. (Hrsg.): Soldatenbilder (im Druck).

[29] Bundesministerium der Verteidigung (BMVg), Führungsstab der Streitkräfte: ZDv 10/1 Innere Führung. Selbstverständnis und Führungskultur der Bundeswehr. Norden: SKN-Druck 2008.

„Das zentrale Leitbild der Inneren Führung und des Soldaten als Staatsbürgers in Uniform prägt auch weiterhin den Dienst in der Bundeswehr und den Einsatz der Bundeswehr für Frieden und Freiheit weltweit."[30]

Daran anschließend werden Themenfelder der Umsetzung der Neuausrichtung durchdiskutiert. Im Mittelpunkt steht die Frage der Attraktivität der Bundeswehr als Arbeitgeber, die durch verbesserte Familienfreundlichkeit – genannt werden speziell Angebote zur Kinderbetreuung und die Verbesserung der Situation der Pendler – erhöht werden soll. Im zweiten Abschnitt dieses Kapitels des Koalitionsvertrages verpflichtet sich die Koalition, den „fortgesetzten Dialog der Bundeswehr in und mit der Gesellschaft" zu unterstützen.[31] Auch wenn die Koalition durchaus davon ausgeht, dass zukünftig Auslandseinsätze der Bundeswehr anstehen, beschreibt ihr Vertrag das Bild eines zivil geprägten und in der deutschen Gesellschaft verankerten Soldaten. Bezeichnenderweise fehlen im Koalitionsvertrag, ebenso wie schon zuvor in der Leitvorschrift, die Lexeme „Krieg" und „Kampf" beziehungsweise deren Derivate und Synonyme. Das verwundert, denn es war gerade eine der großen Wenden in der deutschen Politik der letzten Jahre, dass in der öffentlichen Wahrnehmung – ausgehend von Forderungen solcher Soldaten, die ihre Einsatzerfahrungen bei ISAF in Afghanistan gesammelt hatten – von „Krieg" die Rede gewesen war, so dass die Politiker am Ende den Selbstbeschreibungen vieler Soldatinnen und Soldaten Rechnung tragen mussten.[32] Nachdem am 4. September 2009 wegen der Bombardierung zweier von Aufständischen entführter Tanklastwagen bei Kunduz für jeden deutschen Bürger die kriegerische Dimension des Einsatzes offensichtlich war, sank die Zustimmung zu ihm auf einen neuen Tiefstand,[33] so dass ein konkreter Abzugstermin für die Kampftruppen anberaumt wurde.

---

[30] Koalitionsvertrag 2013: Deutschlands Zukunft gestalten. 18. Legislaturperiode, S. 122.

[31] A.a.O., 123.

[32] Dörfler-Dierken, Angelika: Identitätspolitik der Bundeswehr. In: Dies. / Kümmel 2010, 137-160.

[33] Auf die Frage: „Bitte sagen Sie mir, ob Sie der Beteiligung der Bundeswehr an den folgenden Missionen zustimmen oder ob Sie diese ablehnen.". Anteil der Zustimmung im jeweiligen Jahr (Angaben in Prozent):

2005	2006	2007	2008	2009	2010	2011	2012	2013
64	49	60	64	50	44	-	28 *	-

Wenn man mit dem methodischen Instrumentarium der Referenzrahmenanalyse auf diese politischen und gesellschaftlichen Diskussionen blickt, dann wird man konstatieren müssen, dass der Referenzrahmen zweiter Ordnung – Grundgesetz, Gesellschaft und Politik in der Bundesrepublik Deutschland – durchaus (noch) friedensorientiert ist, auch wenn gelegentlich andere Töne anklingen. Deshalb verhalten sich Politik und Bürger den auf Krieg bezogenen Äußerungen von soldatischen Erfahrungen und Forderungen gegenüber sperrig bis ablehnend. Der Erfahrungsraum der Soldatinnen und Soldaten in Afghanistan, der Referenzrahmen dritter Ordnung, dominiert zwar den binnenmilitärischen Diskurs und findet durchaus auch politische Anerkennung – etwa bei Trauerfeiern für Gefallene oder durch die Verleihung der Einsatzmedaille Gefecht[34] – steht aber in einem gewissen Widerspruch zum offiziellen Leitbild des Staatsbürgers in Uniform. Zumindest die höhere militärische Führung hätte ihre Aufgabe dahingehend wahrzunehmen, den unterstellten Soldatinnen und Soldaten zu vermitteln, warum es um ihrer selbst willen wichtig ist, dass die militärischen Leitvorschriften zivilem Geist verpflichtet bleiben.

Fiebig, Rüdiger: Die Deutschen und ihr Einsatz. In: Seiffert, Langer, Pietsch (Hrsg.) 2012, 187-204, hier 198. Für die Jahre nach 2010 sind keine entsprechenden Reihen mehr erarbeitet worden. Die mit * gekennzeichnete Zahl findet sich in Wanner, Meike / Bulmahn, Thomas: Sicherheits- und verteidigungspolitisches Meinungsklima in der Bundesrepublik Deutschland. Ergebnisse der Bevölkerungsbefragung 2012. Forschungsbericht. Potsdam: Zentrum für Militärgeschichte und Sozialwissenschaften 2013, S. 48. Die Frage lautete hier: „Bitte sagen Sie mir, ob sie den folgenden Aussagen zustimmen oder diese ablehnen. (1) Die Bundesrepublik Deutschland sollte sich mit der Bundeswehr weiter an der ISAF-Mission in Afghanistan beteiligen und den Aufbau des Landes unterstützen. (…)" 10 Prozent der Befragten äußerten sich unentschieden („teils/teils"). An den Zustimmungswerten für die Organisation Bundeswehr hat die Kritik am Einsatz der ISAF in Afghanistan nichts geändert. Vgl. Detlev Buch: Was die Bevölkerungsmeinung wirklich prägt. Die Ausgangspunkte erfolgreicher sicherheitspolitischer Kommunikation. In: Zowislo-Grünewald, Natascha / Schulz, Jürgen / Buch, Detlev (Hrsg.): Den Krieg erklären. Sicherheitspolitik als Problem der Kommunikation. Frankfurt a.M. 2011, 245-258.

34 Bisher hat das Bundesministerium der Verteidigung mehr als 5.000 Einsatzmedaillen der Stufe Gefecht an Bundeswehrsoldaten verliehen.

Athener und Spartaner

Der frühere Leiter des Fachbereichs Human- und Sozialwissenschaften an der Führungsakademie der Bundeswehr in Hamburg, der Politikwissenschaftler Elmar Wiesendahl, setzt sich dafür ein, die Innere Führung „zukunftsfähig" zu machen.[35] Das gelte insbesondere unter den neuen sicherheitspolitischen Bedingungen, die an den Soldaten gewandelte Anforderungen durch eine komplexe Einsatzrealität zwischen Krisenvorsorge, Krisenstabilisierung und Krisennachsorge stellen. Wer diese Komplexität der Lage auf den Begriff „Krieg" reduziere, habe den Boden der Inneren Führung schon verlassen. „Denn das Soldatische besteht nicht im Kämpfertum, sondern in der Friedensbewahrung",[36] so fasst Wiesendahl das Anliegen des Militärreformers und Sicherheitstheoretikers Wolf Graf von Baudissins zusammen. Dazu diene die Innere Führung als Führungsphilosophie („Menschenwürdige Führung und Zusammenarbeit", „partnerschaftliches Betriebsklima"), als Unternehmensphilosophie („Kriegsverhinderung") und als Berufsleitbild („Staatsbürger in Uniform").[37] Wenn das Berufsleitbild allerdings von den Betroffenen nicht mehr geteilt wird, wenn sich ein neues Berufsleitbild neben dem alten etabliert, dann kommen sowohl die Unternehmensphilosophie wie auch die Führungsphilosophie einer Organisation unter Druck. Deshalb setzt Wiesendahl hier an und fragt die Soldatinnen und Soldaten: Wollt ihr Athener oder Spartaner sein? Die Unterscheidung dieser beiden Möglichkeiten militärischer Berufsidentität geht auf den Schweizer Militärsoziologen Karl Haltiner zurück.[38] Athener sind demnach politisch denkende ‚weiche' Soldaten, Spartaner sind dagegen die ‚Harten', die Härte gegen sich selbst und die Untergebenen um der Härte an sich willen propagieren.[39] So bestand die Führung des spartanischen Königs Leonidas bei der

---

[35] Wiesendahl, Elmar: Zur Aktualität der Inneren Führung von Baudissin für das 21. Jahrhundert. Ein analytischer Bezugsrahmen. In: Ders. (Hrsg.): Innere Führung für das 21. Jahrhundert. Die Bundeswehr und das geistige Erbe Baudissins. Paderborn: Schöningh 2007, 11-28.

[36] A.a.O., 24.

[37] A.a.O., 23, mit weiteren Ausführungen.

[38] Haltiner, Karl W.: Sparta oder Athen? Die europäische Offiziersausbildung vor neuen Herausforderungen. In: Kümmel, Gerhard / Collmer, Sabine (Hrsg.): Soldat – Militär – Politik – Gesellschaft. Baden-Baden: Nomos Verl.Ges. 2003, 35-48.

[39] Wiesendahl, Elmar: Athen oder Sparta – Bundeswehr quo vadis? (Wissenschaftliches Forum für Internationale Sicherheit WIFIS-aktuell 44) Bremen: Ed. Temmen 2010.

Schlacht an den Thermopylen darin, seine Truppen in einen aussichtslosen Kampf zu schicken, der für viele mit dem Tod enden würde. Wenn Soldatinnen und Soldaten der Bundeswehr vor die Alternative gestellt werden, ob sie sich als Athener oder als Spartaner verstehen und identifizieren wollen, dann sollte es eigentlich nur eine Antwort geben können.

Tatsächlich aber dürfte es nicht schwerfallen, mit Hilfe von Interviews oder Fragebogen, Selbstidentifikationen von Soldatinnen und Soldaten mit dem Idealtypus des spartanischen Kämpfers aufzuweisen. Wer diesen propagieren will, betont häufig die Bedeutung der militärischen Erziehung. Und das hat dann auch Konsequenzen für das Führungshandeln in der Bundeswehr: Erziehung zur Härte gegen sich selbst und zum Gehorsam gegenüber den Vorgesetzten statt zum verantwortlichen Denken, so könnte man dieses Führungsverständnis zusammenfassen.[40]

Damit würde dann der spartanisch orientierte Soldat den *gap* zwischen Gesellschaft und Militär vertiefen und sich selbst als „Elite" inszenieren.[41] Ein solcher Graben entsteht nach Abschaffung der Wehrpflicht mit einer gewissen Zwangsläufigkeit durch die Isolation des Militärs innerhalb der Gesellschaft und die zunehmende Unkenntnis professionellen soldatischen Handelns. Parallel dazu intensiviert sich auf Seiten des Militärs die Konzentration auf die eigenen Kernfähigkeiten bei gleichzeitiger mentaler Remilitarisierung.

Führung entsprechend der Zielprozesse der Inneren Führung

Die Potsdamer Militärsoziologen Heiko Biehl und Gerhard Kümmel sowie der Koblenzer Dozent Peter Buchner arbeiten nicht mit dem sozialpsycho-

---

[40] Hartmann, Uwe: Erziehung – Nein Danke? Warum die Bundeswehr eine Rückbesinnung auf die soldatische Erziehung braucht! In: Jahrbuch Innere Führung 2009: Die Rückkehr des Soldatischen. Eschede: Hartmann Miles-Verl. 2009, 147-164. Vgl. a. die Erwiderung von Dörfler-Dierken, Angelika: Harte Soldaten? Replik auf Uwe Hartmanns Forderung. In: Jahrbuch Innere Führung 2010: Die Grenzen des Militärischen. Berlin: Carola Hartmann Miles-Verl. 2010, 240-280.

[41] Auf den Zusammenhang von Abschaffung der Wehrpflicht, Professionalisierung und Ausbildung eines Elitenbewusstseins wurde verschiedentlich hingewiesen. Vgl. Buch, Detlef: Bundeswehr 2.0. Von der Wehrpflicht bis Afghanistan – Reduziert, ignoriert, egalisiert? Frankfurt a.M. u.a.: Peter Lang 2011, 78f.

logischen Modell von Referenzrahmen oder mit dem Modell der Athener und Spartaner, sondern mit den vier „Zielprozessen" der Inneren Führung, die in der Bundeswehr immer wieder genannt werden, wenn es um den Soldaten als „Staatsbürger in Uniform" geht:[42]

- *Legitimation* des Auftrags,
- *Integration* in die Gesellschaft,
- *Motivation* zur Auftragserfüllung und
- Verwirklichung des Grundgesetzes in der *inneren Ordnung*.

Abb. 1: Zielprozesse der Inneren Führung

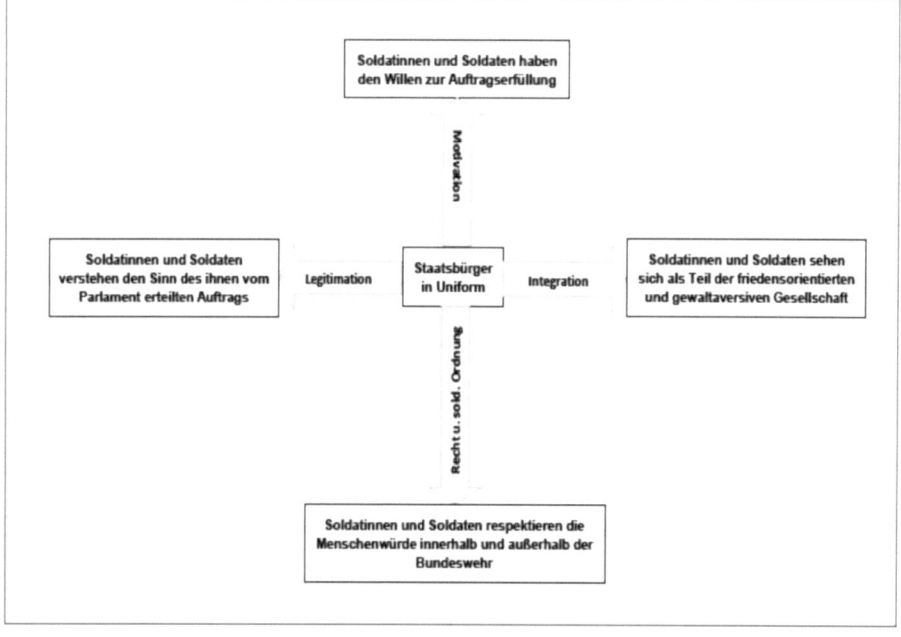

Quelle: Dörfler-Dierken 2014

---

42 Biehl, Heiko / Buchner, Peter / Kümmel, Gerhard: ‚Unter Beschuss'. Kritik und Aktualität der Inneren Führung der Bundeswehr. In: Staack, Michael (Hrsg.): Im Ziel? Zur Aktualität der Inneren Führung. Baudissin Memorial Lecture. (Wifis-aktuell 49) Opladen u.a.: Verl. Barbara Budrich 2014, 9-14, hier 11.

Biehl, Buchner und Kümmel wünschen sich, dass militärsoziologische Forschungen eine jede dieser Dimensionen daraufhin untersuchen, inwiefern die Ziele der Inneren Führung erfüllt sind beziehungsweise bei welchen Zielprozessen nachgesteuert werden muss. Faktisch ist in dieser Hinsicht schon einiges getan worden: Erinnert sei an Heiko Biehls Arbeiten zur soldatischen Motivation[43] für den Auslandseinsatz und an Gerhard Kümmels Studien zur Integration[44] von Frauen in der Bundeswehr. Wenn Frauen in allen gesellschaftlichen Bereichen ihren Platz als die eine Hälfte der Menschheit einnehmen, dann kann es nicht angehen, dass ihre Integration in die militärische Organisation seit Jahren auf niedrigstem Niveau erfolgt und sich kaum verbessern lässt. Zu dem vierten „Zielprozess" Verwirklichung des Grundgesetzes[45] in der Bundeswehr gehört ganz gewiss nicht der besondere Schutz, den Rituale in hier häufig noch genießen.[46]

Auch die Umsetzung der „Gestaltungsfelder" der Inneren Führung, in welchen die Leitvorschrift 10/1 Innere Führung die Anforderungen an das Führungshandeln systematisiert, lässt sich in vielerlei Hinsicht empirisch überprüfen. Das frühere Sozialwissenschaftliche Institut der Bundeswehr, aber auch der Deutsche BundeswehrVerband haben Studien auf den Weg gebracht, die Desiderate bei der Umsetzung der „Gestaltungsfelder" der Inneren Führung erkennen lassen. Allerdings handelt es sich bei allen Untersuchungen, die ausgehend von dem normativen Konstrukt der Inneren Führung deren Umsetzung im Truppenalltag prüfen, nicht im Sinne Neitzels um qualitative Forschung anhand von Interviews. Anstatt deduktiv aus ihrem Phänomenbereich – zum Beispiel Interviews von Soldatinnen und Soldaten nach Gefechtserfahrungen – die Beobachtungen und Ergebnisse zu deren beruflicher Identität zu entwickeln , überprüfen diese Untersuchungen die in Vorschriften vorgegebenen Normen an soldatischen Meinungsäußerungen.

---

[43] Zusammenfassende Darstellung eigener älterer Untersuchungen Biehl, Heiko: Einsatzmotivation zwischen Landesverteidigung und Intervention. Wie relevant ist die Innere Führung für Soldaten im Einsatz? In: Staack: 2014, 31-42.

[44] Kümmel, Gerhard: Truppenbild mit Dame. (SOWI-Bericht 82) Strausberg: Sozialwissenschaftliches Institut der Bundeswehr 2008. Ders.: Truppenbild ohne Dame. (ZMSBericht 1) Potsdam: Zentrum für Militärgeschichte und Sozialwissenschaften der Bundeswehr 2014.

[45] Dörfler-Dierken, Angelika: Rituale und Menschenwürde. In: Jahrbuch für Recht und Ethik, Bd. 19: Politische Ethik. Berlin: Duncker & Humblot 2011, 85-105.

[46] Biehl, Heiko / Kümmel, Gerhard: Rituale und Bundeswehr. In: Staack 2014, 43-75.

Zum Beispiel heißt es in der Zentralen Dienstvorschrift 10/1 Innere Führung (2008):

„Das Wissen um die eigenen Grenzen erleichtert den Umgang mit den Stärken und Schwächen der Anderen. Hierzu ist eine kritische Selbsteinschätzung erforderlich. Vorgesetzte müssen sich bewusst sein, dass ihr Verhalten durch ihre militärische und zivile Umwelt stets aufmerksam beobachtet und beeinflusst wird. Sie vergeben sich nichts, wenn sie ihre Soldatinnen und Soldaten um Rat fragen und gegebenenfalls auch Fehler eingestehen. Ehrlicher Umgang mit sich selbst erhöht die Autorität als Vorgesetzte bzw. als Vorgesetzter." (Ziff. 622)

Die empirische Überprüfung der Zustimmung zu diesem Satz bei der Streitkräftebefragung 2013 ergab, dass viele Untergebene aller Dienstgradgruppen hier gravierende Mängel monierten.[47]

Die Diskussion der Ergebnisse einer empirisch gestützten Beurteilung des Führungshandelns ihrer Vorgesetzten durch Untergebene, leitet an zur selbstkritischen Reflexion des eigenen Führungsverständnisses und -verhaltens. Wird Führung in diesem Sinne als ein bislang noch unabgeschlossener Prozess verstanden, dessen Zielperspektive die Leitvorschrift 10/1 Innere Führung (2008) vorgibt, dann eröffnen sich Interpretations- und Handlungsspielräume für Vorgesetzte.

Führung in der friedliebenden Demokratie

Mit der Wehrmachtstradition hat die Bundeswehr normativ brechen wollen und tatsächlich auch gebrochen.[48] Die Entwicklung und rechtliche Verankerung der Konzeption der Inneren Führung ist deutlichster Ausdruck da-

---

[47] Dörfler-Dierken, Angelika / Kramer, Robert: Ergebnisbericht. Die Innere Führung in Zahlen – Streitkräftebefragung 2013. Potsdam: Zentrum für Militärgeschichte und Sozialwissenschaften der Bundeswehr 2013, 23f (unveröffentlichtes Manuskript).

[48] Zu Kontinuitäten und Brüchen in der Bundeswehrtradition vgl. Nägler, Frank: Der gewollte Soldat und sein Wandel. Personelle Rüstung und Innere Führung in den Aufbaujahren der Bundeswehr 1956-1964/65. (Sicherheitspolitik und Streitkräfte 9) München: Oldenbourg 2006. Vgl. a. Dörfler-Dierken, Angelika: Die Bedeutung der Jahre 1968 und 1981 für die Bundeswehr. Gesellschaft und Bundeswehr. Integration oder Abschottung? Baden-Baden: Nomos Verl.-Ges. 2010. Vgl. dies.: Einleitung zu: Baudissin, Wolf Graf von: Als Mensch hinter den Waffen, hrsg. u. komm. von Angelika Dörfler-Dierken. Göttingen: Vandenhoeck & Ruprecht 2006, 21-54, Die ethischen Voraussetzungen und Implikationen der Konzeption der Inneren Führung ist analysiert in Dörfler-Dierken, Angelika: Ethische Fundamente der Inneren Führung. (SOWI-Berichte 77) Strausberg: Sozialwissenschaftliches Institut der Bundeswehr 2005.

von.[49] Noch in der letzten Fassung der Zentralen Dienstvorschrift 10/1 Innere Führung, erarbeitet während des Bundeswehreinsatzes in Afghanistan, in Kraft gesetzt von Verteidigungsminister Dr. Franz-Josef Jung am 28. Januar 2008, findet sich (fast) kein Wort zu Kampf und Krieg. Das haben manche Soldatinnen oder Soldaten kritisiert. Es entsprach aber explizit dem Willen von Minister und Regierung, dass Krieg nicht der Wahrnehmungs- und Handlungsrahmen (um mit Neitzel und Welzer zu sprechen: der „Referenzrahmen") soldatischen Handelns sein soll, auch wenn Bundeswehrsoldatinnen und Soldaten in den aktuellen Auslandseinsätzen kämpfen können müssen und kämpfen sollen. Dass die Wirklichkeit des soldatischen Lebens sich im Vergleich zu den Jahren zwischen der Aufstellung der Bundeswehr und 1989 verändert hat, erkennt der Leser der Vorschrift vor allem an der Thematisierung von Fragen, die leibliche und seelische Verwundung beziehungsweise Fragen von Leben und Tod berühren.[50] Trotz dieser – allerdings eher am Rande thematisierten – Dimension soldatischen Dienstes bleibt die derzeit gültige Vorschrift einem Bild des Soldaten verhaftet, das ihn eher als Konfliktmoderator und *miles protector*, als Gendarmen, Spezialisten für den Einsatz von Hightech-Waffen und Diplomaten zeichnet, denn als einen, der seinen Beruf vom Töten und getötet Werden her beschreiben sollte.

Das in der Vorschrift gezeichnete Leitbild für die soldatische Berufsidentität und die militärische Organisationskultur hat offensichtlich die Funktion, Soldatinnen und Soldaten der Bundeswehr an das Grundgesetz und die Verfassung der Bundesrepublik Deutschland zu binden und in der demokratischen und pluralistischen Gesellschaft zu verankern. Soldaten selbst und auch Vertreter der veröffentlichten Meinung haben sich anders geäußert und die Verteidigungsminister genötigt, das ungeliebte „K-Wort" in den Mund zu nehmen. Die öffentlichen Diskussionen über den Einsatz der Bundeswehr in Afghanistan beförderten dann die Parlamentsentscheidung zum Rückzug der deutschen Kampftruppen aus Afghanistan bis Ende 2014. Diese Struktur der beziehungsvollen Kommunikation zwischen verschiedenen *Playern* kann man abbilden mit dem Modell eines Mobiles:

---

[49] Dörfler-Dierken, Angelika: Innere Führung am Anfang der 1990er Jahre. Der sicherheitspolitische Umbruch im Spiegel der ZDv 10/1 Innere Führung von 1993. In: Beck, Hans-Christian / Singer, Christian (Hrsg.): Entscheiden – Führen – Verantworten. Soldatsein im 21. Jahrhundert. Berlin: Carola Hartmann Miles-Verl. 2011, 37-56.

[50] Ziff. 609, 672.

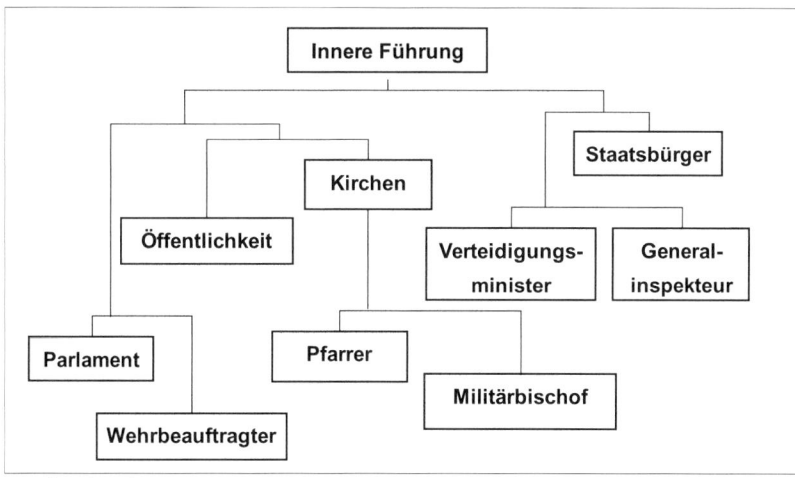

Quelle: Dörfler-Dierken 2014

Wenn durch besondere Einflüsse ein Teil des Mobiles die Harmonie stört, dann werden die anderen in Bewegung gesetzt und schlagen zur anderen Seite hin aus:

Abb. 3: Player der Inneren Führung,
unausgeglichen

Quelle: Dörfler-Dierken 2014

Baudissin hat diese Strukturen für die Aufstellung der zukünftigen Bundeswehr maßgeblich geschaffen. Damit sollte das Militär in die noch junge Demokratie eingebunden und das sicherheits- und verteidigungspolitische Denken der ganzen Bevölkerung für Bundeswehr und Politik genutzt werden.[51] Auch das Zusammenspiel der Ämter und Institutionen untereinander und mit der demokratischen Gesellschaft ist Bestandteil der Konzeption der Inneren Führung.

Durch diese Konzeption frei gegeneinander beweglicher Subsysteme entstehen zwangsläufig Spannungen zwischen dem Militär mit seiner spezifischen Organisationskultur[52] einerseits und den zivilen Funktionsbereichen von Gesellschaft und Politik andererseits, aber auch Spannungen auf der Ebene des soldatischen Individuums selbst. Gestaltet werden muss die Spannung zwischen der zivilen und der militärischen Welt von einem jeden „Staatsbürger in Uniform", der zuerst Staatsbürger und dann erst Uniformträger ist, und einen Anspruch darauf hat, dass er Zivilist bleiben darf, wenn nicht funktionale Belange des Militärs die Einordnung in die Hierarchie und Gehorsam unabweisbar notwendig machen. Gestaltet werden muss dieses Mobile natürlich auch von einem jeden Politiker und Bürger.

Die Innere Führung ist als ein komplexes normatives Leitbild zu beurteilen, das von militärischen Führern erwartet, dass sie ein Mobile denken und das öffentliche Agieren der verschiedenen *Player* analysieren können. Wird Führungshandeln mit Hilfe dieses theoretischen Konstrukts analysiert, ergeben sich weit über den Binnenraum des Militärischen hinausreichende

---

51 Von besonderer Bedeutung sind die folgenden konzeptionellen Maßnahmen:
  - Auch für Soldaten (an Soldatinnen dachte damals noch niemand) gelten die Grundrechte.
  - Ein Wehrbeauftragter kümmert sich um jede einzelne Beschwerde eines jeden einzelnen Soldaten.
  - Das Parlament entscheidet über die Armee und deren Einsatz, im Kriegsfall übergibt der Verteidigungsminister die Befehlsgewalt an den Bundeskanzler bzw. die Bundeskanzlerin.
  - Das Verfassungsziel, formuliert in der Präambel des Grundgesetzes, „dem Frieden in der Welt dienen", gibt Sinn und Ziel allen soldatischen Handelns vor.
  - Soldatisches Handeln wird durch zivile Gerichte überprüft.

52 Hagen, Ulrich vom / Tomforde, Maren: Militärische Organisationskultur. In: Leonhard, Nina / Werkner, Ines-Jacqueline (Hrsg.): Militärsoziologie. Eine Einführung. Wiesbaden: VS Verl. für Sozialwissenschaften 2005, 176-197.

Analyse- und damit auch Handlungsmöglichkeiten für Soldatinnen und Soldaten.

Töten! – Warum der Dissens zwischen militärischer und ziviler Welt notwendig ist

Innerhalb des Militärs ist das Töten auf Befehl – mit dem Ziel der Verteidigung sowie zur Förderung des Gemeinwohls in fernen Gesellschaften – nicht nur erlaubt, sondern wird ausdrücklich geübt und im konkreten Einzelfall von Soldatinnen und Soldaten abverlangt. Das wird von keiner anderen Berufsgruppe gefordert. Diese grundlegende Differenz zum Zivilen schafft Distanz und befördert die Entstehung sowie die Befestigung einer soldatischen „Sondermoral".[53] Dieser Tendenz sollte durch verantwortungsvolle Vorgesetzte gewehrt werden, denn Kasernierung, Egalisierung, Hierarchisierung, Disziplinierung, Konditionierung, Zwang zum Funktionieren, Gruppendruck, Autoritätsfixierung und traditionelle Männlichkeitsstereotype bezeichnen reale Gefahren in militärischen Organisationen. Keineswegs sollten diese Phänomene verklärt werden.

Auch wenn die entsprechenden Sozialisationserfahrungen je nach Truppengattung unterschiedlich ausfallen mögen, gibt diese Liste dem Führungspersonal der Bundeswehr die Führungsaufgabe vor, der Tendenz zur rechtfertigenden Verklärung der Sondermoral entgegen zu steuern. Vorgesetzte wissen um die Anpassungsbereitschaft von Menschen und darum, wie Gruppendynamik funktioniert. Deshalb stehen sie in der Verantwortung dafür zu sorgen, dass die Soldatinnen und Soldaten „zivilisiert" bleiben beziehungsweise gegebenenfalls „zivilisiert" werden.

---

[53] Kliche, Thomas: Militärische Sozialisation. In: Sommer, Gert / Fuchs, Albert (Hrsg.): Krieg und Frieden. Handbuch der Konflikt- und Friedenspsychologie. Weinheim u.a.: Beltz PVU 2004, 344-356, hier 346. Vgl. a. Piecha, Thorsten: Normensetzung und soziale Kontrolle im Ausbildungsalltag der Bundeswehr. Eine Replikationsstudie zu Hubert Treibers Wie man Soldaten macht. Frankfurt a.M.: Lang 2006. Vogt, Wolfgang (Hrsg.): Militär als Gegenkultur. Streitkräfte im Wandel der Gesellschaft. I. Opladen: VS Verl. für Sozialwissenschaften 1986. Bake, Julika: Fernab von der Armee im Einsatz? Wehrdienst und militärische Sozialisation im Wachbataillon BMVg. In: Kümmel, Gerhard (Hrsg.): Streitkräfte unter Anpassungsdruck. Sicherheits- und militärpolitische Herausforderungen Deutschlands in Gegenwart und Zukunft. Baden-Baden: Nomos Verl.Ges. 2009, 107-125, hier 115.

Höhere Dienstgrade tragen eine höhere Verantwortung für die Führungskultur in der Bundeswehr, weil sie nicht nur sich selbst führen, sondern auch ihre Untergebenen. Deshalb zielt die Konzeption der Inneren Führung in besonderer Weise auf das Ethos und die Reflexionsfähigkeit der Führungskräfte.[54] Soldatinnen und Soldaten müssen den Spagat zwischen militärischen Erfordernissen und grundgesetzlich garantierten Rechten ihrer Untergebenen geistig sowie in ihrem konkreten Führungshandeln bewältigen.

Wenn sie das im Sinne der Inneren Führung tun, dann müssen sie sich nicht als solche Menschen sehen, deren Profession darin besteht, andere zu töten. Sie würden dann Bundeswehr, Politik und Gesellschaft anleiten zur Unterscheidung zwischen Gewalt als *Mittel*, das manchmal, genau kalkuliert und gezielt einzusetzen ist, um dem *Ziel* des Gewalteinsatzes: dem Frieden, zu dienen. Wenn Gewalt selbst als Ziel erschiene, wenn der Beruf des Soldaten vom Töten her bestimmt würde, dann würde der Soldat als Objekt der Wissenschaft durch das konstituiert, was er eben nicht sein soll: ein professioneller, vom Staat gedrungener Krieger, ein Spartaner.

Die Diskussion der impliziten theoretischen Konstrukte, die soldatische Identität prägen beziehungsweise im Sinne der Leitvorschrift 10/1 Innere Führung prägen sollen, zeigt, dass es keineswegs gleichgültig ist, wie Soldatinnen und Soldaten sich selbst sehen und wie sie von Politik und Gesellschaft gesehen werden. Sollten Soldatinnen oder Soldaten sich selbst im Referenzrahmen des Krieges als gewaltaffine und kampfbetonte Spartaner sehen, so hätten militärische Führer die Aufgabe, sie auf die Konsequenzen solcher Selbstzuschreibungen aufmerksam zu machen: Sie entfremden sich damit von dem *Ziel* militärischen Handelns, das allein den kontrollierten Einsatz von Gewalt zwecks Herstellung von Sicherheit und Frieden zu rechtfertigen vermag.

Die Unterscheidung zwischen dem Ziel und dem Mittel leuchtet besonders dann ein, wenn man den Soldaten mit einem Arzt vergleicht. Auch der muss manchmal dem Kranken einen Arm amputieren, damit dieser wieder genesen kann. So wie ein Arzt vom Skalpell muss ein Soldat von der Waffe Gebrauch machen. – Aber: Kein Arzt würde sich als einer definieren, der Arme oder Beine abschneidet. Kein Arzt würde sich definieren als derjenige, der ein Skalpell verwendet. Ein Arzt würde sich vielmehr definieren

---

[54] In der ZDv 10/1 findet sich eine Liste mit Geboten für Führungskräfte „Leitsätze für Vorgesetzte" vgl. BMVg: ZDv 10/1 Innere Führung (2008), 46f.

von seiner heilenden Beziehung zum Kranken her. Wenn Soldatinnen und Soldaten sich entsprechend definieren, dann haben sie Ziel und Mittel ihres professionellen Handelns ins rechte Verhältnis zueinander gesetzt. Und in den meisten Szenarien, in denen Bundeswehrsoldatinnen und -soldaten agieren, geht es gar nicht um Kampf und Krieg. Zu erinnern ist deshalb abschließend an ein Wort der Verteidigungsministerin, Dr. Ursula von der Leyen, das aufmerksam macht auf die unterschiedlichen „Rollen", denen entsprechend Soldatinnen und Soldaten aktuell agieren müssen:

„Wir haben gegenwärtig 14 Auslandseinsätze der Bundeswehr. Das, was landläufig unter Kampfeinsätzen verstanden wird, nämlich dass zur Durchsetzung des Auftrages Waffengewalt eingesetzt werden kann, trifft im Grunde überhaupt nur auf drei Einsätze der Bundeswehr weltweit zu: bei der Piratenbekämpfung am Horn von Afrika, im Kosovo und in Afghanistan. Alle anderen Einsätze, an denen die Bundeswehr unter dem Dach der Vereinten Nationen oder der EU teilnimmt, sind eher Ausbildungs-, Trainings- oder Beobachtungsmissionen und medizinische Hilfe, bei denen nur der Selbstschutz zugelassen ist."[55]

---

[55] Im Gespräch: Verteidigungsministerin Ursula von der Leyen (CDU): „Ein Kampfeinsatz kommt für uns nicht in Frage". In: FAZ 12. Februar 2014, 2.

Führen als Wesensmerkmal des Offizierberufs: Ein Essay

Hannes Wendroth

Was mir wichtig ist

Die Karriere meines Vaters als Berufsoffizier endete im Alter von 26 Jahren. Unmittelbar nach dem Abitur war er in die Wehrmacht eingetreten und kurz vor Ende des Krieges der russischen Gefangenschaft knapp entkommen. Allerdings hatte er den rechten Arm verloren – Glück im Unglück, denn er war Linkshänder! Dennoch entschied er sich für eine landwirtschaftliche Lehre. Auf dieser Grundlage bot ihm Jahre später ein Kriegskamerad die Möglichkeit eines festen Arbeitsplatzes. Als Leiter der Produktionsabteilung und Prokurist in dessen Saatzuchtunternehmen hat er seine Lebensstellung gefunden. Entsprechend groß war die empfundene Verpflichtung gegenüber diesem „Gönner". Er sollte seine Großherzigkeit auf keinen Fall bereuen müssen. Mein Vater zahlte ihm zurück und zwar durch überaus großes Engagement. Der Beruf stand ohne Frage im Mittelpunkt seines Lebens, für das familiäre Tagesgeschäft war maßgeblich meine Mutter verantwortlich. Besonders in Erinnerung geblieben ist mir das Führungsverständnis meines Vaters – auf der Grundlage eines christlich geprägten Menschenbildes und der Erfahrungen als Kompaniechef im Krieg: verantwortlich für rund 100 Mitarbeiter – vom ungelernten Arbeiter bis zum studierten Kaufmann – galt sein Führungsstil als stark patriarchalisch. Das schloss den von gegenseitiger Achtung gekennzeichneten Umgang mit dem Personalrat ebenso ein, wie das Verständnis für die einfachen, aber entscheidenden Dinge des Lebens. Wenn am Ende des Monats einem der Arbeitsmänner das Geld nicht mehr reichte, um die Familie satt über das nächste Wochenende zu bringen, ging er zu meinem Vater. Der fasste ohne viele Worte in seine Brieftasche und lieh den notwendigen Betrag. Oder ein kriegsversehrter Pförtner: der wurde so lange gehalten, bis er am Ende des Alkoholkonsums überführt und Heilung nicht in Sicht war. Dabei erinnere ich mich an den obligatorischen Spaziergang am Heiligabend, den mein Vater mit uns Söhnen dazu nutzte, den Wachleuten, Heizern unter anderem ein frohes Weihnachtsfest zu wünschen und ihren Dienst zu würdigen. Selbstverständlich kam dabei die Kontrolle im Sinne wohlverstandener Dienstaufsicht nicht zu kurz. – Was ist für mich aus dieser Zeit wichtig gewesen: das von persönlicher Zuwendung, preußischem Pflichtbewusstsein und absoluter Loyalität gekennzeichnete Verhältnis gegenüber dem Kriegskameraden und Arbeitgeber. Dazu tief empfundene und gelebte Verantwortung für die Mitarbeiter – sowie deren Familien – verbunden mit dem festen Willen, das Unternehmen als Lebensgrundlage aller Beschäftigten weiter nach vorn zu bringen.

Damit ist auch die Ausrichtung meiner Erziehung markiert. Die Wahl des Soldatenberufs entsprach nicht nur einem Herzensanliegen meines Vaters, sondern bildete auch für mich eine von mehreren gleichwertigen Berufsalternativen. Mit dem, was ich in Elternhaus und Schule mitbekommen hatte, bot sich unter anderem ein Theologiestudium an, aber dazu wäre ja nach der Bundeswehrzeit immer noch Gelegenheit.

Den Dienst als Soldat erachtete ich als sinnvoll und nötig. Meine Eltern sprachen zwar selten über ihre Kriegserlebnisse, gemeinsam teilten sie eine tiefe Abneigung gegenüber „dem Russen". Meiner Mutter war auf einem Pferdewagen die Flucht aus dem heutigen Polen nach Westen geglückt, mein Vater hatte sein Heimatdorf in der Altmark gerade noch rechtzeitig vor der Besetzung durch sowjetische Soldaten verlassen können. Der Bau der Berliner Mauer und die menschenverachtende Ausgestaltung der innerdeutschen Grenze waren für mich Anlass genug, daran mitzuwirken, dass der „Eiserne Vorhang" nicht einen Meter weiter nach Westen verschoben würde. Mit meinem Eid vor der Truppenfahne im Dienstzimmer meines damaligen Kommandeurs ging ich keine abstrakte Verpflichtung ein, sondern war in letzter Konsequenz bereit, mein Leben zu geben.[1] Diejenigen, die heute rückblickend feststellen, dass es nicht zuletzt aufgrund der atomaren Patt-Situation zwischen Ost und West ohnehin niemals zu einem Krieg gekommen wäre, machen es sich zu leicht. Sie nehmen für sich in Anspruch, mit dem Wissen der Gegenwart historische Entwicklungen beurteilen zu können.

Diese Diskussion erübrigt sich mit Blick auf die Streitkräfte zu Beginn des 21. Jahrhunderts. In weiten Bereichen der Bundeswehr steht das Einsatzdenken im Mittelpunkt aller Überlegungen. Bis zum Jahresende 2013 verzeichnet das Bundesministerium der Verteidigung (BMVg) 35 Gefallene

---

[1] Soldatengesetz §7.

[2] BMVg (2014).

44

in Afghanistan.[2] Diese Kameraden haben ihr Leben hingegeben – im Gefecht als Kämpfer oder als Opfer von Anschlägen. Für den Schmerz der Angehörigen, Freunde und Kameraden mag die Todesursache ein eher nachgeordneter Aspekt sein. Was bleibt ist der Schmerz über den Verlust eines geliebten und geschätzten Menschen. Die Gefallenen kannten die letzte Konsequenz ihres Berufes: „Der Soldat hat die Pflicht, der Bundesrepublik Deutschland treu zu dienen und das Recht und die Freiheit des Deutschen Volkes tapfer zu verteidigen.“[3] Das treue Dienen findet in der Hingabe des eigenen Lebens seine höchste Ausformung, die in dieser Form für keinen anderen Beruf gilt. Selbst Polizisten und Feuerwehrleute, die in der Ausübung ihres Berufes oftmals auch eine hohe Gefährdung auf sich nehmen, gehen eine derartige Verpflichtung nicht ein. Dieses Alleinstellungsmerkmal ihres Berufes sollten Soldaten bescheiden und selbstbewusst in der Gesellschaft vertreten, eine daraus abzuleitende Sonderstellung verbietet sich dagegen. Damit ist der Bogen geschlagen zu den Anfangsjahren der Bundeswehr.

Ausgangslage

Die Gründungsväter der Bundeswehr – politische Leitung und militärische Führung gleichermaßen – waren sich darin einig, dass die Streitkräfte integrierter Bestandteil der Gesellschaft sein sollten. Wegweisend wurde in diesem Zusammenhang die Konzeption der Inneren Führung, die maßgeblich auf General Wolf Graf von Baudissin zurückgeht. Er trat aus tiefer Überzeugung für das Bild vom Staatsbürger in Uniform ein, der sich in Bundeswehr und Gesellschaft gleichermaßen zeigt und bewährt. Streitkräfte sollten ihren festen Platz in der Mitte derer haben, für die im Ernstfall das treue Dienen erfolgen müsste. Kritiker, die Innere Führung gleichsetzen mit Verweichlichung und dem Verlust an Kriegstauglichkeit, vergessen leicht, dass sich diese besondere Führungskultur nicht nur bis zum Ende des Kalten Krieges, sondern auch in den Auslandseinsätzen der Bundeswehr bis heute überaus bewährt hat. Dazu erfolgten Anpassungen und Weiterentwicklun-

---

[3] Die Eidesformel, mit der die Soldaten diese Pflicht anerkennen lautet wie folgt: „Ich schwöre, der Bundesrepublik Deutschland treu zu dienen und das Recht und die Freiheit des deutschen Volkes tapfer zu verteidigen, so wahr mir Gott helfe" (§ 9, Abs. 1, SG).

gen, um aktuelle Einsatzerfordernisse und gesellschaftliche Strömungen angemessen zu berücksichtigen.

Zu den unverrückbaren Bestandteilen der Führungskultur in der Bundeswehr gehört das Menschenbild, das aus Artikel 1 des Grundgesetzes hervorgeht: „Die Würde des Menschen ist unantastbar. Sie zu achten und zu schützen ist Verpflichtung aller staatlichen Gewalt." Wer diese Würde als Staatsbürger in Uniform verteidigen soll, muss selbst würdig behandelt werden. Die Achtung der Menschenwürde beginnt nicht fernab in entlegenen Einsatzregionen in der Zusammenarbeit von deutschen Soldaten mit der dortigen Bevölkerung, sondern bereits im täglichen Dienstbetrieb – eben dort, wo Menschen einer gemeinsamen Aufgabe nachgehen. Dabei ist zu beachten, dass das individuelle Verständnis von Menschenwürde zum Beispiel in Abhängigkeit mit der persönlichen Biographie stark variieren kann. Insofern verbietet sich eine allgemeingültige Definition. Vielmehr geht es darum, durch Erziehung und Vorleben personen- und situationsgerechtes Handeln sicherzustellen. Kurz gesagt: „Die Würde des Menschen ist unantastbar" – wer diesen Grundsatz beherzigt, ist sicherlich nicht davor gefeit, andere zu verletzen. Das vorsätzliche Niedermachen im Sinne persönlicher Vernichtung kann jedoch ausgeschlossen werden. Gerade für den Soldaten eines demokratischen Rechtsstaates, der im Gefecht mit Waffengewalt darauf zielt, seinen Gegner niederzuringen, ist diese Grundhaltung essentiell. Wer als Besiegter am Boden liegt oder sich ergibt, hat Anspruch auf die Achtung seiner Würde. Das schließt Vergeltung oder Rache aus!

Die Bundeswehr ist seit ihrer Aufstellung eine Armee im Bündnis, die eingegangenen Verpflichtungen sind vielfältig. Nach der Wiedervereinigung ist Deutschlands Rolle in der Welt gewachsen. Damit nehmen auch die Erwartungen zu, deutsche Streitkräfte zur Friedenssicherung und Wahrung der Menschenrechte weltweit einzusetzen – ein entsprechendes Mandat vorausgesetzt. Diese Einsatzoptionen können als die konstante Weiterentwicklung der bislang eingegangenen Verpflichtungen angesehen werden.

Und von einem Verharren bei diesen Szenarien ist nicht auszugehen. Vielmehr sind Optionen zu denken, die über die gegenwärtigen Limitierungen des Grundgesetztes hinausgingen und den Einsatz im Innern bedeuteten – ähnlich der Einbindung von Soldaten bei Planung und Durchführung des G8-Gipfels im Jahr 2007 in Heiligendamm. Da springen zunächst die großen unterirdischen Lager für schwachradioaktiven Abfall ins Auge. Sollte es dazu kommen, dass diese überprüft und geordneten werden müssen, wird den Streitkräften aufgrund von Sachverstand und Ausstattung vermutlich eine entscheidende Rolle zukommen. Ähnlich verhält es sich zum Beispiel mit der Unterstützung von Sicherheitsorganen bei Großveranstaltungen, die zum selben Zeitpunkt stattfinden. Bei sinkenden Ausgaben für die innere Sicherheit ist auf Dauer kaum vorstellbar, dass deutsche Soldaten, die im Rahmen ihrer Einsatzvorbereitung für Objektsicherung und Begleitung von Demonstrationen ausgebildet sind, von den Ländern nicht angefordert werden, um die eigenen Polizeikräfte zu unterstützen. Völlig utopisch – wohl kaum! Diesbezüglich gilt es, auch das gegenwärtig Unwahrscheinliche einmal zu denken und die Streitkräfte entsprechend aufzustellen. Die Unterstützung von Kräften des Bundes und der Länder bei Aufgaben im Innern erscheint gegenwärtig noch so fern wie 1988 ein Einsatz in Afghanistan…

Bestimmungsgrößen soldatischen Führens

Neuausrichtung

Seit Aussetzung der Wehrpflicht im Jahr 2011 wirbt die Bundeswehr um junge Männer und Frauen, die sich freiwillig für mehrere Monate oder Jahre zum Dienst in den Streitkräften verpflichten. Die damit verbundene Nachwuchslage wird je nach Standort des Beobachters unterschiedlich bewertet. Fest steht, dass die Bundeswehr nunmehr um die Talente werben muss. Dass es sich bei dem eingestellten Personal um einen repräsentativen Querschnitt der Bevölkerung handelt, darf bezweifelt werden. Andererseits steht in einer Freiwilligenarmee die Frage der Professionalisierung ganz weit oben. Damit vergrößern sich die Einsatzoptionen der Streitkräfte als Instrument einer wirksamen Sicherheits- und Verteidigungspolitik.

Mit dem Dresdner Erlass vom 21. März 2012 und seiner Rede bei der Bundeswehrtagung 2012 in Strausberg hat Verteidigungsminister Dr. Thomas de Maiziere seine mit der Neuausrichtung verbundene Absicht einem Marschbefehl ähnlich deutlich gemacht. Bei all dem, was den Soldaten und zivilen Mitarbeitern der Bundeswehr im Rahmen der laufenden Reform abverlangt wird, legt er Wert auf die Beibehaltung der bestehenden Führungskultur. „Verantwortung und Führung werden in der Bundeswehr gelehrt und gelernt – mit den Grundsätzen der Inneren Führung… Diese Grundsätze gelten auch für die zivilen Angehörigen der Bundeswehr. Sie gelten in besonderem Maße für alle Führungskräfte in der Bundeswehr, für den Minister ebenso wie für den Referatsleiter im Ministerium und den Feldwebel in der Truppe."[4]

Führen mit Auftrag

Hinter dem, was der Minister als Inhaber der Befehls- und Kommandogewalt hier andeutet, steckt unter anderem das Führen mit Auftrag – häufig auch kurz als Auftragstaktik bezeichnet. Diese Art der Aufgabenerfüllung ist viel älter als die ersten Überlegungen zur Konzeption der Inneren Führung. Gleichwohl bilden beide in der Bundeswehr ein nicht aufzulösendes Junktim, das es zu schützen und weiterzuentwickeln gilt. Dazu die folgenden Gedanken: Führen mit Auftrag setzt zunächst voraus, dass dem Auftragsempfänger zugetraut wird, das gesteckte Ziel zu erreichen. In diesem Zusammenhang gilt: Nur wer seine Untergebenen genau kennt, wird sie bei der Erteilung von Aufträgen weder über- noch unterfordern. Andererseits sollte auch der Auftragsempfänger sicher sein können, dass ihm/ihr keine unlösbaren Aufgaben gestellt werden. Die Bereitstellung der notwendigen Kräfte und Mittel ist dabei ebenso wichtig, wie die eindeutige Formulierung der Absicht, die gerade zu diesem Auftrag geführt hat. Der Führungsprozess der Landstreitkräfte stellt diese Überlegungen in strukturierter Form dar[5]. In der Phase „Entscheidungsvorbereitung" wird der eigene Auftrag ausgewertet, findet die Beurteilung der Lage statt und wird ein Entschluss für das weitere Vorgehen gefasst. Dabei hat die Formulierung der eigenen Absicht hohen Stellenwert. Es gilt der Grundsatz: Nur wer klare Ziele formuliert, kann erwarten, dass die Auftragnehmer in die gewünschte Richtung arbeiten.

Auf der anderen Seite gewährt das Führen mit Auftrag der ausführenden Ebene einen Gestaltungsfreiraum, der geradezu einzigartig ist. Letztlich zeichnet die Bundeswehr aus, dass in Grundbetrieb und Einsatz gleichermaßen an Auftragstaktik als wesentlichem Bestandteil der Führungskultur festgehalten wird. Die gegenwärtige Reform greift unter der Überschrift Neuausrichtung derart massiv in bestehende Strukturen und Verfahren ein, dass häufig nur mit allgemein gehaltenen Zielvorgaben geführt werden kann. Es liegt in der Verantwortung eines jeden Einzelnen, seinen individuellen Beitrag zum Gelingen des Gesamtprojekts beizusteuern.

---

[4] Dr. Thomas de Maiziere, in seiner damaligen Funktion als Bundesminister der Verteidigung, am 22.10.2012 in Strausberg.

[5] HDv 100/200, Nr. 621.

Im Einsatz verhält es sich bisweilen anders: hier kann durch technische Hilfsmittel – zum Beispiel Helmkameras – weit zurückgesetzt in einem Gefechtsstand mitverfolgt werden, wie sich die Lage vor den Augen von Patrouillensoldaten darstellt. Der Durchgriff über alle Ebenen hinweg ist zwar möglich, verbietet sich aber grundsätzlich! Andernfalls wird jeder Führer vor Ort seine eigene Initiative und Kreativität zu Gunsten eines auf Befehle ausgerichteten Handelns einstellen.

Eindrucksvoll schildert Stefan Zweig die schicksalhaften Stunden der Schlacht von Waterloo.[6] Im Mittelpunkt steht dabei Marschall Grouchy, ein Reiterführer, der sich seinen Dienstgrad in zahlreichen Kriegen und Schlachten erdient hat. „Napoleons Befehle sind klar. Während er selbst auf die Engländer losgeht, soll Grouchy mit einem Drittel der Armee die preußische Armee verfolgen… Gleichzeitig mit der Verfolgung ist Grouchy geboten, ständig in Verbindung mit der Hauptarmee zu bleiben."[7] Als am Morgen dieses Junitages dumpfer Kanonendonner darauf hindeutet, dass Napoleon in eine heftige Schlacht verwickelt ist, gerät Grouchy in eine Situation, die er zeitlebens nicht vergessen sollte: gewöhnt daran zu gehorchen, empfangene Befehle präzise zu erfüllen, ist dieser altgediente Offizier zum Zerreißen angespannt: soll er wohl möglich seine Kräfte teilen und Napoleon im Kampf gegen die Engländer zur Hilfe kommen. Seine engsten Berater drängen ihn, in diese Richtung zu entscheiden. Nein, Grouchy bleibt bei dem, was ihm befohlen wurde: die Preußen verfolgen und binden – nichts als das! Damit steht der Ausgang der Schlacht fest, das Schicksal Napoleons ist besiegelt. Zu Grouchy fasst Stefan Zweig zusammen: „Alle bürgerlichen Tugenden, Vorsicht, Gehorsam, Eifer und Bedächtigkeit, sie alle schmelzen ohnmächtig in der Glut des großen Schicksalsaugenblicks, der immer nur den Genius fordert und zum dauernden Bildnis formt. Verächtlich stößt er den Zaghaften zurück; einzig den Kühnen hebt er, ein anderer Gott der Erde, mit feurigen Armen in den Himmel der Helden empor."[8]

Szenenwechsel: Fukushima im März 2011. Im Atomkraftwerk der Firma Tepko ereignet sich ein Unfall, der die Welt an den Rand einer Katastrophe führt. Im Rückblick stellen die beiden Umweltexperten Ranga Yogeshwar und Klaus Töpfer fest, dass die diensthabenden Ingenieure in

---

[6] Vgl. Zweig (2003), S. 108 ff.

[7] a.a.O., S. 111.

[8] a.a.O., S. 123.

dem Moment, als sie Unregelmäßigkeiten erkannten, weisungsgemäß und präzise ihre Checklisten abarbeiteten - genauso, wie sie es vermutlich immer wieder geübt hatten.[9] Die entscheidende Frage stellten sie sich nicht: wird es uns am Ende möglich sein, die drohende Katastrophe abzuwenden. Vor diesem Hintergrund wäre es richtig und zweckmäßig gewesen, aus dem angewiesenen, simulationsbasierten Ablaufschema auszubrechen! Zwei Feuerwehrwagen, die mit ihren Pumpen Meereswasser in das Kühlbecken des Reaktors in Block 4 pumpen, hätten zwar eine Umweltverschmutzung nicht verhindern, die Katastrophe aber abwenden können – so die beiden Experten.

Die hier genannten Beispiele finden ihre Parallelen in der Bundeswehr – häufig weniger dramatisch und bedeutsam hinsichtlich der mit ihnen verbundenen Folgen. Jeder Soldat, der einmal Führungsverantwortung übernommen hat, kann dazu aus eigenem Erleben beitragen. Der Einsatz von US-Flugzeugen gegen zwei im Kundus-Fluss feststeckende entführte Tanklastzüge – angefordert und verantwortet durch Oberst Georg Klein – geschah im Rahmen der Auftragserfüllung als Kommandeur eines Provincial Reconstruction Teams (PRT). Die hohe Anzahl an zivilen Opfern und die Art der Berichterstattung in den Medien haben dazu geführt, dass Oberst Klein Führungskönnen und Handeln im Sinne der Auftragstaktik abgesprochen wurden. Mit der Last, für den Tod zahlreicher unschuldiger Afghanen verantwortlich zu sein, stand dieser untadlige Offizier plötzlich völlig allein im Rampenlicht. Die mittlerweile erfolgte Beförderung zum Brigadegeneral ist zumindest in die Streitkräfte hinein das deutliche Signal, dass vermeintliche Führungsfehler nicht das Ende einer Karriere bedeuten müssen. Wer hätte ansonsten noch ein derartiges Risiko eingehen sollen? Politische Leitung und militärische Führung waren daher gut beraten, diesen als Kameraden und Führer so sehr geschätzten Offizier weiter zu fördern. Seine Ehre hat Brigadegeneral Klein mit dem neuen Dienstgrad noch nicht zurückerhalten.

Verantwortung und Vertrauen

„Den Vorgesetzten sind besondere Pflichten auferlegt… Sie tragen für ihre Befehle die Verantwortung."[10] Das gilt für Offiziere und Unteroffiziere glei-

---

9 Vgl. Töpfer/Yogeshwar (2011).
10 Soldatengesetz, § 10 Abs. 1.

chermaßen, sobald sie in Führungsverantwortung gestellt werden. In einem demokratischen Rechtsstaat, der dem Schutz der Menschenwürde höchste Priorität einräumt, spielt die Frage der Verantwortung bei der Anwendung von Waffengewalt die entscheidende Rolle. Das gilt nicht nur im Einsatz, sondern auch in der Vorbereitung darauf. Dazu zählt nicht zuletzt der Routinedienst, in dem Erziehung und Ausbildung den gefechtstüchtigen Soldaten zum Ziel haben. Wenn die Übernahme von Verantwortung dann mehr und mehr den Charakter positiv empfundener Pflicht erhält, ist die Hingabe an die anvertrauten Soldaten eine natürliche Folge. Die Untergebenen werden dieses Verhalten ihrerseits mit einem Vertrauen belohnen, das bis in lebensbedrohliche Lagen hinein trägt. Und darum geht es, hier liegt die Richtschnur auch für den Tagesdienst in der Truppe. Zu diesem Gedanken passt der Cartoon eines unbekannten Zeichners: zwei Pinguine spielen auf einer kleinen Eisscholle Hockey– einer von ihnen im Tor, der andere davor. Mit einem schlecht platzierten Schlag landet der Puck im Aus – in den Weiten des Polarmeeres. Darauf der Torwart: „Den holst Du wieder!" Genauso, wie diese beiden Pinguine ihren Puck nicht wieder finden werden, steht der Vorgesetzte da, der das Vertrauen seiner Untergebenen missbraucht oder verletzt hat. Einmal verlorenes Vertrauen ist weg – und zwar auf Nimmerwiedersehen. Das ist keine auf das Militär beschränkte Feststellung, sondern gilt für andere Lebensbereiche gleichermaßen.

Das anfangs beschriebene Alleinstellungsmerkmal des Soldatenberufs ist gekoppelt an die besondere Wahrnehmung und Ausgestaltung der Verantwortung für Leib und Leben unterstellter Soldaten. Verantwortung wird übertragen – meist für einen festgelegten Personenkreis, zeitlich definiert und eine bestimmte Aufgabe. So schildert es auch Wolfgang Borchert in seinem Drama „Draußen vor der Tür":[11] Unteroffizier Beckmann, ein im scharfen Schuss bewährter ehemaliger Unteroffizier der Wehrmacht, kämpft auch nach Kriegsende noch - allerdings mit den Spätfolgen dessen, was er durchgemacht hat. Ihn plagt sein Gewissen bei Tag und Nacht: Aus seiner Gruppe fehlten am Ende einer Erkundung elf Männer. Und als Gruppenführer hatte er die Verantwortung für das, was geschah. Ihm gehen weder die Gesichter seiner gefallenen Kameraden aus dem Sinn noch der Oberst, der ihm damals den Auftrag zur Erkundung erteilt und damit das ganze Unheil angezettelt hatte. Daraufhin entschließt sich Beckmann, seinen Oberst

---

[11] Vgl. Borchert (1956).

zur Rede zu stellen. Und tatsächlich gelingt es ihm, den ehemaligen Offizier in Hamburg aufzuspüren. An der Haustür kommt es zu einem heftigen Wortwechsel. Der Oberst will seine Ruhe und wiegelt ab – doch ohne Erfolg. „Verantwortung ist doch nicht nur ein Wort, eine chemische Formel, nach der helles Menschenfleisch in dunkle Erde verwandelt wird. Man kann doch Menschen nicht für ein leeres Wort sterben lassen. Irgendwo müssen wir doch hin mit unserer Verantwortung. Die Toten – antworten nicht. Gott – antwortet nicht. Aber die Lebenden, die fragen… Es sind nur elf Frauen, Herr Oberst, bei mir sind es nur elf. Wieviel sind es bei Ihnen, Herr Oberst? Tausend? Zweitausend? Schlafen Sie gut, Herr Oberst? Dann macht es Ihnen wohl nichts aus, wenn ich Ihnen zu den zweitausend noch die Verantwortung für meine elf dazugebe… Dann kann ich wohl nun endlich in aller Seelenruhe pennen Seelenruhe, das war es, ja, Seelenruhe, Herr Oberst.“[12]

Das Gewissen schlägt – ununterbrochen. Quälende Gedanken am Tag und in der Nacht Alpträume, aus denen Beckmann schweißgebadet aufwacht. So oder ähnlich ist das Leben dieses Kriegsheimkehrers vorstellbar. Einsatznachbereitung gibt es noch nicht. Niemand hilft ihm: die Lebenden stellen bohrende Fragen, die Toten antworten nicht und Gott antwortet nicht. Ja, zu Gott hat er offensichtlich keinen Zugang, vielleicht findet er ihn auch gerade in eben dieser persönlichen Notlage nicht. In jedem Fall fühlt er sich allein mit dem quälenden Gewissen. Das schlägt Tag und Nacht und bringt ihn fast um den Verstand. Offensichtlich hadert er mit Gott. Wie anders ist zu verstehen, dass er resignierend feststellt: Gott antwortet nicht. Der Gedanke um Vergebung zu bitten, liegt so fern, dass er nicht nur abwegig, sondern sogar ausgeschlossen erscheint. Hans Küng spricht vom „…liebe(n) Gott, der sich mit den Menschen, ihren Nöten und Hoffnungen solidarisiert. Der nicht fordert, sondern gibt, der nicht niederdrückt, sondern aufrichtet, nicht krank macht, sondern heilt… Der, statt zu verurteilen, vergibt, der, statt zu bestrafen, befreit, der statt Recht vorbehaltlos Gnade walten lässt. Der Gott also, der sich nicht den Gerechten, sondern den Ungerechten zuwendet.“[13] Beckmann ist vermutlich lange tot. Die Anzahl derer, die den 2. Weltkrieg noch als aktive Soldaten erlebt haben, nimmt von Jahr zu Jahr ab. Fragen des Gewissens aber sind unverändert aktuell und brisant. Die große Anzahl der Bundeswehrsoldaten mit posttraumatischen

---

[12] a.a.O., S. 25 f.
[13] Küng (2013), S. 92.

Belastungsstörungen kann dafür als ein sicherer Indikator angesehen werden.

Pflicht

Die bisherigen Überlegungen bezogen sich maßgeblich auf den militärischen Führer, denjenigen, der Verantwortung für Menschen übernimmt. Er steht zumeist aber nicht allein, sondern wird – je nach Führungsebene – von seinem Stab beraten. Zur Vorbereitung der Entscheidung tragen unterschiedliche Fachleute bei – die sogenannten Führungsgehilfen. Sie sind nach außen namenlos, in der Stabsarbeit jedoch bilden sie das Fundament der Entscheidungsvorbereitung. Damit steht jede(r) in der Pflicht – die Chef des Stabes ebenso wie zum Beispiel ihr Abteilungsleiter. Der Verlust eigener Kräfte, der auf eine mangelhafte Beurteilung der Feindlage zurückzuführen ist, nimmt auch den dafür verantwortlichen Offizier in die Pflicht. Er oder sie kann sich nicht darauf zurückziehen, dass ja der Kommandeur, der Truppenführer die Verantwortung trägt und dafür mit seiner Unterschrift geradesteht.

Für das Gewissen als letztlich verantwortliche Instanz können durch Ausbildung und Erziehung nur Empfehlungen ausgesprochen und unterschiedliche Weg aufgezeigt werden. Patentrezepte und eine damit unter Umständen verbundene Gleichschaltung verbieten sich. Die Verfasser der ZDv 10/1 wählten daher auch einen pragmatischen Weg und bieten Themenfelder an, die zu einer Gewissensbildung beitragen können – vergleichbar mit einem inneren Kompass. Ob der eher an einer christlich orientierten Grundhaltung ausgerichtet ist, einer anderen Religion oder aber zum Beispiel auf einer von Realitäten geprägten Weltanschauung bleibt jedem Individuum überlassen.

Das Gewissen mag auch für Uria, den Hetiter, die treibende Kraft gewesen sein, sich nicht besser zu stellen als seine im Feld kämpfenden Kameraden.[14] Er, der an den Hof des Königs befohlen worden war, wollte die Entbehrungen des Krieges so gut es eben ging mit denen teilen, die im Kampf standen. Daran konnte auch König David nichts ändern. Der führte Krieg gegen die Ammoniter – besser gesagt: er ließ den Krieg führen durch seinen Feldherrn Joab und dessen Männer, zu denen auch Uria gehörte. Das Schicksal wollte es, dass sich König David in dieser Zeit in die schöne Batseba, die Frau Urias, verliebte. Als sie schwanger wurde und David sich mit

---

[14] Siehe hierzu in der Bibel 2. Samuel 11 f.

der Schande des Ehebruchs konfrontiert sah, kam ihm die augenscheinlich rettende Idee: unter einem Vorwand rief er Uria an den Hof zurück, ließ sich von den Kämpfen berichten, aß und trank mit ihm. Doch keine List dieser Welt konnte den von Entbehrungen gezeichneten Soldaten dazu bringen, die Nacht im eigenen Haus neben Batseba zu verbringen. Stattdessen legte sich Uria dorthin, wo alle Kriegsleute lagen und machte sich direkt vom Hof wieder auf den Weg zu seiner Truppe. Damit scheiterte König Davids Plan, dass Uria als Vater des erwarteten Kindes infrage käme. Der Vollständigkeit halber sei hier noch erwähnt, dass Uria sein Verständnis vom Bild des Vorgesetzten mit dem Leben bezahlte. Im Kampf um Rabba, dem heutigen Amman, wurde auf Weisung des Königs so gekämpft, dass Uria – neben anderen Soldaten – fallen musste.

Die Haltung des Uria mag auf den ersten Blick weltfremd erscheinen. Warum sollte er nicht für eine Nacht die Vorzüge des eigenen Hauses nutzen? Für ihn dagegen war vermutlich schon das Mahl mit König David eine kaum erträgliche Besserstellung gegenüber denen, die draußen im Feld standen. Vielleicht ist Urias Zurückhaltung kaum nachzuvollziehen, und doch lebt dieser Krieger exemplarisch vor, was in der ZDv 10/1 wie folgt ausgedrückt wird: „Ich bin Vorbild in Haltung und Pflichterfüllung und teile mit meinen Untergebenen Härten und Entbehrungen."[15] Dem ist nichts hinzuzufügen.

Fazit

Die hier genannten Merkmale militärischen Führens sind kein Selbstzweck. Vielmehr beschreiben sie Teile eines Persönlichkeitsprofils, das für den Einsatz in lebensbedrohlicher Lage taugt. Das geschieht für Soldaten der Bundeswehr auf der Grundlage eines Beschlusses des Deutschen Bundestages. Die Hingabe des eigenen Lebens ist dabei die extreme Ausprägung des Dienstes an der Gemeinschaft. Sie wird symbolisiert durch die Truppenfahne in meinem Dienstzimmer – nicht mehr und nicht weniger! Was ich bei ihrem Anblick empfinde, drückt Rainer Maria Rilke in seinem Gedicht *Der Fahnenträger* aus:

---

[15] ZDv 10/1, Anlage 1: Leitsätze für Vorgesetzte, 3. Leitsatz.

Die Andern fühlen alles an sich rauh
und ohne Anteil: Eisen, Zeug und Leder.
Zwar manchmal schmeichelt eine weiche Feder,
doch sehr allein und lieblos ist ein jeder;
er aber trägt - als trüg er eine Frau -
die Fahne in dem feierlichen Kleide.

Dicht hinter ihm geht ihre schwere Seide,
die manchmal über seine Hände fließt.

Er kann allein, wenn er die Augen schließt,
ein Lächeln sehn: er darf sie nicht verlassen. -

Und wenn es kommt in blitzenden Kürassen
und nach ihr greift und ringt und will sie fassen -:
dann darf er sie abreißen von dem Stocke
als riss er sie aus ihrem Mädchentum,
um sie zu halten unterm Waffenrocke.
Und für die Andern ist das Mut und Ruhm.

Literaturverzeichnis

Borchert, W. und Böll, H. (1956). Draußen vor der Tür. Rowohlt Taschenbuch Verlag: Reinbek bei Hamburg.

BMVg (2014). Todesfälle im Auslandseinsatz, Bundesministerium der Verteidigung (BMVg), Presse und Informationsstab, vom 21.01.2014, Aktuelle Zahlen siehe www.bundeswehr.de.

HDv 100/200 (1998). Führungsunterstützung im Heer. Bundesministerium der Verteidigung, Bonn.

Küng, H. (2013). Was bleibt. Kerngedanken. München: Piper.

Töpfer, K. und Yogeshwar, R. (2011). Unsere Zukunft. Ein Gespräch über die Welt nach Fukushima. Beck: München.

ZDv 10/1 (2008). Innere Führung. Selbstverständnis und Führungskultur der Bundeswehr. Bundesministerium der Verteidigung, Bonn.

Zweig, Stefan (2003). Sternstunden der Menschheit. Zwölf historische Miniaturen. Fischer: Frankfurt am Main.

Praktiken und Verfahren der Führung in der Bundeswehr

Aktiv. Attraktiv. Anders. oder Wir. Dienen. Deutschland.? Eine kritische Diskussion der Leitbilder der Bundeswehr

Arjan Kozica, Christian Wildhagen, Kai Prüter

In einem Beitrag in der Zeit zeigt sich Peter Dausend verwundert darüber, dass sich die Bundeswehr in der Nähe des Berliner Verteidigungsministeriums von einer Straßenseite mit dem Motto *Wir. Dienen. Deutschland.* präsentiert und von der anderen mit *Aktiv. Attraktiv. Anders.* Es gebe wohl, so Dausend, zwei Bundeswehren.[1] Der Sachstand hierzu lässt sich wie folgt zusammenfassen.

Aktiv. Attraktiv. Anders. Diesen Anspruch soll laut der Bundesministerin der Verteidigung, Frau Dr. Ursula von der Leyen, die Bundeswehr als moderner Arbeitgeber erfüllen, um im „War of Talents" vorn zu sein. Die drei „A" der Attraktivitätsoffensive *Bundeswehr in Führung* wecken Assoziationen in Richtung der „Triple A (AAA)"-Kategorie (höchste Stufe) von internationalen Ratingagenturen mit Blick auf die Bewertung von Staatsanleihen. In diesem Bild bleibend zeigt das „Triple A" der Ministerin, dass sowohl aktuelle als auch zukünftige Mitarbeiter[2] ihrem Arbeitgeber Bundeswehr im höchsten Maße vertrauen können. Somit wäre die Bundeswehr mit dem „Triple A"-Rating einer der besten Arbeitgeber in Deutschland – das Ziel, dass Ursula von der Leyen mit dieser Kampagne verfolgt. Der zweite Platz im Arbeitgeber-Ranking des „Schülerbarometers 2014 des Trendence-Instituts" bestätigt die Richtigkeit dieser Ausrichtung der Verteidigungsministerin.[3]

Wir. Dienen. Deutschland. Dieser „Claim" der zentralen Imagekampagne der Bundeswehr setzt sich beginnend ab Juli 2011 zum Ziel, das Selbstverständnis und die Tradition der Bundeswehr einer breiten Öffentlichkeit

---

[1] Vgl. Dausend (2014b).

[2] Gender disclaimer: Um der besseren Lesbarkeit willen wird auf die differenzierende Verwendung männlicher und weiblicher Sprachformen verzichtet. Beide Geschlechter liegen den Personenbezeichnungen hier gedanklich zugrunde.

[3] Vgl. http://www.bundeswehr.de: „Arbeitgeber-Ranking: Deutschlands Teenager wollen zur Bundeswehr" [20.08.2014]; https://www.schuelerbarometer.de/arbeitgeber/ranking.html [20.08.2014].

zu vermitteln. Darüber hinaus ist die Bundeswehr als „Marke" damit klar erkennbar. Der Bekanntheitsgrad der Kampagne war bereits 2012 mit 15 Prozent recht hoch. Eine diesbezügliche Umfrage des „Sozialwissenschaftlichen Instituts der Bundeswehr" (nun „Zentrum für Militärgeschichte und Sozialwissenschaften der Bundeswehr") kommt zu dem Ergebnis, dass im Jahr 2012 dreiviertel der Bürger, denen der „Claim" bekannt ist, diesen auch gut finden (für „schlecht" votierten ca. 20 Prozent). Insbesondere in der für die Personalgewinnung relevanten Altersgruppe von 16-29 Jahren liegt die Zustimmung bei 81 Prozent (Männer) und 76 Prozent (Frauen).[4] Mit Stolz auf diesen Erfolg rief der damalige Verteidigungsminister Dr. Thomas de Maizière im April 2013 in einem Podcast die zivilen Mitarbeiter und Soldaten dazu auf, sich aufbauend auf *Wir. Dienen. Deutschland.* aktiv an dem Prozess zur Gestaltung des (neuen) *Selbstverständnis Bundeswehr* zu beteiligen. Gleichzeitig räumte er die Herausforderung ein, die im Kontext der laufenden Neuausrichtung bestünde:

„Wir sind mitten in der Neuausrichtung. Das ist ein großer Prozess, der verlangt von vielen vieles ab. … Jetzt könnte man sagen, ‚Warum jetzt noch so eine solche Debatte um ein Selbstverständnis?' Ich sage: ‚Erst recht. Gerade jetzt.', denn die Neuausrichtung ist mehr als Organisationsmodelle zu entwickeln und Prozessoptimierung zu betreiben. Sie ist auch ein mentaler Prozess, ein geistiger Prozess. Wir wollen uns vergewissern wo wir sind, wer wir sind und was uns ausmacht."[5]

Im Anschluss an diese Ansprache hatte de Maizière einen bundeswehrweiten Prozess initiiert (im weiteren Verlauf als „Leitbildprozess" bezeichnet), der ein von allen Bundeswehrangehörigen getragenes Leitbild generieren sollte, das sogenannte *Selbstverständnis Bundeswehr*. Das Ergebnis dieser Phase liegt seit Sommer 2013 im Entwurf vor. Im Zuge der Amtsübernahme durch Ursula von der Leyen trat dieses Thema zurück hinter die Attraktivitätsagenda und soll nun in das Leitbildprogramm *Bundeswehr in Führung* integriert werden.[6]

---

[4] Vgl. Buhlmann (2012).

[5] http://www.bundeswehr.de: „De Maizière im Podcast (Sprechertext)" [21.08.2014].

[6] Die Begriffe „Leitbild" und „Selbstverständnis" werden in diesem Artikel nebeneinander verwendet, und zwar insbesondere auch deswegen, da in der Bundeswehr keine diesbezügliche Differenzierung erfolgt. Der allgemeinere Begriff ist allerdings der des Leitbildes. So wird das bundeswehrgemeinsame (zivil + militärisch) „Selbstverständnis Bundeswehr" als ein spezifisches Leitbild für die Organisation Bundeswehr aufgefasst.

Bedenkt man, dass es mit dem *Staatsbürger in Uniform* ein weiteres Leitbild gibt, so lässt sich konstatieren, dass die Vielzahl an Slogans und Leitbildern derzeit in der Bundeswehr ein gewisses Maß an Verwirrung stiftet – und das gerade in einer Zeit der Verunsicherung durch sicherheitspolitische Umbrüche und Reformen der Bundeswehr, in der ein Leitbild an sich Orientierung stiften sollte. Um etwas Klarheit zu schaffen, reflektiert der vorliegende Beitrag auf Basis von organisationswissenschaftlichen Überlegungen die aktuellen Diskussionen in der Bundeswehr. Dabei werden nach einer theoretischen Einführung die drei Leitbilder der Bundeswehr vorgestellt: *Staatsbürger in Uniform*, *Selbstverständnis Bundeswehr* (*Wir. Dienen. Deutschland.*) und *Bundeswehr in Führung* (*Aktiv. Attraktiv. Anders.*). Welche Herausforderungen mit Blick auf die drei Leitbilder und insbesondere deren Beziehungen untereinander bestehen, wird anschließend herausgearbeitet und diskutiert. Die Ausführungen schließen mit einer Empfehlung.

Theoretische Einführung zu Leitbildern

Was sind Leitbilder?

Nahezu jede größere Organisation, ob Behörde, Unternehmen oder *Non Governmental Organisation* (*NGO*), hat ein Leitbild. Aufgekommen ist die Idee von Leitbildern im Zusammenhang mit dem (strategischen) Management sowie der wachsenden Bedeutung der „Kultur" als wesentlichem Einflussfaktor auf die Effizienz und Effektivität von Organisationen.[7] Insbesondere seit den 1980er Jahren werden Leitbilder beziehungsweise *Mission Statements* intensiv diskutiert.[8] Allerdings gibt es bislang weder ein einheitliches Begriffsverständnis noch einen Standard, welche Inhalte ein Leitbild umfassen sollte. So werden in der deutschsprachigen und internationalen Literatur konzeptionell unterschiedliche Bezeichnungen oft synonym verwendet, wie beispielsweise Unternehmensphilosophie, Führungsphilosophie, Vision, Statement of Purpose oder Mission Statement.[9]

So weisen Lloyd L. Byars und Thomas C. Neil beispielsweise darauf hin, dass eine Unternehmensphilosophie (*statement of philosopy*) die zentralen

---

[7] Vgl. Drucker (1954).

[8] Vgl. bspw. Byars/Neil (1987); David (1989); Bleicher (1991).

[9] Vgl. Blair-Loy/Wharton/Goostein (2011), S. 429.

Normen und Werte einer Organisation beinhaltet.[10] Dagegen betont ein Mission Statement (der in der internationalen Literatur übliche Begriff für Leitbild) die aktuellen und künftigen Wirtschaftsaktivitäten und somit stärker den Daseinszweck der Organisation.[11]

Eine integrative Definition liefert F. R. David:

„Sometimes called a creed statement, a statement of purpose, a statement of philosophy, a statement of beliefs, a statement of business principles, or a statement defining our business, a mission statement reveals the long-term vision of an organization in terms of what it wants to be and who it wants to serve."[12]

Gemäß dieser Definition sollen Organisationen in Leitbildern festlegen, wem sie dienen wollen und wie sie „sein" wollen, insbesondere mit Blick auf die Führungskultur, die zentralen Werte und die organisationale Identität. Diese Begriffsbestimmung vereint Aspekte, die auch in Bezug auf die Bundeswehr von Bedeutung sind. Schließlich geht es auch hier um die „Ortsbestimmung", wie sie auch der ehemalige Verteidigungsminister de Maizière in dem erwähnten Podcast einfordert: Wo(für) steht die Bundeswehr? Wer ist die Bundeswehr? Was zeichnet die Bundeswehr aus?

Was sind Inhalte von Leitbildern?

Betrachtet man die Inhalte von Leitbilder, die in Organisationen verwendet werden, dann lässt sich feststellen, dass sie Aussagen über den Organisationszweck und die zentralen Werte (Kultur, Führungsprinzipien) beinhalten. Darüber hinaus existieren teils mehrere, inhaltlich überlappende Dokumente, wie beispielsweise Verhaltenskodex, Leitbild und Vision. Insofern ist eine konkrete Abgrenzung und Typologie verschiedener Ansätze bezogen auf die inhaltlichen Aspekte lediglich im Rahmen von konsistenten Managementansätzen möglich – wie etwa dem integrativen Management von Knut Bleicher.[13]

---

[10] Vgl. Byars/Neil (1987).

[11] Vgl. Bart (2001).

[12] David (1989), S. 90.

[13] Vgl. Bleicher (2011); Darbi (2012); Klemm/Sanderson/Luffmann (1991).

In der Literatur gibt es verschiedene, unterschiedlich umfangreiche Auflistungen über die Inhalte, die in Leitbildern regelmäßig zu finden sind. Demnach umfassen sie insbesondere:[14]

- Angaben über den Daseinszweck der Organisation, sowie deren Funktion und Stellung in der Gesellschaft
- Zentrale Werte, Glaubenssätze, (Führungs-)Philosophie
- Wettbewerbsstrategie und zentrale Kernkompetenzen,
- Verhaltensstandards und -Richtlinien
- Besondere Erwähnung der Mitarbeiter
- Selbstkonzept, organisationale Identität
- Öffentliches Image
- Standort, regionale Reichweite
- zentrale Technologie
- ökonomische Kernwerte (wie *Commitment* zu Profitabilität)

In der Praxis umfasst kaum ein Leitbild alle aufgezählten Inhalte. Jatinder Sidhu verdichtet diese Kategorien, indem er feststellt, dass Leitbilder insbesondere eine Vision, das Tätigkeitsfeld (*business domain*), die Kompetenzen, sowie die zentralen Werte umfassen sollten.[15]

Dies findet sich auch in der Unternehmenspraxis entsprechend wider. So fasst die *Beiersdorf AG* ihr Leitbild unter den Begriff *Blue Agenda* und sieht diese als Kompass an, der Kurs bestimmend für die Zukunft sei. Hierunter fällt das Ziel, in den relevanten Märkten die „Nummer 1" zu sein, und sich dabei beispielsweise eine Nähe zum Handeln und durch erstklassige Werbung auszuzeichnen. Zudem werden Flexibilität und Effizienz betont und die hohe Bedeutung von Teamarbeit, Talentförderung und einer einzigartigen Unternehmenskultur herausgestellt.[16]

Ein weiteres Beispiel für die Leitbildformulierung stellt das Unternehmen *REWE* dar. Die *REWE-Group* hat 2008 nach einer Strukturreform ein neues identitätsstiftendes und den Zusammenhalt stärkendes Leitbild für das Unternehmen verabschiedet. Dieses setzt sich aus den „klassischen"

---

[14] Vgl. Bart/Baetz (1998); David 1989; Sidhu 2003; Ulrich und Fluri, 1995, S. 53; Macharzina und Wolf, 2010)

[15] Vgl. Sidhu (2003), S. 440.

[16] Siehe hierzu u. a. http://www.beiersdorf.de/ueber-uns/unser-profil/strategie [25.06.2014].

Bausteinen des strategischen Managements für die Leitbildformulierung zusammen: Mission, Vision, Grundwerte (zentrale Werte) und Leitsätze (Verhaltensgrundsätze). Die Ausformulierung der 6 Grundwerte (zunächst ein Satz als Überschrift plus anschließender Erläuterung) entspricht der Ausrichtung, in der auch die Bundeswehr ihr Leitbild formulieren wollte, bzw. nach dem Leitbildprozess im Entwurf formuliert hat.[17]

Mit Blick auf die Bundeswehr spezifiziert Elmar Wiesenthal die Inhalte eines Leitbildes anhand von drei Dimensionen, und zwar:[18]

-   die *Organisationsphilosophie*, indem die Beziehung der Bundeswehr zu Staat und Gesellschaft thematisiert wird;
-   eine *Führungsphilosophie*, in die Führungskultur und die Prinzipien der Zusammenarbeit und des militärischen Zusammenlebens angesprochen werden, sowie
-   das *Berufsleitbild*, in welchen die berufliche Identität und das Selbstverständnis ausgedrückt wird.

Mit dieser Aufteilung wird der theoretische Rahmen skizziert, vor dessen Hintergrund Leitbilder der Bundeswehr bewertet werden können.

Welche Funktionen haben Leitbilder?

Leitbilder sind schriftlich verfasste Dokumente, über deren Inhalt ein oder idealerweise mehrere Organisationsmitglieder bewusst reflektiert haben. Sie beinhalten damit diejenigen Werte und Prämissen, auf die sich die Organisationsmitglieder bewusst verständigt haben und die für alle Mitglieder der Organisation gelten sollen. Dabei stellt sich allerdings die Frage, ob und wie Leitbilder das Verhalten der Organisationsmitglieder beeinflussen, also ob sie „funktionieren". Was also versprechen sich Führungskräfte von Leitbildern? Und erfüllen die Leitbilder tatsächlich diese Erwartungen?

In in der Unternehmenspraxis werden Leitbilder als ein wichtiges Instrument angesehen, das die Strategieformulierung ermöglicht und das allen Mitarbeitern Orientierung bietet.[19] Über diese strategische Funktion hinaus sollen Leitbilder die Implementation der Strategie unterstützen, und zwar in-

---

17   Siehe hierzu u. a. http://www.rewe-group.com/unternehmen/leitbild/ [25.06.2014]; vgl. Welge/Al-Laham (2008 [1992]), S. 195-197.

18   Vgl. Wiesenthal (2004b).

19   Vgl. Piercy/Morgan (1994); Bleicher (2011).

dem sie bei den Mitarbeitern und Führungskräften die Motivation fördern, den Zusammenhalt stärken, Loyalität erhöhen und positive Energien für einen strategischen Wandel bewirken. Als weitere Gründe für die Einführung und damit Funktion von Leitbildern werden allgemein genannt, dass sie dazu beitragen, starke Organisationskulturen zu etablieren, ein sinnvolles Führungsverhalten auszubilden und die richtigen Mitarbeiter zu rekrutieren.[20]

Leitbilder dienen der Kommunikation sowohl nach innen und wie auch nach außen. Auf der Basis eines Leitbildes können Vorgesetzte ihren Mitarbeitern die Werte und Ideen des Leitbildes vermitteln. Nach außen hat beispielsweise die Imagekampagne *Wir. Dienen. Deutschland.* einen Werteeffekt erzielt, der den Dialog mit der Öffentlichkeit deutlich verbessert hat.

Ob Leitbilder die erwartete Funktion erfüllen ist umstritten. Obwohl Leitbilder mittlerweile zum Standardrepertoire von Organisationen gehören, ist die empirische Forschung zu diesem Thema relativ gering. In der Forschung gibt es dabei unterschiedliche Ansätze.[21] In einigen Studien wird untersucht, wie Leitbilder und die Performance von Organisationen (gemessen an Umsatzzahlen, Gewinn, Innovationskraft, oder anderen Kennzahlen) zusammenhängen. Die Studien unterstützten die These, dass Leitbilder eine positive Wirkung auf die organisationale Performance haben,[22] auch wenn die Ergebnisse statistisch wenig aussagekräftig bleiben.[23] Es gibt jedoch auch Studien, die keinen Zusammenhang feststellen können.[24]

Ergänzend zu den performance-orientierten Studien wurde untersucht, wie sich Leitbilder auf das Verhalten von Organisationsmitgliedern oder organisationale Praktiken auswirken. So gibt es beispielsweise Erkenntnisse, dass die Vereinbarkeit von Familie und Beruf (*Work-Life Practices*) in Organisationen auch davon abhängt, ob die jeweilige Organisation sich in ihrem Leitbild zu familienfreundlichen Arbeitspraktiken bekennt.[25] Darüber hinaus lässt sich feststellen, dass Bekenntnisse zur sozialen Verantwortung gegenüber den Mitarbeitern, zum Umweltschutz oder allgemein zur gesell-

---

[20] Vgl. Baetz/Bart (1996), S. 528; Sidhu (2003).

[21] Vgl. Blair-Loy/Wharton/Goodstein (2011).

[22] Vgl. Sidhu (2003); Bart/Bontis/Taggar (2001); Bart/Baetz (1998).

[23] Vgl. Weiss/Piderit (1999).

[24] Vgl. David (1989); Pearce/David (1987).

[25] Vgl. Blair-Loy/Wharton/Goodstein (2011); Amato/Amato (2003).

schaftlichen Verantwortung (*Corporate Social Responsibility, CSR*) tatsächlich eher in Unternehmen umgesetzt werden, wenn diese im Leitbild verankert und damit öffentlich sichtbar sind. Damit erhöht sich die Motivation der Führungskräfte und Mitarbeiter, den Idealen im Leitbild tatsächlich nachzukommen und zu einer „*Übereinstimmung (Konsistenz) von Worten und Taten*"[26] zu kommen. Es besteht allerdings auch die Gefahr, dass die formale Bekundung von Werten im Leitbild und die tatsächlichen Verhaltensweisen in Organisationen auseinanderfallen.[27] Organisationen könnten dann nach außen (in Richtung Kunden, Behörden, Wettbewerbern oder einer kritischen Öffentlichkeit) ein gesellschaftlich erwünschtes Verhalten signalisieren und dadurch Legitimität erhalten, ohne zugleich ihre tatsächlichen Praktiken ändern zu müssen.[28]

In einer Analyse von über hundert Organisationen machen Christopher Bart und Mark Baetz drei Erfolgsfaktoren aus, die beachtet werden müssen, wenn Leitbilder einen positiven Einfluss auf das Verhalten der Organisationsmitglieder und letztlich auf die organisationalen Performance haben sollen:[29]

1.   Organisationen müssen Leitbilder entwickeln, mit denen sie inhaltlich zufrieden sind.
2.   Die Organisationsmitglieder müssen damit zufrieden sein, wie das Leitbild erstellt wurde.
3.   Die internen *Stakeholder* (Topmanagement, Führungskräfte, Mitarbeiter unterschiedlicher hierarchischer Stufen und Bereiche) sind aktiv in den Prozess einzubinden, in dem das Leitbild erstellt wird (Leitbildprozess).

Der kritische Erfolgsfaktor in einem Leitbildprozess ist der dritte Punkt. So kann es zwar auch wirkungsvoll sein, wenn eine visionäre Führungskraft ein Leitbild vorgibt und damit die Organisationsmitglieder inspiriert und motiviert. Erfolgsversprechender ist es aber, wenn die Mitarbeiter unmittelbar an der Erstellung des Leitbilds beteiligt werden.[30]

---

[26]   Ulrich/Fluri (1995), S. 90.
[27]   Vgl. Bartkus/Glassman (2008).
[28]   Vgl. Meyer/Rowan (1977).
[29]   Vgl. Bart/Baetz (1998).
[30]   Vgl. Bart/Baetz (1998).

Durch die drei genannten Punkte, die sich gegenseitig ergänzen, wird verdeutlicht, dass es keine allgemeingültige Methode für alle Organisationen gibt, und letztlich jede Organisation einen eigenen Weg finden muss, wie sie ihr Leitbild erstellt und welchen Inhalt dieses umfasst. Zudem wird dadurch deutlich, dass der Prozess zum Scheitern verurteilt ist, wenn ein Leitbild gegen den Unmut der Organisationsmitglieder eingeführt wird.

Jatinder Sidhu stellt zudem fest, dass die Leitbilder regelmäßig weiterentwickelt werden müssen, damit sie sich in der Organisation positiv auswirken. Insbesondere wenn sich das Umfeld der Organisation drastisch ändert oder neue strategische Richtungen eingeschlagen werden, müssen Leitbilder aktualisiert werden.[31]

Daraus resultiert für die Bundeswehr die Notwendigkeit zu einem (neuen) Leitbild – nicht nur aus unternehmensorganisatorischer Sicht, sondern auch vor dem Hintergrund der sicherheitspolitischen Dimension.

Sicherheitspolitische Dimension des Leitbildes im militärischen Kontext

„Mit der Neuausrichtung wird die Bundeswehr konsequent auf das veränderte sicherheitspolitische Umfeld zu Beginn des 21. Jahrhunderts ausgerichtet."[32]

Mit diesen einleitenden Worten in der Broschüre zur Neuausrichtung zeigt der ehemalige Verteidigungsminister de Maizière die Zielsetzung der Neuausrichtung auf: Anpassung und Ausrichtung auf das aktuelle und zukünftige sicherheitspolitische Umfeld. Im Kern geht es in der Neuausrichtung um das sicherheitspolitische Selbstverständnis der Bundeswehr.[33]

Die amtierende Bundesministerin der Verteidigung von der Leyen äußerte sich im Interview mit der Wochenzeitung *DIE ZEIT* (veröffentlicht am 21.08.2014) mit Blick auf die Neuausrichtung wie folgt:

„Gerade die Verschiedenheit der aktuellen Konflikte zeigt, dass die Neuausrichtung der Bundeswehr richtig war: Die Truppe ist heute viel mobiler und flexibler als noch vor wenigen Jahren."[34]

---

[31]   Vgl. Sidhu (2003).

[32]   Bundesministerium der Verteidigung (2013a), S. 4.

[33]   Vgl. Bundesministerium der Verteidigung (2013a), S. 4-5.

[34]   Dausend/Hildebrandt (2014), S. 2.

Hierin findet sich bereits die Verknüpfung mit der auch in der *Konzeption der Bundeswehr* (*KdB*) formulierten Ausrichtung der Bundeswehr auf den Einsatz, aus der sich die weitere Struktur dieser Großorganisation und ihr Aufgabenspektrum ableiten.[35] Die deutsche Perspektive nach der überwundenen bipolaren Phase ist heute diejenige eines „global tätigen Exporteur[s] von Sicherheit"[36], was dazu führt, dass „der Auslandseinsatz .. zu einem konstitutiven Element des Auftrages sowie des Selbstverständnisses einer ‚neuen Bundeswehr' geworden"[37] ist. In dieser Hinsicht antwortete von der Leyen auf den „zweideutigen" (d. h. sportlichen versus sicherheitspolitischen Aspekt) Hinweis der *DIE ZEIT*-Journalisten, dass Russland und Katar die Ausrichter der nächsten zwei Fußballweltmeisterschaften seien: „Wo auch immer gespielt wird: Deutschland schickt schießendes Personal."[38] Diese Antwort bezüglich des Fußballs und des Militärischen hat im Kontext des letzteren sicherheitspolitische Relevanz.

Bezogen auf die Einsatzarmee Bundeswehr sendet diese Aussage Signale in Richtung einer manifestierten sicherheitspolitischen Strategie der Bundesrepublik, die allerdings bisher fehlt: „Deutschland hat keine nationale Sicherheitsstrategie."[39] Diese Aussage in der Untersuchung internationaler Sicherheitsstrategien von Bastian Giegerich und Alexandra Jonas bezieht sich vor allem auf eine ganzheitliche verschriftlichte Strategie, die ressortübergreifend erstellt und angepasst wird. Innere und äußere Sicherheit hängen heute mehr denn je zusammen, was dazu führt, dass eine nationale Sicherheitsstrategie nicht allein im Verantwortungsbereich des Verteidigungsministeriums erstellt werden kann.[40] Auch wenn ein derartiges Strategiepapier fehlt, so hat Deutschland doch schon immer sicherheitspolitische Strategien gehabt und verfolgt. Dies zeigt Karsten Schneider auf, in dem er deutsche „strategische Konstanten"[41] in der praktischen Politik und diesbezüglichen Grundsatzdokumenten nachweist. Ein entsprechender Ansatz findet sich auch in den *Verteidigungspolitischen Richtlinien* (*VPR*). Die im Mai

---

[35] Vgl. Bundesministerium der Verteidigung (2013b), S. 3.
[36] Staack (2014), S. 54.
[37] Gareis (2014),S. 115.
[38] Dausend/Hildebrandt (2014), S. 2.
[39] Giegerich/Jonas (2012), S. 129.
[40] Vgl. Giegerich/Jonas (2012), S. 132-135.
[41] Schneider (2013), S. 4.

2011 erlassenen *VPR* zeigen einen ressortübergreifenden Ansatz auf und schließen zum Teil diese sicherheitsstrategische Lücke in der deutschen Außenpolitik.[42] Dieses Dokument formuliert „die sicherheitspolitischen Zielsetzungen und die sicherheitspolitischen Interessen"[43] unseres Landes und bestimmt den Auftrag, die Aufgaben sowie die „Nationale Zielvorgabe"[44] der Bundeswehr. Darüber hinaus wird im letzten Kapitel das Selbstverständnis der Bundeswehr erwähnt und damit explizit in den Kontext der sicherheitspolitischen Dimension gesetzt.[45]

Christian Mölling greift das Thema „Leitbild" in seiner Diskussion zur Neugestaltung der Bundeswehr auf und hebt die Notwendigkeit zusätzlicher Aspekte hervor, die in dem laufenden Prozess berücksichtigt werden müssen. So stellt er fest, dass das Ende des Afghanistaneinsatzes die Bundeswehr „einschneidend verändern"[46] werde, weil dieser Einsatz eine viel prägendere Wirkung entfaltet habe als der Transformationsprozess.[47]

„Nach dem Abzug vom Hindukusch müssen Organisationsstrukturen, Vorstellungswelten und Material von einer spezifischen (Kriegs-)Einsatzstruktur in eine allgemeine Bereitschaftsstruktur zurückgefahren werden. Dies wirft Fragen für die Gestaltung ‚Post-Afghanistan' Bundeswehr auf: Welchem Leitbild soll die Streitkräftetransformation künftig folgen?"[48]

Gerade der Afghanistan-Einsatz hat die Bundeswehr umfangreich geprägt. Dies gilt nicht nur für die zukünftige sicherheitspolitische Ausrichtung, die Ausbildung des Personals oder die Materialausstattung, sondern auch für den organisationskulturellen Kontext, in dem sich die „Generation Einsatz"[49] bewegt. Es ließe sich hier von zwei verschiedenen Welten innerhalb des sich in der Veränderung befindenden Unternehmens Bundeswehr sprechen. Wenngleich nicht alle Soldaten oder Mitarbeiter im Einsatz waren, hat

---

[42] Vgl. Bundesministerium der Verteidigung (2011a), S. 13.

[43] Bundesministerium der Verteidigung (2011a), S. 5.

[44] Bundesministerium der Verteidigung (2011a), S. 22.

[45] Vgl. Bundesministerium der Verteidigung (2011a), S. 35.

[46] Vgl. Mölling (2012).

[47] Vgl. Mölling (2012).

[48] Vgl. Mölling (2012).

[49] Meier (2012).

doch der Einsatz die Gesamtorganisation über mehr als ein Jahrzehnt geprägt.[50]

Der Ende 2014 auslaufende Afghanistan-Einsatz (in der bisherigen Form) und die laufende Neuausrichtung stellen große Herausforderungen für die Bundeswehr im Sinne eines zu durchlaufenden *Change Management*-Prozesses dar. In diesem Prozess fungiert nach John P. Kotter eine Vision als „Leitstern", um den Prozess erfolgreich durchschreiten zu können.[51] Entsprechendes forderte de Maizière in dem eingangs erwähnten Podcast wie auch in der *KdB*, die aktuellen Entwicklungen über die Ausarbeitung eines neuen Leitbildes zu begleiten.[52]

Die drei Leitbilder der Bundeswehr

„Deutschland, das wissen nicht viele, hat gleich zwei Bundeswehren. ... Die eine besteht aus drei ernst unter dem Stahlhelm hervorlugenden Typen in Flecktarn – die andere aus einer lächelnden Frau mit Schulterklappe. ‚Wir. Dienen. Deutschland.' prahlt die Männerarmee. ‚Aktiv. Attraktiv. Anders.' präsentiert sich die Eine-Frau-Truppe.'[53]

In diesem „Bild" des *DIE ZEIT*-Journalisten Peter Dausend bleibend lässt sich eine „dritte" Bundeswehr ausmachen, die historisch beanspruchen darf, als „Erste" ein Leitbild gehabt zu haben: diejenige Bundeswehr in der Version *Staatsbürger in Uniform*. Diese drei Leitbilder werden im Folgenden dargestellt.

Der Staatsbürger in Uniform – Der historische Bezugspunkt

Der *Staatsbürger in Uniform* gemäß der *Zentralen Dienstvorschrift* (*ZDv*) 10/1 das Leitbild der *Inneren Führung* der Bundeswehr. Deren Grundsätze „bilden die Grundlage für den militärischen Dienst ... und bestimmen das Selbstverständnis"[54] – vor allem der Soldaten. Gemäß Ziffer 502 haben sich auch die zivilen Mitarbeiter an diese Grundsätze zu halten. Wenngleich die Konzepti-

---

50 Vgl. Meier (2012).
51 Vgl. Kotter (2012), S. 42-43.
52 Bundesministerium der Verteidigung (2013b), S. 22.
53 Dausend (2014b), S. 9.
54 Bundesministerium der Verteidigung (2014a), S. 3 (Ziffer 101).

on der *Inneren Führung* (noch) nicht bundeswehrgemeinsam formuliert ist, findet sich mit dieser Ziffer ein diesbezüglicher Hinweis.[55]

Der ehemalige Verteidigungsminister de Maizière betont die Relevanz des *Staatsbürgers in Uniform* in seinen einleitenden Worten zur Imagebroschüre von *Wir. Dienen. Deutschland.*: Grundlage hierfür sei der *Staatsbürger in Uniform* als Leitbild der Bundeswehr.[56] Hieraus wird der nicht verhandelbare Kern des neu zu entwickelnden Leitbildes deutlich. Der *Staatsbürger in Uniform* gehört zum Kern der Konzeption der *Inneren Führung* und ist damit der historische Bezugspunkt der Bundeswehr. „Der Kernbestand der Inneren Führung ist unveränderbar."[57] – Diese Aussage gilt ebenso für den *Staatsbürger in Uniform* im Sinne eines historischen Leitbildes.

Die Verortung dieses historischen Leitbildes als Selbstbild der Bundeswehr hat sich bewährt. Es war ein „demokratiekompatibler Entwurf, um das Selbstverständnis und die Legitimation der neu aufzubauenden Bundeswehr"[58] abzubilden. Indes bedarf dieses der Anpassung an die Realität, wie sie sich heute darstellt. Das Heute unterscheidet sich grundlegend vom Ausgangspunkt der Entwicklung der Konzeption der *Inneren Führung* und „ihres" *Staatsbürgers in Uniform* durch unter anderem Graf von Baudissin. Die Gründung der Bundeswehr wie auch die Formulierung dieses von der Vergangenheit sich abhebende Selbstverständnis wurden überlagert von der historischen Erfahrung zweier grausamer Weltkriege. Es überdauerte sogar den Kalten Krieg und bedarf nun allmählich der Aktualisierung, bzw., wie es Gottfried Küenzlen formuliert, der „Reformulierung und Neuvergewisserung"[59] mit Blick auf die heutige Situation der Bundeswehr.[60]

Die heutige Situation ist gekennzeichnet durch den weltweiten Einsatz der Bundeswehr und deren Verankerung in der Gesellschaft:

„So hängt die Frage des soldatischen Selbstverständnisses weniger von Konzepten wie das des Staatsbürgers in Uniform ab, sondern eher von der Einbindung des Soldaten in einer

---

55 Bundesministerium der Verteidigung (2014a), S. 9 (Ziffer 502).

56 Vgl. Bundesministerium der Verteidigung (2011b), S. 3.

57 Bundesministerium der Verteidigung (2014a), S. 4 (Ziffer 108) [Hervorhebung „fett" im Original].

58 Küenzlen (2013), S. 112.

59 Küenzlen (2013), S. 114.

60 Vgl. Küenzlen (2013), S. 112-113.

Gesellschaft, von der immer wieder angepassten und diskursiv … bestätigten Wertebindung im Einsatz sowie von der Sinnhaftigkeit des Einsatzes."[61]

Diesem von Carlo Masala formulierten Anspruch versucht der Image-Claim *Wir. Dienen. Deutschland.* Ausdruck zu verleihen.

Wir. Dienen. Deutschland. – Imagekampagne und Selbstverständnis Bundeswehr

Im Kontext der Neuausrichtung startete die Imagekampagne *Wir. Dienen. Deutschland.* im Juli 2011. Diese Kampagne war zunächst gedacht als ein Instrument des Personalmarketings und als Medium für die Informationsarbeit der Bundeswehr gegenüber der Öffentlichkeit. Die Kampagne wurde dann aber um einen Leitbildprozess erweitert, in dem sich die Angehörigen der Bundeswehr an der Erstellung eines neuen *Selbstverständnis Bundeswehr* beteiligen konnten. Dabei sollten die bewährten Prinzipien der *Inneren Führung* und das Leitbild des *Staatsbürgers in Uniform* weiterhin als Grundlage fungieren.[62]

In seinen einleitenden Worten zu der Image-Broschüre fasst de Maizière die Botschaften wie folgt zusammen:

„,Wir.' steht für den festen Platz, den alle Frauen und Männer der Bundeswehr und ihre Familien in unserer Gesellschaft haben. ‚Wir.' steht auch für das enge Miteinander in der Bundeswehr selbst, also für … „Kameradschaft" … egal ob wir zivile oder militärische Kleidung tragen.

‚Dienen.' ist der Kern unseres Selbstverständnisses. Ziel unserer Dienst-Leistung sind Freiheit und Sicherheit. Wir dienen treu auf der Grundlage unseres Grundgesetzes. Wir dienen freiwillig und selbstbewusst. … und wenn es im äußersten Fall gefordert ist – unter Einsatz unseres Lebens.

‚Deutschland.' zeigt, wo wir uns zu Hause fühlen. Wir dienen Deutschland. Einem Land mit vielen Gesichtern und einzigartigen Facetten. … Wir übernehmen Verantwortung. Verantwortung nicht nur für uns selbst, sondern in erster Linie für andere, für alle.'"[63]

Neu an dieser Kampagne war und ist, dass sie über die neuen Medien verbreitet wurde. So existiert neben einer Homepage (www.wirdienendeutsch land.de) ein Facebookprofil, ein Link zu Flickr mit

---

[61] Masala (2013), S. 74.

[62] Vgl. Bundesministerium der Verteidigung (2011b), S. 3.

[63] Bundesministerium der Verteidigung (2011b), S. 3.

Bildmaterial sowie diverse Videos auf Youtube. Die in der Einleitung zu diesem Beitrag zitierte Umfrage spricht für den Erfolg der Kampagne.

Um den kulturellen Wandel im Rahmen der Neuausrichtung zu gestalten und zu fördern, hat das Bundesministerium der Verteidigung (BMVg) im Jahr 2012 einen Leitbildprozess angestoßen. Ausgangspunkt war, wie erwähnt, die zu dem Zeitpunkt bereits existierende Imagekampagne *Wir. Dienen. Deutschland.*. Im Rahmen des Veränderungsmanagements, mit dem die „Neuausrichtung der Bundeswehr" methodisch umgesetzt beziehungsweise begleitet wird, wollten die Verantwortlichen im Verteidigungsministerium stärker die sozialen Aspekte organisationaler Veränderung beachten. Dabei orientierte sich das BMVg an Erkenntnissen zu erfolgreichen Veränderungsprozessen, die Elmar Wiesenthal wie folgt auf die Bundeswehr überträgt:

„Die radikale Neuausrichtung der Bundeswehr (kann) nicht glücken, wenn nicht gleichzeitig ein Prozess des Umorientierens und Umlernens von kollektiv verinnerlichten Denkweisen, Gewissheiten und Grundeinstellungen eingeleitet wird."

Die Entscheidung bei der partizipativen Entwicklung eines neuen Leitbildes auf der Imagekampagne aufzubauen war insofern konsequent, als dass diese Kampagne für sich von Beginn an in Anspruch nahm, die zentralen Werte der militärischen und zivilen Bundeswehrangehörigen im Rahmen der Personalgewinnung und der Informationsarbeit zu repräsentieren. Dies wird bereits daran deutlich, dass die Kampagne von Anfang an mit der Bezeichnung *Selbstverständnis Bundeswehr* belegt wurde. Sowohl das Leitmotiv (*Wir. Dienen. Deutschland.*), als auch die weiteren Erklärungen zu dieser Kampagne fußten jedoch lediglich auf Überlegungen einiger weniger Personen, die mehrheitlich in der Nachwuchsgewinnung bzw. Presse- und Öffentlichkeitsarbeit der Bundeswehr tätig waren. Das nach außen in der Kommunikation vermarktete „Selbstverständnis" war damit zwar anschlussfähig an die Normen und Werte der Angehörigen der Bundeswehr (was die grundsätzliche Akzeptanz zeigte). Es blieb aber unklar, inwiefern das (offizielle) *Selbstverständnis Bundeswehr* tatsächlich das Selbstverständnis der Angehörigen der Bundeswehr widerspiegelt.

Aus diesem Grund ging es im Leitbildprozess insbesondere darum, unter einer hohen Beteiligung von Angehörigen der Bundeswehr die Imagekampagne weiterzuentwickeln und auf eine breitere Basis zu stellen – analog entsprechender Prozesse in anderen Organisationen. Die Planung sah vor, bis Ende 2013 ein weiterentwickeltes „Bundeswehrgemeinsames Selbstverständnis" zu erarbeiten und in einem Festakt offiziell zu erlassen. Das *Selbstverständnis Bundeswehr* sollte die Kultur der Bundeswehr zugleich widerspiegeln und prägen sowie die Neuausrichtung positiv beeinflussen. Daher wurden Einführungsstrategien und Umsetzungsmaßnahmen diskutiert, wie das neue Leitbild in der Bundeswehr vermittelt werden könnte. So sollte dieses beispielsweise in die Aus- und Weiterbildung der Bundeswehr integriert werden.

Um eine möglichst breite Akzeptanz zu erreichen, wurden zwei Formen der Beteiligung gewählt: ein gremienzentrierter Ansatz sowie ein netzzentrierter Ansatz. Im gremienzentrierten Ansatz wurden ausgewählte Gruppen identifiziert und in Workshops intensiv an der Formulierung des neuen Bundeswehrgemeinsamen Selbstverständnisses beteiligt. Die identifizierten Gremien bildeten die Bundeswehr in der Breite ab, und sollten sicherstellen, dass sich möglichst alle Bereiche der Bundeswehr in den Leitbildprozess einbringen: Teilstreitkräfte, Ausbildungseinrichtungen, ministerielle Stabsabteilungen, Personalvertretungen und der Reservistenverband. Da in diesen Workshops allerdings nicht alle Angehörigen der Bundeswehr teilnehmen konnten, wurde neben dem gremienzentrierten Ansatz zudem die Beteiligung aller durch einen netzzentrierten Ansatz ermöglicht. Über „Web 2.0"-Technologien konnten sich nahezu alle Angehörigen der Bundeswehr aktiv einbringen – unabhängig davon, ob sie an einem der Workshops beteiligt waren. Dadurch war zumindest prinzipiell sichergestellt, dass jeder Angehörige der Bundeswehr sich in den Leitbildprozess einbringen konnte.

Für die Beteiligungsphase im März und Mai 2013 gab das Ministerium bestimmte Vorgaben. So stand der Leitgedanke *Wir. Dienen. Deutschland.* in der Beteiligungsphase selbst nicht mehr zur Disposition. Das Ministerium gab verschiedene Formate für die Beteiligung wie Feedbackbögen oder Präsentationen und Informationsmaterial für die Workshops aus. Zudem wurde ein vorläufig ausformulierter Entwurf des *Selbstverständnis Bundeswehr* als Diskussionsgrundlage zur Verfügung gestellt. Geleitet werden sollten die jeweiligen Workshops durch die Veränderungsbeauftragten der Dienststellen.

Die Arbeitsergebnisse der Gremien und des netzzentrierten Ansatzes wurden im BMVg gesammelt und ausgewertet. Dabei hat das Ministerium aus den zahlreichen Beiträgen und Kommentaren einen konsolidierten Entwurf erarbeitet, mit dem sich (vermutlich) alle Bundeswehrangehörigen gut identifizieren könnten. Dabei entstand eine Vorlage, die das Motto *Wir. Die-*

nen. Deutschland. durch eine Präambel und 10 verschiedene Kernsätze verdeutlicht. Die endgültigen Arbeitsergebnisse sind allerdings bis heute nicht
veröffentlicht und in der Bundeswehr verteilt. Die amtierende Verteidigungsministerin hat dieses Thema hinter die Attraktivitätsagenda zurückge-
stellt. Es ist geplant, die Ergebnisse des Leitbildprozesses in die nachfolgend
dargestellte Attraktivitätsagenda zu integrieren. In welcher Form das geschehen wird, bleibt abzuwarten.

Bundeswehr in Führung. Aktiv. Attraktiv. Anders.

Mit der Attraktivitätsoffensive, die im Sommer 2014 startete, will die Bundeswehr im Zuge der Neuausrichtung den unternehmerischen Handlungs-
feldern begegnen, die auch andere Arbeitgeber bewegen: demographischer
Wandel, Fachkräftemangel, Personalrekrutierung, Personalentwicklung und
Personalmarketing. Durch die Aussetzung der Wehrpflicht fällt eine Perso-
nalrekrutierungsmöglichkeit weg, die für den Arbeitgeber Bundeswehr zwei-
felsfrei einfach war, und den Wehrpflichtigen die Möglichkeit bot, den po-
tentiellen Arbeitgeber zunächst kennenlernen zu können.

Mit „AAA" soll die Bundeswehr im „War of Talents" als Arbeitgeber nach innen und außen noch sichtbarer und zugleich einer der besten
Arbeitgeber Deutschlands werden. Ursula von der Leyen ist in diesem Zusammenhang eher als *Chief Executive Officer (CEO)* denn als *Innerhaberin der
Befehls- und Kommandogewalt* (IBuK) anzusehen.

*„Wenn von der Leyen die Bundeswehr betrachtet, sieht sie nicht Männer und Frauen in
Uniform, nicht Panzerhaubitzen und Kampfhubschrauber, nicht Befehl und Gehorsam,
sie sieht ein Unternehmen, das ein bis zwei Jahrzehnte der Zeit hinterherhinkt: Die Arbeitszeiten sind starr, die Hierarchien steil und Frauen potenzielle Mütter und somit ein
Problem. Sie ist die Erste in dem Amt, die selbst vom Bendlerblock aus die Bundeswehr
von außen betrachtet. Kommen ihr Generäle mit Kameradschaft, kontert sie mit Corporate Identity.*"[64]

Der Blick auf das Unternehmen Bundeswehr stellt heraus, dass es sich um
einen weltweit agierenden Konzern handelt, der unter anderem in den Märkten Sicherheit, Schifffahrt, Airline, Logistik und Health Care tätig ist. In der
offiziellen Broschüre vom Juni 2014 zu „Triple A" wird dieser Aspekt wie
folgt beschrieben:

---

[64] Dausend (2014a), S. 2 (in der ZEIT-ONLINE-PDF-Version).

„Durch die neutrale Brille betrachtet, ist sie ein Sicherheitsunternehmen, eine Reederei, eine Fluglinie, ein Logistikkonzern, ein medizinischer Dienstleister – alles auf Top-Niveau und weltweit vernetzt: mehr als 240.000 Menschen, mehr als 1.000 Berufe an mehr als 300 Standorten."[65]

Die „Agenda Attraktivität" hat acht Themenfelder identifiziert, die vor diesem Hintergrund relevant sind:[66]

1. Führungs- und Organisationskultur
2. Potenziale mobilisieren
3. Balance Familie und Dienst
4. Arbeitsautonomie
5. Karrierepfade
6. Gesundes Arbeiten
7. Moderne Unterkünfte
8. Verankerung der Bundeswehr in der Gesellschaft

Hier ist nicht der Ort, um die einzelnen Themenfelder und die darin enthaltenen achtundzwanzig Maßnahmen zu betrachten, die der Öffentlichkeit im Juni 2014 vorgestellt wurden. Für die vorliegende kritische Betrachtung ist die Pressemitteilung des Verteidigungsministerium vom 13. August 2014 „Agenda ‚Bundeswehr in Führung' nimmt Bundeswehrgemeinsames Selbstverständnis auf" von Bedeutung. Hierin wird eingeräumt, dass es „still um das Projekt für ein Leitbild"[67] geworden sei. Absicht sei es, das „Bundeswehrgemeinsame Selbstverständnis" in das Themenfeld 1 „Führungs- und Organisationskultur" aufzunehmen.

Diskussion und Empfehlungen

Leitbilder können, wie im theoretischen Teil dieses Beitrags dargelegt, verschiedene positive Effekte in Organisationen haben. Die oben zitierte Podcast-Aussage des ehemaligen Verteidigungsministers fasst den anvisierten Effekt zusammen, demzufolge es insbesondere um eine mentale Ortbestimmung und Orientierung geht. Allerdings hat die Bundeswehr derzeit drei Leitbilder, die auf unterschiedliche Art und Weise für sich in Anspruch

---

[65] Bundesministerium der Verteidigung (2014c), S. 3.
[66] Vgl. Bundesministerium der Verteidigung (2014b).
[67] Bundesministerium der Verteidigung (2014d).

nehmen, die zentralen Werte der Bundeswehr zu verkörpern und die Bundeswehr zu repräsentieren: den *Staatsbürger in Uniform*, das *Selbstverständnis Bundeswehr* (*Wir. Dienen. Deutschland.*) und *Bundeswehr in Führung. Aktiv. Attraktiv. Anders.*.

Jedes dieser Leitbilder hat eine unterschiedliche Entwicklung und einen anders gelagerten Fokus. Der *Staatsbürger in Uniform* hat als das älteste Leitbild die Bundeswehr fundamental geprägt, ist aber bis dato nur bedingt an die aktuellen Herausforderungen angepasst worden. Die beiden Leitbilder jüngeren Datums haben einen starken Bezug auf Personalwerbung und Imagearbeit, nehmen aber auch für sich in Anspruch, die Werte der Bundeswehr zu formieren und als Orientierung für die Angehörigen der Bundeswehr zu dienen. Konsequenterweise wurde für das Selbstverständnis eine umfangreiche Phase der Implementierung geplant (aber inkonsequenterweise nicht durchgeführt) und für die Kampagne *Bundeswehr in Führung* wurden Themenfelder identifiziert, die durch zahlreiche Maßnahmen zurzeit umgesetzt werden.

Zunächst lässt sich feststellen, dass mit den beiden neuen Leitbildern auch die wertebezogene Dimension der Neuausrichtung adressiert wird. Bei Unternehmen und vielen andere Organisationen ist es üblich, dass bei einem Strategiewechsel oder umfangreichen organisationalen Änderungen ein neues Leitbild erstellt wird. Das alte Leitbild müsste in einem solchen Fall nicht zwingend gänzlich abgeschafft, sondern könnte in das neue Leitbild als Element der Organisationsgeschichte eingepflegt werden. In diesem Sinne stehen (idealerweise) das alte und das neue Leitbild in einer historischen Verbindung, und zwar auch dann, wenn das neue Leitbild vom alten drastisch abweicht.

Besonders wichtig dabei ist es, dass das Verhältnis von altem und neuem Leitbild geklärt und kommuniziert werden muss. Ansonsten besteht die Gefahr der Verwirrung der Organisationsmitglieder. Beim Leitbildprozess *Selbstverständnis Bundeswehr* ist diese Konfusion zu beobachten. Es bleibt weitgehend unklar, wie sich die Vorgeschichte der Imagekampagne, das Leitbild des *Staatsbürgers in Uniform*, und das „Triple A"" zueinander verhalten. Hinzu kommt, dass der umfangreiche Beteiligungsprozess, mit dem der Spruch *Wir. Dienen. Deutschland.* durch die Angehörigen der Bundeswehr spezifiziert wurde, nicht abgeschlossen wurde. Aktuellen Überlegungen folgend sollen die Ergebnisse zwar in das erste Themenfeld von *Bundeswehr in Führung. Aktiv. Attraktiv. Anders.* integriert werden. Damit wird aber das unter hoher Beteiligung erarbeitete Leitbild einem primär an der Attraktivität der Bundeswehr als Arbeitgeber orientiertes und zudem hierarchisch noch strikter vorgegebenes Leitbild subsumiert. Intuitiv sinnvoll hört sich das nicht an. Da aber die Umsetzung des Leitbilds *Bundeswehr in Führung. Aktiv. Attraktiv. Anders.* derzeit erst anläuft, bleibt die weitere Entwicklung abzuwarten.

Es bleibt an dieser Stelle festzuhalten, dass aufgrund der strukturellen und kulturellen Komplexität der Bundeswehr Fragen der Werteorientierung ungleich komplexer sind als in den meisten anderen Organisationen. Dabei ist die personelle Größe von über 250.000 Personen an sich nicht problematisch, sondern die Vielfalt an Subkulturen innerhalb der Bundeswehr (wie bspw. Kampfeinheiten, Kommandobehörden, Ämter, Traditionsvereine), die es in einem einheitlichen Leitbild zu integrieren gilt. Idealerweise sollte ein bundeswehrgemeinsames Leitbild diesen Aspekt zentral berücksichtigen. Nachdem der *Staatsbürger in Uniform* nicht weiterentwickelt, das durch umfassende Beteiligung erstellte *Selbstverständnis Bundeswehr* (vermutlich auch künftig) nicht erlassen wird und die Kampagne *Bundeswehr in Führung* sich primär an Personalgewinnung orientiert, bleibt die Überlegung, ob ein neues integratives Leitbild zu erstellen wäre. Dieses „vierte" Leitbild könnte ein umfassendes Dach bilden, unter dem sich die jeweiligen Identitäten von Untergruppen sowie die unterschiedlichen Themen wie die sicherheitspolitische Dimension, die Attraktivität als Arbeitgeber und die mentale Orientierung der Angehörigen der Bundeswehr subsumieren lassen. Auch wenn dies wünschenswert wäre: Überlegt wird dies derzeit, soweit erkennbar, nicht.

Literatur

Ackoff, R. L. (1987). Mission Statements. Planning Review, July/August 1987, S. 30-31.

Amato, C. und Amaot, L. H. (2002). Corporate commitment to quality of life: Evidence from company mission statements, Journal of Marketing Theory and Practice, 10, 69-86.

Baetz, M.C. und Barth, C.K. (1996). Developing Mission Statements Which Work, Long Range Planning, 29(4), S. 526-533.

Bartkus, B.R. und Glassman, M. (2008). Do Firms Practice What They Preach? The Relationship Between Mission Statements und Stakeholder Management, Journal of Business Ethics, 83, 207-216.

Bart, C.K. (2001). Exploring the application of mission statement on the world wide web, Internet Research: Electronic Networking Applications and Policy, 11, 360-368.

Bart, C.K., Bontis, N., und Taggar, S. (2001). A model of the impact of mission statements on firm performance, Management Decision, 39(1), 19-35.

Bart, K.C. und Baetz, M.C. (1998). The Relationship between Mission Statements and Firm Performance: An Exploratory Study, Journal of Management Studies, 35(6), 823-853.

Blair-Loy, M., Wharton, A.S., und Goodstein, J. (2011). Exploring the Relationship between Mission Statements and Work-Life Practices in Organizations, Organization Studies, 32(3), 427-450.

Bleicher, K. (1992). Leitbilder. Orientierungsrahmen für eine integrative Management-Philosophie, Schäffer-Poeschel: Stuttgart.

Bleicher, K. (2011). Das Konzept Integriertes Management. Visionen – Missionen – Programme, Campus: Frankfurt/New York.

Böckenförde, S. und Gareis, S.B.(2014, Hrsg.). Deutsche Sicherheitspolitik, Herausforderungen, Akteure und Prozesse, 2. vollst. überarb. u. akt. Aufl., Opladen / Toronto: Verlag Barbara Budrich (UTB).

Böcker, M., Kempf, L., und Springer, F. (2013, Hrsg.). Soldatentum – Auf der Suche nach Identität und Berufung der Bundeswehr heute, München: Olzog Verlag.

Buhlman, T. (2012). Wahrnehmung und Bewertung des Claims „Wir. Dienen. Deutschland.", Image der Bundeswehr sowie Haltungen zum Umgang mit Veteranen. Ergebnisse der Bevölkerungsumfrage 2012, Sozialwissenschaftliches Institut, Kurzbericht, Strausberg.

Bundesministerium der Verteidigung (2011a). Verteidigungspolitische Richtlinien, Nationale Interessen wahren – Internationale Verantwortung übernehmen – Sicherheit gemeinsam gestalten, Berlin, Juli 2011.

Bundesministerium der Verteidigung (2011b). Wir. Dienen. Deutschland. – Das Selbstverständnis der Bundeswehr, Berlin, Juli 2011.

Bundesministerium der Verteidigung (2013a). Die Neuausrichtung der Bundeswehr, Nationale Interessen wahren – Internationale Verantwortung übernehmen – Sicherheit gemeinsam gestalten, 2. vollst. akt. Aufl., Berlin, März 2013.

Bundesministerium der Verteidigung (2013b). Konzeption der Bundeswehr, Berlin, Juli 2013.

Bundesministerium der Verteidigung (2014b). Agenda Bundeswehr in Führung – Aktiv. Attraktiv. Anders., Handout zu Fakten und Maßnahmen, Berlin.

Bundesministerium der Verteidigung (2014c). Aktiv. Attraktiv. Anders. Bundeswehr in Führung, Berlin, Juni 2014.

Bundesministerium der Verteidigung (2014d). Agenda „Bundeswehr in Führung" nimmt Thema Bundeswehrgemeinsames Selbstverständnis auf, Stab Organisation und Revision – Referat Managemententwicklung, Berlin, 13.08.2014, URL: http://bundeswehr.de/portal [25.08.2014].

Byars, L. L. und Neil, T. C. (1987). Organizational Philosophy and Mission Statements, Planning Review, July/August, 1987, S. 32-35.

Campell, A. and Yeung, S. (1991). Creating a sense of mission. Long Range Planning, 24(4), S. 10-20.

Cholotta, K. (2012). Mythos Unternehmensgründung. Eine empiriebasierte Diskussion um Leitbild, Identifikation mit der Unternehmerrolle und Erfolg. Dissertation Universität Hamburg, http://ediss.sub.uni-hamburg.de/volltexte/2012/5624/.

David, F.R. (1989). How Companies Define Their Mission, Long Range Planning, 22(1), S. 90-97.

Darbi, W. P. (2012). Of Mission and Vision Statements and Their Potential Impact on Employee Behavior and Attitudes: The Case of A Public But Profit-Oriented Tertiary Institution, International Journal of Business and Social Science, 3(14), S. 95-109.

Drucker, P. (1954). The Practice of Management, Harper & Brothers: New York.

Dausend, P. (2014a). Die Ursula von McKinsey, in: DIE ZEIT-Online, 22. Mai 2014, URL: http://pdf.zeit.de/2014/22/bundeswehr-ursula-von-der-leyen-reform.pdf [25.08.2014].

Dausend, P. (2014b). Im Land der Frühaufsteher – Warum die Bundeswehr-Slogans Deutschland dienen, in: DIE ZEIT, N° 35, 21.08.2014, S. 9.

Dausend, P. und Hildebrandt, T. (2014). »… dann ist die Nato tot!«, Verteidigungsministerin Ursula von der Leyen über die Nato-Garantie für das Baltikum, Waffenlieferungen in den Irak und den deutschen Rüstungsetat, Interview, in: DIE ZEIT, N°35, 21.08.2014, S. 2.

Gareis, S.B. (2014). Militärische Beiträge zur Sicherheit, in: Böckenförde / Gareis (Hrsg.) (2014), S. 115-147.

Giegerich, B. und Jonas, A. (2012). Auf der Suche nach best practice? Die Entstehung nationaler Sicherheitsstrategien im internationalen Vergleich, in: Sicherheit und Frieden / Security and Peace, 30. Jg., N° 3 2012, S. 129-134.

Klemm, M., Sanderson, S., und Luffman, G. (1991). Mission statements: selling corporate values to employees, Long Range Planning, 24(3), 73-78.

Kotter, J.P. (2012). Das Unternehmen erfolgreich erneuern, in: Harvard Business Manager, Edition 2/2012, S. 39-46.

Küenzlen, G. (2013): Kämpfer in postheroischer Zeit? Leitbilder für deutsche Soldaten zwischen Vision und Illusion, in: Böcker / Kempf / Springer (Hrsg.) (2013), S. 109-125.

Macharzina, K. und Wolf, J. (2010). Unternehmensführung. Das internationale Managementwissen. Konzepte – Methoden – Praxis. 7., vollst. überarb. und erw. Aufl., Gabler: Wiesbaden.

Masala, Carlo (2013). Soldat und Söldner. Demokratie und Schlagkraft, in: Böcker / Kempf / Springer (Hrsg.) (2013), S. 63-74.

Meier, E.-C. (2012). Das Selbstverständnis der „Generation Einsatz", in: if – Zeitschrift für Innere Führung, Ausgabe 3/2012.

Meyer, J., Rowan, B. (1977). Institutionalized Organizations: Formal Structure as Myth and Ceremony, American Journal of Sociology, 83(2), S. 340-363.

Mölling, C. (2012). Sicherheitspolitische und strategische Folgerungen aus der Neugestaltung der Bundeswehr, in: Reader Sicherheitspolitik, Ausgabe 07/2012, IV. Neuer Auftrag der Bundeswehr, URL: http://www.bmvg.de/portal [20.08.2014].

Pearcy, N.F. und Morgan, N.A. (1994). Mission analysis: an operational approach, Journal of General Management, 19(3), 1-19.

Schneider, K. (2013). Strategische Konstanten, Deutschland in der Welt, in: Marineforum, Nr. 11-2013, S. 4-7.

Sidhu, J. (2003). Mission Statements: Is it Time to Shelve Them?, European Management Journal, 21(4), S. 439-446.

Staack, M. (2014). Normative Grundlagen, Werte und Interessen deutscher Sicherheitspolitik, in: Böckenförde / Gareis (Hrsg.) (2014), S. 53-87.

Ulrich, P. und Fluri, E. (1995). Management. Eine konzentrierte Einführung. 7., verbesserte Aufl. Verlag Haupt: Bern / Stuttgart / Wien.

Weiss, J.A. und Piderit, S. K. (1999). The Value of Mission Statements in Public Agencies, Journal of Public Administration Research and Theory, 2, 193-223.

Welge, M.K. und Al-Laham, A. (2008): Strategisches Management, Grundlagen – Prozess – Implementierung, 5. vollst. überarb. Aufl., Wiesbaden: Gabler Verlag.

Wiesendahl, E. (2004a). Neue Bundeswehr – Neue Innere Führung? Perspektiven und Rahmenbedingungen für die Weiterentwicklung eines Leitbildes, Baden-Baden: Nomos.

Wiesendahl, E. (2004b). Die Innere Führung auf dem Prüfstand – Zum Anpassungsbedarf eines Leitbilds, in: Wiesendahl, E. (Hrsg.): Neue Bundeswehr – Neue Innere Führung? Perspektiven und Rahmenbedingungen für die Weiterentwicklung eines Leitbildes, Baden-Baden: Nomos, S. 7-34.

ZDv 10/1 (2008). Innere Führung. Selbstverständnis und Führungskultur der Bundeswehr. Bundesministerium der Verteidigung, Bonn.

Veränderungsmanagement: Eine zentrale Herausforderung für die Führungskräfte der Bundeswehr

Thomas Peisl und Jörg Voigt

Veränderungsmanagement ist Führungsaufgabe

Veränderungsmanagement ist als Führungsaufgabe ein zentrales Element erfolgreicher Organisationsentwicklung.[1] Die Art und Weise, wie Veränderungsvorhaben durchgeführt werden, unterscheidet sich jedoch in unterschiedlichen Organisationen. Faktoren wie Größe der Organisation oder Art der Organisation (Unternehmen, öffentlicher Dienst), insbesondere aber Organisationskultur, Führungsstile und Selbstverständnis der Mitarbeiter beeinflussen die Art und Weise, wie Veränderungen gestaltet werden.[2]

Zentrale Fragestellung dieses Beitrags ist deshalb festzustellen, auf welcher Basis die Führungskräfte der Bundeswehr der Aufgabe des Gestaltens von Veränderungsprozessen nachkommen bzw. nachkommen sollten. Die Frage, wie Veränderungen in der Bundeswehr tatsächlich durchgeführt werden sollen, müsste in einer qualitativen Studie betrachtet werden. Selbst, wenn hierzu aber Daten vorliegen, stellt sich die Frage, wie denn (normativ gesehen) Veränderungen in der Bundeswehr gestaltet werden sollten.

In einem ersten Ansatz soll hier eine Analyse der für die Bundeswehr gültigen Leitlinie für Selbstverständnis und Führungskultur (als Teil der Konzeption der Inneren Führung), der Zentralen Dienstvorschrift (ZDv) 10/1, anhand der Kriterien eines Erklärungsmodells zu Barrieren in Veränderungsprozessen[3] durchgeführt werden.

Mit den Feststellungen in den Vorbemerkungen der ZDv 10/1 Ziffer 1 und 4: „Sie ist die grundlegende Vorschrift für den Dienst in der Bundeswehr" und „... richtet sich an alle Angehörigen der Bundeswehr,..." lässt sie in der vorliegenden Form den Schluss zu, als Grundlage für eine Organisationskultur der Bundeswehr, im Sinne von Veränderungsmanagement, Gültigkeit zu haben. Ziel der Autoren ist, zu analysieren, in wie weit die Grundsätze der Inneren Führung auf die bisherige Diskussion um erfolgrei-

---

[1]   Vgl. Doppler/Lauterburg (2005).

[2]   Vgl. Peisl (1995); Doppler/Lauterburg (2005); Berner (2012).

[3]   Vgl. Peisl (1995), Hopfenbeck/Müller/Peisl (2001).

che Veränderungsprozesse angewendet werden kann und ob ggf. ein neuer Ansatz abgeleitet werden kann. Vorab gilt festzuhalten, dass als Rahmenbedingungen für erfolgreiche Veränderungsmaßnahmen in der Organisation Bundeswehr institutionelle Parameter vorliegen (Finanzen, Gesetze, Politik). Abgegrenzt werden ebenfalls Ziel, Zieldefinition und Realisierungsstrand der Neuausrichtung.

Die Zuordnung der in der Konzeption der Inneren Führung[4] formulierten Leitlinien zu den Betrachtungsebenen in dem von Peisl[5] entwickelten Erklärungsmodells wird in mehreren Schritten diskutiert. Zu Grunde liegt ein Modell, das in einem ganzheitlich-evolutionären Zusammenhang neun Betrachtungsebenen von Barrieren in Veränderungsprozessen integriert. Die neun Ebenen werden im Modell in drei Dimensionen strukturiert. Dieses Modell wird im nächsten Absatz vorgestellt. Anschließend werden die Ziffern der ZDv 10/1 zu den Betrachtungsebenen des Modells in Beziehung gesetzt und strukturiert. Durch die Verwendung unterschiedlicher Begriffe in den beiden Begriffswelten des Veränderungsmanagements und der Konzeption der Inneren Führung muss von den Autoren ein gewisser Spielraum für Annahmen und Interpretationen eingeräumt werden. Aussagen zur Konzeption der Inneren Führung in der ZDv 10/1 erfolgen – soweit eine Zuordnung abzuleiten ist – in direkter Anlehnung an die drei Dimensionen bzw. die neun Betrachtungsebenen.

Die zentrale These der Autoren ist, dass alle identifizierten Barrieren in den Betrachtungsebenen durch die Leitlinien in der Konzeption der inneren Führung abgebildet sind. Die darauf aufbauende zweite These lautet, dass Struktur sowie Gewichtung in der ZDv 10/1 nicht umfassend für das Gestalten von Veränderungsprozessen anhand des Erklärungsmodells ausgerichtet sind.

Barrieren in Veränderungsprozessen

Das diesem Beitrag zugrunde liegende Erklärungsmodell ist ein möglicher Ansatz für die Analyse und Bewertung von Handlungsoptionen zum proaktiven Management potenzieller Veränderungsbarrieren. Die Erkenntnisse basieren auf einer wissenschaftlichen Studie sowie verschiedener Projekte

---

[4] Vgl. ZDv 10/1.

[5] Vgl. Peisl (1995).

und Studien in unterschiedlichen Organisationen. In Hopfenbeck, Müller und Peisl wurde dieses Vorgehensmodell erstmals erweitert und als Ansatz für Veränderungsprozesse formuliert sowie ein Verständnis über alle Phasen eines Veränderungsprozesses sowie relevanten Betrachtungsebenen einer Organisation geschaffen.[6] Die weiteren Ausführungen sind in Anlehnung an Peisl, Hopfenbeck, Müller und Peisl und Peisl, Schmied.[7]

Vor der Beschreibung des Modells wird in einem ersten Schritt auf die dem Beitrag zugrunde liegende Definition von Widerständen und Barrieren eingegangen. In einem zweiten Schritt erfolgt darauf aufbauend die Definition der neun Betrachtungsebenen, strukturiert in drei Dimensionen.

Widerstände und Barrieren

Aus der Aussage von Herkner „der Mensch ist motiviert, seine Freiheiten zu erhalten" lässt sich ableiten, dass Widerstände völlig normale Begleiterscheinungen eines jeden Veränderungsprozesses sind.[8] Es ist wichtig zu verstehen, was die Forderung nach Veränderungen in Menschen auslöst, gleich ob sie von der höchsten Führung oder vom direkten Vorgesetzten kommt. Mit dem Verlangen nach konkreten Verhaltensänderungen engen wir den Handlungsspielraum der Adressaten ein. Das löst unweigerlich Abwehrreaktionen aus, die in der Sozialpsychologie unter dem Begriff *Reaktanz* zusammengefasst werden.[9]

Dementsprechend muss sich jede Führungskraft, die eine Veränderungsmaßnahme gestaltet und steuert, folgender vier Grundsätze bewusst sein:[10]

1.   Es gibt keine Veränderung ohne Widerstand!
2.   Widerstand enthält immer eine verschlüsselte Botschaft!
3.   Die Nichtbeachtung von Widerständen führt zu Blockaden!
4.   Mit dem Widerstand gehen, nicht gegen ihn!

Widerstand ist somit grundsätzlich nicht als Störfaktor zu sehen, sondern als Chance. Er zeigt an, an welcher Stelle Energie blockiert ist, die mit den rich-

---

[6]   Vgl. Müller/Peisl (2001).

[7]   Vgl. Peisl (1995), Hopfenbeck/Müller/Peisl (2001) und Peisl/Schmied (2009).

[8]   Herkner (2008).

[9]   Vgl. Berner (2012).

[10]   Vgl. Doppler/Lauterburg (2005), S. 327.

tigen Mitteln freigesetzt werden kann. Die Gefahr liegt nicht im Widerstand der Betroffenen sondern in deren gestörter Wahrnehmung und infolgedessen in den unangebrachten und unangemessenen Reaktionen und Vorgehensweisen von Vorgesetzten.

Das mehrdimensionale Widerstandskonzept

Im Rahmen einer Veränderungsmaßnahme ist nicht wahrscheinlich dass alle Betroffenen klar in die Kategorien *Gegner* und *Befürworter* einzuordnen sind. Vielmehr ist davon auszugehen, dass viele eher eine ambivalente Einstellung entwickeln und damit zugleich wohlwollende und oppositionelle Verhaltensweisen erkennen lassen. Das liegt unter anderem daran, dass das Widerstandsverhalten eines Mitarbeiters auf den drei grundsätzlichen Verhaltensbereichen von Menschen beruht:[11]

1. einer *kognitiven* Komponente (vernunftmäßige Beurteilung der Veränderung),

2. einer *affektiven* Komponente (Gefühle im Zusammenhang mit dem Wandel) und

3. einer *konativen* Komponente (entsprechende Verhaltensabsicht).

So ist es beispielsweise denkbar, dass ein Mitarbeiter die Bedeutung einer Veränderungsmaßnahme für die Organisation erkennt und auch von deren Erfolg überzeugt ist (positive kognitive Einschätzung), aber dennoch Angst aufgrund der einhergehenden Unsicherheit verspürt (negative emotionale Reaktion).

Erklärungsmodell zu Barrieren in Veränderungsprozessen

Die Gliederung in Struktur-, Leistungs- und Wertedimensionen ermöglicht die Ableitung von ebenen-spezifischen Handlungsoptionen zu Barrieren in Veränderungsprozessen, die jeweils gezielt untersucht und, bei Kenntnis der Wechselwirkung zueinander, pro-aktiv gestaltet werden können. Das Modell wird nachfolgend in drei Schritten vorgestellt:

*   Im ersten Schritt werden die grundlegenden Definitionen der Betrachtungsebenen ausgeführt und um Beispiele erweitert.

*   In einem zweiten Schritt werden die Erkenntnisse aus der Analyse der ZDv 10/1 den einzelnen Dimensionen zugeordnet.

---

[11] Vgl. Schirmer/Luzens (2003), S. 317.

- Im letzten Schritt wird ein erstes Fazit zu den Thesen der Verfasser und möglichen Handlungsoptionen skizziert.

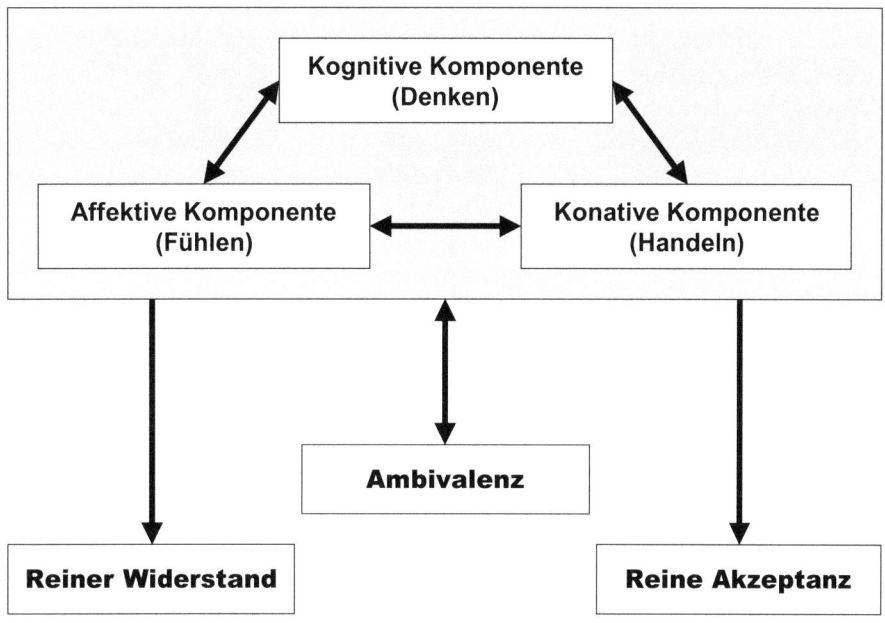

Abb. 1: Das mehrdimensionale Widerstandskonzept[12]

Betrachtungsdimensionen und -ebenen

Die Strukturdimension umfasst die Aufbaustruktur einer Organisation, die Ablaufstruktur sowie die Technologie- und Infrastruktur. Diese Dimension stellt das operationelle Fundament einer Organisation dar und existiert in Form von Organisationsdiagrammen, Prozessablaufplänen und physischer Infrastruktur.

Die Leistungsdimension besteht aus dem Controlling-/ Messsystem, den der Organisation zugrunde liegenden Managementmethoden und dem Gehalts- und Motivationssystem. Diese Parameter stellen im Grundsatz Un-

---

12 Schirmer/Luzens (2003), S. 317.

terstützungsinstrumente für die Strukturdimension zur Umsetzung der Ziele in der Organisation dar.

Die Betrachtungsebenen der Wertedimension sind am wenigsten sichtbar und damit auch am schwierigsten zu erfassen bzw. zu verändern. Im Einzelnen sind es die individuellen Wertesysteme der Mitarbeiter und -gruppen auf allen Ebenen, Politik und Machtfaktoren, sowie die Organisationskultur.

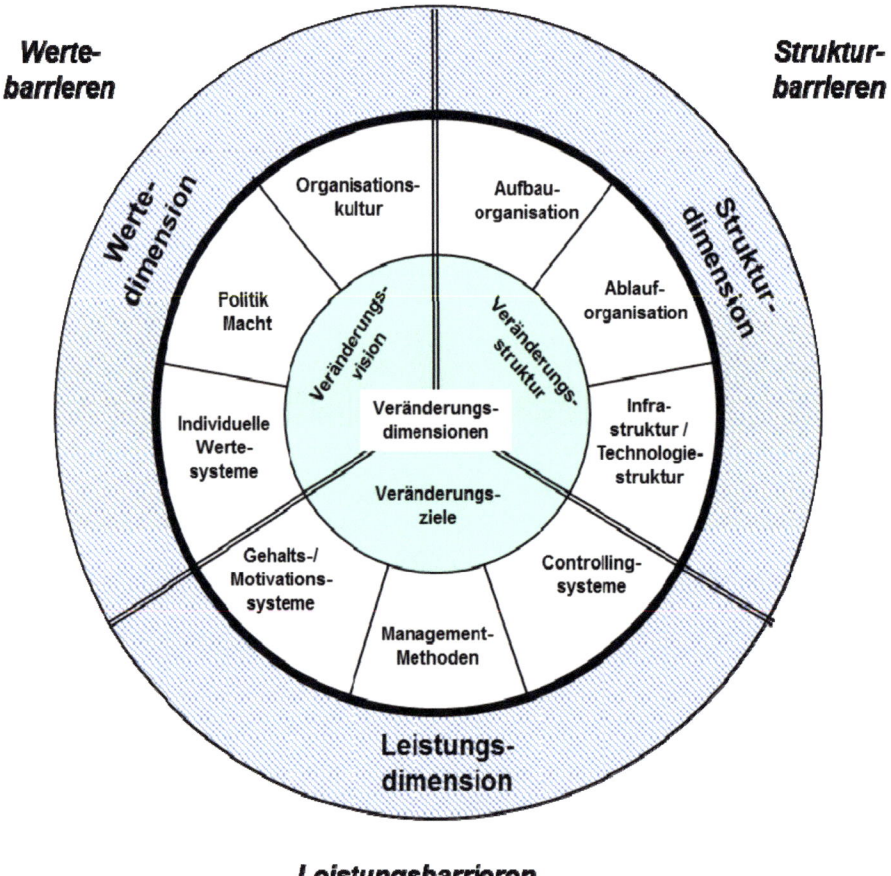

Abb. 2: Barrieren in Veränderungsprozessen

Die neben den allgemeinen Organisationsdimensionen wichtigen Parameter des Veränderungsmanagements sind:

- in der Strukturdimension die (Veränderungs-)Struktur
- in der Leistungsdimension die Zielsetzung des Veränderungsprozesses auf allen Ebenen und
- in der Wertedimension die neue Vision der Organisation als Basis für den Wandel.

Die Strukturdimension einer Organisation

Analysen von Veränderungsprojekten zeigen, dass der Schwerpunkt der meisten Ansätze auf strukturellen Veränderungen in Organisationen liegt. Hauptursache dafür ist nach Meinung von Gouillart und Keller der stark mechanistische Ansatz mit dem Ziel, schnelle und einfache Veränderungen mit optimaler Wirkung zu erreichen.[13] Wenn aber der Fokus ausschließlich auf die Strukturdimension einer Organisation gerichtet ist, kann kein langfristiger Wandel realisiert werden. Auch wenn durch Maßnahmen das Verhältnis innerhalb der Strukturdimension verändert wird (beispielsweise durch neue Prozessabläufe und Veränderungen in der Aufbauorganisation), kann eine Vielzahl von Problemen im operativen Bereich auftreten, die zu einer höheren Komplexität des Abstimmungsprozesses führen.[14]

Die Aufbauorganisation definiert im Grundsatz wer für einen Prozess oder eine Funktion innerhalb der Organisation verantwortlich ist. Sie umfasst die Aufgabenbeschreibung, Anforderungen an den Inhaber, Aufgabenstruktur, Einbindung in das Gesamtunternehmen, Beziehungen zu angrenzenden Bereichen, Berichtssystem und den Verantwortungsumfang. Insbesondere der Abbau von Hierarchien und die Forderung nach Prozessorientierung stellt die Dimension der Organisationsstruktur in das Zentrum der Diskussion. Eine reine Änderung in der Aufbaustruktur einer Organisation ohne Berücksichtigung der Wechselwirkung mit Prozessen kann Barrieren gegenüber Veränderungsprozessen nur verstärken. Eine Diskussion über innovative Strukturansätze wie Selbstorganisation, eigenverantwortliche Teams, flexible Organisationsformen und Informationsfluss ohne Hierarchien erfolgt im Rahmen der Betrachtung der Interdependenzen der einzel-

---

[13] Vgl. Gouillart/Keller (1995).

[14] Vgl. dazu Hagel (1994).

nen Dimensionen und der Analyse von Überwindungsalternativen auf dem Weg des Wandels. Widerstände in dieser Dimension sind die vertikalen Barrieren einer Organisation.

Die Ablauforganisation ist festgelegt durch die Zielstruktur einer Organisation und umfasst die Abläufe und die Ergebnisse, aber auch die Regeln, Praktiken und Vorgehensweisen in den Prozessen.[15] Es wird bestimmt, was Auslöser für den Vorgang ist sowie wann und wie ein Vorgang ausgeführt wird. Prozesse können durch interne Anweisungen, Zeitzyklen oder externe Aufforderung, beispielsweise durch den Kunden, ausgelöst werden. Jeder Prozess zielt auf ein Ergebnis, wobei dieses Ergebnis ein Produkt oder eine Dienstleistung für einen internen oder externen Kunden darstellen kann. Der Grad der Kontrolle und die Genauigkeit der Vorgabe sind abhängig vom Ziel des Prozesses. Als Grundregel kann hier gelten: Je chaotischer das Umfeld und je besser die Information des einzelnen Mitarbeiters im Prozess, desto größer muss die Flexibilität in der Regelung des Ablaufs sein. Die erkannten Widerstände können als horizontale Barrieren einer Organisation zusammengefasst werden.

Prozesse sind zeitlich dimensioniert und können gegliedert werden in einen Material-/ oder Arbeitsfluss und einen Informationsfluss. Der Prozess an sich ist aus der Sicht des Controllings nebensächlich, im Zentrum der Beobachtung steht das Ergebnis, welches in den Parametern Zeit, Kosten und Qualität (im Verhältnis zu den (neu) gesteckten Zielen) gemessen werden kann. Prozesse in Organisationen können aus zwei unterschiedlichen Ursachen heraus entstehen: Durch ein formales Konzept, das einen Ablauf zur Erfüllung eines Auftrags definiert, aber auch informell, um reale und subjektive Notwendigkeiten innerhalb der Organisation zu erfüllen.

Wenn alle formalen Prozesse den sich kontinuierlich ändernden Herausforderungen unter ganzheitlichen Gesichtspunkten anpassen würden, wäre ein Veränderungsprozess nicht notwendig, sondern bereits durch einen kontinuierlichen Verbesserungsprozess ersetzt. Die spezifische Situation in Organisationen zeigt deutlich, inwieweit Prozesse informell entstanden sind, beispielsweise um Barrieren in der Aufbauorganisation zu umgehen, oder nach formal statischen Abläufen vorgegangen wird, die nicht nach neuen Anforderungen ausgerichtet worden sind und Mehrarbeit verursachen. Konsequenz daraus ist, dass in verschiedenen funktionalen Einheiten identische

---

[15] Vgl. u.a. Ansoff (1979); Montanari et al. (1990).

Prozesse mehrfach wiederholt werden, aber keiner den Gesamtprozess leitet oder Prozesse nicht dokumentiert, inkonsistent und von Personen abhängig durchgeführt werden.

Die Infrastruktur/Technologiestruktur besteht aus den Informations- und Kommunikationssystemen, die zur Unterstützung der Prozesse und Abläufe in der Organisation eingesetzt werden sowie aus dem direkten Arbeitsumfeld des einzelnen Mitarbeiters. Das Schlagwort „Erlebniswelt Arbeiten" sei hier angeführt, um die Relevanz für das Veränderungsmanagement deutlich zu machen. Das Umfeld und das dem Mitarbeiter zur Verfügung gestellte Instrumentarium reflektieren unter anderem die Bereitschaft und die Fähigkeit zu flexiblem Arbeiten. Der Themenbereich Informations- und Kommunikationstechnologie umfasst Daten, Applikationen, Systemplattformen und damit verbundene Technologien.

Die Anwendung von Technologie wird bestimmt durch die kompetente Integration in den Geschäftsprozess. Mehrere Studien zeigen, dass ein Grundverständnis, die Technologie für Abläufe in Organisationen sowie das reine Automatisieren von ineffizienten Prozessen als Lösung zu betrachten, die zugrunde liegenden Probleme lediglich verschiebt.

Strukturdimension und Innere Führung (ZDv 10/1)

Die Konzeption der Inneren Führung nimmt die Strukturdimension mit den Begriffen Organisationsstrukturen und -entscheidungen auf.[16] Die Aussagen sehen das Erfordernis von Flexibilität bei Strukturveränderungen mit Blick auf notwendige Abweichungen.[17] Hauptaugenmerk liegt bei Änderungen von Strukturen auf der Begründung und Erläuterung durch vorgesetzte Ebenen und die frühzeitige Einbindung von Betroffenen in die Entscheidungsfindung. Im Sinne des Veränderungsmanagements können dadurch vorbeugende Maßnahmen frühzeitig identifiziert werden, die dazu geeignet sind, ggf. ungünstige Folgen für die Betroffenen abzuschwächen oder im Rahmen des Machbaren (im jeweiligen Gestaltungsbereich) sogar zu vermeiden.

Auf den Bereich Infrastruktur und Technologie wird nach hiesiger Auswertung nicht ausdrücklich eingegangen. Allenfalls das Erwähnen des

---

[16] Vgl. ZDv 10/1, vgl. z.B. Ziff. 615 u. 653.

[17] Vgl. ZDv 10/1, Ziff. 653.

„Bereitstellens benötigter Mittel für eine erfolgreiche Auftragserfüllung" lässt auf die Berücksichtigung dieser Betrachtungsebene schließen.[18]

Die Leistungsdimension einer Organisation

Die Leistungsdimension umfasst das Controlling-System, die Management-Methoden und das Motivationssystem einer Organisation. Die Ausprägung der Leistungsdimension beeinflusst die Möglichkeiten sowie die Nachhaltigkeit der Veränderung. Die Leistung des Einzelnen wird in Form von Gehalt und zusätzlichen (weiteren) Motivationsinstrumenten gemessen und bewertet. Nach einer oder mehreren Veränderungen in der Strukturdimension muss eine Anpassung der Leistungsdimension erfolgen, da nur dadurch eine Verstärkung der Veränderungsbereitschaft erreicht werden kann. Ohne neue Messkriterien und Entlohnungsmodelle, neue Managementformen und Verantwortung wird sich die Leistung in einem veränderten Umfeld verschlechtern und die Mitarbeiter zu der gewohnten Art der Mitarbeit zurückkehren.

Das Controlling-System definiert die Bewertungskriterien und Informationen über die Leistungserbringung in den Prozessen und Funktionen.[19] Die Qualität des Controllings ist entscheidend für den Nutzen in Veränderungsprozessen. Innovative Controlling-Systeme liefern zielgerichtet Informationen, die es dem Mitarbeiter ermöglichen, aktiv Prozesse innerhalb seiner Verantwortung zu verbessern und Aktionen nach sich zu ziehen. Das Spannungsfeld zwischen zu viel Information, die ignoriert wird, und ungenauer Information, die zu falschen Entscheidungen führen kann, ist durch ein ganzheitliches und integriertes Vorgehen aller Beteiligten zu lösen. Traditionelle Kostenrechnungssysteme können den Anforderungen eines dynamischen Messsystems nicht mehr genügen.[20] Controlling-Systeme sollten die Zufälligkeit und die Unvorhersehbarkeit von Prozessleistung bereits im Prozess verfolgen und für Leistungsträger das Management direkt zur Verfügung stehen.

Die Messgrößen des operativen Controllings sollten nicht nur einem übergeordneten Controlling dienen, sondern als direkte Rückkopplungen auch den Prozessbeteiligten zur ständigen Verbesserung im Prozess. Gleich-

---

18 ZDv 10/1, Ziff. 643.

19 Vgl. Seidenschwarz (1993).

20 Vgl. für eine praxisorientierte Betrachtung u.a. Ness/Cucuzza (1995); Kaplan/Norton (1996).

falls sollte in einer Wechselwirkung eine Abbildung im Gehalts- und Motivationssystem (Belohnungssystem) erfolgen.

Die Ebenen des Controllings können ebenfalls allgemein in zwei Gruppen gegliedert werden:

- wirtschaftliche Indikatoren sowie
- operative Messgrößen für die Maßnahmenumsetzung im Projekt (Qualität, Zeiten und Kosten) mit Hinblick auf kurze Lernzyklen.

Die Managementmethoden umfassen die Praktiken und Techniken, die in einer Organisation angewendet werden um Mitarbeiter in ihrer Funktion oder im Prozess zu überwachen, zu entwickeln und zu unterstützen. Die Rolle „Vorgesetzter und Untergebener" oder „Coach und Mitarbeiter" steht hier im Vordergrund. Die Bedeutung dieser Betrachtungsebene für die Leistungserbringung des Mitarbeiters wird deutlich in der Art, wie Einzelne behandelt werden, ob eine Einbindung in Entscheidungsprozesse erfolgt, inwieweit persönliche Entwicklung gefördert wird und ob ein gemeinsames Ziel und damit ein Ausgleich zwischen individuellen und kollektiven Vorstellungen gefunden wird. Diese und weitere Aspekte in der Art des Managements beeinflussen stark die Leistungsbereitschaft des einzelnen Mitarbeiters. Allerdings wird auch diese Betrachtungsebene meistens nicht in den Umfang – und schon gar nicht im Fokus – eines Veränderungsprojekts einbezogen. Problematisch ist vor allem die Konsequenz aus der Identifikation von Führungskräften, die nicht den neuen Herausforderungen gewachsen sind. Aber ohne ein Verständnis für die Notwendigkeit, neue Strukturen durch innovative Managementsysteme und Manager zu unterstützen, werden Erfolge in Veränderungsprozessen bereits mittelfristig fraglich.

Das Motivations- und Sanktionssystem regelt das Verhalten und damit die Bereitschaft zu Veränderung. Eine Belohnung oder Förderung kann formal oder informell, monetär oder nicht monetär sein. Idealerweise bietet eine Organisation Aufgaben und ein Arbeitsumfeld, das in sich motivierend auf die Mitarbeiter wirkt, mit dem Ziel, selbst Verantwortung zu übernehmen, zu lernen und individuelle Leistungsziele zu erreichen.

In der Praxis existiert aber oft ein Spannungsfeld zwischen dem gewünschten Verhalten und dem Verhalten, das letztendlich belohnt wird. Eine Anpassung des Gehalts- und Motivationssystems stellt in der Regel für Veränderungsprozesse eine Barriere dar, denn in den meisten beobachteten und analysierten Projekten war die Betrachtungsebene Gehalt und Motivation in der Leistungsdimension außerhalb des Aufgabenumfangs. Bei einer singulären Betrachtung erscheint eine Änderung eventuell auch nicht notwendig, bei einem vernetzten Ansatz wird die kritische Bedeutung für die Bereitschaft des Einzelnen zur Veränderung sichtbar.

Leistungsdimension und Innere Führung (ZDv 10/1)

Die dargestellten Aspekte der Leistungsdimension spiegeln sich auch in der Konzeption der Inneren Führung wider. Allerdings mit klarer Ausnahme der Betrachtung eines Controlling-Systems – als unverzichtbarem Mechanismus effektiver Prozess- oder Projektsteuerung – sowie des Herausstellens der Bedeutung von monetären Anreizen für Motivation und Leistung. Diese Ausnahmen sind, nach hiesiger Bewertung, mit einer generellen Ausrichtung der Konzeption der Inneren Führung auf Verhaltensregeln für die Angehörigen der Bundeswehr begründet und damit weniger mit der Ergebnis- und Leistungsorientierung eines Wirtschafts- bzw. Industrieunternehmens, das am Markt bestehen muss, um weiter zu existieren. Hier liegt nach Einschätzung der Autoren, neben den eingangs erwähnten beeinflussenden institutionellen Parametern, auch ein wesentlicher Unterschied in der Analyse von Unternehmen und der Organisation Bundeswehr anhand der Kriterien von Veränderungsmanagement.

Durch diese Unterschiede wird aber im Sinne von Veränderungsmanagement auch sehr deutlich die Tatsache unterstrichen, dass Veränderungen in einem Unternehmen bzw. einer Organisation immer einer vorausgehenden spezifischen Analyse und Bewertung von beeinflussenden Faktoren und Personen/Personengruppen unterliegen müssen. Jede Veränderung bleibt individuell ausgeprägt, empfunden und gestaltet.

Mit Bezug auf die Betrachtungsebene der Managementmethoden sind die Aussagen der Konzeption der Inneren Führung[21] (zum Prinzip des „Führens mit Auftrag" (auch oft als „Auftragstaktik" bezeichnet[22]) hervorzuheben. Die mit diesem Prinzip verbundenen zentralen Aspekte des Mitwirkens, der Teilhabe und Beteiligung sowie des Einräumens von Handlungsspielräumen und der damit einhergehenden Mitverantwortung der Mitarbeiter sind als ausschlaggebende Elemente für Motivation, Leistungsbereitschaft und Zufriedenheit zu werten (ZDv 10/1, Ziff. 612 und 640). Unmit-

---

[21]   Vgl. ZDv 10/1, Ziff. 316 oder 403.

[22]   ZDv 10/1, Ziff. 602.

telbar gekoppelt ist die Basis von Vertrauen, die den Umgang und die Zusammenarbeit zwischen Vorgesetzten und Untergebenen/Mitarbeitern ausmacht.

Zur Steuerung und Kontrolle dieser verantwortungsvollen Zusammenarbeit stehen für die Bundeswehr verschiedene monetäre und nicht monetäre Möglichkeiten der Anreiz- und Belohnungsgestaltung aber auch für Sanktionen zur Verfügung, die in Gesetzen und deren Ausführungsbestimmungen festgehalten sind. Zusammen mit Maßnahmen der Personalführung hinsichtlich Qualifizierung und Förderung von Mitarbeitern sowie dem im Zuge der Neuausrichtung aufgelegten Attraktivitätsprogramm bilden die beschriebenen Faktoren einen Rahmen, der umfangreiche Gestaltungsmöglichkeiten der Leistungsdimension zulässt.[23]

Eine umfassende Untersuchung der Managementmethoden und der Motivationssysteme muss sich, neben der im nächsten Abschnitt noch zu untersuchenden Elemente von Kultur, mit den Bereichen des Verhaltens/Führungsverhaltens aber zwangsläufig auch mit den Verfahren/Führungsverfahren beschäftigen. Besonders, wenn das frühzeitige Einbinden von Betroffenen in Entscheidungen/Entscheidungsabläufe nach ZDv 10/1 Ziff. 653 als Absicht formuliert wird, ist ein einheitliches Festlegen von Verfahren und Prozessen hilfreich. Das könnte heißen, sich auf einen gemeinsamen, konsequent und durchgängig angewandten Führungsprozess in Lehre, Ausbildung und Praxis zu einigen und dies in einer Anlage zur ZDv 10/1, wie schon für die Leitsätze für Vorgesetzte geschehen, zu verankern. Dieser Führungsprozess sollte idealerweise die Adaption bereits in Einsätzen etablierter multinationaler Verfahren zulassen.

Die Wertedimension einer Organisation

Die Wertedimension umfasst die individuellen Wertesysteme der Mitarbeiter, Politik und Machtfaktoren in der Organisation sowie die Organisationskultur. Daraus abgeleitet ist die Führungskultur und auch das Veränderungsverhalten einer Organisation kann daraus bestimmt werden. Wenn die Wertedimension nicht zielgerichtet und nachhaltig das Veränderungsmanagement unterstützen, ist eine langfristige Implementierung eines ‚optimalen' Strukturkonzepts zum Scheitern verurteilt. Der einzige Weg, den natürlichen organisatorischen und individuellen Widerstand gegen Veränderung zu

---

[23] Vgl. ZDv 10/1, Ziff. 654.

überwinden, liegt in der progressiven Ausrichtung der Wertedimensionen. Wandel darf nicht als Bedrohung des Individuums oder von Gruppen, sondern als Herausforderung für eine interessantere Zukunft gesehen werden.[24]

Individuelle Wertesysteme und Ressourcen umfassen das Verhalten und die mentalen Denkstrukturen, die Individuen und Gruppen anwenden, mit denen sie arbeiten und derentwegen sie in der spezifischen Organisation tätig sind. Mitarbeiter auf allen Ebenen der Organisation vertreten individuelle Werte, Prinzipien und Verhaltensmodelle, die ihren Umgang gegenüber anderen Mitarbeitern und ihr Verhalten in ihrer Aufgabenstellung allgemein prägen. Kulturelle Eigenschaften wie Ungeduld, Skepsis, Offenheit, Kontrolle, Beamtenmentalität oder Flexibilität finden ihre Ursache in den individuellen Verhaltensmodellen. Die Motivation von Mitarbeitern, die bisher nur für die Ausführung von genauen Vorgaben gefördert worden sind, ist schwieriger und erfordert mehr als nur ein kurzes Bekenntnis zur Veränderung. Die Gefahr eines pragmatischen Ansatzes durch eine nicht geteilte neue Vision kann beim Einzelnen zu einer Kulturkrise führen, die sich in geringem Selbstwertgefühl, fehlender Identifikation mit den Organisationszielen und einem eher resignierten Anpassen widerspiegelt.

Macht und Politik repräsentieren die formale oder informelle Position Einzelner, Aktionen und Verhalten anderer zu manipulieren (steuern oder beeinflussen) und zu formen.[25] Macht wird oft dazu verwendet, sich selbst in der Organisation zu positionieren und zu versuchen, die Kultur einer Organisation nachhaltig zu beeinflussen. Politische Macht in Unternehmen bzw. Organisationen kann einerseits auf formaler Autorität, aber auch auf persönlicher Macht beruhen. Ersteres ist durch die Position innerhalb der Organisation gegeben, letztgenanntes kann entweder durch Erfahrung, Wissen oder durch Verbindungen innerhalb und auch außerhalb der Organisation erworben werden.

Wenn durch Veränderungsprozesse in der Strukturdimension die in der Organisation existierenden Machtverhältnisse in ein Ungleichgewicht geraten oder politisch (ggf. ohne fachliche Bewertung) Positionen in der neuen Aufbaustruktur besetzt werden, so wird der Widerstand gegen den geplanten Wandel eher stark sein. Die Bedrohung, eine Machtposition zu

---

[24] Vgl. zu einer weiterführenden Diskussion, insbesondere der Relevanz des Erfolgs Martin (1993) und Schirmer/Luzens (2003).

[25] Vgl. zu einer Definition von Macht in Organisationen Müller-Stewens/Spickers (1995).

verlieren, kann zu äußerst kontroversen und subversiven Maßnahmen führen, die letztendlich nur auf die Bewahrung des Status Quo hinauslaufen
können. Das Wissen über die Machtverhältnisse in einer Organisation ist für
den Erfolg von Veränderungsprozessen substanziell, das Problem ist nur,
diese auch zu erkennen und zu bewerten.

Die Organisationskultur umfasst die ungeschriebenen, kollektiven
Regeln und Werte einer Organisation, die durch Symbole, Rituale, Mythen
und die Sprache in einem Unternehmen sichtbar gelebt werden. Unternehmenskultur als „das System von Wertvorstellungen sowie Denk- und Hand-
lungsweisen, die das Verhalten der Mitarbeiter prägen. Die Kultur entspricht
der Gesamtheit der durch Tradition entstandenen Normen, Einstellungen
und Überzeugungen, die von vielen Mitarbeitern geteilt und als verbindlich
akzeptiert werden".[26] Die Organisationskultur äußert sich in formalen und
informellen Kommunikations- und Organisationsstrukturen und wird durch
das tagtäglich gelebte Führungs- und Mitarbeiterverhalten definiert. Unternehmen bzw. Organisationen können als die Summe menschlicher Wertset-
zungen, Absichten und Handlungen und somit als Produkte der Kultur bezeichnet werden. Bleicher sowie Ebers kritisieren allgemein, dass der Begriff
Kultur relativ vage definiert ist.[27] Für eine ausführliche Diskussion des Kul-
turbegriffs in Zusammenhang mit Organisationen wird auf die Literatur
verwiesen.[28]

Die Kultur reflektiert, was in und für die Organisation und deren
Mitarbeiter wichtig ist. Je älter eine Kultur, desto tiefer sitzen die Werte und
Gedanken, insbesondere die Erfolge früherer Jahre, und desto schwieriger
und damit auch langwieriger ist ein Veränderungsprozess. Die Kultur zeigt
sich unter anderem in der Art des Personalmanagements bei Neueinstellun-
gen und Förderung.

In Analogie zu dem sich im Bereich der Naturwissenschaften voll-
ziehenden Paradigmenwechsel wird die Notwendigkeit abgeleitet auch im
Management von einer deterministischen Weltanschauung Abschied zu
nehmen. Selbstähnlichkeit, Selbstorganisation und Dynamik sind die
Grundmuster einer Organisation der Zukunft. Durch ständige Strukturan-

---

[26] Servatius (1991) S. 14; vgl. im Weiteren dazu auch Ebers (1985) und Hofstede (2001).

[27] Vgl. Bleicher (1990) S. 112, und Ebers (1991), S. 41.

[28] Vgl. Bleicher (1990); Hofstede (1991); Gomez (1993); Müller-Stewens/Spickers (1995);
      Hopfenbeck (2000).

passung und konsequente Nutzung der Potenziale aller Beteiligten werden Möglichkeiten erschlossen, eigene Stärken wirksam zur Geltung zu bringen und eine langfristige Überlebensfähigkeit zu sichern.

Der Erfolg eines Veränderungsprozesses kann auf drei Ebenen bestimmt werden:

1. In der optimalen Planung, Besetzung und Durchführung des Veränderungsmanagements im Rahmen einer ganzheitlichen Betrachtung der Veränderungsdimensionen,

2. In einem konsequenten Management der Wechselwirkung zwischen Veränderungsdimensionen und Organisationsdimensionen,

3. In einer nachhaltigen Führung des Veränderungsprozesses bspw. durch die Identifikation des neuen Zustandes mit einer Führungspersönlichkeit.

Erfahrungswerte aus Studien belegen, dass mehr als 90 Prozent der Barrieren durch mangelndes Veränderungsmanagement und nicht erkannter systemimmanenter Wechselwirkungen entstehen. Ein Anteil von weniger als 10 Prozent ist auf äußere Einflüsse zurückzuführen, die im Rahmen der neuen Vision nicht oder nicht uneingeschränkt integriert wurden (Peisl 1995).

Die Vision als Eingangsgröße erfolgreichen Veränderungsmanagements

Die Vision ist Ausdruck der grundsätzlichen Ausrichtung einer Organisation. Sie beschreibt die Leitphilosophie, welche grundlegenden Werte und welches Zielbild (zielsetzende Gesamtbild im Sinne von Selbstverständnis) eine Organisation verfolgt. Nach Ryborz erfordert eine Vision ganzheitliches antizipatives Denken über alle Dimensionen, um eine realistische und schlüssige Verbindung zwischen der heutigen Situation und der Zukunft zu schaffen.[29] Weitere Thesen zu Vision umfassen die Erreichbarkeit, die nachhaltige Veränderung des bisherigen Zustands, die persönliche Überzeugung der Führung und den wirtschaftlichen Sinn der Aussagen.

Die den Veränderungsprozess leitende Vision stellt den von allen Mitarbeitern geteilten mentalen Rahmen für die Ausrichtung der Organisation in der Zukunft dar. Im Weiteren wird Vision als Gesamtbegriff für realistisches und vorausschauendes Vordenken in einer Organisation verwendet.

---

[29] Vgl. Ryborz (1995), S. 10 ff.

Ziel ist die allgemein in der Organisation geteilte Vision (Selbstverständnis). In diesem Rahmen müssen nach Gouillart und Kelly vier grundsätzliche Elemente berücksichtigt sein:[30]

- Die Positionierung gegenüber den möglichen Bedrohungen sowie die Wechselwirkung mit der strategischen Planung. Verbunden damit sind die Dynamik des Kompetenz- und Fähigkeitsaufbaus und der Fokus auf potentielle neue Konfliktfelder in sich verändernden Rahmenbedingungen. Neue Formen und neue Spielregeln müssen aus der Zukunftsanalyse für die Organisation umgesetzt werden. Die Vision beschreibt gleichzeitig den Rahmen für die strategische Planung, die detailliert die Umsetzung in Meilensteine zur Erreichung von nachhaltigen (nachhaltig verfolgten) Zielen festlegt.

- Der Interessenausgleich aller Anspruchsgruppen: Er umfasst neben der Politik, Mitarbeiter, Lieferanten und Partner auch die gesellschaftlichen Aspekte eines sozialen Umfelds. Die Vision ist das Führungsinstrument, um die Interessen aller Beteiligten auf die Veränderung auszurichten.

- Die neuen Werte: Neue Werte, die durch den Veränderungsprozess in die Organisation eingeführt werden, bilden die Basis für eine neue, der Vision angepassten Kultur.

- Die zeitliche Dimension des Veränderungsprozesses: Sie ist für den notwendigen Druck und als Signal innerhalb und außerhalb der Organisation wichtig. In einer vorwärtsorientierten Vision lässt sich die Kraft und Dynamik der Organisation von der Bereitschaft der Beteiligten zu Veränderung und von der Innovationsfähigkeit der Organisation ableiten.

Eine auf eine dauerhafte Veränderung ausgerichtete Vision muss Prozess- und Innovationsorientierung zu den Grundmaximen des Handelns machen.[31] Innovationsorientierung wird definiert als die Fähigkeit, Grenzen und Erfolgsfaktoren neu zu bestimmen. Je mehr sich der aus der Vision abgeleitete, permanente innere Wandel in einer Organisation den externen Veränderungen angleicht, desto größer ist die Anpassungsfähigkeit der Organisation. Die Visionsansätze müssen in allen Dimensionen und in ganzheitlich-holistischen Ansätzen, einer diversifizierten Personalpolitik und ei-

---

[30] Vgl. Gouillart/Kelly (1995), S. 45.
[31] Vgl. Servatius (1991, 1994); Hamel/Prahalad (1994); Gouillart/Kelly (1995).

nem Fokus auf Kernkompetenzen als Beispiele umgesetzter Visionen reflektiert werden.

Die zielorientierte Ausrichtung der Wertedimensionen zur Unterstützung von Veränderungsprozessen fordert eine eindeutige Bereitschaft der Führung zum Wandel und die Demonstration von Führung. Der ganzheitliche Veränderungsprozess erfordert teilweise einen grundsätzlichen Wandel in den individuellen Wertesystemen sowohl der Führungskräfte als auch aller Beteiligten. Das Spannungsfeld zwischen den eigenen Werten, und damit dem Widerstand gegen Veränderung, und den Herausforderungen des Umfelds führen oft zu der Situation, dass Veränderungen erst dann begonnen werden, wenn entweder durch den Druck von außen oder durch einen Wechsel an der Spitze neue Rahmenbedingungen geschaffen werden.[32]

Wertedimension und Innere Führung (ZDv 10/1)

Inhalt, Struktur und die Interpretationen von Aussagen lassen erkennen, dass die Wertedimension in der Konzeption der Inneren Führung in umfangreichem Maß reflektiert wird. Hierbei wird die Ausrichtung auf ein Selbstverständnis und eine Führungskultur unterstrichen. In der Anlage 1 der ZDv 10/1[33] wird mit den zehn Leitsätzen für Vorgesetzte, der komplette Rahmen von Verhaltensnormen nach Innen und Außen sowie besonders für den zwischenmenschlichen Umgang sowie der auftrags-/zielorientierten Zusammenarbeit von Vorgesetzten, Untergebenen und Mitarbeitern vorgegeben. Damit sind auf dem Fundament von Grundgesetz, Soldatengesetz und auch dem Leitbild vom Staatsbürger in Uniform die Grundlagen für eine für die Bundeswehr gültige Organisationskultur sowie die Vorgaben für das individuelle Wertesystem abgeleitet.

Die niedergeschriebenen Grundlagen und Vorgaben befassen sich insgesamt mit allen für eine Kulturbeschreibung relevanten Elementen, wie z.B. Ethik, Gewissen, Verantwortung, Legitimation, Geist, Sinnhaftigkeit, Vertrauen, Glaubwürdigkeit, Recht, Menschenwürde und weitere.[34]

Die Kernaussage, die eigentlich alle Facetten der Wertedimension abdeckt und auch für alle Aspekte erfolgreichen Veränderungsmanagements

---

[32] Vgl. Hsieh/Bear (1994).

[33] Siehe Anlage 1 zum Beitrag von Kozica in diesem Band.

[34] Vgl. ZDv 10/1, z. B. Ziff. 105 u. 315, 401, 601, 604.

uneingeschränkte Gültigkeit hat, ist explizit in der Ziffer 610 der ZDv 10/1 mit den Worten „...immer nur der Mensch im Mittelpunkt steht." ausgedrückt.

In diesem Dimensionsbereich sind lediglich zum Thema Politik und Macht im Sinne von Veränderungsmanagement keine, auch nicht interpretierbare, Aussagen zu finden. Hier muss ein allgemeiner Verweis auf die institutionellen Einflussgrößen, denen die Bundeswehr immer Rechnung zu tragen hat sowie deren Einfluss auf Veränderungsauslöser und -mechanismen genügen.

Gewichtung der Dimensionen

Die modellhafte Darstellung als Kreisdiagramm erzwingt eine Diskussion der Gewichtung der einzelnen Dimensionen in den Parametern Anzahl, Zeit und Verallgemeinerungsfähigkeit. Etwa 40 Prozent der Barrieren waren in der Strukturdimension auf operativer Ebene zu erkennen, 20 Prozent waren erkannte Barrieren in der Leistungsdimension und 10 Prozent der identifizierten Barrieren sind in der Wertedimension einzuordnen. 30 Prozent der Barrieren sind direkt den Dimensionen des Veränderungsmanagements zuzuordnen.[35]

Der zeitliche Aspekt der Überwindung der Barrieren ist gegenläufig. Während die Beseitigung von Barrieren der Strukturdimension größtenteils ohne großen Zeitaufwand im operativen Bereich realisiert werden kann, ist eine exponentielle Steigerung in der zeitlichen Planung zur Überwindung von Barrieren in der Leistungsdimension und, noch länger, in der Beseitigung von Barrieren in der Wertedimension notwendig. In den Veränderungsdimensionen ist die zeitliche Verteilung identisch mit der Organisationsdimension.

Die größte Barriere ist in diesem Zusammenhang, zu viel Gewicht auf die Aufgaben und die Technologie zu legen und zu wenig Aufmerksamkeit den Menschen, Prozeduren und Verhaltensmuster zu widmen. Durch ein Pilotprojekt (ggf. auch modellhafte Simulation) ist es für den Einzelnen leichter, die Veränderungen zu verstehen und die Resultate an den Schreibtisch zu übersetzen. Zudem wird eine (die) Identifikation unausgesprochener Widerstände ermöglicht bzw. erleichtert.

---

[35] Vgl. Peisl (1995).

Die technische Komplexität eines neuen Systems zu implementieren, überlagert die passiven Gesichtspunkte der Arbeitsausführung. Wenn Veränderungen in Prozeduren, Verhalten, Arbeitsgestaltung, Arbeitsbeziehungen, Lohn und Anreiz nicht auf dieses Stadium ausgerichtet sind, werden sie während der vollständigen Implementierung höchstwahrscheinlich Barrieren schaffen.

In der Planungsphase von Veränderungsprozessen ist es sinnvoll, das beschriebene Erklärungsmodell in seiner Gesamtheit zu beachten, weil dann bereits im Vorfeld Maßnahmen zur Beseitigung potenzieller Barrieren getroffen werden können.

Fazit

Veränderungsmanagement ist eine zentrale Herausforderung für die Führungskräfte der Bundeswehr. Die vorgenommene Untersuchung der Konzeption der Inneren Führung hat nach Einschätzung der Autoren bestätigt, dass sie in der vorliegenden Form als Grundlage oder Leitfaden für eine Organisationskultur der Bundeswehr – im Sinne von Veränderungsmanagement – Gültigkeit haben kann. Alle drei Dimensionen und nahezu alle Betrachtungsebenen sind in den Inhalten der ZDv 10/1 berücksichtigt. Damit kann die erste These bestätigt werden.

Die Konzeption der Innere Führung definiert als Ziel ein harmonisches Menschenbild unter besonderer Beachtung der Menschenwürde insbesondere auch im multinationalen Einsatzumfeld. Der Fokus liegt dabei auf einem idealtypischen Umgang mit dem Einzelnen sowie dem Verhalten untereinander. Dies ist im Sinne von Bundeswehrgemeinsamkeit für den zivilen und militärischen Personalanteil gültig.

Im Zuge des Vergleichs der Inhalte der ZDv 10/1 mit dem vorgestellten Erklärungsmodell und dem Zusammenhang von Barrieren in Veränderungsprozessen ist deutlich geworden, dass die Konzeption der Inneren Führung viele Aspekte der grundlegenden Bedingungen für ein erfolgreiches Gestalten und Umsetzen von Veränderungsprozessen anspricht. Ein Gesamtkontext der Bedeutung von Widerständen und Barrieren auf Veränderungen wird jedoch nicht beschrieben oder dargestellt. Es werden deshalb keine geeigneten Verfahrensweisen aufgezeigt oder detaillierte Hinweise für einen konsequenten Umgang mit den bei Veränderungen immer zu erwartenden Widerständen gegeben. Auch die Interdependenzen bei den dargestellten Dimensionen und Betrachtungsebenen des Erklärungsmodells zu Barrieren in Veränderungsprozessen werden folglich nicht reflektiert. Beispielhaft zu nennen ist das Fehlen von Hinweisen auf das Erfordernis von Controlling-Systemen als Voraussetzung für nachhaltige Veränderung. Damit kann die zweite These nicht bestätigt werden.

Abschließend bleibt festzuhalten, dass die Konzeption der Inneren Führung nicht spezifisch auf die Besonderheiten im Umgang mit Veränderungen/Veränderungsprozessen eingeht, wie zum Beispiel auf konkrete Veränderungsmaßnahmen im Hinblick auf Fort-/Weiterentwicklung und Neuausrichtung. Sie erfüllt ihren allgemeingültigen Charakter als Leitfaden für die Kultur der Organisation Bundeswehr. Damit gibt sie keinen Rahmen für Veränderungen als Führungsaufgabe aus Sicht der Organisation Bundeswehr vor bzw. lässt keine Ableitung eines möglichen neuen Denkansatzes für die Diskussion um erfolgreiche Veränderungsprozesse zu.

Zunehmende Einsatzkomplexität und deren Ausrichtung auf Kampf gegen asymmetrisch agierende Kräftegruppierungen sowie grundlegende Änderungen von institutionellen Rahmenbedingungen, wie zum Beispiel das Aussetzen der Wehpflicht oder auch umfassende Reformbestrebungen – wie die derzeitige Neuausrichtung – lassen vielmehr vermuten, dass auch die Konzeption der Inneren Führung einer kontinuierlicheren Überprüfung und Anpassung unterliegen sollte.

Mit einer solchen regelmäßigen Aktualisierung kann es den Leitlinien der Konzeption der Inneren Führung noch besser gelingen, nicht nur immer wieder aktuellen Bezug herzustellen, sondern im Sinne einer Legitimations- und Motivationsgrundlage Einsichten für Veränderungen und deren Notwendigkeiten zu vermitteln.

Literaturverzeichnis

Althauser, U. (2004). Change-Management als Führungsaufgabe. In: Geißler, K. A., Laske, S. & Orthey, A. (Hrsg.), Handbuch Personalentwicklung - Beraten, Trainieren, Qualifizieren, Deutscher Wirtschaftsdienst: Köln.

Ansoff, H. I. (1979). Strategic Management, John Wiley & Sons: London.

Berner, W. (2012). Culture Change. Unternehmenskultur als Wettbewerbsvorteil, Schäffer-Poeschel: Stuttgart.

Bleicher, K. (1991). Zum Verhältnis von Kulturen und Strategien der Unternehmung. In: Dülfer, E. (Hrsg.), Organisationskulturen: Phänomen – Philosophie – Technologie, 2. Aufl., Stuttgart, S. 111-128.

Chalupsky, J. (2000). Der Mensch in der Organisation, Verlag Dr. Götz Schmidt: Gießen.

Doppler, K. und Lauterburg, C. (2005). Changemanagement –Den Unternehmenswandel gestalten, Campus Verlag: Frankfurt/New York.

Ebers, M. (1985). Organisationskultur: Ein neues Forschungsprogramm, Gabler Verlag.

Ebers, M. (1991). Der Aufstieg des Themas „Organisationskultur" in problem- und disziplingeschichtlicher Perspektive. In: Dülfer, E. (Hrsg.), Organisationskulturen: Phänomen – Philosophie – Technologie, 2. Aufl., Stuttgart, S. 39-63.

Gomez, P. und Zimmermann, T. (1995). Unternehmensorganisation: Profile, Dynamik, Methodik, Campus Verlag: Frankfurt.

Gouillart, F. J. und Kelly, J. N. (1995). Transforming the Organization, McGraw-Hill: New York.

Hagel III, J. (1994). Fallacies in organizing for performance. The McKinsey Quarterly, 2, S. 97-106.

Hamel, G. und Prahalad, C.K. (1994). Competing for the Future, Harvard Business Review Press: Boston.

Herkner, W. (2008). Lehrbuch Sozialpsychologie, 5. Aufl., Verlag Huber: Bern.

Heitger, B. und Doujak, A. (2002). Harte Schnitte-Neues Wachstum, Redline Wirtschaft: Frankfurt/Wien.

Hofstede, G. H. (2001). Culture's Consequences: Comparing Values, Behaviors, Institutions and Organizations Across Nations, SAGE Publications.

Hsieh, T.-Y. und Bear, S. (1994). Managing CEO Transitions. The McKinsey Quarterly, 2, S. 47-59.

Hopfenbeck, W. (2000). Allgemeine Betriebswirtschafts- und Managementlehre – Das Unternehmen im Spannungsfeld zwischen ökologischen, sozialen und ökologischen Interessen, mi-Verlag: Landsberg am Lech.

Hopfenbeck, W., Müller, M. und Peisl, T. (2001). Wissensbasiertes Management – Ansätze und Strategien zur Unternehmensführung in der Internet-Ökonomie, mi-Verlag: Landsberg am Lech.

Kaplan, R. S. und Norton, D. P. (1996). The Balanced Scorecard – Translating Strategy into Action, Harvard Business School Press: Boston.

Martin, R. (1993). Changing the Mind of the Corporation. Harvard Business Review November-December, S. 81-94.

Müller-Stewens, G. und Spickers, J. (1995). Unternehmerischen Wandel erfolgreich bewältigen – Change Management als Herausforderung, Gabler: Wiesbaden.

Ness, J. A. und Cucuzza, T. G. (1995). Tapping the Full Potential of ABC. Harvard Business Review July-August, S. 130-138.

Peisl, T. (1995). Barrieren in Veränderungsprozessen – Ein Erklärungsmodell für das Management von Barrieren in Veränderungsprozessen in Mittel- und Großunternehmen, Dissertationsschrift TU Chemnitz.

Peisl, T. und Schmied, J. (2009). Innovation Process Design: A Change Management and Innovation Dimension Perspective. In: O'Connor, R. et. al. (Hrsg.) Software Process Improvement, Springer, S. 117-128.

Ryborz, H. (1995). Wenn ein Dreieck Tango tanzt – Von der Vision zum Erfolg, Mvg Verlag: München.

Schirmer, F. und Luzens, M.-A. (2003). Widerstand und Ambivalenz im Veränderungsprozess. Zeitschrift für Organisation, 6, S. 316-323.

Seidenschwarz, W. (1993). Target Costing – Marktorientiertes Zielkostenmanagement, München.

Servatius, H.-G. (1991). Vom strategischen Denken zur evolutionären Führung – Auf dem Wege zu einem ganzheitlichen Denken und Handeln, Stuttgart.

Servatius, H.-G. (1994). Reengineering-Programme umsetzen: von erstarrten Strukturen zu fließenden Prozessen, Stuttgart.

Streich, R. (2004). Verfahrens- und Verhaltensweisen bei Veränderungsprozessen. In: Geißler, K. A., Laske, S. & Orthey, A. (Hrsg.) Handbuch Personalentwicklung - Beraten, Trainieren, Qualifizieren, Deutscher Wirtschaftsdienst: Köln.

ZDv 10/1 (2008). Innere Führung. Selbstverständnis und Führungskultur der Bundeswehr. Bundesministerium der Verteidigung, Bonn.

Vereinbarkeit von Familie und Beruf: Eine Führungsaufgabe in der Bundeswehr?

Martin Rost, Rafaela Kraus und René Schulz

Vereinbarkeit von Familie und Beruf wird im Rahmen der Neuausrichtung der Bundeswehr zu einem zentralen Thema. Nach Ansicht der neuen Bundesministerin für Verteidigung ist diese Vereinbarkeit ein zentraler Faktor für die Bundeswehr, um als Arbeitgeber attraktiv zu sein[1] und damit ihre zukünftigen Aufgaben erfüllen zu können. Dieser Beitrag nimmt sich aufbauend auf einer empirischen Studie mit Soldatinnen und Soldaten der Bundeswehr deshalb der Frage an, wie diese Vereinbarkeit durch Führungsmaßnahmen unterstützt werden kann. Vereinbarkeit von Familie und Beruf wird in diesem Beitrag als ein zentraler Faktor von Work-Life-Balance verstanden. Ausgehend von dieser Zielsetzung werden verschiedene Formen und Möglichkeiten von Führung vorgestellt und Ansatzpunkte für eine bessere Vereinbarkeit von Familie und Beruf erarbeitet: Welche konkreten Verhaltensweisen sollten Führungskräfte zeigen, um die Vereinbarkeit von Familie und Beruf zu fördern und wie kann durch indirekte strukturelle Führung ein aus Sicht der Soldatinnen und Soldaten familienfreundliches Arbeitsumfeld geschaffen werden?

Die Basis für den Beitrag bildet eine empirische Studie zur Vereinbarkeit von Familie und Beruf bei der Bundeswehr. Die Studie beruht einer Online-Befragung, an der 5775 Soldatinnen und Soldaten teilgenommen haben. Zusätzlich wurden 13 halbstrukturierte Interviews mit Soldatinnen und Soldaten geführt.[2]

---

[1] Vgl. dpa (2014).

[2] Die empirische Studie wurde von René Schulz im Rahmen seiner Diplomarbeit an der Fakultät für Betriebswirtschaft an der Universität der Bundeswehr München durchgeführt. Die Diplomarbeit wurde von Frau Prof. Kraus betreut, Dr. Martin Rost betreute das Diplomandenkolloquium. Zudem basieren Teile des vorliegenden Artikels auf dieser Diplomarbeit.

Vereinbarkeit von Familie und Beruf bei der Bundeswehr

Theoretische Grundlage für die Betrachtung von Vereinbarkeit von Familie und Beruf in diesem Beitrag ist die Work-Life Diskussion. Hier ist die Frage zentral, in welchem Verhältnis die „Hauptlebensbereiche"[3] von Menschen zueinander stehen. Work/Arbeitsleben und Life/Privatleben werden dabei als Hauptlebensbereiche gegenübergestellt. Auch wenn eine Dualität der beiden Bereiche nicht unumstritten ist, so zeigt die Diskussion doch, dass für eine gelungene Lebensführung zahlreiche Konflikte zwischen den genannten Bereichen gehandhabt werden müssen und dadurch eine „Balance"[4] gefunden werden muss. Die Integration von Familie und Beruf hatten in der Vergangenheit vor allem Frauen zu leisten.[5] Die aktuelle Diskussion beispielsweise bezüglich des Erziehungsgelds zeigt aber, dass sich zunehmend auch Männer diesem Konflikt stellen müssen. Auch die Forschung hat sich in den letzten Jahren dieser Thematik angenommen, wie beispielsweise eine empirische Studie zur Rolle von Vätern von Moers[6] zeigt.

Für Soldaten ergeben sich bei ihrer Berufsausübung besondere Herausforderungen für das Finden einer Balance. Der Berufstätigkeit eines Soldaten ist geprägt durch überdurchschnittlich hohe Mobilitätsanforderungen[7]. Diese ergeben sich durch häufige Versetzungen mit den damit verbundenen Umzügen und die Auslandseinsätze.[8] Die häufigen Umzüge stellten bereits in den 1980er eine Herausforderung für die Angehörigen der Streitkräfte dar.[9] Heute kommt allerdings das veränderte Rollenmodell von Frauen hinzu: Während diese im traditionellen Rollenmodell ihre eigene Berufstätigkeit an den Erfordernissen der Aufgaben innerhalb der Familie bzw. unter Berücksichtigung der Karriere ihres Mannes ausrichteten, so verfolgen sie heute selbstverständlich eigenständige Karriereziele.[10] Neue Anforderungen ergeben sich diesbezüglich auch durch die Öffnung aller militärischen Lauf-

---

[3]   Hoff/Grote/Dettmer/Hohner/Olos (2005), S. 196.

[4]   Hoff et al. (2005), S. 197.

[5]   Vgl. Hoff et al. (2005).

[6]   Vgl. Moers (2013).

[7]   Vgl. Dillkofer/Meyer/Schneider (1985), S. 170-173.

[8]   Vgl. Collmer, (2004), S. 54f.

[9]   Vgl. Dillkofer/Meyer/Schneider (1985), S. 170-173.

[10]   Vgl. Collmer (2005), S. 73f.

bahnen für Frauen.[11] Durch diese Öffnung und die weiteren genannten gesellschaftlichen Veränderungen rücken Themen wie beispielsweise die Kinderbetreuung in den Fokus.

Daraus ergibt sich zwangsläufig, dass die Zielgruppe der Soldatinnen und Soldaten besondere Herausforderungen zu meistern hat, um ihre Berufstätigkeit mit einem funktionierenden Familienleben in Einklang zu bringen. Ohne angemessene Unterstützung durch die Organisation und die jeweiligen direkten Vorgesetzten sind erhebliche Probleme zu erwarten. Die repräsentative Befragung des Sozialwissenschaftlichen Instituts der Bundeswehr von 2009, bei der mehr als Dreiviertel der Befragten Soldatinnen und Soldaten mit der Vereinbarkeit von Familie und Beruf nur teilweise zufrieden oder unzufrieden waren,[12] zeigt diese Problematik auf.

In der zentralen Dienstvorschrift der Bundeswehr (ZDv) 10/1 „Innere Führung" ist die Förderung der Vereinbarkeit von Familie und Beruf verankert.[13] Diese kommt beispielsweise in folgenden Regelungen zum Ausdruck: Den Soldatinnen und Soldaten stehen sechs Tage pro Jahr für familienbezogene Erledigungen am Heimatort zu. Sie bekommen Trennungsgeld sowie Zuschüsse zu den Reisekosten, die aufgrund ihrer Stationierung entstehen. Zudem endet der Dienst am Freitag in vielen Einheiten der Bundeswehr bereits mittags und beginnt montags erst wieder mittags.[14] Auf den ersten Blick mögen derartige Regelungen im Vergleich zu zivilen Arbeitsplätzen durchaus großzügig erscheinen. Bei der Beurteilung muss allerdings beachtet werden, dass für Soldatinnen und Soldaten berufsbedingte Umzüge, teilweise in andere Bundesländer, alle zwei bis drei Jahre die Regel sind.

Die Vereinbarkeit von Familie und Beruf speziell bei der Bundeswehr kann nach Marr, Bíró und Steiner[15] durch familienfreundliche Maßnahmen in den Bereichen Arbeitszeit, Arbeitsabläufe, Arbeitsort, Entgeltbestandteile, Informations- und Kommunikationspolitik, Führung, Personalentwicklung und flankierende Serviceleistungen erreicht werden. Von besonderer Bedeutung für die Bundeswehr dürfte das Thema Arbeitszeitmo-

---

[11] Vgl. Apelt (2004), S. 156f..

[12] Vgl. Dörfler-Dierken (2013).

[13] ZDv 10/1, S. 41-43.

[14] Vgl. Dörfler-Dierken (2013).

[15] Marr/Bíró/Steiner (2003).

delle sein.[16] Im Gegensatz zu vielen deutschen Großunternehmen ist die Arbeit in der Bundeswehr immer noch durch weitgehend festgelegte Dienstzeiten geprägt. Grundsätzlich erscheinen Gleitzeitmodelle,[17] unbezahlter Urlaub, Ansparen von Mehrarbeit[18] oder Job-Sharing[19] bei der Bundeswehr denkbar zu sein. Zur familienfreundlichen Gestaltung der Arbeitsabläufe bietet sich beispielsweise die Möglichkeit zur Heim- bzw. Telearbeit an. In der Bundeswehr müsste allerdings geprüft werden, für welche Tätigkeiten dies in Frage kommt.[20] Begleitet werden sollten diese Flexibilisierungsmaßnahmen im Bereich des Arbeitszeitmanagements durch eine flexible Kinderbetreuung.[21] Als flankierende Serviceleistungen wären beispielsweise die Bereitstellung der Truppenverpflegung für Familienangehörige denkbar, um die Soldatinnen und Soldaten zu entlasten oder die Förderung von Elterninitiativen innerhalb der Bundeswehr, in denen die Mitglieder sich gegenseitig in Bezug auf die Vereinbarkeit von Familie und Beruf unterstützen.

Ein längerfristiger Prozess dürfte die Veränderung der Unternehmens- und Führungskultur in Bezug auf mehr Familienfreundlichkeit sein. Eine derartige Führungskultur steht im Zentrum dieses Beitrags und wird im nächsten Abschnitt vorgestellt.

Führungsstile bei der Bundeswehr und ihre Auswirkungen auf die Vereinbarkeit von Familie und Beruf

Führung und Führungsstile

Führung soll an dieser Stelle als „… zielbezogene Einflussnahme auf arbeitende Menschen"[22] verstanden werden. Dabei stellen sich im Rahmen dieser Arbeit folgende Fragen:

- Wer übt diese Einflussnahme aus?
- Welche Art der Einflussnahme fördert die Vereinbarkeit von Familie und Beruf?

---

[16] Vgl. Marr et al. (2003).

[17] Vgl. Beiten (2005), S. 30.

[18] Vgl. Schlick (2010), S. 612f..

[19] Vgl. Beiten (2005), S. 37.

[20] Vgl. ZDv 10/1, S. 141-15.

[21] Siehe dazu Beiten (2005), S. 74; Wehrmann (2007), S. 130-131.

[22] Vgl. Comelli/von Rosenstiel (2001), S. 85.

110

Die Frage, „*wer*" diese Einflussnahme ausübt, soll anhand des Führungsmodells von Neuberger betrachtet werden. Im Zentrum dieses Modells steht die Beziehung zwischen der Führungskraft und der geführten Person. Diese Beziehung wird beeinflusst durch die Abhängigkeit der Führungskraft von ihrer eigenen Führungskraft sowie durch Führungssubstitute wie beispielsweise Anreizsysteme[23]. Im vorliegenden Beitrag soll dieses Modell um die Unterscheidung zwischen personal-interaktiver und struktureller Führung[24] ergänzt werden. Strukturelle Führung wirkt über die Kultur, die Strategie, die Organisationsformen und die Gestaltung der Personalstruktur auf die Interaktion zwischen Führungskraft und Mitarbeiter, also die personal-interaktive Führung, ein. Sie gibt damit den Kontext für Verhalten in einer Organisation vor. Der Faktor Kultur umfasst beispielsweise die Vision, die Grundannahmen, die Menschenbilder, die Rituale oder auch die Führungsleitlinien. In dem Faktor Strategie sind die strategischen Entscheidungen und die Führungsinstrumente enthalten. Merkmale wie die Organisationsform oder die Gestaltung der Arbeitsabläufe bestimmenden Faktor Organisation, die Arten der Personalauswahl, der Personalentwicklung und des Personaleinsatzes den Faktor der qualitativen Personalstruktur.[25] Bei der Frage nach einem familienfreundlichen Führungsverhalten müssen folglich neben der Beziehung zwischen Führungskraft und Soldatin oder Soldat auch die dargestellten Faktoren der strukturellen Führung betrachtet werden, die die Rahmenbedingungen für das Verhalten und die grundsätzlichen Gestaltungsmöglichkeiten in der Bundeswehr vorgeben. In Abhängigkeit von der Güte des Zusammenwirkens der verschiedenen Akteure und Instrumente ergibt sich der Führungserfolg.[26] Anhand des Modells wird deutlich, dass Führung von verschiedenen Ebenen ausgeht und neben dem unmittelbaren Wirken einzelner Personen auch von den vorgegebenen Instrumenten und dem Kontext in der jeweiligen Organisation abhängig ist. Der Führungsbegriff wird in diesem Beitrag folglich sehr weit gefasst verstanden. Dies wird in Abbildung 1 dargestellt.

---

23 Vgl. Neuberger (2002).
24 Vgl. Franken (2010); Wunderer (2011), S. 73.
25 Vgl. Franken (2010); Wunderer (2011), S. 72-75.
26 Vgl. Neuberger (2002).

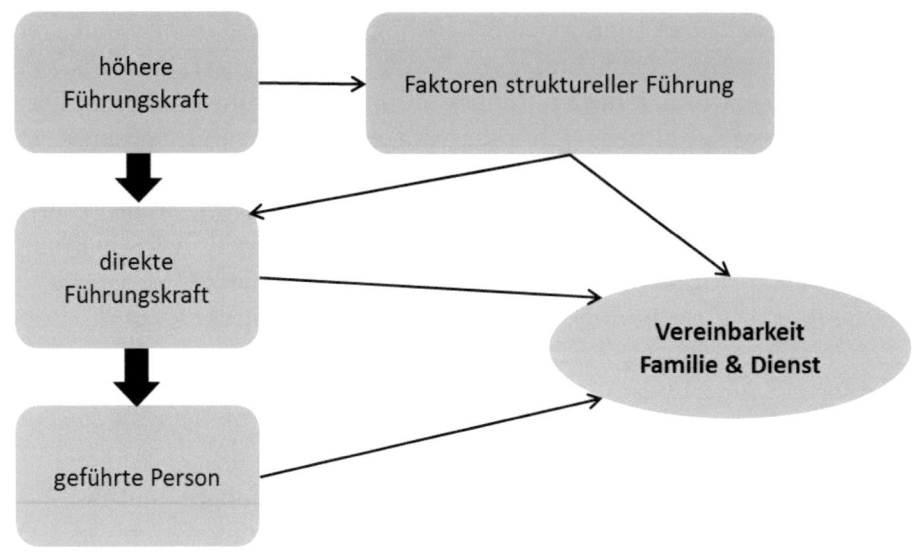

Abbildung 1: Arten der Führung und Vereinbarkeit von Familie und Beruf.[27]

Die Frage nach der *Art der Einflussnahme* und den damit verbundenen Zielen wird in der Diskussion zu den Führungsstilen thematisiert. Die erwünschten Führungsstile werden über die Führungsphilosophie vorgegeben, also eine Form der strukturellen Führung. Sie gibt den Rahmen für die tatsächlich gelebte Beziehung zwischen Mitarbeiter und Führungskraft vor. Bereits in den 1960er Jahren prägten Blake und Mouton[28] die Unterscheidung in die Dimensionen „Orientierung an der Person" und „Orientierung an der Aufgabe"[29]. Im Rahmen guter Führung sollte eine Balance gefunden und möglichst sogar beide Verhaltensweisen in sehr hoher Ausprägung gezeigt werden. Grundsätzlich stehen diese beiden Dimensionen aber in einem gewissen Konflikt zu einander.[30] Fiedler zeigte mit dem Kontingenzansatz, dass es nicht den einen idealen Führungsstil gibt, sondern dieser wesentlich von der jeweiligen Führungssituation abhängig ist.[31] Tannenbaum und

---

27 Das Modell baut auf dem Führungsmodell von Neuberger (2002), S. 46 auf.
28 Vgl. Blake/Mouton (1964).
29 Vgl. Franken (2010), S. 264.
30 Vgl. Blake/Mouton, (1964); Franken (2010).
31 Vgl. Fiedler (1967).

Schmidt zeigten mit ihrem siebenstufigen Modell der Führungsstile, dessen Endpunkte der autoritäre und der demokratische Führungsstil bilden, ein Spektrum möglicher Varianten von Führung auf.[32] Die neuere Führungsforschung ist wesentlich geprägt von der Unterscheidung in den transaktionalen und den transformationalen Führungsstil.[33] Beim transaktionalen Führungsstil steht die Erfüllung einer Aufgabe für eine Organisation und die Kompensation bzw. Belohnung für den Mitarbeiter im Vordergrund. Die Führungskraft überträgt der geführten Person eine Aufgabe, erwartet deren effiziente Erleidung und greift ein, falls die vereinbarten Ziele nicht erfüllt werden. Beim transformationalen Führungsstil hingegen beschäftigt sich die Führungskraft wesentlich mit der Person des Geführten. Sie möchte durch ihr Charisma und als Vorbild Einfluss auf die geführte Person ausüben und deren Kreativität anregen. Um dies zu erreichen, kümmert sich die Führungskraft um deren individuellen Bedürfnisse.[34] Der transformationale Führungsstil ist dem transaktionalen aber nicht grundsätzlich vorzuziehen. Die empirische Führungsforschung hat gezeigt, dass in Bereichen, die durch Routineaufgaben und inkrementelle Verbesserung von Prozessen geprägt sind, wie beispielsweise Produktionsbereiche, der transaktionale Führungsstil förderlich ist, während Innovation vor allem durch transformationale Führung unterstützt wird.[35] Es kann sich aber auch anbieten, beide Führungsstile zu kombinieren.[36] Eine weitere wichtige Taxonomie von Führungsstilen bietet Goleman[37] an. Er unterscheidet zwischen dem visionären, dem coachenden, dem beziehungsorientierten, dem demokratischen, dem fordernden und dem befehlenden Führungsstil.[38] Im weiteren Fortgang der Arbeit wird auf den transaktionalen und transformationalen Führungsstil sowie die Systematik nach Goleman[39] Bezug genommen. Zudem bezieht sich die Frage nach der „Art der Einflussnahme" auf die Ausgestaltung der Faktoren der strukturellen Führung.

---

[32] Vgl. Tannenbaum/Schmidt (1958).

[33] Vgl. Neuberger (2002).

[34] Vgl. Neuberger, (2002); Bass/Avolio (1994), S. 3–4.

[35] Vgl. Jansen/Vera/Crossan (2009).

[36] Vgl. Renzl/Rost/Kaschube (2013).

[37] Vgl. Goleman (2000).

[38] Vgl. Goleman (2000).

[39] Vgl. Goleman (2000).

Führung bei der Bundeswehr

Die Diskussion zur Führung in der Bundeswehr wird wesentlich bestimmt durch das Konzept der bzw. die Führungsleitlinie zur „Inneren Führung"[40]. Diese stellt damit ein Element der strukturellen Führung[41] dar.

Nach Fröhling bilden drei Punkte den Kern des Konzeptes der inneren Führung: (1) Der Auftrag der Bundeswehr wird rechtlich, politisch und ethisch begründet. (2) Die Soldatinnen und Soldaten der Bundeswehr sind in hohem Maße in die Gesellschaft und den Staat integriert. (3) Die Soldatinnen und Soldaten sind bereit, Einschränkungen in Bezug auf ihre Grundrechte hinzunehmen und ihre Pflichten treu zu erfüllen. Diese Pflichterfüllung erfolgt allerdings nicht alleine aus dem Gehorsam gegenüber der militärischen Führung heraus, sondern aus der eigenen Überzeugung.[42]

Im dritten Punkt kommt damit auch die in der Richtlinien ZDv 10/1 angeführte Einschränkung der Pflichterfüllung zum Ausdruck. Danach gibt es Grenzen für „»Befehl und Gehorsam«"[43].

In den Führungsleitlinien finden sich auch Hinweise auf das zu zeigende Führungsverhalten bzw. die gewünschten Führungsstile. Kozica[44] zeigt auf, welche Führungsstile und Elemente nach Goleman[45] in der Richtlinie ZDv 10/1 identifiziert werden können. Demnach soll eine Führungskraft Befehle erteilen, sie durchsetzen und ihre Ausführung kontrollieren (befehlender Führungsstil). Zudem fordert sie Leistung ein (fordernder Führungsstil).[46] Bei diesen Leitsätzen steht vor allem die Leistungserbringung für die Organisation[47] im Vordergrund. Aber auch die intensive Beschäftigung mit den einzelnen Untergebenen und die Auseinandersetzung mit ihren Bedürfnissen werden in der Richtlinie betont. So sollen im Sinne einer partnerschaftlichen Führung die Soldaten und Soldatinnen so weit wie möglich in die Entscheidungsfindung mit einbezogen werden (demokratischer Führungsstil). Die Führungskraft soll zudem Interesse an den Bedürfnissen ihrer

---

[40] ZDv 10/1.

[41] Vgl. Wunderer (2011).

[42] Vgl. Fröhling (2005).

[43] ZDv 10/1, S. 14.

[44] Vgl. Kozica (2014/in diesem Band).

[45] Vgl. Goleman (2000).

[46] Vgl. Kozica (2014); ZDv 10/1, S. 46.

[47] Siehe dazu die Systematisierung von Führungsstilen nach Blake und Mouton (1964).

Untergebenen zeigen (beziehungsorientierter Führungsstil) und mit ihnen Gespräche über die berufliche und persönliche Entwicklung führen (coachender Führungsstil).[48] Elemente des visionären Führungsstils werden nach Kozica[49] nicht explizit in der Dienstvorschrift zur Inneren Führung (ZDv 10/1) angesprochen. Die Einordnung der Aufgaben durch die Führungskraft in einen größeren Zusammenhang wie den gesellschaftlichen Auftrag der Bundeswehr interpretiert Kozica aber in diesem Sinne.[50]

Betrachtet man die Ausführungen in der Richtlinie ZDv 10/1 und ihre Zuordnung zu den Führungsstilen nach Goleman[51] vor dem Hintergrund des transaktionalen und des transformationalen Führungsstils[52], so lassen sich Elemente beider Führungsstile finden. Der befehlende Führungsstil[53] kann dem transaktionalen zugeordnet werden, das coachende und beziehungsorientierte Führungsverhalten und der demokratische Führungsstil der Dimension der individualisierten Fürsorge im Rahmen des transformationalen Führungsstils. Der idealisierende Einfluss kommt teilweise in der in ZDv 10/1 durch geforderte Vorbildfunktion insbesondere in schwierigen Situationen zum Ausdruck.[54] Die weiteren Elemente des transformationalen Führungsstils wie charismatische Führung sowie inspirierende Motivation und intellektuelle Stimulierung werden nicht direkt angesprochen. Grundsätzlich erscheinen sie ausgehend von dieser Analyse der Führungsleitlinien im Kontext der Bundeswehr aber durchaus denkbar.

Die Führungspraxis kann von den Führungsleitlinien allerdings in erheblichem Maße abweichen. In einer repräsentativen Umfrage des Sozialwissenschaftlichen Instituts der Universität der Bundeswehr von 2003 beurteilten 64,3 Prozent der 1510 befragten Soldatinnen und Soldaten den vorherrschenden Führungsstil in der Bundeswehr als überwiegend autoritär.[55] Nur 21,6 Prozent erlebten den Führungsstil in ihrer Einheit als in dem Sinne partizipativ, dass sie ausreichend informiert wurden und ihre Meinung äu-

---

48 Vgl. Goleman, (2000); Kozica (2014).

49 Vgl. Kozica (2014).

50 Vgl. Kozica (2014).

51 Vgl. Goleman (2000).

52 Vgl. Bass/Avolio (1994); Neuberger (2002).

53 Vgl. Goleman (2000).

54 Vgl. ZDv 10/1, S. 46.

55 Vgl. Dörfler-Dierken (2013).

ßern konnten. Eine moderierende Rolle des Vorgesetzten, wie sie beim demokratischen und grundsätzlich auch beim transformationalen Führungsstil gegeben ist,[56] erlebten sogar nur 1,8 Prozent der Befragten in ihrer Einheit. Abzuwarten bleibt, wie sich der Führungsstil in der Bundeswehr entwickelt.[57] Dörfler-Dierken zeigt anhand von Fallstudien zudem, dass bei der Bundeswehr aufgrund der hierarchischen Struktur teilweise Defizite in Bezug auf die individuelle Fürsorge vorliegen. Vorgesetzte neigen demnach dazu, sich innerhalb der Organisation abzusichern, anstatt sich für die Bedürfnisse ihrer Untergebenen einzusetzen.[58] Verhaltensweisen wie die individuelle Fürsorge des transformationalen Führungsstils[59] oder der beziehungsorientierte und der coachende Führungsstil nach Goleman[60] scheinen in der Bundeswehr folglich kein selbstverständlicher Teil der gelebten Führungspraxis zu sein.

Neben den Führungsleitlinien und der Führungskultur bestimmen weitere Faktoren der strukturellen Führung die Familienfreundlichkeit der Bundeswehr. Derartige strukturelle Faktoren stellen die in Kapitel 2 dargestellten acht Faktoren für die Förderung der Vereinbarkeit von Familie und Beruf in der Bundeswehr[61] dar. Von diesen sollen in diesem Beitrag insbesondere die Arbeitszeit, die Arbeitsabläufe bzw. die Arbeitsorganisation sowie die Entwicklung des Personals im Rahmen der Personalplanung der Bundeswehr diskutiert werden.

Im Folgenden Abschnitt wird zunächst das methodische Vorgehen im Rahmen der empirischen Studie beschrieben, die als Grundlage für diese Diskussion dient.

Empirische Methoden: Dokumentenanalyse und Befragung

Um ein möglichst umfassendes Bild zur Situation der Vereinbarkeit von Familie und Beruf zu erhalten, wurde ein methodenintegratives Untersu-

---

56 Vgl. Neuberger (2002); Tannenbaum/Schmidt (1958).
57 Vgl. Dörfler-Dierken (2013).
58 Vgl. Dörfler-Dierken (2013).
59 Vgl. Neuberger (2002).
60 Vgl. Goleman (2000).
61 Vgl. Marr et al. (2003).

chungsdesign gewählt, bei dem die Stärken quantitativer und qualitativer Instrumente kombiniert werden.[62] Die quantitative Befragung untergliedert sich in die vier Themenblöcke „Vereinbarkeit von Familie und Beruf", „familienfreundliche Maßnahmen und Betreuungsangebote", „Organisationskultur der Bundeswehr" und „Personalplanung in der Bundeswehr". Ergänzend wurden zu diesen vier Themen 13 halbstrukturierte Interviews mit Soldatinnen und Soldaten unterschiedlicher Truppengattungen und Dienstgrade geführt.

Die Grundgesamtheit bildeten grundsätzlich alle Soldatinnen und Soldaten der Bundeswehr. Die Bitte zur Teilnahme an der Befragung erfolgte mit Unterstützung durch das Bundesministerium für Verteidigung über das Intranet der Bundeswehr. Zusätzlich wurden die Soldatinnen und Soldaten an den Auslandsstandorten gesondert informiert sowie die E-Mail-Verteiler der Universitäten der Bundeswehr und deren Homepages für die Bewerbung der Befragung genutzt. Auf diesem Wege konnte zwar nicht sichergestellt werden, dass alle Soldatinnen und Soldaten den Aufruf zur Teilnahme an der Befragung erhielten. Repräsentativität ist somit nicht gegeben. Allerdings konnte mit 5.775 Teilnehmern, die vom 1. April bis zum 16. Mai 2010 an der Befragung teilnahmen, ein relativ großer Datensatz gewonnen werden, der eine fundierte Analyse der Ist-Situation sowie der Bedürfnisse der Soldatinnen und Soldaten in Bezug auf die Vereinbarkeit von Familie und Beruf zulässt.

Der Teilnehmerkreis an der Befragung war durch folgende soziodemografische Merkmale gekennzeichnet[63]: Das Verhältnis von Männern zu Frauen betrug 86 zu 14 Prozent. Die Frauenquote lag damit über der in der Bundeswehr insgesamt, die 2009 bei 5,3 Prozent lag,[64] was bereits die besondere Relevanz der Thematik für Soldatinnen unterstreicht. Der überwiegende Anteil war verheiratet (knapp 54 Prozent) oder lebte in einer festen Beziehung (29 Prozent). Nur 13 Prozent waren ledig. Der größte Teil der Teilnehmer wurde zwischen 1970 und 1979 (33 Prozent) sowie 1980 und 1989 (44 Prozent) geboren. Lediglich 22 Prozent wurden früher und 1 Prozent wurde später geboren. 42 Prozent der Befragten hatten keine Kinder,

---

[62] Vgl. Kelle (2008), S. 227.

[63] Die Prozentwerte beziehen sich auf die gültigen Angaben, Teilnehmer ohne Angabe zu dieser Frage werden nicht berücksichtig.

[64] Vgl. Robbe (2010), S. 40.

26 Prozent ein Kind und 23 Prozent zwei Kinder. Die Übrigen hatten mehr als zwei Kinder. Nach den Teilstreitkräften ist der Teilnehmerkreis folgendermaßen gegliedert: Heer (36,1 Prozent), Streitkräftebasis (28,5 Prozent), Luftwaffe (17,8 Prozent), zentraler Sanitätsdienst der Bundeswehr (9,2 Prozent) sowie Marine (8,4 Prozent).

Ergebnisse der Befragungen: Vereinbarkeit von Familie und Beruf als Managementaufgabe bei der Bundeswehr

Im Folgenden soll anhand der Ergebnisse der empirischen Studie erörtert werden, wie Soldatinnen und Soldaten die Vereinbarkeit von Familie und Beruf in der Bundeswehr einschätzen und welche Möglichkeiten zur Verbesserung sie sehen. Zunächst wird die Gesamtbewertung der Vereinbarkeit von Familie und Beruf dargestellt. Anschließend werden die Hindernisse erläutert. Darauf aufbauend werden Lösungsmöglichkeiten, die personale und strukturelle Führung bieten und deren Relevanz eingeschätzt.

Wie bewerten die Befragungsteilnehmer die Vereinbarkeit von Familie und Beruf in der Bundeswehr insgesamt?

Die Vereinbarkeit von Familie und Beruf wurde zum einen direkt ermittelt und zu anderen über die Abfrage der angemessenen Kontaktmöglichkeiten mit dem Lebenspartner bzw. der Lebenspartnerin. Bei der direkten Abfrage bezeichneten nur 3 Prozent der Befragten die Vereinbarkeit als sehr gut. 61 Prozent schätzten die Vereinbarkeit von Familie und Beruf als schlecht oder sogar sehr schlecht ein. Diese negative Beurteilung ihrer Situation unterschied sich bei Männern und Frauen kaum. Für die Bundeswehr dürfte dies insbesondere dann problematisch sein, wenn die mangelnde Vereinbarkeit von Familie und Beruf negative Auswirkungen auf die Motivation und Arbeitsleistung hat. Eine Messung dieser beiden Variablen konnte in dieser Befragung zwar nicht vorgenommen werden, dennoch gaben 46,8 Prozent der Befragten an, dass die Familienpolitik der Bundeswehr ihre Motivation stark oder sogar sehr stark beeinflusse, weitere knapp 25,9 Prozent gaben für sich einen spürbaren Einfluss an. Lediglich 27,3 Prozent sahen für sich kaum oder keinen Einfluss der Familienpolitik der Bundeswehr auf ihre eigene Motivation. Nicht ganz so stark war nach Ansicht der Befragten der Einfluss des familiären Klimas auf die Arbeitsleistung.

Die indirekte Abfrage der Vereinbarkeit von Familie und Beruf erfolgte über die Angemessenheit der Kontaktmöglichkeiten mit der eigenen

Partnerin bzw. dem eigenen Partner. Annähernd die Hälfte der Befragten konnte den Partner täglich sehen, 32 Prozent hingegen nur am Wochenende. Die übrigen 22 Prozent sahen sich unterschiedlich oft innerhalb einer Woche, was sich eventuell durch Dienstreisen oder häufige Übungsvorhaben erklären lässt. Interessant ist dabei die aus Sicht der Soldatinnen und Soldaten wünschenswerte Zeit mit der Partnerin bzw. dem Partner: 71 Prozent würden gerne mehr Zeit als bisher mit der Partnerin oder dem Partner verbringen und 29 Prozent genauso viel. Des Weiteren wurde ersichtlich, dass insbesondere bei Wochenendbeziehungen und durch unregelmäßige Abwesenheiten geprägte Beziehungen ein signifikanter Bedarf bestand, die gemeinsame Zeit mit der Partnerin oder dem Partner zu verlängern.

Insgesamt sahen die Befragten erhebliche Defizite in der Vereinbarkeit von Familie und Beruf. Bevor dargestellt wird, was Führungskräfte tun sollten, um diese Situation zu verbessern, wird im folgenden Abschnitt erörtert, welche Hindernisse der Vereinbarkeit von Familie und Beruf hauptsächlich entgegenstehen.

Welche Hindernisse sehen die Befragten in Bezug auf die Vereinbarkeit von Familie und Beruf bei der Bundeswehr?

Hindernisse werden in dieser Befragung als im Dienst auftretende Situationen verstanden, die zu Herausforderungen oder Problemen in Bezug auf die Vereinbarkeit von Familie und Beruf führen. Die Analyse ergab, dass 95 Prozent der Befragten mit derartigen hinderlichen Situationen konfrontiert waren, 62 Prozent zwar nur manchmal aber immerhin ein Drittel (33 Prozent) der Befragten häufig. In Abbildung 2 werden die Hindernisse für die Vereinbarkeit von Familie und Beruf aufgeführt. Die Prozentsätze beziehen sich auf den Anteil der Befragten, die die jeweilige Situation in ihrem Leben als hinderlich für die Vereinbarkeit von Familie und Beruf ansahen. Die zentralen Hindernisse stellten dabei die durch die räumliche Trennung von Wohnort und Arbeitsplatz bedingten langen Fahrtzeiten sowie häufig auftretende Terminverschiebungen dar. Ein weiteres wesentliches Hindernis stellte die Arbeitsbelastung insgesamt mit häufig auftretenden Arbeitsaufgaben nach dem Dienst, Überstunden und Sonderdiensten dar. Zudem müssen die umfangreichen Dienstverpflichtungen im Rahmen von relativ unflexiblen Arbeitszeiten erbracht werden. Eher untergeordnete Rollen kamen dem schlechten Informationsfluss, schwierigen Aufgaben bei der Erfüllung des Dienstes sowie der mangelnden Unterstützung bei dem Wiedereinstieg zu.

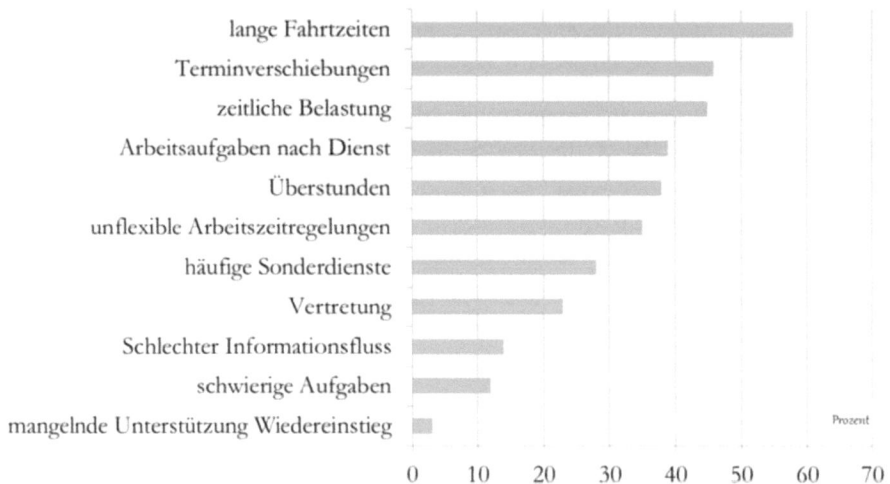

Abbildung 2: Hindernisse für die Vereinbarkeit von Familie und Beruf. (Angaben in Prozent der Befragten, die dieses Hindernis für die Vereinbarkeit von Familie und Beruf auswählten, Mehrfachnennungen möglich).

Darüber hinaus bestand die Möglichkeit der freien Eingabe von hinderlichen Bedingungen, die eine Work-Life-Balance erschweren. Die häufigsten Nennungen waren Auslandseinsätze mit 15 Prozent, Versetzungshäufigkeit mit 13 Prozent, Lehrgänge mit 12 Prozent sowie Dienstreisen und Übungen mit jeweils 8 Prozent. Bemerkenswert ist dabei, dass bis auf die Versetzungshäufigkeit die meisten freien Äußerungen mit der Trennung von der Familie verbunden waren und somit eine Mehrbelastung für die Partnerin oder den Partner beinhalten. Des Weiteren wurden die hohe Dienstbelastung und ein mangelndes Verständnis von Vorgesetzten genannt. Dabei zeigte sich, dass das Verständnis nicht nur von Seiten der Offiziere fehlte, sondern dass auch unter Kameradinnen und Kameraden Missgunst und Unverständnis infolge der Inanspruchnahme von familienfreundlichen Maßnahmen auftraten. Das veranschaulicht, dass bei der Vereinbarkeit von Familie und Beruf in nahezu allen Bereichen erschwerende Situationen auftreten und dass Ursachen hierfür nicht nur in den verfahrenstechnischen Bereichen der Organisation, sondern auch in den Werten und Normen zu finden sind.

Viele dieser Hindernisse hängen mit der Aufgabe und der Struktur der Bundeswehr zusammen und können von den direkten Führungskräften nur teilweise beeinflusst werden. Führungskräfte prägen jedoch wesentlich die Organisations- und Führungskultur, die die Handhabbarkeit der Hindernisse im Alltag der Soldatinnen und Soldaten wesentlich beeinflussen dürfte.

Welche Verhaltensweisen der Führungskräfte sind entscheidend für die Entwicklung einer familienfreundlichen Organisations- und Führungskultur?

In Tabelle 1 werden die zentralen Elemente einer familienfreundlichen Führungskultur dargestellt.

	MW	SD
Informationsstand des Vorgesetzten	1,60	0,69
Familiäre Belange als Entscheidungskriterium für die Arbeitsorganisation	1,60	0,69
Vereinbarkeit von Elternzeit & Karriere	1,67	0,77
Öffentlichkeitsarbeit in Bezug auf Vereinbarkeit von Familie und Beruf	1,83	0,86
Förderung der Elternzeit bei Vätern	2,05	0,85
Regelmäßiger Kontakt zur Dienststelle bei Beurlaubung (z.B. Elternzeit)	2,09	0,83
Vorgesetzte und Gleichstellungsbeauftragte halten Vorträge (zu Familie & Beruf)	2,26	0,83

Tabelle 1: Wichtigkeit von Maßnahmen für eine familienfreundliche Organisationskultur. (4er Skala, 1=sehr wichtig, 4=unwichtig).

Die Befragung ergab, dass der Informationsstand und die Sensibilität der Führungskräfte für Fragen der Vereinbarkeit von Familie und Beruf die zentrale Voraussetzung für eine familienfreundliche Führungskultur sind. In einer familienfreundlichen Organisationskultur sollte die Arbeitsorganisation und die Aufgabenverteilung zudem nicht nur nach den Kompetenzen und der freien Kapazität der einzelnen Soldaten und Soldatinnen erfolgen, sondern auch die Berücksichtigung einer Vereinbarkeit der Aufgabenerfüllung mit familiären Verpflichtungen hinzukommen. Zudem sollte die Elternzeit keine Nachteile oder Probleme bei der Karriereplanung mit sich bringen, sondern in Karrieremodelle integriert werden. Die Förderung der Elternzeit bei Vätern ist ein weiterer wichtiger Punkt für die Befragten. Führungskräfte, die selbst Elternzeit in Anspruch genommen haben, könnten die Familienfreundlichkeit der Organisationskultur aufgrund der eigenen Betroffenheit in Zukunft weiter fördern. Gefordert wird folglich ein Führungsverhalten, das sich teilweise mit der individualisierten Fürsorge[65] und teilweise durch den beziehungsorientierten Führungsstil[66] beschreiben lässt.

Die qualitative Studie zeigte auf, dass die von den Befragten als so wichtig empfundene Vereinbarkeit von Familie und Beruf längst nicht von allen Befragten unterstützt wurde. So hatte jeder Interviewpartner mindestens einmal in seiner bisherigen Laufbahn Vorgesetzte, die für die Vereinbarkeit von Familie und Beruf kein Verständnis zeigten: *„... wo es hakt, ist dann am Spieß eher. Wo man sich dann so Sachen anhören muss: „Wenn man Kinder hat, dann kann man halt nicht Soldat sein, und wie stellen Sie sich das vor, und das geht halt nicht, Sie können doch jetzt hier nicht einfach weg!"“*.

Die entscheidenden Einflussfaktoren auf die Frage, ob eine Führungskraft die Vereinbarkeit unterstützt, waren aus Sicht der Interviewten deren Alter, der Familienstand und die eigenen Sozialisation. Dabei hatten vermehrt ältere Unteroffiziere mit Portepee Probleme mit Frauen und Müttern in den Streitkräften und äußerten ihre Ansichten offen: *„... gerade was jetzt so alte Schule, Haupt-, Stabs- und Oberstabsfeldwebel betrifft, die sind eigentlich so die Gruppe, die oftmals diesem Alten hinterher jammern und „als die Frau noch nicht da war"...".* Daneben kam auch ein Fehlverhalten der Führungselite zur Sprache. Insbesondere diejenigen Offiziere, die keine Familien hatten oder deren Partnerinnen und Partner keinem Beruf nachgingen, hatten oftmals wenig Verständnis für die Probleme der ihnen untergebenen Mütter oder Väter und erschwerten damit das Familienleben der Soldatinnen und Soldaten.

Welchen Beitrag leistet die Personalplanung zur Vereinbarkeit von Familie und Beruf?

Eine familienorientierte Personalpolitik nimmt bei der Vereinbarkcit von Familie und Beruf einen sehr hohen Stellenwert ein. Daher war es von Bedeutung, zu klären, welche Erfahrungen die Soldatinnen und Soldaten mit der Personalplanung der Bundeswehr gemacht hatten. Damit eine optimale Integration der Bewerberinnen und Bewerber in die Streitkräfte erfolgen kann, sollte bereits bei der Einstellung eine adäquate Information über den zukünftigen Werdegang erfolgen. Es zeigte sich jedoch, dass die Mehrheit der Befragten sich in ihrem Einstellungsgespräch in Bezug auf ihren zukünftigen Werdegang schlecht beraten fühlte. Lediglich 3 Prozent schätzten diese

---

[65] Neuberger (2002); Bass (1990).
[66] Goleman, (2000).

Beratung rückblickend als sehr gut ein. Ein ähnliches, wenn auch etwas besseres Bild zeigte sich bei der Übereinstimmung der Aussagen des Personalplaners mit der tatsächlichen Verwendungsplanung, wo 51 Prozent keine bzw. eine sehr geringe Verlässlichkeit der Planungen sahen. Die Rücksichtnahme auf familiäre und partnerschaftliche Belange scheint in der Personalplanung der Bundeswehr eine nachgelagerte Rolle zu spielen: 26 Prozent der Soldatinnen und Soldaten gaben an, dass ihre persönlichen Belange gar nicht berücksichtig worden seien. Auch die mangelnde Transparenz in Bezug auf die Vergabe der Dienstposten scheint ein wesentliches Problem für die Vereinbarkeit von Familie und Beruf zu sein: 65 Prozent der Befragten stuften sie als wenig bis gar nicht transparent ein und lediglich 1 Prozent als sehr transparent.

Welchen Beitrag kann die Arbeitsorganisation zur Vereinbarkeit von Familie und Beruf leisten?

Im Folgenden wird dargestellt, welche Möglichkeiten die Arbeitsorganisation für die Verbesserung der Vereinbarkeit von Familie und Beruf bietet. Aus Sicht der Soldatinnen und Soldaten stellte die Flexibilisierung der Arbeitszeit mit 78 Prozent den wichtigsten Punkt dar. In der Rangfolge der Wichtigkeit folgten mit jeweils 68 Prozent die Möglichkeit, Mehrarbeit in größeren Einheiten abzubauen sowie eine langfristige Urlaubsplanung. Die geringste Resonanz gab es auf die Möglichkeit von Sabbaticals, worunter die temporäre und unbezahlte Freistellung vom Dienst zu verstehen ist (NG 5627; NF 148). Die zentralen Möglichkeiten zur Verbesserung der Vereinbarkeit von Familie und Beruf werden in Abbildung 3 zusammengefasst.

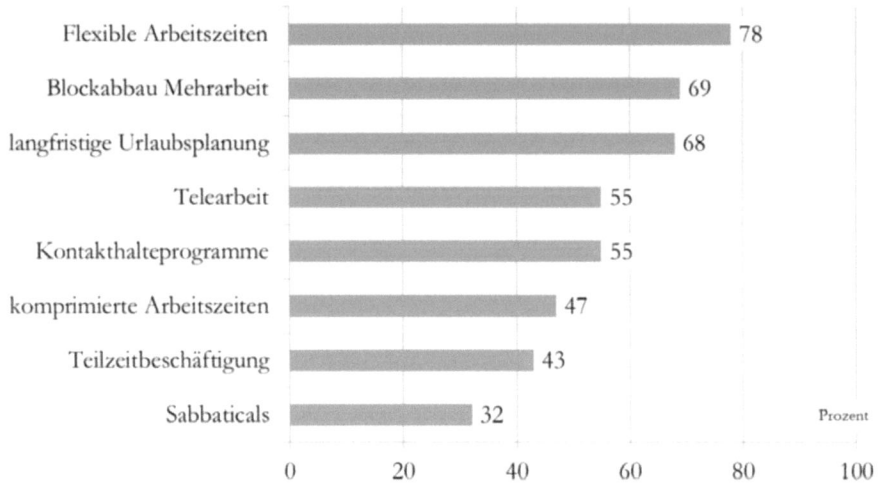

Flexible Arbeitszeiten	78
Blockabbau Mehrarbeit	69
langfristige Urlaubsplanung	68
Telearbeit	55
Kontakthalteprogramme	55
komprimierte Arbeitszeiten	47
Teilzeitbeschäftigung	43
Sabbaticals	32

Abbildung 3: Bedeutung der Maßnahmen für eine familienfreundliche Arbeitsorganisation (Angaben in Prozent, Mehrfachnennungen möglich).

Um die Vereinbarkeit von Familie und Beruf insgesamt zu verbessern, sollten die bei der Arbeitsorganisation ansetzenden Maßnahmen um Angebote zur Kinderbetreuung ergänzt werden. Die Organisation von Betreuungsangeboten erscheint insbesondere wichtig, wenn die Bundeswehr Flexibilität von den Soldatinnen und Soldaten erwartet. So lag die Notfallbetreuung, die das häufigste Problem bei der Versorgung von Kindern darstellte, mit 75 Prozent an erster Stelle der wünschenswerten Betreuungsangebote. 70 Prozent der Soldatinnen und Soldaten erachteten einen Kindergarten in den militärischen Einrichtungen als sinnvoll und würden ihn zu 49 Prozent nutzen. In Bezug auf die Urlaubsplanung hielten 77 Prozent der Befragten kurzfristige Urlaubsmöglichkeiten für die Vereinbarkeit von Familie und Beruf für sehr wichtig, aber auch 68 Prozent die Möglichkeit zur langfristigen Urlaubsplanung. Ergänzt werden könnte das Angebot noch durch eine Beratungsstelle für Fragen zur Vereinbarkeit von Familie und Beruf, die 60 Prozent der Befragten für wichtig hielten. Durch diese scheinen sich die Soldatinnen und Soldaten Verbesserungen bei Versetzungen zu versprechen.

Abschließende Bewertung der Maßnahmen und Fazit

Der Beitrag hat gezeigt, dass zur Förderung der Vereinbarkeit von Familie und Beruf bei dem Verhalten der Vorgesetzten (personale Führung) als auch bei strukturellen Faktoren der Führung angesetzt werden sollte. Die strukturelle Führung bietet zum einen den Rahmen für die personelle Führungsinteraktion zwischen Führungskraft und Geführtem (Franken 2010; Wunderer 2011), zum anderen erweitert sie den Führungsbegriff um Elemente wie beispielsweise die Arbeitsorganisation und allgemeine Regelungen für den Umgang mit Mitarbeitern, an denen unbedingt zu arbeiten ist, wenn die Vereinbarkeit von Familie und Beruf in einer großen Organisation wie der Bundeswehr verbessert werden soll. Die empirische Studie hat gezeigt, dass die teilnehmenden Soldatinnen und Soldaten noch erhebliche Defizite in Bezug auf diese Vereinbarkeit sahen.

Aus der Analyse kann zudem abgeleitet werden, dass Führungskräfte neben dem für Einsätze unabdingbaren befehlendem und forderndem Führungsverhalten (Goleman 2000) oder dem transaktionalen Führungsstil (Bass 1990; Bass und Avolio 1993) unbedingt auch Elemente des transformationalen Führungsverhaltens wie „individualisierte Fürsorge" (Neuberger 2002) oder des beziehungsorientierten und coachenden Führungsverhaltens nach Goleman (2000) beherrschen sollten, um die Vereinbarkeit von Familie und Beruf zu fördern. Neben der Führungskultur sollte die Bundeswehr aber auch über Maßnahmen zu Gestaltung einer familienfreundlichen Arbeitsorganisation wie die Flexibilisierung der derzeit noch relativ starren Dienstpläne oder die Schaffung von Möglichkeiten für Telearbeit sowie eine Flankierung dieser Maßnahmen durch einen Ausbau der Betreuungsmöglichkeiten für Kinder nachdenken. Eine transparentere Personalpolitik würde den Soldatinnen und Soldaten zudem helfen, sich auf die auf sie zukommenden Herausforderungen besser einzustellen und im familiären Umfeld nach Lösungsmöglichkeiten zu suchen.

Die Familienfreundlichkeit bei der Personalplanung wird zunehmend zu einem wesentlichen Faktor bei der Entscheidung, ob Menschen sich für die Bundeswehr als Arbeitgeber entscheiden und ob sie langfristig dieser Organisation angehören wollen. Die von der Bundesministerin für Verteidigung Ende 2013 angestoßene Diskussion zur Vereinbarkeit von Familie und Beruf sollte deshalb weitergeführt werden, um die Leistungsfähigkeit der Bundeswehr zu erhalten und zu steigern.

Literatur

Bass, B.M. (1990). From Transactional to Transformational Leadership: Learning to Share the Vision. Organizational Dynamics, 18 (3), S. 19–31.

Bass, B. M. und Avolio, B.J. (1993). Transformational Leadership and Organizational Culture. Public Administration Quarterly, 17 (1), S. 112–121.

Bass, B.M. und Avolio, B. J. (1994). Introduction. In: Bernard M. Bass und Bruce J. Avolio (Hg.): Improving organizational effectiveness through transformational leadership. Thousand Oaks: Sage Publications, S. 1–9.

Beiten, M. (2005). Familienfreundliche Massnahmen in Unternehmen. 1. Aufl. München, Mering: Hampp.

Blake, R.R. und Mouton, J.S (1964). The Managerial Grid. Houston: Gulf Pub. Co.

Bundesministerium für Familie, Senioren Frauen und Jugend-BMFSFJ (2008). Familienorientierte Personalpolitik - Checkheft für kleine und mittlere Unternehmen. Online verfügbar unter http://www.bmfsfj.de/RedaktionBMFSFJ/Abteilung2/Pdf-Anlagen/checkheft-fuer-kleine-und-mittlere-nternehmen,property= pdf,bereich =bmfsfj,sprache=de,rwb=true.pdf, zuletzt geprüft am 16.04.2010.

Collmer, S. (2005). Soldat, Familie und Mobilität: Neue Trends zur Lösung widersprüchlicher Anforderungen. In: Gerhard Kümmel (Hg.): Diener zweier Herren. Soldaten zwischen Bundeswehr und Familie. Frankfurt am Main, New York: P. Lang, S. 53–78.

Dörfler-Dierken, A. (2013). Führung in der Bundeswehr. Soldatisches Selbstverständnis und Führungskultur nach der ZDv 10/1 Innere Führung. Berlin: Miles-Verlag.

dpa (2014). Von der Leyen will Bundeswehr familienfreundlicher machen. In: Focus online, 19.01.2014. Online verfügbar unter http://www.focus.de/politik/deutschland/verteidigung-von-der-leyen-will-bundeswehr-familienfreundlicher-machen_id_3532692.html, zuletzt geprüft am 20.01.2014.

Fiedler, F.E. (1967). A theory of leadership effectiveness. New York: McGraw-Hill.

Franken, S. (2010). Verhaltensorientierte Führung. Handeln, Lernen und Diversity in Unternehmen. 3., überarb. und erw. Wiesbaden: Gabler.

Fröhling, H.–G. (2005). Innere Führung und Multinationalität als Herausforderung für die Bundeswehr und die Streitkräfte ausgewählter NATO-Partner. Dissertation. Universität der Bundeswehr München, Neubiberg. Online verfügbar unter http://137.193.200.7/node?id=85366, zuletzt geprüft am 08.02.2014.

Goleman, D. (2000). Leadership that gets results. Harvard Business Review, March-April, S. 78–90.

Hoff, E.-H., Grote, S., Dettmer, S., Hohner, H.-U. und Olos, L. (2005). Work-Life-Balance: Berufliche und private Lebensgestaltung von Frauen und Männern in hoch qualifizierten Berufen. Zeitschrift für Arbeits- und Organisationspsychologie A&O, 49 (4), S. 196–207.

Jansen, J.J.P.; Vera, D. und Crossan, M. (2009). Strategic leadership for exploration and exploitation: The moderating role of environmental dynamism. Leadership and Organizational Learning. The Leadership Quarterly, 20 (1), S. 5–18.

Kelle, U. (2008). Die Integration qualitativer und quantitativer Methoden in der empirischen Sozialforschung. Theoretische Grundlagen und methodologische Konzepte. 2. Aufl. Wiesbaden: VS Verlag für Sozialwissenschaften.

Kozica, A. (2014/in diesem Band). Emotionale Führung in der Bundeswehr: Emotionale Intelligenz und emotional intelligente Führungsstile in der militärischen Führungspraxis. In: Kozica, A., Kai Prüter, Kai, Wendroth, H. (Hrsg.). Unternehmen Bundeswehr. Aktuelle Aspekte zur Führung aus Theorie und Praxis. Berlin: Miles-Verlag.

Marr, R., Bíró, T. und Steiner, K. (2003). Vereinbarkeit von Familie und Beruf für Soldaten - Möglichkeiten und Grenzen einer familienorientierten Personalpolitik in der Bundeswehr. unveröffentlichter empirischer Forschungsbericht. Bonn.

Moers, A. (2013). On the Search for Dynamic Equilibrium: Väter zwischen Karriere und Familie. Inaugural-Dissertation zur Erlangung des Doktorgrades der Philosophie. Ludwig-Maximilians-Universität München, München. Fakultät für Psychologie und Pädagogik. Online verfügbar unter http://edoc.ub.uni-muenchen.de/15348/1/Moers_Alexandra.pdf, zuletzt geprüft am 20.01.2014.

Neuberger, O. (2002). Führen und führen lassen. Ansätze, Ergebnisse und Kritik der Führungsforschung; mit zahlreichen Tabellen und Übersichten. 6., völlig neu bearb. und erw. Stuttgart: Lucius und Lucius.

Renzl, B., Rost, M. und Kaschube, J. (2013). Facilitating Ambidexterity with HR Practices. A Case Study of an Automotive Supplier. International Journal of Automotive Technology and Management, 9 (2), S. 229–255.

Robbe, R. (2010). Unterrichtung durch den Wehrbeauftragten. Jahresbericht 2009 (51. Bericht). Online verfügbar unter http://dipbt.bundestag.de/dip21/btd/17/009/1700900.pdf, zuletzt geprüft am 28.05.2010.

Schlick, C. (2010). Arbeitswissenschaft. 3. Aufl. Berlin, Heidelberg: Springer.

Schulz, R. (2010). Vereinbarkeit von Familie und Dienst. Diplomarbeit an der Fakultät für Betriebswirschaft der Universität der Bundeswehr München.

Tannenbaum, R. und Schmidt, W. H. (1958). How to Choose a Leadership Pattern. Harvard Business Review, 36 (2), S. 95–101.

Wehrmann, I. (2007). Kind- und familiengerechte Infrastrukturpolitik. In: Henry-Huthmacher, C. (Hrsg.). Kinder in besten Händen. Sankt Augustin et al.: Konrad-Adenauer-Stiftung e.V., S. 119–142.

Wunderer, R. (2011). Führung und Zusammenarbeit. Eine unternehmerische Führungslehre. 9. Aufl. Köln: Luchterhand.

ZDv 10/1 (2008). Innere Führung. Selbstverständnis und Führungskultur der Bundeswehr. Bundesministerium der Verteidigung, Bonn.

Menschenführung in der Bundeswehr

Emotional intelligente Führung in der militärischen Führungspraxis

Arjan Kozica

Der Bericht des Wehrbeauftragten liefert jedes Jahr Beispiele schlechter Führung in der Bundeswehr. Dabei sind, wie der Bericht feststellt, „selbst höhere Vorgesetzte … von Führungsfehlverhalten nicht ausgenommen."[1] So gab ein hochrangiger Offizier „herabwürdigende und kränkende Äußerungen … gegenüber einem einsatzbedingt psychisch erkrankten Oberstleutnant" von sich. Ein General stellte, um ein weiteres Beispiel aus dem Bericht zu nennen, einen Hauptfeldwebel vor der versammelten Einheit bloß, als dieser nicht spontan die ‚Innere Führung‘, also die normativ gewollte Führungskultur der Bundeswehr, definieren konnte. Er warf ihm sinngemäß vor, „er solle sich einmal Gedanken über seine Berufswahl machen, da er ihn für überbezahlt halte". Der zuständige Inspekteur stellte bei der Untersuchung dieses Vorfalls fest, dass der General mit seinem rüden Verhalten „selbst die Grundsätze der Inneren Führung verletzt"[2] habe. So sollen den Grundsätzen der Inneren Führung folgend Vorgesetzte zu ihren Untergebenen ein partnerschaftliches Verhältnis aufbauen und deren Vertrauen gewinnen (siehe Anhang 1).

Sicherlich, die genannten Beispiele aus dem Bericht des Wehrbeauftragten sind drastische Fälle. Sie sind allerdings – wenngleich nicht symptomatisch – auch nicht lediglich Einzelfälle. Sie stehen für viele Führungssituationen, in denen Offiziere durch ihr Führungsverhalten ihre untergebenen Soldaten Beamten und zivilen Mitarbeiter/-Innen bewusst oder unbewusst bloßstellen, ignorieren, demütigen, fachlich nicht ernst nehmen oder deren Sorge und Nöte nicht wahrnehmen.[3] Untergebene reagieren emotional auf solches Führungsverhalten, also mit Ängsten, Frustration, Wut, Enttäuschung oder Zorn. Mit Blick auf die emotionale Wirkung beschreiben Goleman, Boyatzis und McKee daher das beschriebene negative Führungsverhalten als ‚dissonante Führung‘.[4] Diese kann dazu führen, dass die Motivati-

---

[1]   Bundestag (2012), S. 11.

[2]   Bundestag (2012), S. 44.

[3]   Vgl. hierzu auch Dörfler-Dierken (2013).

[4]   Vgl. Goleman/Boyatzis/McKee (2002).

on zurückgeht, die Arbeitszufriedenheit sinkt, die unterstellen Soldaten „ausgebrannt" sind (Stichwort: Burn-Out-Syndrome) und damit letztlich zu einer sinkenden Arbeitsleitung und rückgehender Produktivität führen.[5] Dissonante Führung kann damit auch den Auftrag der Bundeswehr gefährden oder zumindest verhindern, dass Aufträge optimal umgesetzt werden.

Gerade in der heutigen Bundeswehr ist es wichtig, die emotionale Dimension der militärischen Führung zu beachten. Hohe Einsatzbelastungen, auch mit Kampfeinsätze, Verwundung und Tot, wiederholte Reformen („Neuausrichtung") und Veränderungen wie die Aussetzung der Wehrpflicht verunsichern die Soldaten und ihre Familien. Dies verlangt insbesondere von Stabsoffizieren, dass sie die Sorgen und Nöte der Untergebenen ernst nehmen, dass sie ihre Soldaten für den gemeinsamen Auftrag gewinnen können und dass positive Energien freigesetzt werden, um die anstehenden Herausforderungen zu meistern. Dies kann, so Goleman et al., durch eine emotionale intelligente Führung erreicht werden, also eine Führung die emotional ‚resonant' wirkt und bei den Untergebenen Begeisterung, Gemeinschaftsgefühl und Motivation auslöst.[6]

Der folgende Beitrag stellt die grundlegenden Annahmen der emotional intelligenten Führung dar und diskutiert, inwieweit die emotionale Führung in der militärischen Führungspraxis umgesetzt werden kann. Zunächst wird im Folgenden das Konzept der Emotionalen Führung vorgestellt und dessen Relevanz für die militärische Führen aufgezeigt. Hiernach werden das Wesen der Emotionalen Führung sowie die unterschiedlichen Führungsstile der emotional intelligenten Führung diskutiert. Ein Schwerpunkt des Beitrags bildet die Diskussion darüber, inwieweit sich die Führungsstile in der militärischen Führungspraxis umsetzen lassen. Ein kurzes Fazit und ein Ausblick auf weitere Forschungen bilden den Abschluss des Beitrags.

Emotionen als Element erfolgreicher Führung
Emotionen und wie sie in Organisationen wirken
Gerrig und Zimbardo definieren eine „Emotion als ein komplexes Muster körperlicher und mentaler Veränderungen, darunter physiologische Erregung, Gefühle, kognitive Prozesse und Reaktionen im Verhalten als Antwort

---

[5]   Vgl. Goleman et al. (2002); Gooty et al. (2010); McColl-Kennedy/Anderson (2002).
[6]   Vgl. Goleman et al. (2002).

auf eine Situation, die als persönlich wahrgenommen wurde."[7] Emotionen unterscheiden sich von Stimmungen. Während Stimmungen weniger intensive Gemütslagen sind, die dafür aber lange anhalten können, sind Emotionen impulsive, kurzfristige Reaktionen auf spezifische Ereignisse.[8] Diese kurzfristigen Reaktionen gehen einher mit körperlichen Veränderungen. Je nach Emotion erhöht sich beispielsweise der Blutdruck, beschleunigt sich der Puls, verengen sich die Pupillen, oder die Atmung wird schneller. Bei positiven Emotionen hingegen kann ein Gefühl der Entspannung einsetzten, wie bei verliebten das bekannte ‚Kribbeln im Bauch'.[9]

Emotionen haben drei wesentliche Funktionen und zwar die motivationale, soziale und kognitive Funktion.[10]

- *Motivationale Funktion:* Emotionen lösen einen Handlungsimpuls aus und aktivieren Menschen dazu, bestimmte Dinge zu tun.[11] So kann beispielsweise die Emotion Furcht einen Fluchtreflex auslösen, durch den man sich einer furchteinflößenden Umgebung entziehen möchte. Die Emotion ‚plötzliche Verliebtheit' hingegen motiviert die Menschen zu abenteuerlichen Anstrengungen, das Objekt der Begierde zu beeindrucken. Die jeweilige physiologische Reaktione (bspw. erhöhter Puls und schnellere Atmung bei Furcht) unterstützt dabei den Körper, Energien für eine angemessene Reaktion bereitzustellen (bspw. Flucht).

- *Soziale Funktion:* Indem Emotionen anzeigen, in welcher Gemütslage jemand ist, ermöglichen sie es anderen Menschen darauf zu reagieren. So kann man einem wütenden Menschen aus dem Weg gehen oder versuchen, ihn zu beruhigen. Nimmt man bei jemandem Trauer war, verhält man sich tendenziell mitfühlend, während Emotionen wie Fröhlichkeit dazu beitragen, ebenfalls fröhlich zu sein und den sozialen Austausch mit den Anderen zu suchen.[12]

---

[7] Gerrig/Zimbardo (2008), S. 454.

[8] Vgl. Gooty et al. (2010), S. 980-981.

[9] Vgl. Merten (2003).

[10] Vgl. Gerrig/Zimbardo (2008), S. 463-466.

[11] Vgl. Rothermund/Eder (2011), insbes. S. 174-175.

[12] Vgl. Niedenthal/Brauer (2006).

- *Kognitive Funktion:* Emotionen beeinflussen was und wie wir denken.[13] Dieser Zusammenhang ist allgemein vor allem durch den internationalen Bestseller von Damasio bekannt.[14] In der Wissenschaft gibt es verschiedene Ansätze, die den Zusammenhang zwischen Emotion und Kognition erfassen. Ein verbreiteter Erklärungsansatz ist das Affect Priming, wonach die Aufmerksamkeit auf bestimmte Informationen sowie die Entschlüsselung und kognitive Verarbeitung von Informationen dadurch beeinflusst wird, in welcher emotionalen Verfasstheit man gerade ist.[15]

Auch im Berufsalltag – in Unternehmen, Behörden oder der Bundeswehr – wirken Emotionen motivational, sozial und kognitiv. Die Forschung geht im Allgemeinen davon aus, dass positive Emotionen leistungssteigernd wirken, während negative Emotionen ein leistungshemmender Einfluss zugeschrieben wird.[16] So können positive Emotionen wie Leidenschaft, Fröhlichkeit und Begeisterung die Problemlösungsfähigkeit und Kreativität[17] erhöhen, die berufliche Motivation steigern und sich positiv auf die Zusammenarbeit oder das soziale Verhalten auswirken.[18] Emotionen wie beispielsweise Angst, Wut oder Zorn[19] hingegen können zur Inneren Kündigung, unkameradschaftlichem Verhalten oder zu krankheitsbedingten Abwesenheiten führen.[20] Allerdings gilt es zu beachten, dass der Zusammenhang auch umgekehrt sein kann. So zeigen, um ein Beispiel zu nennen, verschiedene Studien, dass unter bestimmten Bedingungen positive Emotionen die Kreativität vermindern, während negative Emotionen zu einer steigenden Kreativität beitragen können.[21]

---

[13] Vgl. Phelps (2006); Reisenzein (2006).

[14] Vgl. Damasio (2006).

[15] Vgl. George (2000), S. 1031.

[16] Vgl. bspw. Gaddis/Connelly/Mumford (2004); McColl-Kennedy/Anderson (2002).

[17] Vgl. George/Zhou (2007).

[18] Vgl. Barsade/Gibson (2007).

[19] Vgl. Gibson/Callister (2010).

[20] Vgl. Landes/Spörrle/Steiner (2013), S. 95-97.

[21] Vgl. George/Zhou (2002); Akinola/Mendes (2008).

Emotionen sind ansteckend

Emotionen sind übertragbar. Vor allem positive Emotionen wie Fröhlichkeit veranlassen Menschen dazu, dieselbe Emotion zu teilen. Man kennt das aus Situationen, in denen Lachen sich in Gruppen verbreitet – auch wenn viele der mitlachenden die witzige Ausgangssituation nicht mitbekommen haben. Der Mechanismus, der dazu beiträgt, dass Emotionen sich verbreiten, wird allgemein mit Ansteckung („contagion") bezeichnet. Der emotionale Ansteckungsprozess führt dazu, dass es in Teams oder Gruppen kollektive Emotionen bzw. Gruppenemotionen geben kann.[22] Deutlich wird dies beispielsweise, wenn neue Mitglieder zu einer Gruppe dazukommen und mit den Emotionen der Gruppe konfrontiert werden. Wie Emotionen in der Gruppe geteilt werden, ist bislang noch nicht sicher. Es kann vermutet werden, dass die Art der Emotion (Valenz: positive/negative Emotionen) sowie die Intensität des Emotionsausdrucks durch die bisherigen Gruppenmitglieder das Ausmaß der emotionalen Ansteckung beeinflussen (auch wenn dies in einer Experimentalstudie nicht empirisch bestätigt werden konnte[23]).

Die Ansteckung selbst verläuft weitgehend als ein automatischer und unbewusster Prozess, indem die Personen zunächst spontan die Mimik der emotional expressiven Personen imitieren und deren Sprachmuster und Tonlage übernehmen. Dies führt dann dazu, dass die Personen selbst emotionale Reaktionsmuster zeigen und die Emotion dadurch körperlich wahrnehmen.[24] Studien haben dabei gezeigt, dass die Ansteckung von Emotionen von der Empfänglichkeit („susceptibility") der Menschen abhängt, sich anstecken zu lassen.[25]

Die jeweiligen Gruppenemotionen, also die emotionale Verfasstheit der Gruppe, wirkt sich auf die Leistung der Gruppen oder des Teams aus.[26] Zudem bewirken die Emotionen, wie in der Gruppe Probleme und Ereignisse wahrgenommen werden. Die kognitive Funktion von Emotionen gibt es dadurch, wie die Studie von Maitlis et al. über den Einfluss von Emotionen auf kollektives Sensemaking zeigt,[27] auch auf der Gruppenebene. Damit

---

[22]   Vgl. Niedenthal/Brauer (2006).

[23]   Vgl. Barsarde (2002).

[24]   Vgl. Barsarde (2002); Niedenthal/Brauer (2006).

[25]   Vgl. Gooty et al. (2010), S. 983; Johnson (2008).

[26]   Vgl. George (1990).

[27]   Vgl. Maitlis et al. (2013).

beeinflussen die Gruppenemotionen in militärischen Einheiten im Einsatz beispielsweise, wie auf einer Patrouille unerwartete Ereignisse wahrgenommen und verarbeitet werden. So wird eine Patrouille, in der Fröhlichkeit die vorherrschende Emotion ist, anders auf ein sich schnell näherndes Fahrzeug reagieren, als eine Patrouille, die durch Emotionen wie Angst und Furcht geprägt ist.

Emotionen in der Führer-Geführten-Beziehung

Militärische Vorgesetzte beeinflussen wesentlich, welche Emotionen ihre unterstellten Soldaten haben und welche kollektiven Gruppenemotionen in den von ihnen geführten Einheiten geteilt werden. Dies liegt daran, dass sie, wie alle Führungskräfte, meist präsenter sind als die anderen Mitarbeiter. Sie reden in Sitzungen mehr, treffen Entscheidungen, verteilen Lob und Tadel, und lenken die Aufmerksamkeit der Einheit auf die (aus ihrer Sicht) zentralen Probleme. Die unterstellten Mitarbeiter orientieren sich daher verstärkt an den jeweiligen Vorgesetzten.[28]

Verschiedene Studien zeigen, dass es einen positiven Zusammenhang gibt zwischen durch Führungsverhalten ausgelösten „guten" Emotionen und Leistungsindikatoren (wie Arbeitszufriedenheit, Kreativität, oder bestimmte Performanceindikatoren).[29] Wie oben bereits erwähnt, ist allerdings noch unklar, wie sich negative Emotionen auf erfolgreiche Führung auswirken können. Bislang standen in empirischen Untersuchungen zum Führungserfolg vor allem die positiven Emotionen im Vordergrund.[30] Zunehmend wird dies jedoch diskutiert. Lindebaum und Fielden haben empirisch untersucht, wie Vorgesetzte durch Wut ihre Führungseffektivität erhöhen können.[31] Es darf also nicht unreflektiert davon ausgegangen werden, dass positive Emotionen am Arbeitsplatz stets für die Leistungsfähigkeit der Bundeswehrangehörigen sind. Eine neue Studie von Visser et al. zeigt auf, dass sowohl die Fröhlichkeit („happiness") als auch die Traurigkeit („sadness") eines Führers die Leistung der Untergebenen positive beeinflussen kann – je nachdem ob Kreativität (positive beeinflusst durch Fröhlichkeit)

---

28 Vgl. Goleman et al. (2002).
29 Vgl. bspw. Visser et al. (2013).
30 Vgl. Gooty et al. (2010).
31 Vgl. Lindebaum/Fielden (2011).

oder analytische Fähigkeiten (positiv beeinflusst durch sadness) zentral sind, um die Aufgaben effizient und effektiv zu lösen.[32]

Vorgesetzten beeinflussen die Emotionen ihrer unterstellten Soldaten und zivilen Mitarbeiter und deren Leistungsverhalten zweifach, und zwar erstens durch emotionale Ansteckung und zweitens durch die Reaktion der Mitarbeiter auf das Führungsverhalten.[33]

Emotionen des Vorgesetzten können auf die Geführten ansteckend wirken (siehe oben) und damit die Emotionen der Untergeben sowie die Gruppenemotionen entscheidend beeinflussen.[34] Damit macht es für den Erfolg militärischer Führung einen wesentlichen Unterschied, welche Emotionen die Vorgesetzten haben. Die Stimmung in einer Kompanie, in einem Stab wird wesentlich (nicht allein) durch die zentralen Führungsfiguren (den Kommandeur, den Chef des Stabes, usw.) definiert – und darüber auch die Leistungsfähigkeit der Einheit. Inwieweit sich die Emotionen des Vorgesetzten übertragen, hängt von verschiedenen Faktoren ab. Neben der Empfänglichkeit der Untergebenen, auf Emotionen zu reagieren und der Expressivität mit der Vorgesetzte Emotionen ausstrahlen, ist es entscheiden, wie ähnlich die aktuellen emotionalen Verfasstheiten des Vorgesetzten und des Untergebenen sind.[35] Trifft beispielsweise ein bereits recht gut gelaunter Untergebener auf seinen besonders ausgelassen fröhlichen Vorgesetzten, übertragen sich die positiven Emotionen mit hoher Wahrscheinlichkeit auf den Untergebenen – mit dem Ergebnis, dass dieser nun auch spontan in allerbester Laune ist. Trifft der fröhliche Vorgesetze jedoch auf einen wütenden Mitarbeiter, ist die Wahrscheinlichkeit einer emotionalen Ansteckung geringer. So ist es denkbar, dass der wütende Mitarbeiter noch wütender wird, wenn er auf den fröhlichen Vorgesetzten trifft, weil er so gar nicht verstehen kann, wie man an einem solchen Tag überhaupt so gut gelaunt sein kann.

Darüber hinaus beeinflusst der Vorgesetzte die Emotionen seiner Einheiten und unterstellten Personen dadurch, dass die Untergebenen auf das Führungsverhalten – also dessen Anweisungen, Entscheidungen oder Führungsverhalten – reagieren (ohne dass dabei die Emotionen des Vorge-

---

[32] Vgl. Visser et al. (2013).
[33] Vgl. Gooty et al. (2010).
[34] Vgl. Gooty et al. (2010), S. 992-993.
[35] Vgl. Damen et al. (2008).

setzten an sich übertragen werden).[36] Dabei ist entscheidend, welches Führungsverhalten der Vorgesetzte zeigt. Besonders positiv wirkt es sich beispielsweise aus, wenn Vorgesetzte intensiven Gebrauch von symbolischen Führungsgesten machen und indem sie positive Geschichten über beispielsweise bisherige Erfolge, tolle Teamarbeit oder herausragende Leistungen von Einzelnen) erzählen („Storytelling").[37] Mit welchen Verhalten Führungskräfte positive Emotionen erzeugen können, wird im weiteren Verlauf des Beitrags umfassender an verschiedenen Führungsstilen diskutiert.

Innere Führung der Bundeswehr und Emotionen

Es kann sich, wie oben beschrieben, unter bestimmten (noch weitgehend unerforschten) Umständen steigend auf die Leistung der Geführten auswirken, wenn negative Emotionen (wie Angst, Wut, Zorn) erzeugt werden.[38] Ob damit tatsächlich ein langfristiger Führungserfolg hergestellt werden kann, ist allerdings fraglich. Zudem hängt es vermutlich davon ab, welche Aufgaben bewältigt werden müssen. So scheint der Druck, den Discounter oder Fast Food-Unternehmen[39] auf ihre Mitarbeiter aufbauen, durchaus effektiv zu sein – wenn auch um den Preis eine hohen Mitarbeiterfluktuation und regelmäßiger öffentlicher Skandale, wenn (wieder einmal) Elemente der Führungskultur aufgedeckt werden. In Unternehmen mit komplexen Aufgaben und einen hohen Anteil an hochqualifizierten Mitarbeitern ist es hingegen deutlich unwahrscheinlicher, langfristigen Erfolg durch negative Emotionen zu erzielen.

Neben der Frage des Führungserfolgs durch negative Emotionen, stellt sich an dieser Stelle allerdings insbesondere die Frage, ob eine Führungskultur gewollt ist, in der negative Emotionen kalkulierend in Kauf genommen werden, um die Leistung der Mitarbeiter zu optimieren. Dies kann für die Bundeswehr dezidiert verneint werden. Die Konzeption der Inneren

---

[36]   Vgl. Gooty et al. (2010), S. 993-994.

[37]   Vgl. Naidoo/Lord (2008).

[38]   Vgl. hierzu auch den Call for Paper für ein Special Issue in der Zeitschrift Human Relations von D. Lindebaum, P.J. Jordan, und m. T. Dasborough zum Thema „When it can be good to feel bad, and bad to feel good – Exploring asymmetries in workplace emotional outcomes" (http://hum.sagepub.com/content/66/1/154.extract) (erscheint voraus-sichtlich 2015).

[39]   Vgl. zu den Arbeitspraktiken bspw. Royle (1998, 2005).

Führung zielt auf ein partnerschaftliches, teamorientiertes Verhältnis zwischen Vorgesetzten und Untergebenen. Die Zentrale Dienstvorschrift ZDv 10/1 fasst die gewollte Führungskultur der Bundeswehr anschaulich zusammen und bündelt die wesentlichen Prinzipien in Leitsätzen für Führungskräfte (Anhang 1). Im Kern steht in diesem Führungsverständnis, dass jeder Angehörige der Bundeswehr in seiner personalen Würde geachtet wird – was den instrumentellen Einsatz von negativen Emotionen wie Angst und Furcht ausschließt. Vielmehr sollen Vorgesetzte der ZDv 10/1 folgend in ihrem Führungsverhalten explizit die Gefühle der Untergebenen beachten und respektieren.[40] Damit fordert die ZDv 10/1 indirekt ein emotional intelligentes Führungsverhalten in der Bundeswehr.

Vollständig umgesetzt wird dies in der Bundeswehr allerdings nicht. Neben den drastischen Fällen, die im Bericht des Wehrbeauftragten genannt werden, zeigen unterschiedliche Untersuchungen, dass der Führungsstil der Bundeswehr in vielen Einheiten autoritär geprägt ist. Die gesollte und die gelebte Führungskultur stimmen demnach nicht immer überein.[41] Dies hat zwei Gründe: Zum einen gibt es Soldaten, denen die gewollte Führungskultur der Bundeswehr zu „weich" ist. Stellvertretend kann hier der Beitrag von Hartmann genannt werden, indem der Verfasser fordert, militärische Führer müssten ihre Untergebenen zu „Disziplin, Härte und Gehorsam"[42] erziehen.[43] Gerade autoritäre, befehlsorientierte Führungsstile bergen eine hohe Gefahr, negative Emotionen hervorzurufen.[44] Zum anderen aber gibt es eine Lücke zwischen gewollter und gelebter Führungskultur, weil Führung ein komplexes und schwieriges Unterfangen ist. Es ist eben nicht eben leicht, emotional intelligent zu führen und eine tagtägliche Herausforderung für alle Führungskräfte.

Zudem können negative Emotionen durch Führungsverhalten nicht immer vermieden werden. Eine emotional intelligente Führung bedeutet daher nicht, dass Vorgesetzte es ihren Untergebenen immer recht machen müssen und nie negative Emotionen erzeugen sollen. Führungskräfte stehen stets im Spannungsfeld zwischen den zu erledigenden Aufgaben und den

---

[40] Vgl. ZDv 10/1; Dörfler-Dierken (2013), S. 44-48.

[41] Vgl. Dörfler-Dierken (2013).

[42] Hartmann (2009), S. 149.

[43] Vgl. hierzu auch Dörfler-Dierken (2010).

[44] Vgl. Goleman et al. (2002); De Cremer (2007).

Mitarbeitern – und Führungskräfte müssen dabei regelmäßig Entscheidungen treffen, die für den Mitarbeiter unangenehm sind. Dennoch: Es gibt Führungsverhalten, mit dem es besser oder schlechter gelingt, positive Emotionen zu erzeugen und gerade dadurch die Auftragserfüllung sicherzustellen.

Emotionale Intelligenz: Die Basis erfolgreicher Führung

Wie die bisherige Diskussion zeigt, sind militärische Führungskräfte gewünscht, denen es (weitgehend) gelingt, die emotionale Dimension der Führung zu beachten – und zwar, um den ethischen Eigenwert der Mitarbeiter zu respektieren und um den Auftrag zu erfüllen. Um dieser Anforderung zu genügen, brauchen militärische Führungskräfte eine hohe Emotionale Intelligenz.[45] Im folgenden Teil des Beitrags wird das Konzept der Emotionalen Intelligenz erläutert. Anschließend werden anhand der Typologie von Goleman et al. vier resonante Führungsstile vorgestellt, die dazu geeignet sind, positive Emotionen bei den Geführten hervorzurufen, sowie zwei Führungsstile, die tendenziell negative Emotionen bei den Geführten bewirken (dissonante Führungsstile).[46]

Emotionale Intelligenz: Über das Konstrukt

Emotionale Intelligenz kann definiert werden als die Fähigkeit, eigene und fremde Emotionen wahrzunehmen und mit diesen Emotionen sinnvoll umzugehen.[47] Eine hohe emotionale Intelligenz führt dazu, dass private und berufliche Herausforderungen erfolgreich gemeistert werden können. Eine hohe klassische analytische Intelligenz, die über den bekannten Intelligenzquotienten (IQ) gemessen wird, bestimmt daher nicht allein, welchen Erfolg ein Mensch im Privat- und Berufsleben haben wird. Goleman beschreibt emotionale Intelligenz folglich als "Metafähigkeit, von der es abhängt, wie gut wir unsere sonstigen Fähigkeiten, darunter auch den reinen Intellekt zu nutzen verstehen".[48]

---

[45] Vgl. Goleman 1997; Mayer et al. (2008).

[46] Vgl. Goleman et al. (2002).

[47] Vgl. Mayer et al. (2008), S. 511.

[48] Goleman (1997), S. 56.

In der Wissenschaft gibt es unterschiedliche Konzepte der emotionalen Intelligenz.[49] In integrativen Modellen werden verschiedene personale Fähigkeiten zusammengefasst, die zusammen die emotionale Intelligenz bilden. Bekannt ist hierfür der *Mayer-Salovey-Caruso Emotional Intelligence Test* (MSCEIT), nach dem emotionale Intelligenz auf vier Bereichen beruht: Emotionen bei anderen wahrnehmen; Emotionen zur Kognition nutzen; Emotionen verstehen sowie Emotionen managen.[50] Ein ähnliches Konzept, das aber spezifisch für die emotional intelligente Führung angepasst wurde, findet sich bei Goleman et al.[51] Emotional intelligente Führung basiert demnach auf den beiden personalen Fähigkeiten *Selbstwahrnehmung, Selbstmanagement* sowie den interpersonalen Fähigkeiten *soziales Bewusstsein* und *soziale Fähigkeiten*. Diese Fähigkeiten werden im Folgenden mit Blick auf die emotional intelligente Führung näher erläutert und ergänzt.[52]

Personalen Fähigkeiten der Emotionalen Intelligenz

Die *Selbstwahrnehmung* bildet die wesentliche Fähigkeit der emotionalen Intelligenz. Menschen mit einer hohen Selbstwahrnehmung verstehen ihre eigenen Emotionen. Sie wissen, mit welchen Emotionen sie auf bestimmte Ereignisse reagieren und wie sich die emotionalen Reaktionen über die Zeit verändern.[53] Daher wissen Menschen mit hoher Selbstwahrnehmung auch, was sie motiviert, welche Visionen sie haben und welche Werte ihnen besonders wichtig sind.[54] Sie können zudem realistisch einschätzen, welche Stärken und Schwächen sie darin haben, mit Situationen umzugehen, auf die sie emotional reagieren.

Das *Selbstmanagement* umfasst die Fähigkeit, mit Emotionen umgehen zu können. Insbesondere ist es wichtig, von negativen Emotionen nicht „überflutet" oder längerfristig denk- und handlungsunfähig zu werden. So ist es zwar gut, sich über Ungerechtigkeiten oder als Vorgesetzter über ungenügend vorbereitete, unpräzise und langatmige Präsentationen zu ärgern. Die

---

[49] Vgl. für eine Übersicht Mayer et al. (2008).

[50] Vgl. Mayer et al. (2008); George (2002).

[51] Vgl. Goleman et al. (2002).

[52] Vgl. Goleman et al. (2002), 56-78; Goleman (2000, 2004); George (2000); Mayer et al. (2002).

[53] Vgl. George (2000).

[54] Vgl. Goleman et al. (2002).

Emotion bewirkt dann, dass die Aufmerksamkeit auf ein Problem gelenkt wird, das gelöst werden sollte. Allerdings sollte sich Ärger sich nicht derart steigern, dass es (neben den körperlichen Veränderungen wie Bluthochdruck, vermehrter Schweißproduktion) zu einer drastisch selektiveren Wahrnehmung („Tunnelblick") und verminderter Handlungsfähigkeit kommt. In einer solchen emotionalen Überflutung kann es vorkommen, dass man etwas sagt (Beschimpfungen) oder tut (Dinge werfen), was man hinterher bereut und mit dem man den eigenen Führungsanspruch untergräbt. Vorgesetze sollten sich vielmehr „professionell" verhalten, was eben auch bedeutet, sich nicht von Emotionen allein leiten zu lassen. Dies gilt auch für positive Emotionen, wie beispielsweise Freude oder Begeisterung. Innovative Ideen können Begeisterung auslösen und dadurch motivierend wirken. Ein bestimmtes Maß an emotionaler Begeisterung hilft dabei, Energien freizusetzen, um die Widerstände zu überwinden, die bei Innovationen meist vorhanden sind. Jedoch sollte die Begeisterung nicht grenzenlos und übersteigert sein, und dadurch alle (auch berechtigte Einwände) ignorieren. Zum Selbstmanagement kann zudem die Fähigkeit gezählt werden, Emotionen angemessen ausdrücken zu können.[55] Menschen mit einer hohen Fähigkeit zum Selbstmanagement merkt man es beispielsweise im Beruf nicht gleich an, wenn sie zu Hause Ärger mit dem Partner haben, da sie in der Lage sind, den Emotionsausdruck während der Arbeit trotz anhaltendem Ärger zu unterdrücken.

Personen mit hohen personalen Fähigkeiten kennen ihre emotionalen Reaktionsmuster und wissen, in welchen Situationen sie mit bestimmten Emotionen reagieren. Sie sind zudem dazu in der Lage, emotionale Reaktionen in gewissen Bandbreiten zu kontrollieren. Von Soldaten und anderen Gefahrenberufen wie Polizist oder Feuerwehrmann, wird ein besonderes Maß an emotionaler Selbstkontrolle gefordert. Alle Soldaten sollten dazu in der Lage sein, nicht dem Handlungsimpuls „Flucht" zu folgen, wenn sie in Gefechten beschossen werden. Die außergewöhnliche Situation sollte sie zudem nicht emotional überfluten. Die Fähigkeit zu emotionalem Selbstmanagement führt dazu, dass sie bei hoher Gefahr weiter handlungsfähig bleiben und aktiv am Gefecht teilnehmen können. Bei militärischen Führungskräften sind die Ansprüche an die emotionale Intelligenz allerdings höher.

---

[55] Vgl. George (2000).

Diese müssen auch in den personalen Fähigkeiten der emotionalen Intelligenz besonders kompetent sein.

Interpersonale Fähigkeiten der Emotionalen Intelligenz

Bei den interpersonalen (sozialen) Fähigkeiten ist zunächst das *soziale Bewusstsein* relevant. Dazu gehört in erster Linie Empathie, also die Fähigkeit, Emotionen bei anderen wahrzunehmen und zu bewerten. Menschen mit hoher Empathie erkennen am Gesichtsausdruck, an der Körpersprache, der Tonlage oder sonstigen Verhaltensmerkmalen, dass das Gegenüber im Moment emotional reagiert. Emotional intelligente Menschen können zudem beschreiben, was sie bei anderen wahrnehmen und damit deren Emotionen aufgreifen und ausdrücken. Dies bildet die Basis dafür, die Emotionen von Anderen im eigenen Handeln zu berücksichtigen, und sich gegenüber Menschen, die gerade emotional reagieren, angemessen zu verhalten. Neben Empathie gehört zum sozialen Bewusstsein zudem das Gespür für Beziehungen, Netzwerke und Abhängigkeiten von Personen untereinander. Golemann bezeichnet dies mit Blick auf das Arbeitsleben als „organizational awarness" – einer Fähigkeit, die wesentlich dazu beitragen kann, die Machtpromotoren in Organisationen zu erkennen, die richtigen Leute für sich zu gewinnen und den Einfluss von (informellen) Netzwerken auf das eigene Verhalten zu verstehen.[56]

Neben dem Management der eigenen Emotionen ist es für eine Führungskraft besonders wichtig, dass sie die Emotionen anderer in ihrem Handeln berücksichtigen kann und die Mitarbeiter positiv beeinflussen kann. Goleman et al. fassen dies als *Beziehungsmanagement* zusammen.[57] Das hohe soziale Bewusstsein bildet die Basis, um das eigene Führungsverhalten optimal zu gestalten. So wissen emotional intelligente Führungskräfte, wie sie effektiv kommunizieren können, wie sie motivieren und begeistern. Dadurch können emotional intelligente Führungskräfte positive Energien bei den Mitarbeitern freisetzten. Sie erkennen bereits latente Konflikte bei ihren Mitarbeiter, können diese offen ansprechen und häufig auch zu deren Lösung beitragen.

---

[56] Vgl. Golemann (2000).

[57] Vgl. Goleman et al. (2002).

Emotional intelligente Führungskraft

Die vier Fähigkeiten der emotionalen Intelligenz greifen beim Führungshandeln ineinander. So hat beispielsweise eine vom Naturell her impulsive Führungskraft eine emotionale Intelligenz, wenn sie dazu in der Lage ist, ihre Wutanfälle zu kontrollieren. Zwar wird sie merken, wie die Wut in ihr hochsteigt, wenn beispielsweise ihre Befehle nicht sorgsam umgesetzt werden. Jedoch kann sie diese Wut im Rahmen ihres emotionalen Selbstmanagements weitergehend regulieren, indem sie „durchatmet" und sich schnell beruhigt. Der verbliebene Ärger motiviert die Führungskraft, das Problem sachlich und zielgerichtet zu lösen. Durch ihre hohen sozialen Fähigkeiten erkennt sie, ob der Untergeben den Befehl deswegen nicht sorgsam umgesetzt hat, weil er überfordert ist, oder weil ihn private Sorgen plagen. Vielleicht hat der Mitarbeiter auch innerlich gekündigt, oder hatte einfach nur mal einen schlechten Tag. Eine emotional kompetente Führungskraft erkennt dies mit hoher Wahrscheinlichkeit und kann ihr Verhalten daran anpassen. Während sie einem Kameraden, der lediglich einen schlechten Tag hatte, vielleicht ermutigt und den Vorfall zügig „abhackt", wird sie mit einem dauerhaft frustrierten Untergebenen anders das Gespräch suchen. In beiden Fällen gelingt es ihr, den eigenen Ärger angemessen und verständlich auszudrücken und so dem Untergebenen sein Fehlverhalten zu verdeutlichen. Zudem findet sie den richtigen Ton bei der Kritik und kann produktiv mit dem Untergebenen weitere Maßnahmen (wie bspw. Nachbesserung, Schulungen) absprechen.

Emotional Intelligente Führung: Die resonanten und dissonanten Führungsstile

Führung umfasst verschiedene Tätigkeiten, wie beispielsweise Ziele setzten, Maßnahmen zur Zielerreichung festlegen, mit verschiedenen Menschen kommunizieren, Mitarbeiter anleiten und kontrollieren, Motivation und Loyalität fördern, Mitarbeiter weiterbilden, Entscheidungen treffen, und eine gemeinsame Identität im geführten Bereich aufzubauen und zu erhalten.[58] Eine hohe emotionale Intelligenz ermöglicht es Führungskräften, bei diesen Tätigkeiten die emotionale Dimension zu berücksichtigen. Wie aber sollen

---

[58] Vgl. George (2000).

sich Führungskräfte verhalten? Wie gelingt es ihnen, emotional intelligent mit den Mitarbeitern Maßnahmen zu planen und umzusetzen?

Goleman et al. diskutieren verschiedene Führungsstile, die mehr oder weniger dazu geeignet sind, die emotionale Dimension angemessen zu berücksichtigen.[59] Sie bezeichnen den charismatischen, coachenden, gefühlsorientierten und demokratischen Führungsstil als resonant. Diese Führungsstile bewirken bei den Mitarbeitern positive Emotionen, wie Begeisterung, Leidenschaft und erhöhen damit die Motivation und Leistungsfähigkeit. Als dissonante Führungsstile nennen Goleman et al. den fordernden und den befehlenden Führungsstil. Bei einem Führungsverhalten, das im Wesentlichen durch diese beiden Stile geprägt ist, besteht eine hohe Gefahr, bei den Mitarbeitern negative Emotionen zu erzeugen.

Nachdem die Führungsstile in gebotener Kürze dargestellt wurden, wird im Folgenden diskutiert, wie sich die Führungsstile im militärischen Führungshandeln umsetzen lassen.[60] Dabei gilt es zu beachten, dass das Wesen emotional intelligenter Führung darin besteht, verschiedene Stile situativ einzusetzen. Besonders erfolgreiche Führungskräfte – zivile wie militärische – können mehrere der genannten Stile situationsabhängig auf hohem Niveau anwenden.[61]

Resonanten Führungsstile der Emotionalen Führung

Beim *visionären Führungsstil* steht im Zentrum des Führungshandelns, gemeinsame Träume zu finden und zu verwirklichen, Visionen zu etablieren und gemeinsam von deren Realisierung träumen. Visionäre Führungskräfte sind inspirierend und begeistern ihre Mitarbeiter für die gemeinsame Vision. Sie setzten Energien frei, um die Vision in Strategien umzusetzen und durch praktische Tätigkeiten zu erreichen. In der betriebswirtschaftlichen und managementorientierten Literatur wird das charismatische Führen oft als „echtes" Führen, als „Leadership", angesehen, während (bloße) Manager lediglich am effizienten Verwalten und Umsetzen interessiert seien.[62] Entsprechend sind bekannte Führungskräfte vor allem solche, die wie Steve Jobs eine Vision glaubwürdig vertreten.

---

[59] Vgl. Goleman et al. (2002).

[60] Vgl. hierzu auch Jeschonnek (2013).

[61] Vgl. Goleman et al. (2002).

[62] Vgl. Boyett/Boyett (1999), S. 31–45.

Führungskräfte, die den *coachenden Führungsstil* verwenden, zeichnen sich dadurch aus, dass sie mit dem jeweiligen Mitarbeiter intensive Gespräche führen, in denen es „um sein Leben, seine Träume, Lebensziele und Karrierevorstellungen geht".[63] Sie unterstützen ihre Mitarbeiter dadurch in der individuellen und beruflichen Weiterentwicklung. Wichtig dabei ist, dass die intensive Kommunikation nicht dazu dient, konkrete Aufgaben zu lösen oder fachliche Inhalte zu vermitteln. Im Mittelpunkt steht die individuelle Entwicklung des Mitarbeiters, die durch den coachenden Vorgesetzten gefördert wird. Der coachende Führungsstil stellt hohe Anforderungen an die Empathie von Führungskräfte, sowie (ganz pragmatisch) an deren Zeitbudget. Wohl auch aus letzterem Grund wird der coachende Führungsstil in der Praxis tendenziell eher selten angewandt.[64]

Der gefühlsorientierte Führungsstil: Konflikte erkenne, für gute Stimmung im Team sorgen, für jeden ein offenes Ohr haben: Das sind Merkmale, die eine gefühlsorientierte Führungskraft ausmacht. Anders als beim coachenden Führungsstil geht es nicht darum, intensive Gespräche über die individuelle Entwicklung von Mitarbeitern zu führen. Vielmehr sind gefühlsorientierte Führungskräfte dazu in der Lage, Beziehungen aufzubauen und zu pflegen. Sie stärken dadurch die Loyalität und Verbundenheit der Gruppenmitglieder, und wirken sich besonders positiv auf Teamkommunikation und kollektive Leistungsbereitschaft aus.[65]

Führungskräfte, die mit dem *demokratischen Führungsstil* führen, beteiligen Mitarbeiter intensiv an der Entscheidungsfindung. Jeder Mitarbeiter hat die Möglichkeit, seine Ideen einzubringen. Die Führungskräfte hören intensiv zu, moderieren weitgehend den Prozess der Entscheidungsfindungen und bringen eigene Ideen ein, ohne allzu sehr zu dominieren. Dabei verstehen sie sich in erster Linie als Teil des Teams und nicht als einen Chef, der außerhalb des Teams steht.[66] Bei den Mitarbeitern bewirkt der demokratische Führungsstil Engagement und ein positives Gefühl der Zugehörigkeit und Wertschätzung.

---

[63] Goleman et al. (2002), S. 87.

[64] Vgl. Goleman et al. (2002), S. 87.

[65] Vgl. Goleman et al. (2002), S. 90-94.

[66] Vgl. Goleman et al. (2002), S. 94-98.

Dissonanten Führungsstile der Emotionalen Führung

Bei einem fordernden Führungsstil stellen die Führungskräfte dezidierte Leistungsansprüche und Anforderungen. Dies kann insbesondere in bereits sehr leistungsfähigen und hoch motivierten Teams dazu beitragen, eine Spitzenperformance zu erreichen. Viele Mitarbeiter, die durch einen *fordernden Führungsstil* geführt werden, fühlen sich jedoch überlastet und unter Druck gesetzt. Insbesondere aufgabenorientierte Führungskräfte sehen oft nur die zu erledigenden Herausforderungen und fordern von den Mitarbeitern hohe Leistungsbeiträge, um diese zu bewältigen. Das kann aber kontraproduktiv sein, und zwar dann, wenn der Einzelne dabei aus dem Blick fällt. In diesem Fall erzeugt der fordernde Führungsstil oft negative Emotionen, die zu chronischem Stress bei den Mitarbeitern führen können. Merken dann die fordernden Führungskräfte, dass die Leistungsbereitschaft nachlässt, ist die Reaktion oft nicht, sensibler zu reagieren, sondern Mikromanagement, oder weiter steigender Druck.[67]

Beim *befehlenden Führungsstil* geben Führungskräfte klare Anweisungen und verlangen für die Anweisungen unbedingten Gehorsam. Situationsabhängig kann dies sinnvoll sein. Goleman et al. nennen hier das Beispiel einer Insolvenz, in der zur Rettung des Unternehmens kaum Zeit bleibt und die gesetzlichen Vorgaben schnelles und gezieltes Handeln erfordern. Von solchen Situationen abgesehen ist der befehlende Führungsstiel allerdings meist nicht sinnvoll. So werden in einem fordernden Führungsstil Einwände der Mitarbeiter kaum berücksichtigt, und befehlende Führungskräfte versuchen stets, die Dinge ‚fest im Griff' zu haben. Dadurch schaffen es befehlende Führungskräfte meist nicht, die Mitarbeiter für eine gemeinsame Sache zu begeistern, Engagement auszulösen und Kreativität zu fördern. Wie Goleman et al. feststellen, ist daher der „befehlende Ansatz … in den meisten Situationen am wenigsten effektiv".[68]

Emotional Intelligente Führung in der Bundeswehr
Kombination der Führungsstile

Grundlegend sind alle sechs Führungsstile in der militärischen Führungspraxis relevant. Das Wesen emotional intelligenter Führung besteht darin, in

---

[67] Vgl. Goleman et al. (2002), S. 100-104.

[68] Goleman et al. (2002), S. 105.

verschiedenen Situationen und mitunter gegenüber unterschiedlichen Untergebenen verschiedene Stile einzusetzen. Jeder Vorgesetzte in der Bundeswehr, vor allem die Offiziere, sollte alle sechs Führungsstile zumindest in einer „Basisfähigkeit" anwenden können. Dies zeigt sich auch in der ZDv 10/1, in der zu jedem der sechs Führungsstile Hinweise zu finden sind, dass die Führungsstile in der Bundeswehr eingesetzt werden sollen (siehe Tabelle 1). Dafür spricht neben diesem normativen Argument auch, dass emotional intelligente Führung dazu beiträgt, effizient und effektiv zu führen.[69]

Auf gleichem (hohem) Niveau werden Vorgesetzte jedoch nicht alle sechs Führungsstile anwenden können. Je nach Persönlichkeit und Vorerfahrungen haben Vorgesetzte unterschiedliche Stile, die prägend für sie sind. Goleman et al. gehen aber davon aus, dass erfolgreiche Führungskräfte mehr als einen Stil auf hohem Niveau einsetzen können – also auch über die Basisfähigkeiten, jeden Stil im Ansatz anwenden zu können hinaus ein breiteres Führungsstilrepertoire haben. Zudem sind Führungsstile nicht angeborene Persönlichkeitsmerkmale, sondern können gelernt werden.[70]

Anwendung der Führungsstile in der militärischen Führungspraxis

Welcher Führungsstil passt nun wie zu militärischen Führungsverhalten? Für Führungskräfte der Wirtschaft gilt der *visionäre Führungsstil* als die „Königsklasse". Die Bundeswehr hat nun aber (noch) keine Vision. Auch findet sich in den komprimierten Führungsleitsätzen der Bundeswehr[71] kein direkter Hinweis auf den visionären Führungsstil. Das macht diesen Führungsstil in der Bundeswehr nicht überflüssig. Vielmehr kann dieser in adaptierter Form in der Bundeswehr besonders wertvoll sein. Die Führungskräfte der Bundeswehr stehen täglich vor der Herausforderung, den Soldaten, Beamten und Mitarbeiter den Sinn ihrer Tätigkeit und ihren Beitrag für das „Große und Ganze" zu verdeutlichen.[72] Dabei gilt es beispielsweise, die Führungskultur der Bundeswehr zu vermitteln, politische Vorgaben zu erläutern und das Leitbild des Staatsbürgers in Uniform zu erläutern. Aus Sicht der emotionalen Führung begrenzt sich das aber darauf, dies „zu erklären".[73] Vielmehr

---

[69] Vgl. Humprey (2002); George (2000); Goleman et al. (2002).

[70] Vgl. Goleman et al. (2002), S. 121-211.

[71] Vgl. ZDv 10/1, siehe Anhang 1

[72] Vgl. hierzu ZDv 10/1, 614.

[73] Wie es der Wortlaut der ZDv 10/1, 614 vorgibt.

gilt es, die Untergebenen für den aktiven Dienst in der Bundeswehr zu begeistern und positive Emotionen zu erzeugen. Auch der Leitspruch „Wir. Dienen. Deutschland." und der dazugehörige auf Emotionen zielende Imagefilm der Bundeswehr gehen in diese Richtung.[74] Vorgesetzte können also – ganz im Sinne des visionären Führungsstils – ihre Untergebenen begeistern, ihnen das Gefühl geben, ein wertvolles und sinnvolles Ziel gemeinsam zu verfolgen, und einen Stolz vermitteln, in der Bundeswehr zu arbeiten.[75] Wichtig dabei ist, dass die jeweiligen Vorgesetzten authentisch bleiben – platitüdenhaft vorgetragene Weisheiten zur Inneren Führung sind damit nicht gemeint.

Insbesondere mit Blick auf Kameradschaft, Zusammenhalt in der Truppe, Loyalität und kollektive Einsatzbereitschaft sind der *coachende* und der *beziehungsorientierte Führungsstil* von hoher Relevanz. Zentrale Themen, die beim coachenden Führungsstil mit unterstellen Soldaten intensiv besprochen werden können, sind beispielsweise die Entscheidung, ob sich ein Soldat auf Zeit als Berufssoldat bewerben soll, wie mit (potentieller) Verwundung und Tod umgegangen wird, welche Verantwortung Soldaten haben und wie die familiäre Situation aussieht. In der ZDv 10/1 finden sich verschiedene Hinweise darauf, dass es gewollt ist, dass Vorgesetze sich intensiv und persönlich mit ihren Untergebenen auseinander setzten. Wie die emotionale Führung[76] aber verdeutlicht, ist der coachende Stil nicht nur eine normativ aufgeladene Forderung, sondern stellt auch ein effizientes und effektives Führungsverhalten dar. Erforderlich dazu ist ein intensives Vertrauensverhältnis zu den Untergebenen und Zeit. Gerade letztes stellt für viele Vorgesetzte eine wesentliche Barriere dar, den coachenden Führungsstil einzusetzen. Letztlich werden coachende Vorgesetzte diesen Führungsstil nur bei einigen wenigen Untergebenen anwenden können. Hier müssen Vorgesetzte also sensibel sein, und merken, wer für coachendes Führen empfänglich ist, und wie dieser Stil so eingesetzt werden kann, dass keine Benachteiligung gegenüber denen entsteht, die sich nicht coachen lassen wollen oder die sich aus anderen Gründen nicht in gleichem Umfang so intensiv mit dem Vorgesetzten über persönliche und berufliche Weiterentwicklung austauschen.

---

[74] Der Kampagne ist unter http://wirdienendeutschland.de zugänglich. In der Mediathek findet sich der im Text angesprochene Imagefilm unter dem Titel: „Wir. Dienen. Deutschland. Das Selbstverständnis der Bundeswehr".

[75] Vgl. Goleman (2002), S. 80-86.

[76] Vgl. Goleman (2002).

Der *beziehungsorientierte Führungsstil* nimmt die Gruppe der Geführten und ihre Beziehungen untereinander, zum Vorgesetzten und zu anderen Personen in den Blick (und nicht den Einzelnen wie der coachende Führungsstil). Den Zusammenhalt in der Truppe zu fördern, ist eine wesentliche Führungsaufgabe von militärischen Vorgesetzten. Hierzu stehen den militärischen Vorgesetzten viele Möglichkeiten zur Verfügung, wie beispielsweise dienstliche Veranstaltungen ‚geselliger Art‘, die es ermöglichen Feiern oder Ausflüge durchzuführen, um die Kameradschaft zu fördern. Auch mehrtägige politische Bildungsreisen oder Gemeinschaftserlebnisse wie militärische Übungen können dazu dienen, einen Zusammenhalt zu fördern. Der beziehungsorientierte Stil beschränkt sich aber nicht darauf, den Kontext zu gestalten, indem vertrauensvolle, kameradschaftliche Beziehungen entstehen können. Vorgesetzte, die beziehungsorientiert führen, können durch ihre hohen personalen und interpersonalen Fähigkeiten (Empathie, soziales Bewusstsein) die Stimmung in ihrer Einheit einschätzen und gezielt positiv beeinflussen – bspw. in dem sie den richtigen Ton nach einem belastenden Ereignis (wie einer anstrengenden Übung; im Extremfall aber auch Tod eines Kameraden im Einsatz) treffen oder indem sie in Konflikten geschickt moderieren.

Der *demokratische Stil* scheint (wie der visionäre) Führungsstil wenig kompatibel mit der militärischen Führungspraxis. Es ist allerdings expliziter Teil der gewollten Führungskultur, die Untergebenen „wann immer möglich an [der] Entscheidungsfindung"[77] zu beteiligen. Die ZDv 10/1 stellt dabei besonders heraus, dass Vorgesetzte mit den Vertrauenspersonen und Personalvertretungen zusammenarbeiten sollen.[78] Auch dies aber hat nicht nur normative Gründe. Vielmehr ist es angesichts stetig zunehmender Komplexität, mit denen die Bundeswehr konfrontiert ist, sinnvoll, die Kompetenzen und Kenntnisse der Untergebenen zu nutzen. Die geschickte Beteiligung der Untergebenen an der Entscheidungsfindung verlangt von den Vorgesetzten eine hohe emotionale Intelligenz. So müssen sie ein Gespür dafür haben, wann Themen intensiv genug diskutiert wurden und Entscheidungen getroffen und umgesetzt werden müssen. Auch gilt es die Balance zu finden zwischen der Beteiligung der Untergebenen und letztlich unteilbaren Führungsverantwortung. Auch müssen demokratisch führende Vorgesetzte exzessive

---

[77] ZDv 10/1, 612.
[78] Vgl. ZDv 10/1, Anlage 2.

Diskussionen oder ergebnislose Endlossitzungen vermeiden. Empathie, gut zuhören können, eine hohe Offenheit für (sachliche und wertschätzende) Kritik und neue Impulse sind dabei wesentliche Voraussetzungen, um demokratisch zu führen.

Auch die von Goleman et al. als dissonant bezeichneten Führungsstile sind in der militärischen Führungspraxis sinnvoll, sofern sie richtig eingesetzt werden. Der *fordernde Führungsstil* eignet sich besonders bei Leistungsträgern, die an einer weiteren fachlichen und persönlichen Entwicklung interessiert sind und die hohe Anforderungen als Leistungsanreiz brauchen und wollen. Der fordernde Führungsstil eignet sich in der Bundeswehr vor allem bei Phasen, in denen Höchstleistungen gefordert sind, wie beispielsweise in Übungen oder Einsätzen. Hier können Kommandeure und Chefs anspruchsvolle Ziele setzten und eine hohe Leistungsbereitschaft einfordern. Gelingen die Übungen dann tatsächlich auf hohem Niveau, kann das langfristig positive Emotionen wie Stolz und ein Wir-Gefühl erzeugen. Dauerhaft eingesetzt jedoch droht die Gefahr, dass die Stimmung in den Einheiten kippt, chronischer Stress und Überbelastung entstehen. Ein fordernder Stil führt jedoch oft dazu, dass bei den Untergebenen ein Gefühl der Überforderung entsteht.[79] Durch die hohe Einsatzorientierung in vielen Einheiten und die aktuelle Reform der Bundeswehr („Neuausrichtung") ist der Anspruch an die Soldaten zurzeit sehr hoch. Dies belastet die Stimmung in der Bundeswehr, wie verschiedene Untersuchungen in jüngerer Zeit gezeigt haben.[80] Ein dauerhaft mit dem fordernden Stil führender Vorgesetzter trägt dann zusätzlich dazu bei, den Stresslevel der Untergebenen zu erhöhen.

Der befehlende Führungsstil scheint der charakteristische Stil für die militärische Führung im Allgemeinen und für die Führung der Bundeswehr im Besonderen zu sein. Tatsächlich legen empirische Untersuchungen nahe, dass in der Bundeswehr zu einem großen Teil autoritär geführt wird.[81] Die Untersuchungen von Goleman et al. zeigen jedoch, dass der befehlende Führungsstil häufig ineffizient ist, weil er emotionale Dissonanz erzeugt. Tatsächlich wünschen sich viele Soldaten einen insgesamt kooperativeren, resonanteren Führungsstil von ihren Vorgesetzten.[82] Militärische Führer, die

---

[79] Vgl. Goleman et al. (2002).

[80] Vgl. bspw. Bundestag (2013).

[81] Vgl. Döfler-Dierken (2013).

[82] Vgl. Dörfler-Dierken (2013), S. 124-133.

vor allem Dingen über Befehl und Gehorsam führen, sind daher meist nicht dazu in der Lage, das volle Leistungspotential ihrer Einheit auszuschöpfen. Wie der fordernde Stil hat aber auch der befehlende Stil eine wesentliche Funktion in der militärischen Führung. Insbesondere in zeitkritischen Situationen wie in (Übungs-)Gefechten, bei Notlagen wie Hochwasser oder Bränden müssen Führungskräfte klare Handlungsanweisungen geben. Dabei gilt es zweierlei zu beachten: Erstens, darf auch in diesen Situationen der Vorgesetzte nicht dazu übergehen, jedes Detail befehlen zu wollen. Vielmehr soll er auch im befehlenden Führungsstil den Untergebenen möglichst viel Freiraum lassen („Auftragstaktik"). Zweitens gilt es, den befehlenden Führungsstil nicht auf den „Tagesdienst" zu übertragen. Militärische Führungskräfte, die in ihren Bataillonen, Stäben oder Kompanien durchweg in einem autoritären, befehlenden Stil führen, beteiligen die Untergebenen nicht an Entscheidungen, nehmen wenig neue Impulse an und treffen häufig Fehlentscheidungen. Dadurch können Vorgesetzte schnell das Vertrauen verlieren und unter den Untergebenen negative Emotionen wie Frust und Wut erzeugen.

Fazit

Für eine hohe Motivation bzw. Einsatzbereitschaft sind positive Emotionen bei den Geführten von entscheidender Bedeutung. Selbst wenn – was in der Wissenschaft derzeit intensiv diskutiert wird – auch negative Emotionen zu hoher Leistung beitragen können, so steht in der Bundeswehr das normativ Führungsverständnis[83] der Idee entgegen, über negative Emotionen wie Angst und Wut zu führen. Damit wird die Emotionale Intelligenz aber zu einer wesentlichen Voraussetzung dafür, dass Vorgesetzte im Militär das volle Leistungspotential ihres jeweiligen Bereichs erreichen. Die personalen und interpersonalen Dimensionen der emotionalen Intelligenz ermöglichen es Vorgesetzten, verschiedene Führungsstile situationsgerecht einzusetzen. Die erfolgreichsten Führungskräfte zeichnen sich dadurch aus, dass sie einige der sechs Führungsstile auf überdurchschnittlich hohem Niveau beherrschen.

Dieser Beitrag hat die grundlegende Bedeutung von Emotionen und emotionaler Intelligenz im militärischen Führen dargestellt. Anhand der

---

[83] Vgl. ZDv 10/1; Dörfler-Dierken (2013).

Führungsstiltypologie von Goleman et al.[84] wurde diskutiert, inwieweit die Führungsstile einerseits der normativ gewollten Führungskultur der Bundeswehr (wie sie in ZDv 10/1 dargelegt ist) entsprechen. Dabei hat sich gezeigt, dass visionärer, coachender, beziehungsorientierter, demokratischer, fordernder und befehlender Führungsstil situationsangemessen sinnvoll im militärischen Führungshandeln angewandt werden sollte. Damit bietet der Beitrag eine Grundlage dafür, sich tiefer mit dem Wesen emotionaler Führung im militärischen Handeln zu beschäftigen. Eine relevantes Forschungsfeld wären empirische Untersuchungen darüber, welche Führungsstile in der Bundeswehr in welchen Situationen angewandt werden – und wie gut es Vorgesetzten gelingt, in Abhängigkeit der Situation den Führungsstil anzupassen. Zudem wäre interessant, wie die emotionale Intelligenz sowie die emotional intelligente Führung in der Ausbildung der Führungskräfte der Bundeswehr insbesondere an den Offizierschulen und der Führungsakademie der Bundeswehr stärker integriert werden kann.

---

[84] Vgl. Goleman et al. (2002).

Literatur

Akinola, M. und Mendes, W.B. (2008). The Dark Side of Creativity: Biological Vulnerability and Negative Emotions Lead to Greater Artistic Creativity. Personality and Social Psychology Bulletin, 34, 1677-1686.

Barsade S.G. (2002). The Ripple Effect. Emotional Contagion and its Influence on Group Behavior, Administrative Science Quarterly, 47, 644-675.

Barsade, S.G. und Gibson, D.E. (2007). Why Does Affect Matter in Organizations? Academy of Management Perspectives, 21(1), 36-59.

Bundestag (2012). Unterrichtung durch den Wehrbeauftragten, Deutscher Bundestag, Drucksache 17/12050 vom 29.01.2013.

Bundestag (2013). Unterrichtung durch den Wehrbeauftragen, Deutscher Bundestag, Drucksache 18/300 vom 28.01.2014.

Boyett, J. H. und Boyett, J.T. (1999). Management Guide. Die Top-Ideen der Management-Gurus. Econ Verlag: München.

Damasio, A.R. (2006). Descartes' Irrtum. Fühlen, Denken und das menschliche Gehirn, 3., aktual. Aufl., Ullstein: München.

Damen, F., Van Knippenberg, B., und Van Knippenberg, D. (2008). Affective Match in Leadership: Leader Emotional Displays, Follower Positive Affect, and Follower Performance. Journal of Applied Social Psychology, 38(4), S. 868-902.

De Cremer, D. (2006). Affective and motivational consequence of leader self-sacrifice: The moderating effect of autocratic leadership. The Leadership Quarterly, 17(1), 79-93.

Dörfler-Dierken, A. (2010). Harte Soldaten. Replik auf Uwe Hartmanns Forderung: Die Bundeswehr braucht Erziehung zu Disziplin, Härte und Gehorsam, in: Hammerich, H. R., Hartmann, U., von Rosen, C. (Hrsg.): Jahrbuch Innere Führung 2010: Die Grenzen des Militärischen, Miles Verlag: Berlin, S. 240-280.

Dörfler-Dierken, A. (2013). Führung in der Bundeswehr. Soldatisches Selbstverständnis und Führungskultur nach der ZDv 10/1 Innere Führung, Miles-Verlag: Berlin.

Gaddis, B., Connelly, S., und Mumford, M. D. (2004). Failure feedback as an affective event: Influence of leader affect on subordinate attitudes and performance. Leadership Quarterly, 15, 663–686.

George, J.M. und Zhou, J. (2007). Dual tuning in a supportive context: Joint contributions of positive mood, negative mood, and supervisory behaviors to employee creativity, Academy of Management Journal, 50(3), 605-622.

George, J.M. und Zhou, J. (2002). Understanding when bad moods foster creativity and good ones don't: The role of context and clarity of feelings. Journal of Applied Psychology, 87(4), 687-697.

George, J.M. (1990). Personality, affect, and behavior in groups. Journal of Applied Psychology, 75, 107-116.

George, J. M. (2000). Emotions and Leadership: The Role of Emotional Intelligence, Human Relations, 53(8), 1027-1055.

Gerrig, R.J. und Zimbardo, P. G. (2008). Psychologie, 18., aktual. Aufl., Pearson Studium: München usw.

Gibson, D.E. und Callister, R.R. (2010). Anger in Organizations: Review and Integration. Journal of Management Studies, 36, 66-93.

Gooty, J., Connelly, S., Griffih, J., und Gupta, A. (2010). Leadership, affect and emotions: A state of the science review, The Leadership Quarterly, 21, 979-1004.

Goleman, D. (1997). Emotionale Intelligenz. DTB: München.

Goleman, D. (2000). Leadership That Gets Results, Harvard Business Review, OnPoint Article, Product 447.

Goleman, D. (2004). What Makes a Leader? Harvard Business Review, Reprint R0401H.

Goleman, D., Boyatzis, R., und McKee, A. (2002). Emotionale Führung. Econ Verlag: München.

Hartmann, U. (2009). Erziehung – Nein Danke? Warum die Bundeswehr eine Rückbesinnung auf die soldatische Erziehung braucht! In: Hartmann, U., Dosen, C. v., Walther, C. (Hrsg.): Jahrbuch Innere Führung 2009, Die Rückkehr des Soldatischen, Eschede, S. 147-164.

Humphrey, R. H. (2002). The many faces of emotional leadership. The Leadership Quarterly, 13, 493-504.

Jeschonnek, M. (2013). Emotionale Führung in der Bundeswehr. Unveröffentlichte Masterarbeit, Universität der Bundeswehr München, Institut für Entwicklung Zukunftsfähiger Organisationen, Neubiberg.

Johnson, S.K. (2008). I second that emotion: Effects of emotional contagion and affect at work on leader and follower outcomes. The Leadership Quarterly, 19, 1-19.

Landes, M., Spörrle, M, und Steiner, E. (2013). Emotionen: Überblick und Darstellung ihrer Relevanz für wirtschaftliche Prozesse. In: Landes, M. und Steiner, E. (Hrsg.): Psychologie der Wirtschaft, Springer VS: Wiesbaden, S. 71-102.

Lindebaum, D. und Fielden, S.L. (2011). „It's good to be angry": Enacting anger in construction project management to achieve perceived leader effectiveness, Human Relations, 64(3), 437-458.

Maitlis, S., Vogus, T.J., Lawrence, T.B. (2013). Sensemaking and Emotion in Organizations. Organizational Psychology Review, 3, 222-247.

Mayer, John D., Roberts, Richard D., und Barsade, Sigal G. (2008). Human Abilities: Emotional Intelligence. Annual Review of Psychology, 59, 507-536.

McColl, J.R. und Anderson, R.D. (2002). Impact of leadership style and emotions on subordinate performance, The Leadership Quarterly, 13, 545-559.

Merten, J. (2003). Einführung in die Emotionspsychologie, Kohlhammer: Stuttgart.

Naidoo, L.J. und Lord, R.G. (2008). Speech imagery and perceptions of charisma: The mediating role of positive effect. The Leadership Quarterly, 19(3), 283-296.

Niendenthal, P.M. und Brauer, M. (2006). Social Functionality of Human Emotion. Annual Review of Psychology, 63, 259-285.

Phelps, E.A. (2006). Emotion and Cognition: Insights from Studies of the Human Amygdala, Annual Review of Psychology, 57, 27-53.

Reisenzein, R. (2006). Denken und Emotionen. In: Funke, H. & Frensch, P. A. (Hrsg.): Handbuch der Allgemeinen Psychologie: Kognition (Band 4), Hogrefe: Göttingen.

Rothermund, K. und Eder, A. (2011). Motivation und Emotion. Springer: Wiesbaden.

Royle, T. (1998). Avoidance strategies and the German system of co-determination, The International Journal of Human Resource Management 9 (6), 1026–1047.

Royle, T. (2005). Realism or idealism? Corporate social responsibility and the employee stakeholder in the global fast-food industry, Business Ethics: A European Review, 14 (1), 42–55.

Visser, V.A., Knippenberg, D. v., Kleef, G.A.v., und Wisse, B. (2013). How leader displays of happiness and sadness influence follower performance: Emotional contagion and creative versus analytical performance. The Leadership Quarterly, 24(1), 182-188.

ZDv 10/1 (2008). Innere Führung. Selbstverständnis und Führungskultur der Bundeswehr. Bundesministerium der Verteidigung, Bonn.

Anhang

Anhang 1: Leitsätze für Vorgesetze (ZDv 10/1, Anhang 1)

Ich bin Vorgesetzter bzw. Vorgesetzte in der Bundeswehr. Damit sind mir besondere Befugnisse, aber auch Pflichten übertragen.

1. Ich achte und schütze die Menschenwürde.
2. Ich bin an Recht, Gesetz und mein Gewissen gebunden und trage für mein Handeln die Verantwortung.
3. Ich bin Vorbild in Haltung und Pflichterfüllung und teile mit meinen Untergebenen Härten und Entbehrungen.
4. Ich setze meine Befehle in angemessener Weise durch und kontrolliere ihre Ausführung.
5. Ich schaffe die Voraussetzungen für gegenseitiges Vertrauen.
6. Ich bilde meine Soldatinnen und Soldaten bestmöglich aus und fordere sie angemessen unter Beachtung der Menschenwürde, Gesetze, Dienstvorschriften und Sicherheitsbestimmungen.
7. Ich führe partnerschaftlich. Ich nutze die Fähigkeiten und Fertigkeiten meiner Soldatinnen und Soldaten und beteilige sie wann immer möglich an meiner Entscheidungsfindung.
8. Ich kenne meine Soldatinnen und Soldaten und nehme mich ihrer Sorgen und Nöte an.
9. Ich informiere meine Soldatinnen und Soldaten und mache ihnen meine Befehle einsichtig.
10. Ich suche das Gespräch mit meinen Soldatinnen und Soldaten und bin für sie stets ansprechbar.

Tabelle 1: Emotional intelligente Führungsstile in der militärischen Führungspraxis

Stil	Merkmal	Anwendung in der militärischen Führung	Relevante Führungsleitsätze aus der ZDv 10/1
Visionär	Mitarbeiter für gemeinsame Visionen begeistern	Sinn und Zweck der Bundeswehr und militärischer Missionen verdeutlichen positive Energien durch Begeisterung für den gemeinsamen Auftrag bei Soldaten freisetzen	nicht explizit genannt Aber: „Vorgesetzte müssen Untergebenen immer wieder Sinn und Notwendigkeit ihrer Aufgaben (…) erklären". (ZDv 10/1, 614)
Coachend	Mitarbeiter intensiv bei deren beruflichen und persönlichen Entwicklung beraten und begleiten (coaching)	Soldaten individuell coachen und intensiv in der Weiterentwicklung beraten Neben aktivem Weichen stellen geht es insbesondere darum, mit den Soldaten intensive Gespräche über Karriere, Familie und den Dienst zu führen Besonders wichtig dabei auch: Umgang mit Belastungen, (möglichem) Tod und Verwundung	Ich suche das Gespräch mit meinen Soldatinnen und Soldaten und bin für sie stets ansprechbar.
Beziehungsorientiert	Gute Beziehungen zu und zwischen Mitarbeitern aufbauen und pflegen	Durch intensive Kommunikation wesentlich dazu beitrage, dass Gemeinschaftsgefühl und hoher Kameradschaftsgeist entsteht Konflikte frühzeitig erkennen und produktiv lösen Belastende Situationen (bspw. während/nach Einsätzen oder Übungen) erkennen und sensibel darauf reagieren Familien der Untergebenen aktiv einbinden	Ich kenne meine Soldatinnen und Soldaten und nehme mich ihrer Sorgen und Nöte an.

Demokratisch	Intensive Beteiligung der Mitarbeiter an Entscheidungen	Unterstellten Bereich bei Entscheidungsfindung einbinden Gute Beziehungen zu Vertrauenspersonen, Gleichstellungsbeauftragen und Personalrat Eigene Entscheidungen umfangreich begründen Kritik und Diskussion auch bei getroffenen Entscheidungen zulassen, um Fehlentwicklungen und Anpassungsbedarfe erkennen	Ich führe partnerschaftlich. Ich nutze die Fähigkeiten und Fertigkeiten meiner Soldatinnen und Soldaten und beteilige sie wann immer möglich an meiner Entscheidungsfindung.
Fordernd	Hohe Leistungsansprüche an sich und die Mitarbeiter stellen	Sinnvoller Einsatz beispielsweise in Übungen, um Leistungsniveaus zu heben Guter Einsatz auch bei Leistungsträger, die gefordert werden wollen und emotional auf hohe Leistungsanforderungen mit Kreativität oder Leidenschaft für die Tätigkeit reagieren	Ich bilde meine Soldatinnen und Soldaten bestmöglich aus und fordere sie angemessen unter Beachtung der Menschenwürde, Gesetze, Dienstvorschriften und Sicherheitsbestimmungen.
Befehlend	Klare Handlungsanweisungen geben und konformes Verhalten durchsetzen	Umgang mit schwierigen Untergebenen Als Option bspw. in Veränderungsprozessen-Prozessen, wenn anders nicht mit Widerständen umgegangen werden kann Zentrales Anwendungsfeld: (reale/simulierte) Gefechtssituationen Im Sinne der „Auftragstaktik" allerdings sollte befehlende Stil kein Mikromanagement sein	Ich setze meine Befehle in angemessener Weise durch und kontrolliere ihre Ausführung.

Strategiespiele in der militärischen Führungskräfteausbildung – Erkenntnisse aus der Psychologie des komplexen Problemlösens

Christian Warneke

Militärische Führungskräfte werden ausgebildet, um in außergewöhnlichen Lagen kompetent handeln zu können. Neben Einsätzen im Gefecht zählen bei friedenssichernden Missionen unter andere auch Kontaktaufnahme und Verhandlungsführung mit konfligierenden Parteien, Schutz von Zivilisten in Kampfzonen und Gewährleistung beziehungsweise Unterstützung humanitärer Hilfsleistungen in Kriegs- und Krisengebieten dazu.[1] Bei Tätigkeiten im Stab steht die Darstellung der Lage, die Auswertung von Informationen, die Abwägung von Risiken und Erarbeitung von Lösungsalternativen unter Berücksichtigung „des politisch-strategischen Zwecks des Einsatzes und der operativ-taktischen Absicht des kommandierenden Generals"[2] im Mittelpunkt.

Das Agieren in derartigen Lagen bedeutet aus psychologischer Sicht, Handlungs- und Entscheidungsfähigkeit zu zeigen, obwohl essentielle Voraussetzungen zur Entwicklung von Handlungsschritten beispielsweise durch Unübersichtlichkeit der Gegebenheiten, Dynamik des Geschehens oder Vielschichtigkeit des Lagebilds nicht oder nicht vollständig gegeben sind. In der Psychologie gehören diese Szenarien in das Gebiet der Denk- und Problemlösungsforschung und werden seit mehr als 30 Jahren unter dem Begriff „komplexes Problemlösen" erforscht.[3] Psychologen interessiert dabei, „wie Menschen unter diesen Umständen handlungsfähig bleiben, wie sie sich ein hinreichendes Maß an subjektiver Handlungssicherheit schaffen, Komplexi-

---

[1] Vgl. Rydstedt/Österberg (2013).

[2] Hartmann (2013), S. 297.

[3] Engelkamp und Zimmer (2006) nennen unter anderem Katastrophensituationen wie beispielsweise eine Geiselnahme. Andere Autoren weisen explizit darauf hin, dass „militärisches Handeln in völkerrechtlich legitimierten Stabilisierungsoperationen […] kritische Interaktionssituationen und komplexe Problemstellungen" beinhaltet (Bresinsky/Detje/Littschwager (2012), S. 264).

tät auf ein handhabbares Maß reduzieren, Leerstellen überbrücken und welche Fehler ihnen dabei unterlaufen".[4]

Im vorliegenden Kapitel wird dargestellt, wie die Erkenntnisse der psychologischen Forschung zum komplexen Problemlösen genutzt wurden, um an der Führungsakademie der Bundeswehr ein innovatives Ausbildungsangebot für militärische Führungskräfte in Form eines Seminars zu schaffen. Zentrales didaktisches Element dieses Seminars ist ein komplexes Strategie-Brettspiel, durch das für die Teilnehmer eine künstliche Umwelt geschaffen wird. Indem die Teilnehmer unter bestimmten, kontrollierten Bedingungen in Mannschaften gegeneinander spielen, können sowohl der Umgang mit Komplexität als auch bestimmte soziale Kompetenzen trainiert werden. Um im folgenden Beitrag diesen Ansatz näher vorzustellen, werden zunächst der theoretische Hintergrund in Bezug auf die psychologische Forschung zum komplexen Problemlösen sowie die Alleinstellungsmerkmale der militärischen Führung diskutiert. Darauf aufbauend wird das neue Seminarkonzept vorgestellt. Besondere Beachtung finden dabei die innovativen Merkmale des Seminars: Die Verwendung eines nicht-technischen Konfliktszenarios sowie die Einbindung in soziale Interaktionsprozesse.

Theoretischer Hintergrund – Komplexität im militärischen Führungshandeln

Situationen, die Fähigkeiten zum komplexen Problemlösen erfordern, sind durch folgende Kriterien charakterisiert:[5]

-    *Komplexität der Problemsituation*
Die Komplexität wird gekennzeichnet durch die Anzahl der Variablen, die mittelbar oder unmittelbar die Lage beeinflussen.

-    *Vernetztheit der Variablen*
Die Vernetztheit der Variablen gibt an, welche und wie viele Einflussbeziehungen zwischen den einzelnen Variablen bestehen. Es gilt: Je vernetzter die beeinflussenden Variablen untereinander sind, desto mehr Fern- und Folgewirkungen entstehen durch einen Eingriff.

---

[4]   Döring-Seipel/Lantermann (2013), S. 156.
[5]   Vgl. Warneke (2011); Funke (2010); Funke (2003); Wenke/Frensch (2003); Dörner (1993).

-    *Dynamik der Problemsituation*

Dynamik berücksichtigt den Zeitfaktor. Es kann unterschieden werden zwischen einer Eigendynamik, die bewirkt, dass sich eine Situation im Laufe der Zeit von selbst verändert und beeinflusst, und einer allgemeinen Dynamik, die nach Eingriffen in die Situation möglicherweise unbeabsichtigte vorteilhafte bis unerwünschte Folgen erzeugt. Durch die Dynamik einer Problemsituation entsteht üblicherweise Zeitdruck und gegebenenfalls Handlungsdruck bei den Beteiligten.

-    *Intransparenz*

Intransparenz kennzeichnet die eingeschränkte Kenntnis des Handelnden über die beteiligten Variablen und/oder deren Vernetzung und die Art und Anzahl über die zu erreichenden Ziele.

-    *Polytelie (Vielzieligkeit)*

Polytelie bedeutet, dass es nicht ein Gesamtziel, sondern eine Fülle von Zielen gibt, deren Erreichen wahrscheinlich Kompromisse erfordert, gerade wenn kontradiktorische Ziele vorliegen.

Diese Kriterien sind bedeutsam, weil dadurch „komplexe" von „einfachen" Problemen unterschieden werden. Letztere sind durch relativ klar definierte Anfangs- und Zielzustände gekennzeichnet und daher eher untypisch für die der Realität entsprechenden Situationen.

Um realitätsäquivalente Szenarien abzubilden, bietet es sich an, die obigen Kriterien bei der Konstruktion von Schulungsmaßnahmen zu berücksichtigen. Denn die Lagen, mit denen militärische Führungskräfte (gerade im Einsatz) konfrontiert werden können, sind gleichfalls durch diese Merkmale gekennzeichnet: Erstens sind oftmals viele einflussnehmende und miteinander vernetzte Variablen vorhanden. Zweitens unterliegt das Geschehen einer Eigendynamik und ist nicht vollständig zu überblicken. Drittens sind verschiedene und oft widersprüchliche Ziele bestmöglich zu erreichen. So kann beispielsweise die Erfüllung des militärischen Auftrags als *ein* Ziel mit dem Ziel möglichst alle Kräfte unversehrt heimzubringen, kollidieren.

Um bei der Entwicklung des Ausbildungsangebots die besonderen Anforderungen an militärische Führungskräfte angemessen zu berücksichtigen, ist zu beachten, dass sich Führung im militärischen Bereich von Führungsaufgaben in zivilen Organisationen unterscheidet. Denn bei militärischen Führungsaufgaben kann es vorkommen, dass Entscheidungen auf

Leben und Tod getroffen werden müssen. Umstände wie Bedrohung, Angst, Verwundung oder Unübersichtlichkeit der Lage etc. können darüber hinaus die Führungsentscheidung erschweren. Militärische Führungskräfte müssen imstande sein, die notwendigen Entscheidungen auch unter derartig belastenden Rahmenbedingungen zu treffen. Es handelt sich dabei um ein Alleinstellungsmerkmal militärischer Führungskräfte, mit Ausnahme von Führungskräften in bestimmten sicherheitsrelevanten Branchen (z.B. Polizei, Feuerwehr) oder im medizinischen Bereich, die in ihrem Berufsleben vor vergleichbar schwere Entscheidungen gestellt sein können.

Wie sich Führungsaufgaben bei der Bundeswehr von Führungsaufgaben in anderen Organisationen unterscheiden, ist in Tabelle 1 aufgeführt. Dieser Überblick verdeutlicht, dass militärische Vorgesetzte andere Führungskompetenzen benötigen als Führungskräfte anderer Organisationen.[6] Daraus ergibt sich die zentrale Fragestellung: Wie können Menschen bestmöglich auf diese militärischen Führungsaufgaben vorbereitet beziehungsweise dafür ausgebildet werden?

Kriterium	Besonderheiten der militärischen Führungsaufgabe
Bedeutung und Reichweite	Entscheidungen können Leib und Leben sowie Gesundheit und Freiheit der eigenen Person, der eigenen Kameraden oder anderer Personen (Kontrahenten bzw. Unbeteiligte) betreffen.
Rahmenbedingungen	Entscheidungen im Einsatz können unter erschwerten Konditionen, wie beispielsweise Bedrohung, Angst, Verwundung, Stress, Zeitdruck und/ oder Intransparenz erforderlich sein. Zusätzlich gilt §6 des Wehrstrafgesetzes (WStG): „Furcht vor persönlicher Gefahr entschuldigt eine Tat nicht, wenn die soldatische Pflicht verlangt, die Gefahr zu bestehen."

---

6   Vgl. Schneider/Pongratz (2012); Zentrale Dienstvorschrift 10/1 (2008).

Gehorsam	Militärische Vorgesetzte können Untergebene anweisen und haben einen juristischen Anspruch auf Gehorsam, dessen Fehlen ggf. sanktioniert wird.[7]
Rechtlicher Rahmen	Der Handlungsrahmen für militärische Führung ist in speziell dafür geltenden Gesetzen, zentralen Dienstvorschriften und im Einsatzfall in „Rules of Engagement" geregelt.
Bewaffnung	Der Führende und die Geführten sind (insbesondere im Einsatzfall) bewaffnet.

Tab. 1: Kriterien, die den Unterschied zwischen Führung im militärischen Bereich und in anderen Organisationen verdeutlichen.

Entwicklung des Ausbildungsangebots

An der Führungsakademie der Bundeswehr in Hamburg, wurde 2009 unter Beteiligung des Verfassers eine interdisziplinäre Arbeitsgruppe von Offizieren des Fachbereichs „Militärische Führung und Organisation"[8], Psychologen und Pädagogen mit dem Ziel gegründet, ein Ausbildungsangebot zu schaffen, mit dem das eigene Führungsverhalten in unübersichtlichen und komplexen Lagen weiterentwickelt werden kann. Die Führungsakademie ist die Ausbildungsstätte für Stabsoffiziere in den deutschen Streitkräften, an der alle höheren Offiziere der Bundeswehr ausgebildet werden. Während die Offiziersschulen und Truppenschulen der Bundeswehr den Ausbildungsfokus auf das operative Führen eines militärischen Verbandes – zum Beispiel die Führung einer Infanterie-Kompanie im Einsatz – legen, steht an der Führungsakademie der Bundeswehr die höhere Führung in (Einsatz-)Stäben, Kommandobehörden, Gefechtsständen oder Einsatzzentralen und Ministerien im Mittelpunkt der Ausbildung. Daher ist hier weniger die direkte Führung bei operativen Lagen, wie einer Gefechtssituation im Einsatz, bei der der militärische Führer unmittelbar vor Ort ist, relevant, sondern das Inter-

---

[7]   Vgl. §§5, 19-22 WStG.

[8]   Damals noch: Fachbereich „Führung und Management"

agieren verschiedener Kompetenzträger, um komplexe Situationen von einer Stabssituation aus zu bewerkstelligen.[9]

Die oben genannte Gruppe entwickelte für diesen Ausbildungszweck ein drei- bis fünftägiges Seminar für eine Teilnehmerzahl von mindestens 14 Personen. Mittelpunkt des Seminars ist eine Konfliktsimulation in Form eines strategischen Brettspiels, welches als Szenario eine komplexe Umwelt im Sinne Dörners darstellt.[10] Abgebildet wird ein historischer Konflikt oder eine einzelne Schlacht eines Krieges der Antike oder des Mittelalters. Die Teilnehmer werden in mindestens zwei Mannschaften eingeteilt und nehmen beispielsweise die Rolle der römischen beziehungsweise karthagischen Heeresführer bei der Schlacht von Cannae[11] ein.

Vor Beginn erfolgt eine zentrale Einweisung in die Spielregeln. Beide Seiten verfügen über bestimmte Einheiten (z.B. leichte, mittlere, schwere Infanterie oder Kavallerie, Fernkampfeinheiten), die sich in ihren Eigenschaften (z.B. Kampfkraft, Reichweite, Bewegungsmöglichkeiten) unterscheiden. Im Spielverlauf sind die beiden Teams abwechselnd am Zug. Dabei müssen jeweils bestimmte Bedingungen, die durch die Spielregeln vorgegeben sind, beachtet werden. Das Ziel des Spiels ist der Sieg über die gegnerische Mannschaft. Dieser wird über das Erfüllen bestimmter Siegbedingungen erreicht.

Innerhalb jedes Teams werden mindestens zwei Hierarchieebenen definiert. Abhängig von der Gruppengröße werden Rollen vorgegeben, die innerhalb der (sich noch wenig kennenden) Mannschaft zugeordnet werden müssen: Feldherr (als gesamtverantwortliche Führungskraft), 1-3 Kommandeure (für die Ausführung von Spielzügen an der Lagekarte des Szenarios) sowie mindestens 5 Stabskräfte (zur Planung von Zügen und Vorbereitung von Entscheidungsvorlagen für den Feldherrn). Im Seminarverlauf erfolgt eine Rotation bei den zu übernehmenden Rollen.

Die beiden Gruppen werden zu Beginn des Seminars eingeteilt oder ausgelost und bleiben bis Seminarende zusammen. Jedes Team wird über den gesamten Seminarzeitraum durch einen militärischen Beobachter (Stabsoffizier und Dozent an der Führungsakademie der Bundeswehr, Fach-

---

[9]   Vgl. Bresinsky/Detje/Littschwager (2012).

[10] Vgl. Dörners (1993).

[11] Die Schlacht von Cannae fand 216 v. Chr. In Italien statt und gilt als eine der wichtigsten Schlachten des zweiten Punischen Krieges.

bereich „Militärische Führung und Organisation") sowie einen zivilen Beobachter (Diplom-Psychologe / in) beobachtet. Die beiden Beobachter übernehmen am Ende jedes Tages bzw. im Falle einer entschiedenen Schlacht die Auswertung in der Gruppe. Weitere zentrale Elemente des Seminars sind individuelle Rückmeldungen zu den Ergebnissen eines Persönlichkeitsverfahrens sowie theoretische Erörterungen und deren Diskussion im Plenum (vgl. Tabelle 2).

Ebene	Methode	Thematische Inhalte (Auszug)
Plenum	Vermittlung von Theorie zzgl. Diskussion Konfliktsimulation Seminarauswertung	Umgang mit Komplexität / komplexes Problemlösen Führung in komplexen Situationen Persönlichkeit und Führung
Gruppe	Konfliktsimulation Rückmeldung durch militärische Beobachter Rückmeldung durch Psychologen Reflektionsrunde in der Gruppe Gegenseitiges Feedback	Kommunikation Gruppendynamik Führung Komplexität Arbeitsfähigkeit Konflikt Entscheidungsfindung unter Zeitdruck[12], Unsicherheit, Unkenntnis Zielorientierung und Strategie Umgang mit Fehlern und Rückschlägen Vertrauen Emotion und Motivation

---

[12] Üblicherweise ist sowohl die Planungs- und Entscheidungsphase der Gruppe, die „am Zug" ist, als auch die Handlungsphase des Akteurs an der Lagekarte des Szenarios zeitlich begrenzt.

Indivi-duum	Rückmeldegespräch zum Persönlichkeitsverfahren Einzelberatung /-rückmeldung	Persönlichkeit und Führung Individuelle Rückmeldungen, die nicht vor anderen ausgesprochen werden sollen.

Tab. 2: Didaktische Elemente des Seminars

Abhängig vom Bedarf einer Gruppe kann die Konfliktsimulation selbst im Verlauf des Seminar von Seiten der Dozenten so angepasst werden, dass gezielt einzelne Elemente vertieft behandelt oder verändert werden. So ist es zum Beispiel punktuell oder dauerhaft möglich, die Komplexität zu erhöhen, die Kommunikation zu erschweren oder die Hierarchie zu verändern. Dadurch kann auf ausgewählte thematische Komplexe verstärkt eingegangen werden. Ebenso werden die Inhalte der Vorträge zu theoretischen Hintergründen im Plenum an spezifische Bedarfe einer Seminargruppe angepasst.

Folgende Grundgedanken waren bei der Entwicklung dieses Ausbildungsangebots maßgeblich:

1. Offiziere müssen (insbesondere im Einsatz) Entscheidungen in unübersichtlichen und komplexen Lagen treffen.

2. Eine derartige Lage setzt sich u.a. aus Sachinformationen (Variablen) und beteiligten Personen (Humanfaktoren) zusammen.[13]

3. Verschiedene Personen können an der Entscheidungsvorbereitung bzw. -findung beteiligt sein. Das Ausmaß der Beteiligung ist von verschiedenen Aspekten wie Hierarchiestufe, organisationalen Strukturen, Wissen, Persönlichkeit abhängig.[14]

4. Die Art und Weise von Entscheidungsfindung, Verhalten und Führung in derartigen Lagen unterliegt interindividuellen Unterschieden.[15]

---

[13] Die weitreichende Bedeutung von Human Factors im militärischen Handeln zeigen Bresinsky, Detje und Littschwager (2012) in ihrer Interpretation der vorliegenden Informationen zu dem durchgeführten Luftschlag in der Nähe von Kunduz (Afghanistan) auf zwei entführte Tanklaster in der Nacht vom 03. auf den 04.09.2009, bei dem eine unbekannte Anzahl von Zivilisten starb, auf.

[14] Jacobides (2007) legt eine umfassende Analyse eines nahezu vollständig eskalierten Territorialstreits von 1996 zwischen Griechenland und der Türkei um die Inseln Imia bzw. Kardak vor, welche die Bedeutung der o.g. Aspekte unterstreicht.

[15] Mit Bezug auf das Merkmal Intransparenz schreiben Hacker und von der Weth (2012): „Transparenz eines Realitätsbereiches hängt […] wesentlich vom Wissen ab, denn über

5.   Die Zielgruppe der Führungsakademie der Bundeswehr für diese
        Ausbildung sind Offiziere, die in Bezug auf Führung und Einsatz be-
        reits sehr gut ausgebildet und einschlägig erfahren sind.

Eine effektive Schulung von Entscheidungsträgern im Handeln in unübersichtlichen und komplexen Lagen erfordert es, ein Übungsszenario zu schaffen, bei dem sowohl diverse (Sach-)Variablen Einfluss nehmen als auch
Humanfaktoren (psychische, kognitive, affektive, soziale Einflussgrößen
durch Menschen) als (Personen-)Variablen vorkommen. Denn „der zentrale
Input [ist] das Individuum, das seine Persönlichkeit, sein Wissen und seine
Fähigkeiten in die Gruppe einbringt und in der jeweiligen Gruppenkonstella-
tion den Prozess, also Kommunikation, Koordination und Kooperation
determiniert".[16]

Diese Anforderungen werden durch den Einsatz von Konfliktsimu-
lationen, die in Teams gegeneinander bearbeitet werden, erfüllt. Dadurch
wird auch die Interaktion in einer (hierarchisierten) Gruppe sichergestellt.

Eine Besonderheit des Seminarkonzepts liegt in dieser nicht-
technischen Umsetzung des Szenarios. Da Warneke (2012; 2011) im Kontext der Berufseignungsdiagnostik nachweisen konnte, dass es möglich ist,
mittels eines interaktiven Brettspiels ein Szenario zu schaffen, welches die
genannten Kriterien berücksichtigt, ohne dass dazu eine Rechnerunterstüt-
zung erforderlich ist, wurde bewusst auf den Einsatz eines computersimulierten Systems verzichtet. Maßgeblich dafür waren auch die folgenden
Gründe: Die avisierte Zielgruppe der Offiziere ist im Rahmen ihrer Ausbildung vergleichsweise oft mit computergestützten Simulationen insbesondere
zum Zweck der militärischen Ausbildung konfrontiert; und so sehr die Au-
genscheinvalidität von computersimulierten Szenarien gelobt wird, so bleibt
doch Skepsis über die den Programmen zu Grunde liegenden Variablen beziehungsweise deren Vernetzungen.[17]

Zur Messung interindividueller Unterschiede wird ein Persönlichkeitsverfahren, der Predictive Index (PI), eingesetzt. Beim PI handelt es sich

---

je mehr Wissen eine Person verfügt, desto weniger intransparent wird sie den Realitätsbereich erleben. Da vollständiges Wissen über einen Realitätsbereich mit ansteigender
Komplexität immer unwahrscheinlicher wird, sind individuelle Unterschiede immer be-
deutsamer und werden für die Erklärung des Handelns wichtiger" (S. 90).

[16]   Badke-Schaub (2012), S. 125.

[17]   Vgl. Burmeister (2009).

um „ein Freiwahl-Inventar von Adjektiven zur objektivierenden Erfassung von arbeitsbezogenem Verhalten, Potenzial, Motivation und Arbeitszufriedenheit".[18] Der PI ermöglicht eine treffgenaue Analyse der Persönlichkeit einer Person, auf deren Basis Aussagen über wahrscheinliche Verhaltensweisen, motivierende Umfelder, Neigung und Potentiale – beispielsweise Führungsaufgaben zu übernehmen – getroffen werden können. In detaillierten Einzelgesprächen erfolgt eine individuelle Rückmeldung über die Ergebnisse des Verfahrens. Dabei werden Bezüge zwischen der individuellen Persönlichkeit des Teilnehmers und seiner bisherigen Führungs- und Praxiserfahrung in den Streitkräften sowie seinem Verhalten im Seminar hergestellt.

Der Lern- und Vorwissensstand der Teilnehmenden wird dadurch berücksichtigt, dass die Teilnehmer intensiv in den didaktischen Prozess einbezogen werden. Deswegen gehören Phasen der Selbstreflektion, Auswertungsrunden innerhalb der eigenen Gruppe und gegenseitige Rückmeldung zum didaktischen Konzept. Hierbei wird insbesondere auf bisherige Führungs- und Einsatzerfahrung eingegangen. Darüber hinaus sind für diese Zielgruppe vor allem die Persönlichkeitsdiagnostik (inkl. individueller Rückmeldegespräche) und die nicht-technische Simulation neue didaktische Elemente. Die Umsetzung der Grundgedanken im Ausbildungskonzept ist im Überblick in Tabelle 3 dargestellt.

Grundgedanke	Umsetzung im Ausbildungskonzept
Bereitstellung einer unübersichtlichen und komplexen Lage unter Berücksichtigung der Kriterien: Komplexität der Situation Vernetztheit der Variablen Dynamik der Situation Intransparenz Polytelie	Komplexe Konfliktsimulation (z.B. Schlacht bei Cannae von Rom gegen Karthago)
Berücksichtigung von diversen, vernetzten (Sach-)Variablen	Umfangreiche Spielregeln (z.B.): Unterschiedliche Bewegungsmöglich-

---

18 Sarges/Wottawa (2004), S. 637.

	keiten der Einheiten
	Verschiedene Geländearten
	Diverse Kampfoptionen der Einheiten
Berücksichtigung von Human-faktoren (psychische, kognitive, affektive, soziale Einflussgrößen durch Menschen) als (Perso-nen)Variablen sowie Interaktion in einer Gruppe	Mindestens zwei Mannschaften mit jeweils mindestens 7 Personen.
Hierarchische Interaktion in den Gruppen	In jeder Mannschaft sind verschiedene Führungsrollen vorgegeben bzw. müs-sen selbstbestimmt werden.
Messung interindividueller Un-terschiede	Einsatz des Persönlichkeitsverfahrens „Predictive Index"
Berücksichtigung von Ausbil-dungsstand und Einsatzerfah-rung der Zielgruppe	Einbindung der einzelnen Teilnehmer in den Lehr- und Lernprozess. Einbindung neuer didaktischer Elemen-te für diese Zielgruppe.

Tab. 3: Grundgedanken bei der Konstruktion des neuen Ausbildungskonzepts sowie deren Umsetzung.

Beispielhaft werden im Folgenden Elemente des Seminars und Erfahrungen aus der Praxis erörtert.

Generierung von Komplexität durch eine Konfliktsimulation

Im Seminar wird eine Konfliktsimulation in Form eines strategischen Brett-spiels eingesetzt. Dabei wechseln die Teilnehmer zwischen verschiedenen Phasen. Im Regelfall sind die beiden beteiligten Parteien abwechselnd am Zug. Dabei wird zunächst dcr Zug innerhalb eines definierten Zeitraums von beispielsweise 15 Minuten in der eigenen Gruppe geplant. Bei dieser Planung müssen sich die beteiligten Gruppenmitglieder dahingehend ab-stimmen, dass am Ende der Planungsphase eine Entscheidung darüber steht, wie agiert werden soll. Der üblichen Praxis eines militärischen Stabes ent-sprechend wird ein an diesen Planungen nicht beteiligtes Teammitglied schriftlich über die geplanten Handlungen informiert. Dieses hat dann die

Aufgabe, an der Lagekarte des Szenarios zu handeln. Eine typische Beobachtung beim Planungsprozess der Gruppe ist, dass einzelne, eher kurzfristige Maßnahmen vorgeschlagen oder entschieden werden, mit denen direkt auf Aktionen des Gegners reagiert wird. Dies geht zu Lasten einer vorausschauenden Orientierung auf übergeordnete beziehungsweise langfristige Ziele. Derartiges Verhalten wird als „Handeln nach dem Reparaturdienstprinzip" bezeichnet.[19] Damit sind Handlungen in komplexen Problemsituationen gekennzeichnet, die auf die möglichst sofortige Befreiung von Mängeln abzielen. Oftmals wird dabei eine systematische und vorausschauende Planung und Koordination von Maßnahmen auf das übergeordnete Ziel hinweg vernachlässigt. Werden diese oder vergleichbare Verhaltensweisen in der Gruppe gezeigt, so können sie in der Gruppenauswertung angesprochen werden. Darüber hinaus gibt es theoretische Erörterungen im Plenum, in denen unter anderem wissenschaftliche Erkenntnisse aus der Problemlösungsforschung der Psychologie vermittelt werden.

Bedeutung der Gruppe

Das Abstimmen, Entscheiden und Handeln in einer (neu zusammengestellten) Gruppe dient darüber hinaus als wesentliches Element des Seminars. Zum einen ist das Zusammenwirken in Gruppen in militärischen Führungsstäben üblich. Zum anderen werden durch die gruppenbedingt notwendigen Interaktionen die Anforderungen und die Komplexität der Entscheidungsprozesse erhöht. Badke-Schaub stellt die Interdependenzen zwischen Aufgaben- und Gruppenmerkmalen anschaulich in einem theoretischen Modell dar.[20] Die dort unter Gruppe summierten Aspekte (Prozess: Kommunikation, Gruppenentwicklung, Kooperation, Koordination sowie Struktur: Zusammensetzung, Führung, Normen, Kohäsion) müssen im Seminar durch die beiden Teams geleistet werden. Die Struktur der Aufgabe (Komplexität, Vernetztheit, Ressourcen, Zeit) wird durch die Seminarleitung vorgegeben (z.B. durch die Auswahl der Simulation) beziehungsweise im Seminar beeinflusst (z.B. in der Veränderung des zeitlichen Limits pro Zug). Zielelaboration, Situationsanalyse, Prognose und Planung sowie Entscheidung und Kontrolle unterliegen wiederum der Leistung der Teams basierend auf den zuvor

---

[19] Vgl. Döring-Seipel/Lantermann (2012).
[20] Vgl. Badke-Schaub (2012, sowie Abb. 1.

getroffenen Entscheidungen zur Gruppenstruktur und dem Gruppenprozess.

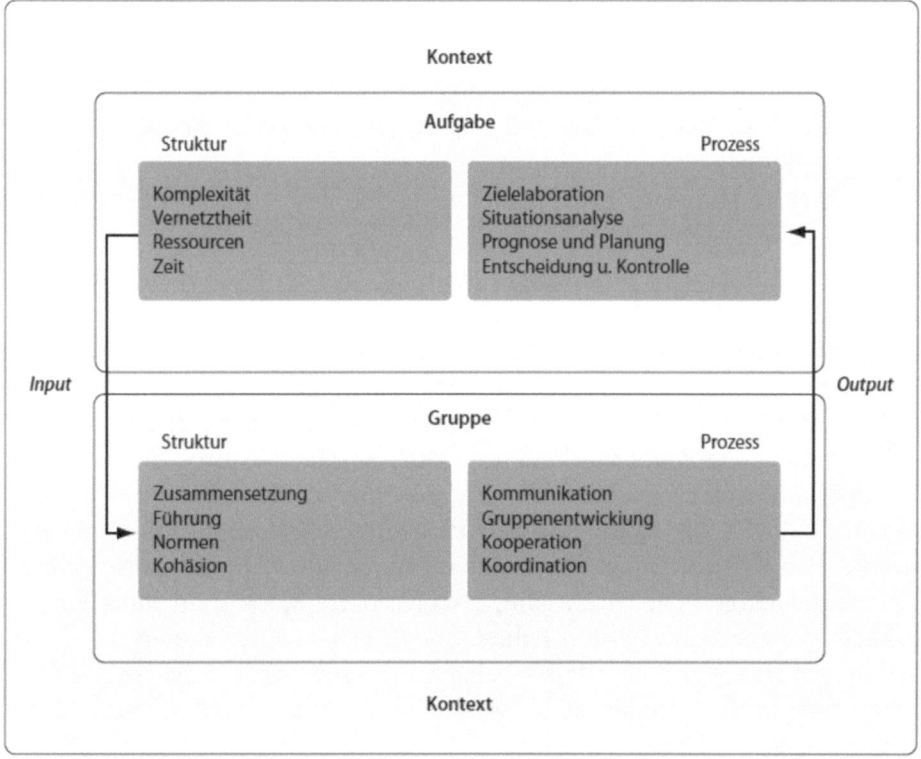

Abb. 1: Interdependenz von Aufgaben- und Gruppenmerkmalen[21]

Einsatz von Persönlichkeitsdiagnostik

Mit dem PI wird im Rahmen des Seminars ein Persönlichkeitsverfahren eingesetzt, um neben der Analyse der Gruppenleistung auch das Verhalten des einzelnen Teilnehmers in der Auswertung berücksichtigen zu können. Zu Beginn des Seminars füllen die Teilnehmer den Fragebogen auf freiwilliger Basis aus. Die Rückmeldung der Ergebnisse erfolgt im Einzelgespräch über den Seminarverlauf hinweg außerhalb der Seminarzeiten für die Gesamtgruppe. Dabei werden die Teilnehmer darüber informiert,

---

[21] Badke-Schaub (2012, S. 126).

- welche Ausprägungen von Persönlichkeitsfaktoren bei ihnen vorliegen (dabei wird auch die Wechselwirkung von Ausprägungen verschiedener Faktoren einbezogen),
- welche Rückschlüsse sich daraus hinsichtlich ihres Verhaltens im berufsbezogenen Kontext ziehen lassen,
- wie ihre Persönlichkeit und ihre aktuelle berufliche Situation zueinander passen,
- welche Hinweise ihnen zum Thema Führung aus ihrer Persönlichkeit heraus gegeben werden können.

Ein Beispiel: Typischerweise ist ein gewisses Maß an Extraversion für Führungskräfte eine hilfreiche Persönlichkeitsausprägung. Im militärischen Kontext wiesen dies beispielsweise Bartone et al. in einer vierjährigen Studie mit Kadetten der West Point Akademie nach. Extrovertierte zeigten eine bessere Führungsperformance in den Ausbildungsabschnitten, in denen die Teilnehmer mit Manövern im Feld und sozialen Herausforderungen in der Gruppe konfrontiert waren.[22] Die Autoren führen dies darauf zurück, dass in einer Umwelt, die häufig soziale Interaktionen erfordert, und in der gute soziale Fähigkeiten sowie ein nach außen gerichteter und entschiedener Kommunikationsstil hilfreich sind, Extravertierte auf Grund ihrer Persönlichkeit Vorteile beim Führen haben. Sümer et al. identifizierten u.a. Extraversion als erfolgskritische Persönlichkeitseigenschaft für Offiziere der türkischen Streitkräfte.[23] Judge et al. wiesen in meta-analytischen Studien Zusammenhänge zwischen Führungserfolg und den „Big-Five-Faktoren" Extraversion (sowie den darunter liegenden Facetten Geselligkeit und Durchsetzungsfähigkeit) sowie Gewissenhaftigkeit (Leistungsstreben und Pflichtbewusstsein) nach.[24]

Diese in verschiedenen Kontexten erhobenen Zusammenhänge zwischen Extraversion und Führungserfolg erscheinen nachvollziehbar. Denn der Extravertierte hat auf Grund dieser Persönlichkeitsausprägung eine Qualität im Umgang mit Menschen: Es fällt ihm leicht, mit Menschen in Kontakt zu kommen. Ein Interesse an anderen Menschen ist spürbar. Er findet (unbewusst) die richtigen Worte, um Menschen zu motivieren oder eine angespannte Situation aufzulockern. Zudem gibt es eine Reihe weiterer As-

---

[22] Vgl. Bartone et al. (2009).
[23] Vgl. Sümer et al. (2001).
[24] Vgl. Judge et al. (2002).

pekte, die bei der Extraversionsausprägung zu berücksichtigen sind.[25] Allerdings sind die genannten Eigenschaften für fast jede Führungsaufgabe hilfreich. Denn Führung bedeutet letztendlich, *Menschen* zu führen. Es ist jedoch nicht selten, dass auch Introvertierte Führungsverantwortung innehaben oder diese anstreben. In diesem Fall kann diese Thematik im individuellen Rückmeldegespräch angesprochen werden. Der rückmeldende Psychologe schafft Transparenz darüber, dass die individuellen Bedürfnisse eines Introvertierten mit den Anforderungen einer Führungsaufgabe in Spannung stehen können.

Im Einzelfall muss dafür die konkrete Führungsaufgabe ebenso betrachtet werden, wie der Grad der Ausprägung des Persönlichkeitsfaktors sowie die Bereitschaft und Fähigkeit des Teilnehmers, für diese berufliche Rolle aus dem Verhalten auszubrechen, das seiner Persönlichkeit typischerweise entspricht. Dabei ist zu berücksichtigen, dass es unzählige Führungsaufgaben mit sehr verschiedenen Anforderungsprofilen gibt. Dennoch ist üblicherweise davon auszugehen, dass bei Führungsaufgaben zwischenmenschliche Qualitäten gefragt sind, die eher dem typischen Verhalten des Extravertierten entsprechen. Da es Menschen jedoch möglich ist, ihr Verhalten ihrer (beruflichen) Rolle entsprechend anzupassen[26], kann im individuellen Gespräch ausgelotet werden, welche Anpassung bei der konkreten Führungsaufgabe nötig wäre und für den Kandidaten möglich ist. Im vorgenannten Beispiel müsste der Teilnehmer – seine Bereitschaft und Fähigkeit vorausgesetzt – lernen, stärker in den zwischenmenschlichen Kontakt zu gehen, andere stärker in die eigene Arbeit einzubeziehen und seinen eher sachorientierten Fokus hin zu zwischenmenschlichen Themen zu verlagern bzw. zu erweitern.

Bei der Betrachtung dieses Beispiels ist zu bedenken, dass im Rückmeldegespräch nicht nur ein Persönlichkeitsfaktor betrachtet wird. Vielmehr wird bei mehreren Faktoren jeweils die einzelne Ausprägung des Faktors als auch die Kombination dieser Faktorenausprägungen analysiert. Darüber hinaus wird die aktuelle oder anstehende Führungsaufgabe des Kandidaten in die Analyse einbezogen.

---

[25] Vgl. Bartone et al. (2009).

[26] Chamorro-Premuzic und Furnham (2006) sprechen von „verschiedenen situationsbedingt determinierten intelligenten Persönlichkeiten" (S. 261; eigene Übersetzung und Hervorhebung).

Zusammenfassend ist festzuhalten: Die Teilnehmer werden nach diesem didaktischen Konzept mit einer neuartigen und komplexen Situation konfrontiert, die vielfältige Anforderungen an die kognitiven, sozialen und affektiven Fähigkeiten stellt. Gleichzeitig wird gesichert, dass sie durch individuelle und allgemeine Lernangebote das eigene Verhalten und die eigenen Fähigkeiten einschätzen, reflektieren und weiterentwickeln können. Dafür stehen ihnen verschiedene Lernmöglichkeiten offen. Der einzelne Teilnehmer wird auf diese Weise, ebenso wie die Gruppe, die Beobachter und die Dozenten gleichzeitig zum Lernenden und Lehrenden.[27] So soll es möglich werden, das eigene Führungsverhalten unter Unsicherheit und Komplexität zu reflektieren und dabei Einflüsse von Sachvariablen sowie Humanfaktoren in außergewöhnlichen Lagen angemessen einschätzen zu lernen.

Lehrende	Teilnehmerspezifische Lernangebote	Allgemeine Lernangebote
Teilnehmer selbst	Selbstreflexion, Teilnahme an Persönlichkeitsdiagnostik	
Andere Teilnehmer	Gegenseitiges Feedback	
Gruppe		Reflektionsrunde in der Gruppe, Diskussion im Plenum
Militärischer Beobachter	Rückmeldung der Beobachtungen	Rückmeldung der Beobachtungen in der Gruppe
Ziviler Beobachter/ Diplom-Psychologe	Rückmeldegespräch Persönlichkeitsdiagnostik, Rückmeldung der Beobachtungen	Rückmeldung der Beobachtungen in der Gruppe
Dozent (Offizier oder Diplom-Psychologe)		Vermittlung von Theorie im Plenum, Durchführung der Konfliktsimulation

Tabelle 4: Teilnehmerspezifische und allgemeine Lernangebote

---

27 Vgl. Tab. 4.

Fazit

Das vorgestellte Seminar wird an der Führungsakademie der Bundeswehr seit 2009 durchgeführt, so dass umfangreiche Praxiserfahrungen mit diesem Ausbildungskonzept gesammelt werden konnten. In diesem Zeitraum wurden mehrere hundert Offiziere und Reservisten geschult. Die seminarbegleitende Evaluation ergab durchgehend zustimmende Rückmeldungen. Wiederholt wurden die folgenden Punkte von den Teilnehmern positiv hervorgehoben:

- Der didaktische Ansatz, so genannte „weiche" Themen mittels einer Simulation spürbar und damit direkt bearbeitbar zu machen.
- Der didaktische Ansatz, den Umgang mit „komplexen, vielschichtigen Lagen" in einem umfassenden Ausbildungskonzept sowohl theoretisch als auch praktisch zu schulen.
- Die nicht-technische Umsetzung, die gewährleistet, dass keine Intransparenz über technische Logarithmen besteht.
- Die Realitätsnähe der sozialen Dynamiken, insbesondere in Bezug auf Prozesse der Entscheidungsfindung und des Führungshandelns.
- Die Anwendung des Persönlichkeitsverfahrens, die den Teilnehmern eine individuelle Rückmeldung in Bezug auf ihre Persönlichkeit und das Thema Führung ermöglicht.
- Die Gelegenheit, im Seminar sehr spezifische Erfahrungen zu sammeln, die einen großen individuellen Lernzuwachs ermöglichen.

Auch die Dozenten schätzen das Seminarkonzept als erfolgreich ein. Das neue Ausbildungskonzept hat sich als eine attraktive Möglichkeit erwiesen, bestimmte Inhalte sowohl effizient, als auch anschaulich zu vermitteln. Die didaktische Methode, zwischen Beobachtung, Vortrag und Anleitung zur Selbstreflexion zu wechseln, wird als anspruchsvoll und zielgruppengerecht erlebt.

Auch wenn es in Zukunft neue technische Möglichkeiten für die Umsetzung von Szenarien zum komplexen Problemlösen geben wird, so hat sich bereits gezeigt[28], dass nicht-technische Szenarien attraktive Alternativen für die Forschung zum komplexen Problemlösen bieten können. Von Vorteil sind dabei insbesondere die folgenden Aspekte:

- Niedrige Kosten

---

28 Vgl. Warneke (2012, 2011).

- Hohe Transparenz für die Teilnehmer, da in dem Szenario keine technischen Logarithmen hinterlegt sind
- Hohe Akzeptanz auf Seiten der Teilnehmer

Die andere Neuheit ist die Einbindung des komplexen Problemlösens in eine soziale Interaktion unter Einbezug von Hierarchien und Abhängigkeiten, welche von den Teilnehmern als realitätsnah gewürdigt wird. Dadurch kann die Bedeutung zwischen- und innermenschlicher Prozesse direkt erlebt und reflektiert werden und damit wird eine doppelte Komplexität im Sinne Schaubs gewährleistet:

„Die Beziehungen der einzelnen Gruppenmitglieder, ihre Meinungen, Ziele und ihr Wissen konstituieren durch Kommunikation in der Gruppe eine zweite Ebene der Komplexität. Gewissermaßen tritt neben die Komplexität der Sachprobleme nun die soziale Komplexität der Gruppenbeziehungen. Gruppen stehen hinsichtlich des Umgangs mit Komplexität vor einer mehrfachen Herausforderung: Um die Komplexität der Sachanforderung bewältigen zu können, müssen die Ressourcen der Gruppe genutzt werden. Diese stehen aber nicht zum ‚Nulltarif' zur Verfügung, sondern deren Verwendung stellt ein eigenes komplexes Problem dar. Um effizient zu arbeiten, muss es der Gruppe gelingen, den Aufwand zur Realisierung der Gruppenressourcen kleiner zu halten, als den Nutzen der Gruppe für die Sachproblemlösung. "[29]

Das vorgestellte Ausbildungskonzept zielt darauf ab, das eigene Führungsverhalten in „komplexen, vielschichtigen Lagen" kennen zu lernen, zu reflektieren und zu optimieren. Durch die Verbindung psychologischer Erkenntnisse zum komplexen Problemlösen mit den Erfahrungen in der Ausbildung militärischer Führungskräfte liegt mit dem beschriebenen didaktischen Ansatz nun eine in der Führungskräfteausbildung der Bundeswehr seit mehreren Jahren erfolgreich erprobte Ausbildungsmöglichkeit vor, um Führungsverhalten in komplexen Situationen zu schulen.

---

[29] Schaubs (2006), S. 33.

Literatur

Badke-Schaub, P. (2012). Handeln in Gruppen. In: Badke-Schaub, P., Hofinger, G. & Lauche, K. (Hrsg.): Human Factors – Psychologie sicheren Handelns in Risikobranchen. Springer: Berlin, S. 121-139.

Bartone, P.T., Eid, J., Johnsen, B.H., Laberg, J.C. und Snook, S.A. (2009). Big five personality factors, hardiness, and social judgment as predictors of leader performance. Leadership & Organization Development Journal, 30(6), S. 498-521

Chamorro-Premuzic, T. und Furnham, A. (2006). "Intellectual competence and the intelligent personality: a third way in differential psychology", Review of General Psychology, 10, S. 251-67.

Döring-Seipel, E. & Lantermann, E.-D. (2012). Komplexität – eine Herausforderung für Unternehmen und Führungskräfte. In: Grote, S. (Hrsg.): Die Zukunft der Führung. Springer: Berlin.

Dörner, D. (1993): Die Logik des Misslingens – Strategisches Denken in komplexen Situationen. Reinbek.

Bresinsky, M., Detje, F. und Littschwager, M. (2012). Militär: Handeln in komplexen Problemlagen. In: Badke-Schaub, P., Hofinger, G. & Lauche, K. (Hrsg.): Human Factors – Psychologie sicheren Handelns in Risikobranchen, Springer: Berlin, S. 263-274.

Burmeister, K. (2009). Komplexes Problemlösen im Kontext angewandter Eignungsdiagnostik. Dissertation, Universität Greifswald.

Engelkamp, J. & Zimmer, H.D. (2006). Lehrbuch der kognitiven Psychologie. Göttingen: Hogrefe.

Funke, J. (2003). Problemlösendes Denken, Stuttgart.

Funke, J. (2010). Complex problem solving: A case for complex cognition? Cognitive Processing, 11, 133-142.

Hacker, W. und von der Weth, R. (2012). Denken – Entscheiden – Handeln. In: Badke-Schaub, P., Hofinger, G. & Lauche, K. (Hrsg.): Human Factors – Psychologie sicheren Handelns in Risikobranchen, Springer: Berlin, S. 83-99.

Hartmann, U. (2013). Wissenschaft im und für den Einsatz. In: Hartmann, U., von Rosen, C. (Hrsg.): Jahrbuch Innere Führung 2013 – Wissenschaften und ihre Relevanz für die Bundeswehr als Armee im Einsatz, Berlin, S. 290-304.

Jacobides, M. G. (2007). The Inherent Limits of Organizational Structure and the Unfulfilled Role of Hierarchy: Lessons from a Near-War. In Organization Science, 18(3), S. 455-477.

Judge, T.A., Bono, J.E., Ilies, R. und Gerhardt, M.W. (2002). Personality and leadership: A qualitative and quantitative review, Journal of Applied Psychology, 87, 765-80.

Rydstedt, L.W. und Österberg, J. (2013). Psychological Characteristics of Swedish Mandatory Enlisted soldiers Volunteering and not Volunteering for International Missions: an Exploratory Study. Psychological Reports: Sociocultural Issues in Psychology, 112(2), S. 678-688.

Sarges, W. und Wottawa, H. (2004). Handbuch wirtschaftspsychologischer Testverfahren – Band I: Personalpsychologische Instrumente. Pabst: Lengerich.

Schaub, H. (2006). Die Rolle des Menschen in sozio-technischen Systemen: Anforderungen und Implikationen für das „Informationsverarbeitungssystem Mensch". In Borchert, H. (Hrsg.): Führungsausbildung im Zeichen der Transformation. Schriftenreihe der Landesverteidigungsakademie, Wien, S. 30-59.

Schneider, P.B. und Pongratz, J. (2012). Führen unter Einsatzbedingungen. Zeitschrift für Innere Führung, 2/2012, S. 5-9.

Sümer, H.C., Sümer, N., Demirutku, K. und Çifci, O.S. (2001). Using a Personality-Oriented JobAnalysis to Identify Attributes to Be Assessed in Officer Selection. Military Psychology, 13(3), 129-146.

Warneke, C. (2012). SPIKAS-AC – Spiel zur Erfassung von Kooperation, Analytik und Strategie im Assessment-Center. Hogrefe.

Warneke, C. (2011). Die Beobachtung von Kooperation, Analytik und Strategie im Assessment Center – Evaluation einer neuartigen Übung. Dissertation, Universität, Fachbereich Psychologie, Hamburg.

Wenke, D. und Frensch, P.A. (2003). Is Success or Failure at Solving Complex Problems Related to Intellectual Ability? In: Davidson, J. E. & Sternberg, R.J. (Hrsg.): The Psychology of Problem Solving. Cambridge, S. 87-126.

Wehrstrafgesetz - WStG(2005). In der Fassung der Bekanntmachung vom 24. Mai 1974 (BGBl. I S. 1213) FNA 452-2 Zuletzt geändert durch Art. 15 Streitkräftereserve-NeuordnungsG vom 22. 4. 2005 (BGBl. I S. 1106).

ZDv 10/1 (2008). Innere Führung. Selbstverständnis und Führungskultur der Bundeswehr. Bundesministerium der Verteidigung, Bonn.

Führen im Gefecht. Erfahrungen als Kommandeur in Kunduz 2010/2011

Christian Blumröder

Führen vor dem Einsatz

Der Flug von Mazar-I-Sharif nach Kunduz war die letzte Etappe der Anreise aus Deutschland, bevor Anfang Mai 2010 die dreitägige „Erkundung im Einsatzland" beginnen konnte. Diese Erkundung sollte mir einen aktuellen Eindruck der Lage vor Ort verschaffen, bevor ich am 1. August das neue Ausbildungs- und Schutzbataillon Kunduz als erster Kommandeur übernehmen und ein halbes Jahr führen würde. Wenige Wochen vor der Erkundung, am Karfreitag 2010, waren dort drei Soldaten unseres Seedorfer Nachbarbataillons bei einem Taliban-Hinterhalt gefallen und mehrere ihrer Kameraden schwer verwundet wurden.

Ich merkte, wie das Flugzeug den Landeanflug begann, der ziemlich steil ausfiel, um der Bedrohung durch feindliche Panzerfaustschützen nur für möglichst kurze Zeit ausgesetzt zu sein. Nachdem die Transall auf der holprigen Piste ausgerollt und wir über die Heckrampe ausgestiegen waren, empfing mich der Chef der 4. Kompanie meines Seedorfer Fallschirmjägerbataillons 313, der sich mit seiner Einheit bereits seit einigen Monaten in Kunduz befand und mit unserer Ankunft abgelöst werden würde. Der Chef führte mich zu einer Gruppe Soldaten, die in voller Gefechtsausrüstung auf dem Rollfeld angetreten waren und den Begleitschutz stellten. Ich schüttelte jedem Einzelnen die Hand. In ihren zumeist bärtigen Gesichtern spiegelten sich die Strapazen, die die Soldaten in den vergangenen Monaten hatten erdulden müssen.

Wie ich später in den Briefings erfuhr, gehörten Anschläge mit improvisierten Sprengsätzen und Feuerüberfälle zur Tagesordnung - praktisch bei jedem Verlassen des Feldlagers drohte Todesgefahr. Im Feldlager angekommen spürte ich bei meinen Gesprächen einerseits den Stolz auf die überstandenen Feuergefechte, andererseits Ernüchterung angesichts der bescheidenen Effekte des Einsatzes in Kunduz. Die Taliban kontrollierten das westlich von Kunduz gelegene, Char Darah genannte Tal mit der Ausnahme einer Straße sowie einiger Dörfer nahezu komplett, weshalb die Soldaten dieses Gebiet auch „Indianerland" nannten. Seit dem sogenannten

Karfreitagsgefecht war auch keine Operation mehr in diesen Bereich mehr unternommen worden. Einige meiner Gesprächspartner im Stab des PRT Kunduz standen noch deutlich unter dem Eindruck dieses schwarzen Tages. Ein Stabsoffizier in der Operationszentrale beschrieb mir sehr offen die Niedergeschlagenheit und innere Leere, die ihn in der Nacht nach dem Gefecht überkam, als er erfasst hatte, was da geschehen war. Das Wrack des Dingos, das damals gesprengt und zurückgelassen werden musste, symbolisierte die Niederlage der Deutschen und den Sieg der Taliban in schmerzlicher Weise. Doch auch außerhalb ihres Machtbereichs agierten die Taliban und griffen die deutschen Patrouillen regelmäßig an. ISAF-Spezialkräfte waren zwar fast jede Nacht untewegs, um Taliban-Führer festzusetzen oder zu töten und seit einigen Monaten war auch ein US-Gebirgsjägerbataillon in Kunduz stationiert, das immer wieder in die Talibangebiete einzudringen versuchte. Dies alles hatte jedoch bislang offensichtlich keine Änderung der letztendlich frustrierenden Gesamtlage bewirken können.

Mit diesen bedrückenden Informationen kehrte ich von der Erkundung nach Deutschland zurück und spürte die große Verantwortung, die bereits jetzt auf meinen Schultern lag. Nur noch zwei Monate blieben bis zu meinem Einsatzbeginn in Afghanistan, in denen ich die nun gewonnenen Eindrücke noch umsetzen konnte. Dabei stand der zweiwöchige Aufenthalt im Gefechtsübungszentrum des Heeres (GÜZ) in Letzlingen bei Magdeburg im Mittelpunkt. Der größte Teil des Ausbildungs- und Schutzbataillons wurde dort zusammengezogen, um unter dem Eindruck der neuesten Erkenntnisse über das Verhalten des Feindes dort den „Feinschliff" in der Ausbildung vorzunehmen. Zum ersten und einzigen Mal vor dem richtigen Einsatz hatte ich hier die Gelegenheit, mit meinem Stab unter realistischen Bedingungen unter Belastung zu führen und dabei auch Erfahrungen mit der zum neuen Verband gehörenden Panzerpionierkompanie oder mit den Joint Fire Support Teams zu sammeln. Diese Erfahrung war – wie sich später herausstellen sollte – von unschätzbarem Wert für die künftige Zusammenarbeit, denn während der Übung konnte ich mein Führungsverhalten testen und schulen. Zusammen mit meinem Stab entwickelte ich dabei einerseits ein besseres Gefühl für die Zeit, die Befehle benötigen, bis die Truppe sie tatsächlich in Bewegung umsetzen kann, andererseits ein erhöhtes Bewusstsein für die vielen Friktionen, die schon Clausewitz erwähnt: Dazu gehören z.B. unvollständige oder gar falsche Beobachtungen und Meldungen über das Verhalten des Feindes, Fahrzeugpannen und Funkprobleme. Im Gefechtübungszentrum fanden wir unser Vorschriftenwissen und unsere bisherige Erfahrung bestätigt, dass solchen Friktionen mit zügiger, genauer Planung und Befehlsgebung, die jedoch auch genügend zeitlichen und räumlichen Spielraum für Auftragstaktik ließen, am besten zu begegnen ist.

Auch die Kampfkompanien übten in der Letzlinger Heide zum ersten Mal in ihrer Zielstruktur, in der sie jeweils einen Panzergrenadierzug integrieren mussten. Unterschiedliche Kulturen und Auffassungen waren zu vereinen, was von den Kompaniechefs und -feldwebeln einiges an Fingerspitzengefühl erforderte – schließlich standen sechs Monate in Kunduz bevor, während derer man sich absolut aufeinander verlassen können musste. Ich hatte zwar so früh wie möglich ein erstes Kennenlernen bei einem Führerseminar veranlasst und meine Kompaniechefs zu einem Gefechtsschießen der Panzergrenadiere nach Munster befohlen, doch hier im Gefechtsübungszentrum mussten Fallschirmjäger und Panzergrenadiere erstmals praktisch zusammen arbeiten.

Da in Kunduz die in das Karfreitagsgefecht geraten Kompanie früher als ursprünglich geplant abgelöst werden sollte, blieben den Angehörigen der hierfür vorgesehenen zweiten Kompanie meines Verbandes nach Beendigung des GÜZ-Durchganges nur noch wenige Tage Urlaub mit ihren Familien und Partnern, bevor sie nach Afghanistan verlegten. Eigentlich wollte ich den „Einsatz vor dem Einsatz" vermeiden, denn die Soldatinnen und Soldaten sollten nicht nur bestmöglich ausgebildet, sondern auch mental gut gerüstet und mit Reserven ausgestattet in diesen schweren Einsatz gehen. Nun blieb mir nur dafür zu sorgen, dass den anderen Angehörigen meines Verbandes genügend Zeit blieb, um ihre „Batterien aufzuladen."

Schweren Herzens hatte ich mich entschieden, meinen Stellvertreter nicht mit in den Einsatz zu nehmen, sondern als Führer des „Teams Heimat" zu bestimmen. Ich brauchte die Gewissheit, dass ein schlagkräftiger Stabsoffizier mir an der Heimatfront den Rücken freihielt, insbesondre dann, wenn Gefallene oder Verwundete zu beklagen waren. Ich ließ meinem Stellvertreter vollständige Handlungsfreiheit und war mir dabei sicher, das Bataillon nach meiner Rückkehr trotz der geringen Führerdichte wohlgeordnet vorzufinden. So konnte ich mich nun voll und ganz auf den Einsatz konzentrieren.

Die ersten Schritte: Laufen lernen in Kunduz

Als ich im Juli in Kunduz eintraf, blieb mir noch etwas Zeit bis zur Übernahme des Ausbildungs- und Schutzbataillons am 1. August, die es mir erlaubte, mich mit den vielfältigen Beziehungen vertraut zu machen, die ich als
Kommandeur zu pflegen hatte. Da war zunächst das von einem Oberst geführte Provincial Reconstruction Team (PRT). Als ranghöchster deutscher
Soldat in Kunduz war der Oberst erster Ansprechpartner für die zivilen Autoritäten der Provinz. Sein ziviler Stellvertreter kam aus dem Auswärtigen
Amt und auch eine Vertreterin des Bundesministeriums für wirtschaftliche
Zusammenarbeit gehörte zum PRT. Das belgische Operational Monitoring
and Liaison Team (OMLT), dessen Angehörige das in Kunduz stationierte
afghanische Infanteriebataillon ausbildeten, operierte ebenfalls vom Feldlager Kunduz aus. Sowohl beim OMLT-Chef, als auch beim Führer des afghanischen Bataillons, mit dem wir im Rahmen des „Partnerings" zusammenarbeiten sollten, stellte ich mich vor. Darüber hinaus hatte ich auch mit
dem afghanischen Brigadekommandeur und mit dem ihm zur Seite gestell-
ten deutschen Oberst enge Verbindung zu halten. Nicht zu vergessen war
der Kommandeur des US-amerikanischen Infanterieverbandes, dass im
Nachbarcamp untergebracht war. Mit den Amerikanern mussten wir uns
besonders eng abstimmen, da sich unsere Operationsbereiche überschnitten.
Natürlich gehörten auch der Gouverneur von Kunduz, der Polizei- und der
Geheimdienstchef zu diesem engmaschigen Beziehungsgeflecht, das keiner
klaren Hierarchie unterworfen war. Sehr bald erkannte ich, dass größere
Operationen nur dann Erfolg haben würden, wenn alle diese Spieler an einem gemeinsamen Strang zogen, was sehr schwer und nur mit großem Zeitaufwand zu erreichen sein würde. Hier war also Führung jenseits von Hierarchien gefragt, eine Fähigkeit, die in unserer Ausbildung in der Regel keine
Rolle spielt.

Dabei war der Druck der Taliban ständig zu spüren. Schon kurz
nach meiner Ankunft in Kunduz war eine deutsche Patrouille angesprengt
und beschossen worden. Ein Stabsfeldwebel, der nur knapp einer Quer-
schnittslähmung entgangen war, musste zur Behandlung nach Deutschland
ausgeflogen werden. Zwei weitere leicht verwundete Soldaten konnten im
Feldlager verbleiben. Die Angriffe der Taliban setzten sich fort, nachdem ich
die Führung des Bataillons in Kunduz übernommen hatte. Bei jedem Verlassen des Lagers fuhr die Gefahr mit und ab und an landete auch eine Panzer-
faustgranate oder eine Rakete innerhalb oder nahe dem Feldlager.

Der Auftrag für das neu aufgestellte Ausbildungs- und Schutzbataillon bestand zunächst in der Herstellung der Einsatzbereitschaft. Dazu musste das neu angelieferte Gerät in Betrieb genommen und eine eigene Operationszentrale aufgebaut werden. Darüber hinaus sollte das Bataillon im Bereich des südlichen Char Darah-Tales die durch deutsche Truppen besetzten Stützpunkte sowie die dahin führenden Verbindungswege halten und Ausdehnung, Stärken und Schwächen des Machtbereichs der Taliban im Char Darah-Tal aufklären. Schließlich sollten wir im Rahmen des sogenannten „Partnerings" zusammen mit den afghanischen Streitkräften Übungen und auch Operationen durchführen.

Nach der Übernahme des Kommandos versuchte ich mindestens einen Tag pro Woche bei den im wöchentlichen Wechsel „draußen" eingesetzten Kompanien zu verbringen, einerseits um mir ein aktuelles Lagebild zu verschaffen, andererseits, um mit möglichst vielen Soldaten sprechen zu können. Die Kompanien bemühten sich, durch aktives Vorgehen die Sicherheitslage zu verbessern, was in Teilen gelang, ohne jedoch die Gesamtsituation entscheidend zu verändern. Dieses Halten des Status Quo drückte zunehmend auf die Stimmung der Soldaten. Manche begannen am Sinn ihres Einsatzes zu zweifeln.

Als ich zwei Operationen aus verschiedenen Gründen stoppte, griffen diese Zweifel weiter um sich. Im ersten Fall beabsichtigte eine Kompanie eine Präsenzpatrouille in einem Dorf durchzuführen, aus dem ISAF-Truppen mehrfach angeschossen worden waren. Die Operation war gut vorbereitet und obwohl es schon zu Beginn überraschend Feindwiderstand gab, wurde dieser rasch geworfen und die Kompanie ging zügig weiter vor. Nachdem die Taliban jedoch begonnen hatten, die Dorfbevölkerung als menschliche Schutzschilde auf die Straße zu treiben, ließ der Kompaniechef das Feuer einstellen. Als mir die Feindaufklärung meldete, dass die Taliban Verstärkungen aus anderen Orten heranzogen, wies ich die Kompanie an, ihr Vorgehen zu stoppen, um zu vermeiden, dass aus der ursprünglich geplanten Präsenzpatrouille ein Verzahnungsgefecht in einer Ortschaft wurde. Die Kompanie behauptete ihre gewonnenen Stellungen noch einige Stunden und zog dann auf meinen Befehl ab, als das Feindfeuer verstummt war.

Meine Entscheidung war nicht unumstritten. Mancher glaubte, dass die Taliban diesen Rückzug als eigenen Sieg verkaufen konnten und sie nur noch angriffslustiger machte. Diese Sorge mag nicht unbegründet gewesen sein, doch ich wollte unsere Kräfte hier nicht in eine Situation hereinziehen lassen, die außer Kontrolle geraten und eventuell unnötige Verluste nach sich ziehen konnte. Außerdem war diese Operation nicht darauf angelegt gewesen, das Dorf den Taliban zu entreißen und – was aus meiner Sicht entscheidend war – dauerhaft zu halten, was erhebliche Kräfte gebunden hätte. Unser US-amerikanisches Nachbarbataillon war bereits mehrfach in Dörfer vorgedrungen, die sich im Machtbereich der Taliban befanden. Dies gelang ihnen in der Regel nach zumeist kleineren Gefechten. Ihre anschließenden Versuche, mit den Dorfältesten Verbindung aufzunehmen, trafen jedoch überwiegend auf Zurückhaltung. Schließlich griffen die Taliban unter Inkaufnahme auch höherer eigener Verluste das Dorf solange von allen Seiten an, bis sich die Amerikaner nach höchstens drei Tagen gezwungen sahen, den Rückzug anzutreten. Das Halten des Dorfes hätte die dauerhafte Präsenz von mindestens zwei verstärkten Infanteriezügen erfordert. Diese Kräfte hätten dann für andere Aufgaben nicht mehr zur Verfügung gestanden.

Wenige Wochen später hatten wir im selben Bereich zur Verbesserung der Sicherheitslage im Vorfeld der Parlamentswahlen eine größere Operation geplant, an der auch das afghanische Bataillon mitwirken sollte. Parallel wollten die Amerikaner in einem Nachbardorf eine ähnliche Operation durchführen. Alle Vorbereitungen waren abgeschlossen und die ersten Truppenbewegungen hatten begonnen, als die afghanische Führung wenige Stunden vor Operationsbeginn ihre Teilnahme absagte. Nach einer sofortigen Konsultation mit dem Kommandeur des amerikanischen Bataillons und meinem Vorgesetzten entschied ich, die Vorbereitung für die Operation abzubrechen. Für mich bildete die Teilnahme der Afghanen eine wesentliche Bedingung für die Durchführung, da es unser Auftrag war, die Afghanen zu unterstützen und nicht einen „deutschen" Krieg zu führen. Sobald wie möglich erläuterte ich den Kompanien meine Entscheidung. Die meisten Soldaten konnten diese wohl nachvollziehen, doch trug der kurzfristige Rückzug der Afghanen nicht dazu bei, das Vertrauen in das Partnering und die allgemeine Stimmung zu stärken.

Ende September befahl der Befehlshaber der Regional Command North, eine Kompanie des Bataillons in das 30 Kilometer südlich von Kunduz gelegene Baghlan, um die dort stationierten deutschen Kräfte zu unterstützen. Während der ungefähr einmonatigen Abwesenheit dieser Kompanie war an eine über das Halten der derzeitigen Stellungen hinausgehende operative Tätigkeit in Kunduz nicht zu denken. Zu den wesentlichen Aufgaben der Kompanie gehörte die Sicherung einer wichtigen Brücke. Am 7. Oktober sprengte sich ein Selbstmordattentäter nahe des Brückensicherungspostens in die Luft, wobei ein Oberfeldwebel getötet und mehrere Soldaten verwundet wurden. Die Kompanie konnte den unmittelbar auf dieses Ereignis einsetzenden Angriff der Taliban wirksam zurückschlagen. Ein amerikanischer Hubschrauber brachte unseren gefallenen Kameraden noch am selben Nachmittag nach Kunduz. Ich begleitete die Kompaniefeldwebel bei der Identifizierung. Am Abend ging ich in die Betreuungseinrichtungen, um mit Soldaten zu sprechen, die den Gefallenen näher gekannt hatten, um mir ein besseres Bild von seiner Person zu machen. Überall herrschte eine bedrückte Stille. Kameraden wechselten sich bei der Totenwache am gekühlten Container, in dem sein Leichnam aufgebahrt war, ab. In der Nacht schrieb ich einen Beileidsbrief an die Eltern. Am Morgen des übernächsten Tages fand die Trauerfeier unter starker Beteiligung unserer internationalen Partner statt, die ich zusammen mit unserem Militärpfarrer vorbereitete. Mit seiner Erfahrung und seiner Zugewandtheit gelang es, der Trauerfeier einen würdigen Rahmen zu geben. Nie werde ich vergessen, wie sich mein Hals zuschnürte, als nach der Trauerfeier der große CH-53-Hubschrauber mit dem Sarg abhob, um unseren Kameraden nach Hause zu bringen. Ich hatte aber den Eindruck, dass es den Soldatinnen und Soldaten ein Bedürfnis war, ihrem gefallenen Kameraden mit der Trauerfeier einen letzten Dienst zu erweisen und Abschied zu nehmen.

An den folgenden Tagen spürte ich, wie die Normalität langsam wieder Einzug im Lager hielt. Hier und da war wieder ein Lachen zu hören. Auf der anderen Seite hatte dieser Vorfall uns allen noch einmal klar das Risiko vor Augen geführt, dass uns tagtäglich begleitete. Umso wichtiger war es nun, dass die Kompaniechefs und alle Soldatinnen und Soldaten die Grundlinie für das zukünftige Vorgehen kannten und so legte ich drei einfache Grundsätze fest:

- Jede Operation musste sich eindeutig aus unserem Auftrag ableiten lassen und somit nachhaltige Wirkung entfalten.

- Für alle Operationen war sicherzustellen, dass sie aus einer mit einer an Sicherheit grenzenden Wahrscheinlichkeit überlegenen Position zu führen waren. Hierzu gehörten nicht nur die Kräfte am Boden, sondern immer auch Aufklärungsmittel sowie Unterstützung aus der Luft und mit Steilfeuer.

-   Sobald Operationen in oder in der Nähe bewohnter Gebiete durchgeführt werden sollten, war eine sichtbare Beteiligung der afghanischen Armee oder zumindest der afghanischen Polizei sicherzustellen.

Multinationale Planung der Operation Halmazag

Schneller als gedacht sollte ich die Gelegenheit erhalten, diese Grundsätze in einer Operation auf Verbandsebene umzusetzen. Erst Mitte Oktober kehrte die in Baghlan eingesetzte Kompanie zurück nach Kunduz. Die Task Force Kunduz hatte inzwischen enge Verbindungen zu dem Bataillon der afghanischen Armee (ANA) geknüpft. So war im Zusammenwirken mit dem belgischen OMLT eine Checkpoint-Ausbildung mit der ANA durchgeführt worden. Mit Hilfe der OMLT-Mentoren auf Brigade- und Bataillonsebene hatten wir regelmäßige Konsultationen mit dem ANA- Brigadekommandeur und dem Bataillonsführer des afghanischen Bataillons aufgenommen.

Bei einem dieser Gespräche wurde das Elektrifizierungsprojekt erwähnt, das das Auswärtige Amt für das Dorf Quatliam sowie für fünf andere Dörfer geplant hatte, was aufgrund der schlechten Sicherheitslage jedoch bislang nicht umgesetzt werden konnte. Dasselbe galt für die beabsichtigte Befestigung der durch das Tal führenden Strasse. Das im Taliban-Machtbereich gelegene Quatliam war nur wenige Kilometer von dem Dorf entfernt, in dem noch das Wrack des Dingos stand, den unsere Vorgänger nach dem Karfreitagsgefecht hatten zurücklassen müssen. Aus verschiedenen Quellen war zu entnehmen, dass Quatliam nicht permanent von den Taliban besetzt war. Zudem hatte sich die Bevölkerung des Dorfes offenbar zweimal von radikalen Predigern abgewandt.

Ich kam mit dem afghanischen Brigadekommandeur überein, dass sich hier ein Ansatzpunkt für eine Operation ergab: Das Dorf Quatliam sollte dauerhaft aus dem Einflussbereich der Taliban herausgetrennt werden, um unmittelbar nach Abschluss der Operation die Arbeiten zur Befestigung der Strasse und zum Aufbau der Stromversorgung für das Dorf zu beginnen. Der afghanischen Bataillonsführer, der bereits seit mehreren Jahren mit dem Operationsgebiet vertraut war und offenbar über eine Menge Kontakte in der Gegend verfügte, wusste zu berichten, dass die Bevölkerung von Quatliam einer Operation, die zur Elektrifizierung des Dorfes führen würde, wohl nicht ablehnend gegenüberstehen würde. Auf seinen Vorschlägen aufbauend, die sich mit unseren Vorstellungen deckten, arbeiteten wir gemeinsam den Plan für die Operation aus. In Anlehnung an den Kerngedanken des Unternehmens, nämlich den Anschluss einiger Dörfer an die Stromversorgung, wurde die Operation „Halmazag" genannt, was in etwa „Blitz" auf Dari heißt.

Danach sollten eine deutsche Infanteriekompanie und zwei afghanischen Einheiten „Schulter an Schulter" auf das Dorf Quatliam vorgehen, es einnehmen und halten. Die Trennlinie sollte die recht gut erkennbare und relativ gerade, von Nord nach Süd verlaufende Dorfstraße bilden. Eine amerikanische Kompanie, die mir für die Operation unterstellt wurde, war für den Flankenschutz eingeplant. Nach Einnahme von Quatliam würde die deutsche Panzerpionierkompanie so schnell wie möglich beginnen, einen befestigten Außenposten (Combat outpost/ „COP") in unmittelbarer Nähe des Dorfes zu errichten. Wir beabsichtigten, den zunächst durch deutsche Soldaten zu sichernden COP einige Wochen später an afghanischen Sicherheitskräfte zu übergeben. Der Vertreter des Auswärtigen Amtes beim PRT hatte zugesagt, alle Vorbereitungen für die Umsetzung des Strom-/Strassenprojekts so zu treffen, dass sie rasch abgerufen werden konnten.

Im selben Zeitraum beabsichtigte der neu eingesetzten Polizeichef von Kunduz mit seinen – durch eine amerikanische Kompanie unterstützten – Kräften von Süden aus nach Norden in Richtung Quatliam anzutreten, um das Gebiet zu befreien, während unsere Operation von Nord nach Süd verlaufen sollte. Die beteiligten Kommandeure und ich beschlossen beide Operationen zu synchronisieren und vereinbarten den 31. Oktober als gemeinsamen Operationsbeginn. Anschließend legten wir unsere Planungen dem Commander RC North zur Genehmigung vor. Zwei Tage vor Operationsbeginn führte ich im Feldlager Kunduz zusammen mit dem afghanischen Bataillonsführer und dem Chef des belgischen OMLTs eine Befehlsaugabe für die afghanischen, US-amerikanischen und deutschen Kompaniechefs durch. Insgesamt sollten gut 800 deutsche, amerikanische, belgische sowie Angehörige der afghanischen Sicherheitskräfte an der Operation teilnehmen.

Vier Tage im Gefecht

Am frühen Sonntagmorgen des 31. Oktober verließen die ersten deutschen Soldaten das Feldlager Kunduz, um sich zwei Kilometer nördlich von Quatliam auf die Offensive vorzubereiten. Wenig später meldete die mir unterstellte US-Kompanie Schwierigkeiten beim Anmarsch. Damit drohte der Zeitplan für den Angriff aus dem Tritt zu geraten, diese Einheit sollte den Flankenschutz der Operation sicherstellen. Da die ANA-Kompanien bis 07.00 Uhr pünktlich und vollständig eingetroffen waren und Luftunterstützung zur Verfügung stand, entschied ich zusammen mit dem afghanischen Bataillonsführer und dem belgischen OMLT-Chef, die Offensive dennoch um 08.00 Uhr zu beginnen.

Unterstützt von tief fliegenden F-16-Kampfflugzeugen (Show of Force) und später durch ein „Air Weapons Team" mit zwei Apache-Kampfhubschraubern begann die Offensive. Dabei gingen die beiden ANA-Kompanien, begleitet vom belgischen OMLT, auf den Westteil Quatliams vor, während die deutsche Kompanie zusammen mit einem US-amerikanischen Minenräumzug (RCP) entlang der Strasse auf den Ostteil der Ortschaft vorrückte. Der Chef des belgischen OMLTs und ich folgten in der Mitte und hielten enge Verbindung zu dem ANA-Bataillonsführer.

Im Ort kam es zu wenigen kurzen Feuergefechten, die für uns folgenlos blieben und nach denen sich die im Dorf befindlichen schwachen Feindkräfte rasch zurückzogen. Ich beschränkte mich darauf, die Bewegungen der Kompanien anhand ihrer Positionsmeldungen nachzuvollziehen und nicht ständig ein aktuelles Lagebild abzufordern. Solange alles planmäßig verlief, sollten die Kompaniechefs ihre Arbeit machen. Ich griff nur ein, wenn das Vorgehen zu lange stockte oder wenn sich deutsche und afghanische Soldaten im Gassengewirr des Dorfes in die Quere zu geraten drohten. Auf der Strasse löste das amerikanische RCP zwei IEDs aus. Ein weiteres IED traf wenig später einen der Schützenpanzer, die nachgezogen wurden, nachdem die deutsche Infanteriekompanie ihre geplanten Stellungen in Quatliam erreicht hatten. Der Schützenpanzer wurde zwar beschädigt, die Besatzung erlitt jedoch keine schwereren Verwundungen, sodass die Soldaten am Folgetag wieder auf das Gefechtsfeld zurückkehren konnten.

Bald meldeten verschiedene Quellen, dass sich der Feind in den umliegenden Dörfern sammelte und Gegenangriffe unmittelbar bevorstanden. Gegen 14.00 Uhr wurde die deutsche Infanteriekompanie massiv durch Feind aus Osten unter Feuer genommen, der erst durch unterstützendes Artilleriefeuer wirksam bekämpft werden konnte. Ungeachtet des Artillerieeinsatzes setzten die Taliban wenig später ihre Angriffe mit allen ihnen zur Verfügung stehenden Waffen, also Mörsern, Granatmaschinenwaffen und rückstoßfreien Geschützen weiter fort. Unter anderem griffen sie auch vier

Kilometer nördlich von Quatliam gelegene Stellungen deutscher ISAF-Kräfte und die Flankenschutz-Stellung der amerikanischen Kompanie an. Gegen 16.00 Uhr nahm der Feinddruck vor der deutschen Kompanie so stark zu, dass ich den Einsatz der Reserve befahl. Bei deren Anmarsch wurde ein weiterer Schützenpanzer durch ein IED getroffen – auch diesmal trug kein Angehöriger der Besatzung schwerere Verletzungen davon. Da die deutsche Infanteriekompanie in Quatlam die Lage inzwischen selbständig bereinigt hatte, konnte die Reserve nach Bergung des beschädigten Schützenpanzers wieder zurückgenommen werden. Anschließend flauten die Gefechte ab und die Nacht blieb ruhig.

Die Belgier und wir richteten uns im Süden Quatliams in unmittelbarer Nähe des Gefechtsstandes des ANA-Bataillonsführers ein und trafen mit diesem präzise Absprachen für die Nacht, um „Friendly Fire" auszuschließen. Der afghanische Bataillonsführer hatte noch am Sonntag Verbindung mit den Dorfältesten aufgenommen und für den Montagmorgen eine „Schura", d.h. eine Besprechung mit den Dorfältesten, vor der Moschee vereinbart. Die Schura begann pünktlich, nachdem vor der Moschee ein großer Teppich ausgerollt worden war, auf dem man Platz nahm. Die Dorfältesten gaben sich zunächst zurückhaltend, bekundeten allerdings lebhaftes Interesse am Anschluss an die Stromversorgung und erklärten sich schließlich dazu bereit, mit den Koalitionstruppen zu kooperieren. Schließlich stimmten sie sogar der Errichtung des COPs nahe der Ortschaft zu.

Bereits während der Schura flammten bei Isa Kehl wieder die ersten Gefechte auf. Dennoch befahl ich am Nachmittag mit dem Bau des COPs zu beginnen. Die Panzerpioniere nutzten dazu die Anwesenheit der amerikanischen Kampfhubschrauber, bei deren Auftauchen das Feindfeuer rasch verstummte. Doch die Kampfhubschrauber standen nur zeitweise zur Verfügung und so weitete der Feind am späteren Nachmittag seine Angriffe auf den Osten und den Süden Quatliams aus. Sämtliche seiner Attacken blieben jedoch im zusammengefassten Feuer der deutschen Soldaten, der im Südbereich des Dorfes eingesetzten ANA-Kompanie sowie des belgischen OMLTs liegen. F-16-Kampfflugzeuge, US-Kampfhubschrauber und Artillerie kamen erfolgreich zum Einsatz. So schnell wie möglich begab ich mich zum Bauplatz für den COP und besprach mit dem Kompaniechef die weiteren Schritte. Die Stimmung der zur Sicherung eingesetzten Soldaten war trotz der immer wieder einsetzenden Feuerüberfälle des Feindes gut. Außer ein paar Knallschäden hatte es erstaunlicherweise keine Verwundungen gegeben. Das lag meiner Einschätzung nach an verschiedenen Faktoren: Quatliam war von Feldern umgeben, die eine gedeckte Annährung nur an wenigen Stellen erlaubte. Zudem hatten sich die deutschen und afghanischen Soldaten gut eingegraben oder hinter den dicken Lehmmauern der Gehöfte am Ortsrand zur Verteidigung eingerichtet, sodass sie ohne den Einsatz schwerer Waffen, über die die Taliban nicht verfügten, nicht effektiv bekämpft werden konnten. Die größte Gefahr drohte von Mörsern, gegen die wir, sobald sie aufgeklärt waren, die eigene Artillerie erfolgreich einsetzen konnten. Insgesamt kam unser Abwehrfeuer immer sehr massiv und koordiniert und erzielte Wirkung.

Auch die folgende Nacht blieb ruhig, da die Taliban wussten, dass sie ohne Nachtsichtgeräte in einer aussichtslosen Position waren, doch in den Morgenstunden setzte der Beschuss wieder ein. Auch an den folgenden drei Tagen wiederholte sich dieses Szenario: Der Feind versuchte immer wieder an anderen Stellen, Einbrüche in unsere Stellungen zu erzielen und wurde regelmäßig abgewiesen. Ich sah den Soldaten in den Stellungen, die ich aufsuchte, den mit ständiger Lebensgefahr verbundenen Gefechtsstress, die körperlichen Anstrengungen, die Entbehrungen sowie den Schlafentzug deutlich an. Andererseits war ihr Stolz darüber zu spüren, dass sie ihre Positionen erfolgreich halten konnten, und auch ihre Zuversicht angesichts der offensichtlichen eigenen Überlegenheit.

Am vierten aufeinanderfolgenden Gefechtstag erfolgte endlich der Angriff der afghanischen Polizei, lokaler Milizen sowie einer US-Kompanie aus dem Süden, der eigentlich gleichzeitig mit unserem Operationsbeginn hatte stattfinden sollen. Nun aber traf dieser Angriff den erschöpften Feind, der sich an uns tagelang erfolglos die Zähne ausgebissen hatte, in seinem Rücken und entsprechend schwach fiel der Widerstand aus, bis er schließlich völlig zusammenbrach und in eine Fluchtbewegung mündete. Viele Taliban mischten sich unter Zivilbevölkerung, die bisher mit wenigen Ausnahmen in den Dörfern verlieben war, doch nun – vermutlich von den Taliban dazu veranlasst – in großen Gruppen aus dem Kampfgebiet floh.

Am folgenden Donnerstagmorgen verdichteten sich die Informationen, dass die Taliban das gesamte Gebiet des südlichen Char Darrah verlassen hatten. Dies bestätigten Spähtrupps der afghanischen Sicherheitskräfte. Den Antrag eines Kompaniechefs, nun ebenfalls Spähtrupps anzusetzen, genehmigte ich vorläufig nicht und ließ zunächst die Wege um Quatliam herum nach improvisierten Sprengsätzen absuchen. Ich wollte jetzt, nachdem wir so viel Glück gehabt und außer einigen Knallschäden keine Verwundeten oder Gefallene zu beklagen hatten, keine unnötigen Opfer provozieren. In den folgenden Tagen wurden dutzende dieser Sprengsätze gefunden und entschärft. Danach unternahmen wir zusammen mit Einheiten der afghanischen Armee und Polizei Patrouillen im gesamten südlichen Bereich des Char Darah-Tales. Der Vertreter des Auswärtigen Amtes beim PRT initiierte den Beginn der Bauarbeiten für den Anschluss an die Stromversorgung sowie für die Teerung der Strasse.

In den folgenden Monaten stabilisierte sich die Lage zunehmend. Kurz vor dem Jahreswechsel unterstützte eine Kompanie des Ausbildungs- und Schutzbataillons im Rahmen einer Luftlandung das amerikanische Nachbarbataillon, die andere Kompanie hatte zuvor wiederum in Baghlan unterstützt. Bis Anfang Februar 2011 war das Bataillon vollständig durch die Nachfolger abgelöst worden und nach Deutschland zurückgekehrt. Wenig später floss der erste Strom in Quatliam.

Führen nach dem Einsatz

Nach der offiziellen Bataillonsübergabe am 19. Januar 2011 nahm mich der Commander RC North im Hubschrauber nach Mazar-I-Sharif mit und wir überflogen dabei das Tal des Char Darah. Nocheinmal sah ich in der Sonne die Orte liegen, in denen die Soldaten meines Bataillons über ein halbes Jahr lang patrouilliert und gekämpft hatten. Insgesamt waren in dieser Zeit ca. 30 Soldaten verwundet worden. Acht Soldaten trugen so schwere Verwundungen davon, dass sie nach Hause geflogen und dort weiterbehandelt werden mussten. Sie durchlitten zum Teil schwerste Schmerzen und einige müssen mit bleibenden gesundheitlichen Schäden weiterleben. Allerdings hätte es bei der Häufigkeit und Intensität der Gefechte noch viel mehr Opfer geben können.

An mir selber merkte ich, dass mich der Einsatz nicht so schnell losließ, sondern mich in meinen Gedanken und Träumen weiter begleitete. Wie war dann erst den jungen Soldaten zumute, die durch eine Verwundung mit einem Schlag vom hochleistungsfähigen, körperbewussten Kämpfer zum Behinderten geworden waren? Die mit den äußerlich sichtbaren Verletzungen verbundenen, inneren Verwundungen brauchten länger, bis sie einigermaßen zuheilen konnten und forderten auch den Partnerinnen, Ehefrauen und Angehörigen viel Geduld und Verständnis ab. Alle zurückgekehrten

Soldaten bedurften der Fürsorge und der Anerkennung für ihre erbrachten Leistungen. Dies galt jedoch in ganz besonderem Maße für die verwundeten Soldaten, die ihre Gesundheit im Einsatz hatten opfern müssen. So verlieh ich in Ermangelung einer speziellen Auszeichnungsmöglichkeit den verwundeten Soldaten ihre Gefechtsmedaillen während des großen Rückkehrerappels persönlich und hob sie in meiner Ansprache deutlich heraus. Regelmäßig ließ ich mir von den Verwundeten über ihren Genesungsprozess und vor allem über Schwierigkeiten mit Versorgungsstellen oder Versicherungen berichten. Denjenigen, die von einer auf Verwundete individuell zugeschnittene Sportausbildung an der Sportschule in Warendorf zurückkehrten, war ein positiver psychologischer Schub deutlich anzumerken.

Als ich die Eltern unseres gefallenen Soldaten zum ersten Mal traf, war ich einerseits sehr betroffen, andererseits froh, denn mein Stellvertreter hatte es geschafft, eine Brücke zu ihnen zu bauen, sodass sie sich nicht von der Bundeswehr abgewandt hatten, sondern die Verbindung hielten. Auch zu Ihnen versuchte ich regelmäßige Kontakt zu halten. Es war für mich besonders bewegend, als sie der Einladung zur Übergabe meines Bataillons folgten.

Bundeswehr und Wirtschaft:
Gemeinsamkeiten, Unterschiede und Erfahrungen

Führungsqualifikation in der Bundeswehr – Fit für die Wirtschaft?

Sonja Sackmann

Die Führungsqualifizierung im Rahmen der Bundeswehr nimmt einen großen Stellenwert ein. Diese ist, in Zeiteinheiten und Maßnahmen gemessen, wesentlich größer, als was an Führungsaus- und -weiterbildung im zivilen Bereich für Führungskräfte in denselben Altersstufen aufgewendet wird. Eine Reihe von Publikationen aus dem angelsächsischen Sprachraum legen zudem nahe, dass dort auch im zivilen Bereich ein reges Interesse an militärischer Führung herrscht.[1] Im Gegensatz hierzu scheint das Interesse an militärischer Führung in Deutschland verhaltener, wenn nicht gar kritisch zu sein.[2] Hierbei dürften wohl auch z.T. veraltete, stereotype Vorstellungen zur Art der militärischen Führung eine Rolle spielen.[3]

Da über 80 Prozent der Zeitoffiziere mit Studium nach Beendigung ihrer inzwischen dreizehnjährigen Dienstzeit aus der Bundeswehr austreten und eine Arbeit im zivilen Bereich anstreben[4], stellt sich die Frage, inwieweit sie mit ihrer spezifischen Führungsqualifikation und ihrer Führungserfahrung hierfür besonders geeignet sind. Diese Thematik wird in diesem Beitrag näher beleuchtet. Zunächst werden kurz die neuen Herausforderungen und dadurch bedingten Veränderungen für den Auftrag und die Aufgaben der Bundeswehr vorgestellt sowie die zentralen Aspekte der Bundeswehr-Führungsphilosophie und -Führungskultur *Innere Führung*. Sie ist die Grundlage für das Agieren der militärischen Vorgesetzten und hat mit ihren zehn Leitsätzen Orientierungsfunktion für die Führungstätigkeit in der Bundeswehr. Die Führungsphilosophie und Führungskultur *Innere Führung* bestimmt die Gesamtheit von Führung, Aus- und Weiterbildung, die für Zeitoffiziere mit Studium u.a. an den Beispielen der Teilstreitkräfte Marine und Heer skizziert wird. Anschließend werden ein ziviles Führungsmodell und Führungskompetenzen diskutiert, die in der Wirtschaft als wichtig erachtet wer-

---

[1] Vgl. bspw. Graen/Graen (2013); Hughes (1995); McCoy (2012); Powell (2012); Puryear, (2001, 2003).

[2] Vgl. bspw. Hammerich/Hartmann/von Rosen (2010).

[3] Vgl. Dörfler-Dierken (2013).

[4] Vgl. Marr (2001).

den und mit der in der Bundeswehr erworbenen und subjektiv empfundenen Führungsqualifikation anhand der Ergebnisse einer schriftlichen Befragung verglichen. Diese wurde mit 67 aus der Bundeswehr ausscheidenden Zeitoffizieren durchgeführt. In die nachfolgende Diskussion der Ergebnisse fließen zudem Erkenntnisse aus Interviews mit ehemaligen Zeitsoldaten ein, die inzwischen erfolgreich in der Wirtschaft tätig sind wie auch Erkenntnisse aus Führungsseminaren mit Zeitsoldaten sowie Führungskräften aus der Wirtschaft. Der Beitrag schließt mit persönlichen Beobachtungen und Empfehlungen für die Bundeswehr sowie für den zivilen Bereich, um auch künftig bei Aussetzung der Wehrpflicht dieses Potenzial zu erkennen.

Die neuen Herausforderungen für die Bundeswehr

Die letzten beiden Jahrzehnte waren von gravierenden weltpolitischen Veränderungen geprägt mit Auswirkungen auf die Art der Bedrohung, auf den Handlungskontext und die für eine Bundeswehr im Einsatz notwendigen Ressourcen. 1989 wurde der Warschauer Pakt aufgelöst und beendete damit den Kalten Krieg, der u.a. auch in Deutschland bis dahin eine beträchtliche Truppenstärke bedingte und legitimierte. So konstatiert der damals amtierende Verteidigungsminister Dr. Struck in den Verteidigungspolitischen Richtlinien, die im Frühjahr 2003 erlassen wurden, dass eine „Gefährdung deutschen Staatsgebietes durch konventionelle Streitkräfte derzeit und auf absehbare Zeit nicht zu erkennen" sei.

Zeitgleich hat sich der Arbeitskontext der Streitkräfte vom nationalen auf das internationale Umfeld verlagert: internationaler Terrorismus, der sich nicht auf nationale Grenzen beschränkt, sowie weltumspannende Krisen, Naturkatastrophen und Konfliktherde – vor allem religiöse, ethnische, und wirtschaftliche Konflikte – gehören seit einigen Jahren zu den neuen Herausforderungen für moderne Streitkräfte. Diese haben die Herausforderungen unberechenbarer und die Anforderungen an die Bundeswehr zunehmend komplexer gemacht, wie der frühere Verteidigungsminister Dr. Struck in seiner Rede am 21.5.2003 in Berlin ausführte: Anzahl, Intensität, Umfang und Dauer der Einsätze der Bundeswehr haben in den vergangenen Jahren stetig zugenommen und bedingten mehr als 100.000 Soldatinnen und Soldaten im internationalen Einsatz bei gleichzeitiger Verknappung der vorhandenen Ressourcen. Daher erforderte bereits die verteidigungspolitische Richtlinie aus dem Jahr 2003, „Aufgaben, Struktur, Ausrüstung und Mittel in ein ausgewogenes Verhältnis zu bringen".[5] Dabei sollte die neue Wirtschaftlichkeitsorientierung keine Beeinträchtigung für die Einsatz- und Leistungsbereitschaft bringen. Auch die neue verteidigungspolitische Richtlinie von 2011 stellt fest, dass sich ein veränderter Arbeitskontext der Bundeswehr auch Veränderungen für den Auftrag und die Aufgaben mit sich bringt.[6] Diesen wird aktuell im Rahmen der „Neuausrichtung" der Bundeswehr Rechnung getragen.

Auftrag und Aufgaben der Bundeswehr im Kontext aktueller und künftiger Herausforderungen

Aus den 2003 erlassenen Verteidigungspolitischen Richtlinien resultieren drei - von der deutschen Außenpolitik bedingten - Faktoren, die aufeinander abgestimmt werden müssen und zentrale Auswirkungen für den Auftrag und die Aufgaben der Bundeswehr haben:

• die multinationale Einbindung der Bundeswehr im Rahmen einer auf europäische Integration, transatlantische Partnerschaft und globale Verantwortung ausgerichteten Außenpolitik;

• das verändertes Einsatzspektrum der Bundeswehr und die gewachsene Anzahl an internationalen Einsätzen, sowie

• die verfügbaren Ressourcen.[7]

Damit wurde der Auftrag der Bundeswehr von der bisherigen „klassischen" Landesverteidigung hin zu internationalen Einsätzen im Rahmen der Friedenssicherung erweitert bzw. verschoben. Die 2011 erlassen neue Verteidigungspolitische Richtlinie führt diese Aufgabenverschiebung weiter, indem sie beispielsweise feststellt, dass „internationale Konfliktverhütung und Krisenbewältigung – einschließlich des Kampfs gegen den internationalen Terrorismus"[8] Teil des Aufgabenspektrums der Bundeswehr ist. Die Abbildung 1 legt diese Aufgabenverschiebung dar:

---

[5] Vgl. Struck (2003).

[6] Vgl. De Maizière (2011).

[7] Vgl. Struck (2003), S. 7.

[8] Vgl. De Maizière (2011).

Der Wandel im Auftrag

von einer:

- Landesverteidigung und Verteidigung von Verbündeten
- Unterstützung von Sicherheit und Frieden im euro-atlantischen Raum
- Hilfe bei Katastrophen, Notlagen
- humanitäre Hilfe

hin zu:

- Kriseninterventionen außerhalb Deutschlands gemeinsam mit Verbündeten: Konfliktverhütung, Friedenserhaltung, Friedensschaffung, humanitäre Hilfe / Wiederaufbau

→ verstärkt multinationale Einsätze

→ aktivere Rolle

Abb. 1: Der veränderte Auftrag der Bundeswehr[9]

Dementsprechend haben sich auch die Aufgaben der Bundeswehr in ihrer Schwerpunktsetzung und Interpretation geändert, die nachfolgend in entsprechender Priorität aufgeführt sind:

- Internationale Konfliktverhütung und Krisenbewältigung einschließlich des Kampfes gegen den internationalen Terrorismus,

- Unterstützung von Bündnispartnern,

- der Schutz Deutschlands und seiner Bürgerinnen und Bürger,

- Rettung und Evakuierung,

- Partnerschaft und Kooperation sowie

- subsidiäre Hilfeleistungen (Amtshilfe, Hilfe bei Naturkatastrophen und besonders schweren Unglücksfällen).[10]

Lag der Schwerpunkt des Auftrags der Bundeswehr bisher eindeutig auf der „klassischen" Landesverteidigung, so wurde dieser mit zunehmender Globalisierung, der Schaffung von Wirtschaftsblöcken und der damit verbundenen Regionalisierung und Vernetzung zwischen Staaten z.B. in Europa von der Sicherung deutscher Grenzen auf die Sicherung europäischer Grenzen aus-

---

[9] Sackmann (2005), S. 184.

[10] Vgl. BMVg (2008b), S. 15; De Maizière (2011).

gedehnt. Damit erfordert die internationale Konfliktverhütung sowie der Schutz Deutschlands und seiner Bürgerinnen und Bürger bei internationalem Terrorismus, Dienst und Arbeit über Staatsgrenzen hinweg. Auch die Mitgliedschaften in NATO, UNO und EU bedingen einen aktiveren Beitrag zur Sicherung des Friedens im heutigen und künftigen Kontext.

Beim Erlernen und der Erfüllung dieser oben aufgeführten Aufgaben soll die Führungsphilosophie *Innere Führung* Handlungsorientierung geben.

Die Führungsphilosophie und Führungskultur der *Inneren Führung*[11]

Die Führungsphilosophie „*Innere Führung* ist die Grundlage des militärischen Dienstes in der Bundeswehr und bestimmt die Gesamtheit von Führung, Erziehung und Ausbildung".[12] „Ziel der Anwendung der *Inneren Führung* ist es, die Funktionsbedingungen einsatzfähiger Streitkräfte mit den freiheitlichen Prinzipien eines Rechtsstaates in Einklang zu bringen"[13] unter dem Leitbild des Staatsbürgers in Uniform.

Die Führungsphilosophie *Innere Führung* verfolgt vier generelle Zielsetzungen: die der Legitimation, der Integration, Motivation und der Gestaltung innerer Ordnung. Ziele der *Inneren Führung* sind ausführlicher:[14]

1. *Legitimation:* Vermitteln von ethischen, rechtlichen, politischen und gesellschaftlichen Begründungen für soldatisches Handeln und den militärischen Auftrag.

2. *Integration:* Erhalten und Fördern der Einbindung der Bundeswehr in Staat und Gesellschaft sowie des Verständnisses für ihren Auftrag bei den Bürgern.

3. *Motivation:* Stärkung der Bereitschaft zur gewissenhaften Pflichterfüllung, zum gewissensgeleiteten Gehorsam, zur Übernahme von Verantwortung und zur Zusammenarbeit sowie Bewahren der Disziplin und des Zusammenhalts der Truppe.

---

[11] Die komprimierte Darstellung der Inneren Führung basiert auf Unterlagen des Bundesministeriums für Verteidigung (BMVg) sowie des Zentrums für Innere Führung.

[12] BMVg (2008b), S. 8.

[13] BMVg (2008b), S. 7.

[14] Vgl. BMVg (2008b), S. 18.

4.   *Gestalten der inneren Ordnung* entsprechend den Vorgaben des Grundgesetzes.

Speziell die *Motivation* und *Legitimation* werden als Aufgabe eines jeden Vorgesetzten in der Bundeswehr gesehen. Hierfür werden als mögliche Mittel die Information, Vertrauen, Delegation und Gewährung von Freiräumen, Führen mit Auftrag, Erklärung von Zielen, Beteiligung bei einem insgesamt kooperativen Führungsstil empfohlen sowie das beispielhafte Verhalten des Vorgesetzten. Als Ergebnis werden Einsicht, Freiwilligkeit, Selbständigkeit, Ausstrahlung auf andere, Mitdenken und Selbstbewusstsein der Soldaten erwartet.

Die Zielsetzung *Innere Ordnung* wird durch das Recht sowie die Soldatische Ordnung geregelt, wobei die sechs Prinzipien der Menschenwürde, der minimalen Freiheitseinschränkung, Effizienz, Rechtssicherheit, Anwendungssicherheit und Förderung des Zusammenhalts berücksichtigt werden sollen. Hierbei wird erkannt, dass es durchaus eine Konkurrenz von Zielen und Prinzipien bei der Gestaltung der *Inneren Ordnung* gibt (s. Abb. 2), die es dennoch gilt, ausgewogen zu berücksichtigen und in Einklang zu bringen.

Abb. 2: Konkurrenz von Zielen und Prinzipien für die Gestaltung der Inneren Ordnung[15]

Mit der Führungsphilosophie und Führungskultur *Innere Führung* soll einerseits ein Höchstmaß an militärischer Leistungsfähigkeit sichergestellt werden

---

[15]   BMVg (2008a).

und gleichzeitig den Soldatinnen und Soldaten ein im Rahmen der freiheitlich demokratischen Grundordnung Freiheit und Recht garantieren. Hierfür werden die Angehörigen der Bundeswehr verpflichtet, diese Führungsphilosophie zu akzeptieren, sich mit ihr zu identifizieren und sie in zehn Gestaltungsfeldern anzuwenden, die allesamt mit ihrer Interaktion den Dienstbetrieb entsprechend prägen, aber auch hohe Anforderungen an das Führungsverhalten der Vorgesetzten stellen. Diese zehn Gestaltungsfelder sind:

1. Menschenführung
2. Politische Bildung
3. Recht und soldatische Ordnung
4. Dienstgestaltung und Ausbildung
5. Informationsarbeit
6. Organisation und Personalführung
7. Fürsorge und Betreuung
8. Vereinbarkeit von Familie und Dienst
9. Seelsorge und Religionsausübung
10. Sanitätsdienstliche Versorgung

Für die Arbeit von Vorgesetzten werden speziell die ersten drei Gestaltungsfelder als zentral erachtet, da sie unmittelbar Soldatinnen und Soldaten führen und ausbilden. Der Menschenführung wird zudem eine herausragende Bedeutung beigemessen, da sie in alle Bereiche des soldatischen Dienstes hineinwirkt:[16]

„Menschenführung ist Mittelpunkt aller Führungspraxis und entscheidende Grundlage für die Auftragserfüllung. Sie fordert vom Vorgesetzten einen Führungsstil, der Herz und Verstand der Soldatinnen und Soldaten anspricht, die persönlichen Belange berücksichtigt und sie durch Vorbild und Überzeugung zu militärischen Leistungen anspornt. Wer Menschen in der Bundeswehr führen will, muss Menschen mögen. So praktizierte Menschenführung schafft ein vertrauensvolles Verhältnis zwischen Vorgesetzten und Untergebenen. Menschenführung im Sinne der Inneren Führung ist der Schlüssel für militärische Leistungsfähigkeit, kameradschaftlichen Zusammenhalt und Identifikation mit dem eigenen Truppenteil."[17]

---

[16] BMVg (2008b), S. 21.

[17] BMVg (2008b), S. 21.

In der Ausübung der Vorgesetztentätigkeit sollen zehn Leitsätze unterstützen, die Rechte und Pflichten darlegen und zugleich auch Erwartungen der Bundeswehr an das Verhalten der Führungskräfte ausdrücken:[18]

1. Ich achte und schütze die Menschenwürde.
2. Ich bin an Recht, Gesetz und mein Gewissen gebunden und trage für mein Handeln die Verantwortung.
3. Ich bin Vorbild in Haltung und Pflichterfüllung und teile mit meinen Untergebenen Härten und Entbehrungen.
4. Ich setze meine Befehle in angemessener Weise durch und kontrolliere ihre Ausführung.
5. Ich schaffe Voraussetzungen für gegenseitiges Vertrauen.
6. Ich bilde meine Soldatinnen und Soldaten bestmöglich aus und fordere sie angemessen unter Beachtung der Menschenwürde, Gesetze, Dienstvorschriften und Sicherheitsbestimmungen.
7. Ich führe partnerschaftlich. Ich nutze die Fähigkeiten und Fertigkeiten meiner Soldatinnen und Soldaten und beteilige sie wann immer möglich an meiner Entscheidungsfindung.
8. Ich kenne meine Soldatinnen und Soldaten und nehme mich ihrer Sorgen und Nöte an.
9. Ich informiere meine Soldatinnen und Soldaten und mache ihnen meine Befehle einsichtig.
10. Ich suche das Gespräch mit meinen Soldatinnen und Soldaten und bin für sie stets ansprechbar.

Diese umfassende Führungsphilosophie und Führungskultur *Innere Führung*, die 2008 zu dieser Version modernisiert wurde, findet Eingang bei der Personalauswahl sowie Aus- und Weiterbildung militärischer Führungskräfte.

Führungsausbildung von Zeitoffizieren in der Bundeswehr

Bei der Darstellung der Führungsaus- und -weiterbildung beschränken wir uns zeitlich auf die 13 Dienstjahre, für die sich Zeitsoldaten des Heeres und der Marine verpflichtet haben[19] sowie auf Zeitoffiziere mit Studium. Die Führungsausbildung zum Offizier des Heeres, der Luftwaffe und der Marine

---

[18] BMVg, (2008a), S. 46.
[19] Bei der Luftwaffe beträgt die Mindestverpflichtungszeit 16 Jahre.

verlaufen vom Prinzip her sehr ähnlich. Dabei ist die gesamte Ausbildung und damit auch die Führungsausbildung durch eine Kombination und ein Wechsel von theoretischen und praktischen Phasen gekennzeichnet. In der Praxisphase wird das Gelernte nicht nur angewendet, sondern auch anderen beigebracht. Schon in den ersten Monaten werden Grundlagen der Führungsausbildung vermittelt, die speziell im Offizierslehrgang 2 sowie im Offizieranwärterlehrgang 3, die jeweils an der entsprechenden Offizierschule des Heeres bzw. der Marine durchgeführt, vertieft und erweitert werden. In der integrierten Grundausbildung und Offizierausbildung wird u.a. ein Modul „Menschenführung" besucht, das aus ca. 50 Unterrichtseinheiten (1 Einheit = 45 Minuten) und einer schriftlichen Prüfung besteht. Zusätzlich absolvieren die Zeitoffiziere ein zweimonatiges Truppenpraktikum, bei dem die jungen Offizieranwärter eine Gruppe Grundwehrdienstleistende (5-8 Personen) als Gruppenführer durch die Grundausbildung begleiten. Hierbei kann die erlernte Theorie praktisch angewendet und erprobt werden, wobei die „Führungsfähigkeit" ständig durch einen Offizier im Rang eines Hauptmanns überprüft wird.

Während des Studiums an einer der beiden Universitäten der Bundeswehr gibt es von akademischer Seite im Rahmen eines Wirtschaftsstudiums und eventuell im Rahmen des Ergänzungsstudiums die Möglichkeit, eine Vorlesung oder ein Seminar im Bereich Führung bzw. Führungskompetenzen zu belegen. Während der vorlesungsfreien Nachmittage haben die jungen Offiziere und Offizieranwärter z.T. die Gelegenheit, bei Sanitäts- und ABC[20]-Ausbildungen als Gruppenführer zu handeln und so ihr Wissen auf dem neuesten Stand zu halten.

Nach dem Studium erfolgen die unterschiedlichen Verwendungen als Offizier in der jeweiligen Truppengattung. Die Offizierausbildung Teil 3, die wieder an der jeweiligen Offizierschule stattfindet und als Auffrischung der Offizierausbildung Teil 2 nach der langen Studienzeit gedacht ist, beinhaltet u.a. ein Führungstraining und einen Teileinheitsführer-Lehrgang. Einige Jahre später wird i.d.R. ein Lehrgang Menschenführung am Zentrum Innere Führung in Koblenz besucht mit Inhalten wie Motivation von Mitarbeitern, Führungsstile, Gesprächsführung mit Mitarbeitern, Stress- und Konfliktbewältigung mit zahlreichen praktischen Übungen. Eine Weiterbildung z.B. an der Führungsakademie in Hamburg, an der Akademie für Information und

---

[20] Verhalten bei atomaren-biologischen-chemischen Angriffen.

Kommunikation in Strausberg oder am Zentrum Innere Führung ist ggf. möglich, aber nicht grundsätzlich vorgesehen. Wie viele zusätzliche Lehrgänge freiwillig von einem Zeitoffizier wahrgenommen werden können, hängt von dessen individuellem Werdegang, der Dienstbelastung und der Genehmigungswilligkeit des jeweiligen direkten Vorgesetzten ab.

Hervorzuheben ist, dass die Einstellung von Zeitsoldaten direkt mit der Perspektive, Führungs- und Entscheidungsverantwortung zu übernehmen, erfolgt. Dies wird bereits im Alter von ca. 20-22 Jahren ermöglicht: einem Leutnant und Zugführer können mehr als 50 Mitarbeiter unterstellt sein mit einer Verantwortung für Material über mehrere Millionen Euro.

Zusammenfassend lässt sich sagen, dass die militärischen Führungskräfte auf Zeit in Theorie und Praxis bis zu ihrem Ausscheiden nach 13 Dienstjahren aus der Bundeswehr ein Führungsverständnis und -verhalten erworben haben, das gekennzeichnet ist durch:

- verantwortungsbewusstes Handeln mit Vorbildfunktion,
- partnerschaftliche Führung,
- Teamorientierung,
- Mitarbeiterorientierung (bedingt durch ihre Pflicht zur Aus- und Weiterbildung sowie Fürsorge) sowie
- Auftrags- bzw. Zielerfüllung und deren Kontrolle.

Führungsverständnis und Führungsausbildung in der Wirtschaft

Die Führungsausbildung in der Wirtschaft variiert inhaltlich und zeitlich je nach Organisation und wird in der Regel Mitarbeitern, die als Führungsnachwuchskräfte gelten, angeboten und ermöglicht. Während Klein- und mittelgroße Betriebe ihre Führungsnachwuchs- und Führungskräfte meist individuell auf entsprechende Seminare schicken, die von externen Instituten angeboten werden, bieten Großunternehmen für jede Führungsebene spezifische und meist für das Unternehmen speziell entwickelte Programme an, die in der Regel in Kooperation mit externen Trainern und/oder Instituten durchgeführt werden[21], oder aber in ihrer eigenen Akademie bzw. Corporate University.[22]

Inhaltlich haben eine Vielzahl bekannter Führungstheorien, Führungsmodelle und Führungskonzepte[23] Eingang in die Ausbildung von Führungskräften in der Wirtschaft gehalten. Während die inhaltliche Schwerpunktsetzung z.T. vom spezifischen Führungsverständnis eines Unternehmens beeinflusst wird, das, falls vorhanden, in seinen Führungsgrundsätzen bzw. -leitlinien Ausdruck findet, werden inzwischen vorwiegend situative Führungsmodelle vermittelt.

Ein generisches und systemisch orientiertes Managementmodell, das große Akzeptanz in der Wirtschaft gefunden hat, fokussiert die Grundsätze wirksamer Führung sowie die Aufgaben eines Managers bzw. einer Führungskraft, die mithilfe spezifischer Führungswerkzeuge ausgeübt werden können.[24] Die miteinander verbundenen Grundsätze wirksamer Führung orientieren sich an zu erreichenden Zielen bzw. Resultaten, der Kenntnis über den eigenen Beitrag für die Zielerreichung sowie Kenntnisse über die eigenen Stärken und Schwächen. Zur Zielerreichung braucht eine Führungskraft die Fähigkeit, Prioritäten zu setzten sowie mit ihren eigenen Ressourcen wie Zeit wirksam umgehen zu können. Ferner helfen konstruktives Denken und Vertrauen, da nie alles in einer Organisation formal geregelt werden kann. Zu den Aufgaben gehören informieren und kommunizieren, für Ziele sorgen, organisieren, entscheiden, überwachen, messen und beurteilen sowie die Entwicklung von Mitarbeitern. Als Werkzeuge für die Tätigkeit eines Managers bzw. einer Führungskraft stehen folgende Instrumente bzw. Werkzeuge zur Verfügung: *Sitzungsmanagement, Reporte und schriftliche Kommunikation, Job-Design und Assignment-Kontrolle, persönliche Arbeitstechnik, Leistungsbeurteilung sowie eine systematische Müllabfuhr*, womit die regelmäßige Entsorgung von Dokumenten bzw. Abschaffung von nicht mehr sinnvollen Regeln, Vorgehensweisen, etc. gemeint ist.[25]

Auch wenn sich die Sprache der Führung in der zivilen Wirtschaft z.T. vom Führungsverständnis der Bundeswehr unterscheidet, so lassen sich

---

[21] Vgl. Mühlbacher et al. (2008).

[22] Vgl. Dieser (2012); Karst (2008); Lorscheid (2012).

[23] Vgl. Neuberger (2002); Wunderer (2011).

[24] Vgl. Drucker (1985a, b); Malik (2006).

[25] Vgl. Malik (2006).

doch auch im zivilen Führungsverständnis die Aufgaben, die in der Führungsphilosophie der Inneren Führung beschrieben werden, wiederfinden. In der militärischen Vorschrift wird dabei aber explizit die Fürsorgepflicht für Mitarbeiter und die Wahrung ihrer Rechte, wie auch die Partnerschaftlichkeit und Teamorientierung betont.

Was den Ablauf des Erwerbs von Führungswissen und Führungserfahrung betrifft, erfolgt dies für Studienabgänger in der Wirtschaft erst nach dem Studium. Analog des Studiums von Zeitoffizieren wird auch hier nur beim Studium der Betriebswirtschaftslehre ggf. eine Vorlesung und/oder Seminar zum Thema Mitarbeiterführung angeboten. Dem Master,[26] der i.d.R. frühestens im Alter von 25 Jahren erworben wird, folgt zunächst meist eine Verwendung in Sachbearbeiter- bzw. Spezialistenfunktion. Die Möglichkeit, Führungsverantwortung für Menschen z.B. in der Funktion als Teamleiter zu übernehmen, wird in der Regel erst einige Jahre später ermöglicht wie auch die damit verbundene Aus- und Weiterbildung als Führungsnachwuchskraft bzw. Führungskraft. Damit wird sowohl die Theorie wie auch die Praxis von Mitarbeiterführung wesentlich später erworben und mit entsprechend späteren Möglichkeiten, das Gelernte in ersten Funktionen mit Führungsverantwortung zu erproben.

Dieser grobe Vergleich von Führungsausbildung in der Wirtschaft und der Bundeswehr zeigt, dass altersgleiche Führungskräfte mit Abitur und Studium aus dem zivilen Bereich über wesentlich weniger Führungswissen und -erfahrung als die Zeitoffiziere nach 13 Jahren Dienstzeit in der Bundeswehr verfügen.[27]

Uns hat nun die Frage interessiert, wie Zeitoffiziere am Ende ihrer Dienstzeit in der Bundeswehr ihr eigenes Führungsverhaltens anhand eines zivilen Führungsverständnisses beurteilen – eine Frage, die über die bisherigen Karriereanalyse von Zeitoffizieren hinausgeht.[28]

---

[26] Zwar gibt es seit der Einführung von Bachelor- und Masterstudiengängen die Möglichkeit, nach dem drei- bis vierjährigen Bachelorstudium in die Berufspraxis zu wechseln, doch aktuell entscheiden sich noch die meisten Studentinnen und Studenten für einen direkten Anschluss eines Masterstudiums.

[27] Vgl. auch Morick/Knuschke (2001).

[28] Vgl. Marr (2001); Morick/Neumayer (2001).

Führungskompetenzen von Zeitoffizieren – eine explorative Studie

Für die Untersuchung der Führungskompetenzen von Zeitoffizieren haben wir das oben dargestellte systemisch orientierte Führungsverständnis mit Hilfe eines Fragebogens operationalisiert und 67 ausscheidende Zeitoffizieren gebeten, ihr persönlich wahrgenommenes konkretes Führungsverhalten anhand dieses Fragebogens zur beurteilen. Der Fragebogen wurde während einer Lehrveranstaltung zum Thema Führung/Interkulturelles Management verteilt, die im Rahmen eines internationalen MBA-Programms am Ende der zwölfjährigen Dienstzeit durchgeführt wurde. Die an der Studie teilnehmenden Zeitoffiziere waren 30-36 Jahre alt mit einem Durchschnitt von knapp 32 Jahren und alle männlich. Zum Zeitpunkt der Befragung hatten aufgrund der Weiterbildung nicht alle aktuell eine Führungsfunktion inne, was sich z.T. in der Beantwortung der Fragen widerspiegelt.

Der Fragebogen bestand aus 15 Dimensionen mit insgesamt 87 Fragen, die anhand einer sechsstufigen Likert-Skala von 1 (trifft gar nicht zu) bis 6 (trifft voll zu) zu beantworten waren. Die 15 Dimensionen des Fragebogens sind:

- Mit Zielen führen
- Delegieren
- Entscheiden
- Informieren, kommunizieren, überzeugen
- Umgang mit Fehlern
- (Selbst- und Fremd-) Motivation
- Mitarbeiter entwickeln
- Organisieren, Besprechungs- und Sitzungsmanagement
- Umgang mit schwierigen Situationen / Konflikten
- Interkulturelle Kompetenz / Sensibilität gegenüber anderen
- Zusammenarbeit mit Mitarbeitern
- Umgang mit Veränderungen
- Lernorientierung
- Unternehmerisches, bereichsübergreifendes Denken und Handeln
- Selbstmanagement / Resilienz

Nachfolgend werden zunächst die Detailergebnisse anhand der Mittelwerte, Standardabweichungen sowie Minimal- und Maximalwerte im Überblick dargestellt und anschließend weiterführend diskutiert.

Ergebnisse im Detail

Mit Zielen führen

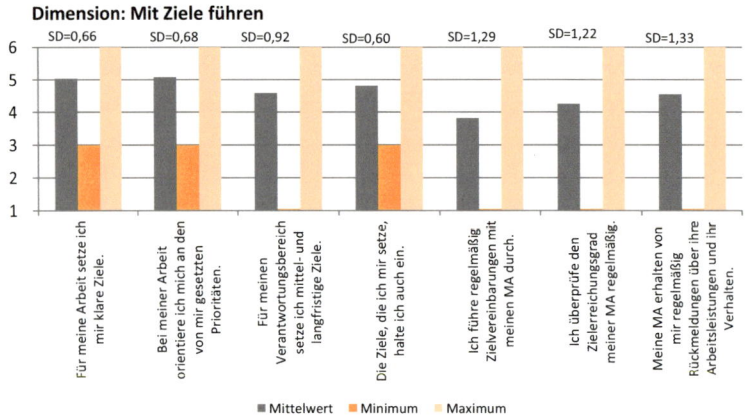

Die beiden ersten Fragen zur persönlichen Zielsetzung zeigen den höchsten Wert mit 5, wobei allerdings alle Fragen über dem Mittelwert von 3 liegen. Die Minimalwerte von 0 (nicht beantwortet) bzw. 1 bei den Fragen 3, 5, 6 und 7 reflektieren, dass einige der Studienteilnehmer zum Zeitpunkt der Befragung keine direkte Mitarbeiterverantwortung hatten.

Delegieren

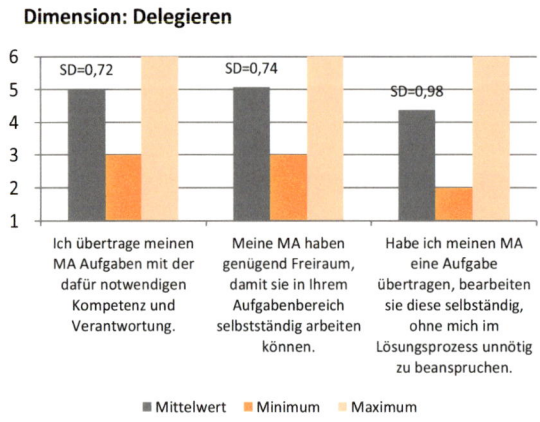

Die beiden Mittelwerte von 5 zeigen, dass die Beantwortenden ihren Mitarbeitern große Freiräume zusprechen, wobei das Ausmaß an Selbständigkeit auch von der Qualifikation der Mitarbeiter beeinflusst wird.

Entscheiden

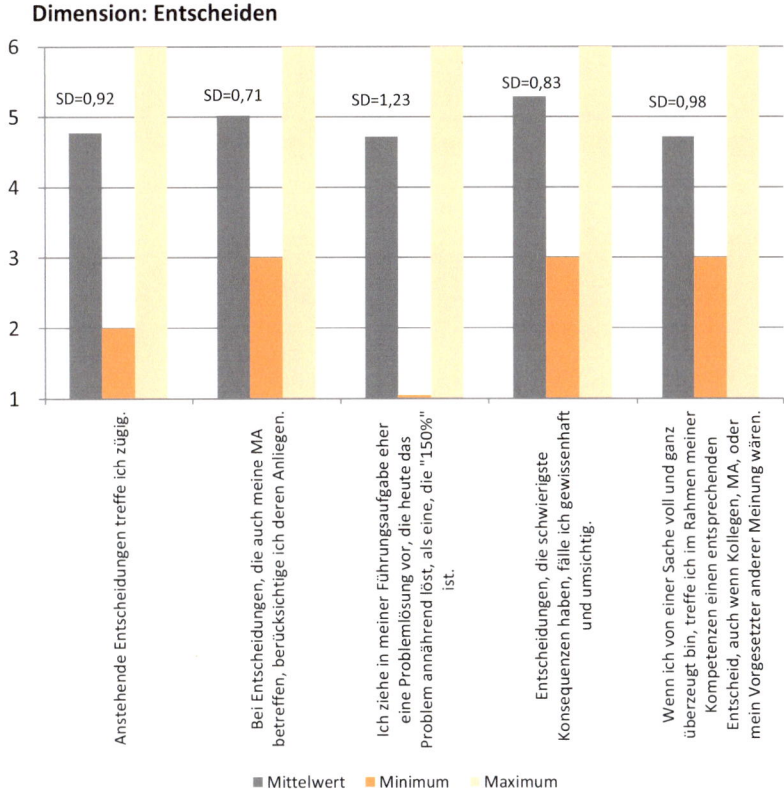

Dimension: Entscheiden

Hier sticht besonders der hohe Mittelwert von 5.3 bei gewissenhaften Entscheidungen, die schwerwiegende Konsequenzen haben können, hervor, aber auch der Minimalwert von 1 bei der Frage, ob eine 150 Prozent-Lösung bevorzugt wird und damit auf einen Perfektionismusanspruch hinweist.

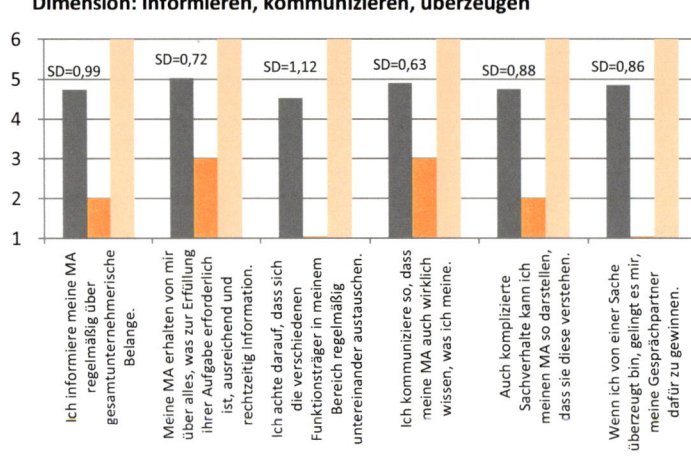

Auch hier liegen die Mittelwerte alle über 4.5, allerdings fallen die beiden Minimalwerte von 1 beim Austausch der Funktionsträger untereinander und der Überzeugungsfähigkeit des Gesprächspartners auf.

Umgang mit Fehlern

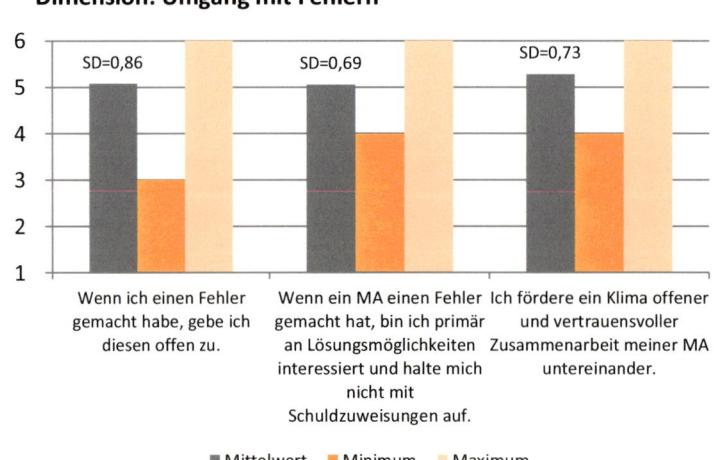

Die sehr hohen Mittelwerte von >5.1 stechen hier ins Auge bei geringer Standardabweichung.

(Selbst- und Fremd-) Motivation

Dimension *Motivation*

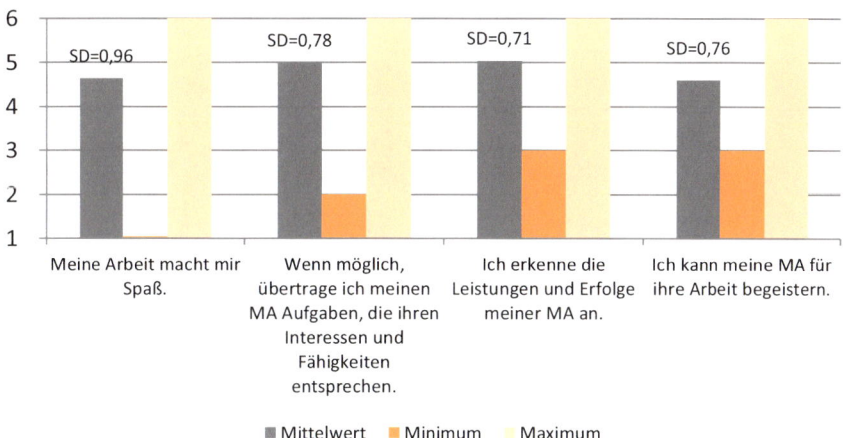

Auch hier liegen die Mittelwerte von >4.6 weit über dem Durchschnitt. Allerdings fällt der Minimalwert von 1 bei *Spaß an der Arbeit* sowie der Minimalwert von 2 beim *interessensorientierten Mitarbeitereinsatz* auf. Beide Werte dürften die konkrete Arbeitssituation der Zeitoffiziere reflektieren.

Mitarbeiter entwickeln

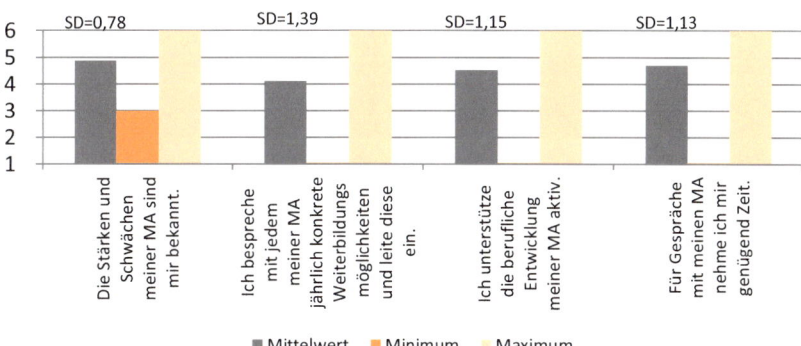

Die niedrigen Minimalwerte weisen wieder darauf hin, dass zum Zeitpunkt der Befragung nicht alle direkt Befragten Führungsverantwortung hatten. Dennoch liegen die Mittelwerte aller vier Fragen über 4.1.

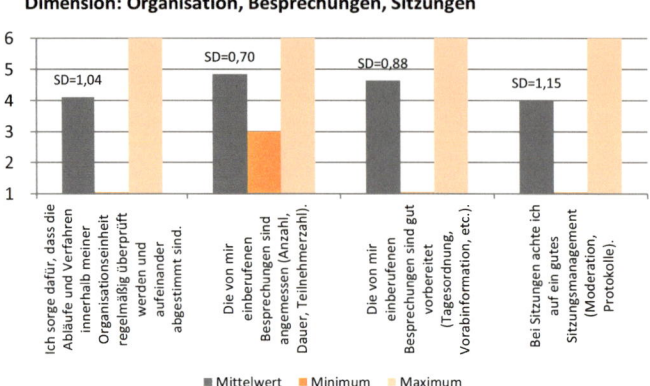

Bei den überdurchschnittlichen Mittelwerten von über 4.0 fallen die Minimalwerte von 1 bei den drei Fragen zur regelmäßigen Überprüfung der Arbeitsabläufe, der Vorbereitung von Besprechungen und dem Sitzungsmanagement auf.

Umgang mit schwierigen Situationen / Konflikten

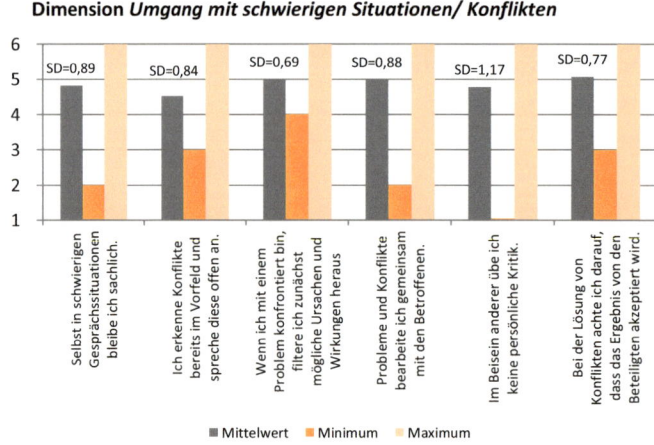

Bei den hohen Mittelwerten von über 4.5 fällt zunächst der Mittelwert von 5.1 bei der Akzeptanz von Entscheidungen auf wie auch der Minimalwert von 1 beim Üben von Kritik im Beisein anderer, wobei allerdings der Mittelwert sehr hoch ist und bei 4.8 liegt.

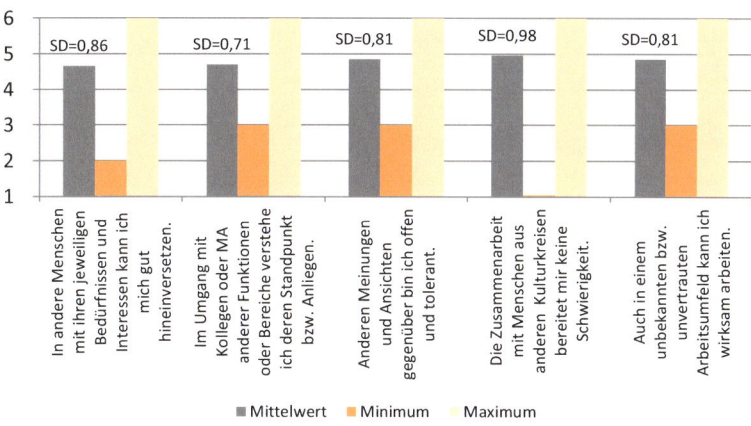

Auch hier liegen die Mittelwerte von >4.7 weit über dem Durchschnitt. Allerdings fallen die beiden Minimalwerte beim Umgang mit Menschen aus anderen Kulturkreisen sowie beim Hineinversetzen in andere Menschen auf.

Zusammenarbeit mit Mitarbeitern

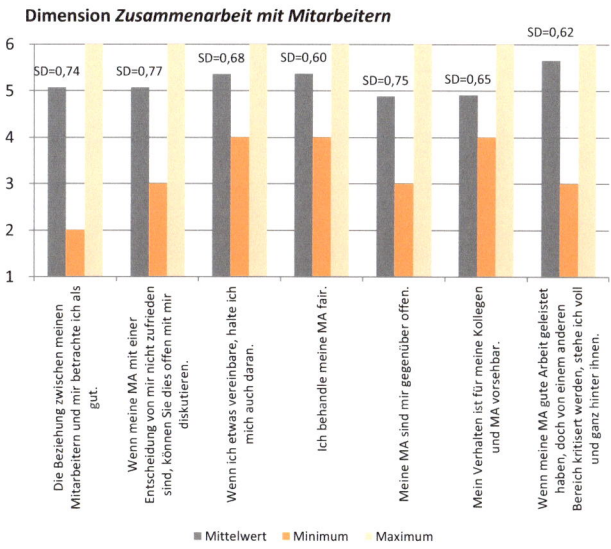

Die insgesamt sehr hohen Mittelwerte fallen auf und hierbei besonders der Mittelwert von 5.7 bei der letzten Frage *Wenn meine Mitarbeiter gute Arbeit geleistet haben, doch von einem anderen Bereich kritisiert werden, stehe ich voll und ganz hinter ihnen.* Allerdings scheinen einige Wenige eine nicht allzu gute Beziehung zu ihren Mitarbeitern zu haben.

Umgang mit Veränderungen

Dimension *Umgang mit Veränderungen*

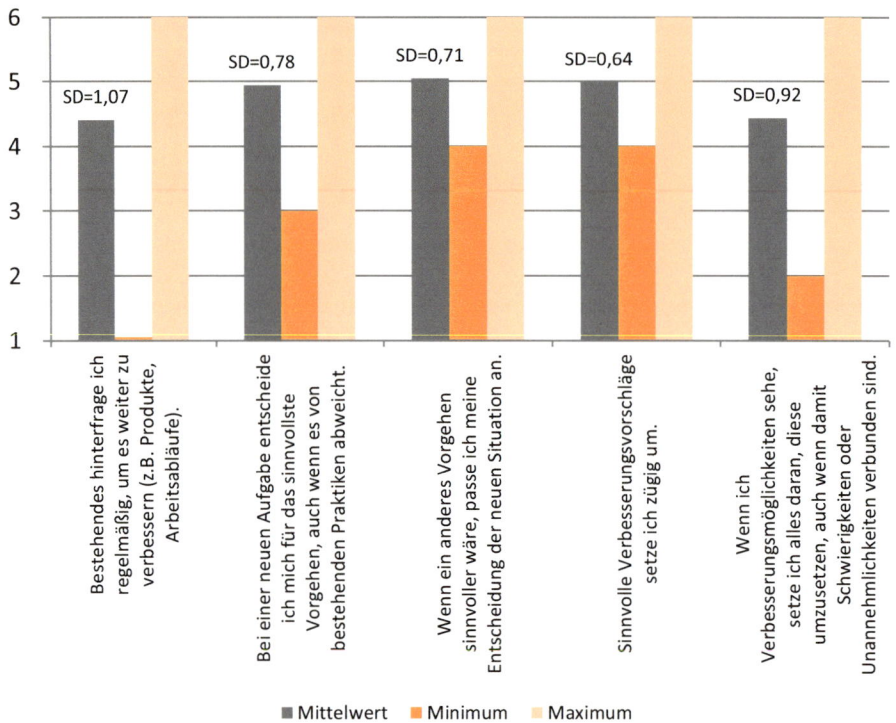

Die Werte zeigen wohl, dass eine Auseinandersetzung mit Kunden, Wettbewerb und Markt im bisherigen Einsatzbereich keine Rolle gespielt hat.

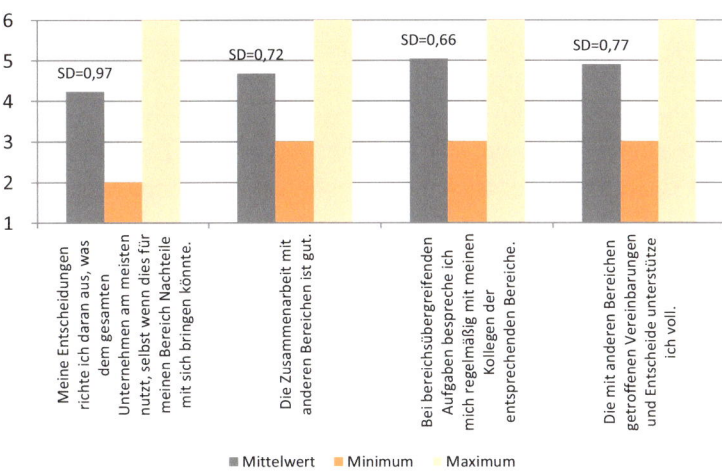

Dimension: Unternehmerisches, bereichsübergreifendes Denken und Handeln

Besonders ins Auge fällt die Absprache mit anderen Bereichen und das Einhalten sowie die Unterstützung getroffener Vereinbarungen und Entscheide.

Selbstmanagement / Resilienz

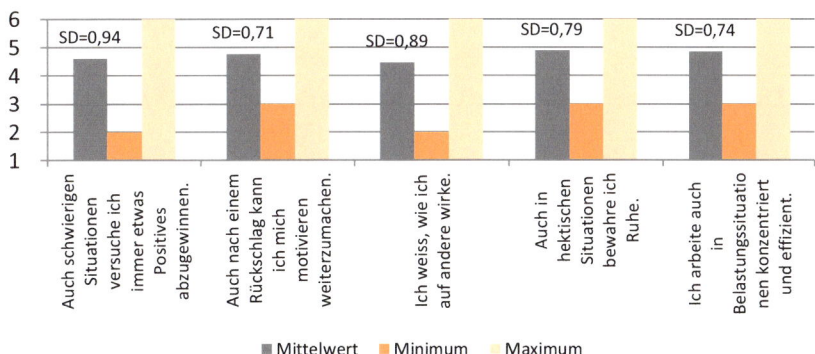

Dimension: Selbstmanagement/ Resilienz

Auch in diesem Bereich liegen alle Mittelwerte über 4.5 bei geringer Standardabweichung. Nur wenige der Befragten scheinen ihre Wirkung auf andere nicht so gut zu kennen und schwierigen Situationen nicht immer etwas Positives abgewinnen zu können.

Gesamthaft betrachtet fallen die sehr positiven Ergebnisse auf mit Mittelwerten, die alle über dem Skalenwert von 4 auf der sechsstufigen Skala liegen. Diese Ergebnisse weisen einerseits darauf hin, dass sich die Zeitoffiziere im Verlauf ihrer zwölfjährigen Dienstzeit aus ihrer Sicht Führungskompetenzen erworben haben, die auch im zivilen Bereich gefragt sind und die wir mithilfe eines Führungsmodells aus dem zivilen Bereich erhoben haben. Besonders fallen die hohen Werte bei einer Reihe von Dimensionen bzw. Fragen auf wie Führen mit Zielen, Delegieren, Entscheiden, Umgang mit Fehlern wie auch kritischen Situationen, Zusammenarbeit mit den Mitarbeitern und deren „Rückendeckung", Zusammenarbeit mit anderen Bereichen, Motivation, interkulturelle Kompetenz sowie der eigenen Verlässlichkeit. Allerdings deuten die bei einigen Fragen vorhandenen Minimalwerte von 1 bei hohem Mittelwert darauf hin, dass einige wenige der 67 Befragten ihre Führungskompetenzen bei den entsprechenden Themen als gering ausgeprägt sehen.

Die sehr hohen positiven Ausprägungen könnten allerdings auch in einer bei den meisten Befragten zu positiven Selbsteinschätzung begründet sein. Doch selbst wenn wir hierfür einen halben Skalenwert abzögen, lägen noch alle Mittelwerte über dem Durchschnitt. Zumindest scheint die gesamte Führungsausbildung in den zwölf Dienstjahren bei den Zeitoffizieren zu einer großen Selbstwirksamkeit, Selbstsicherheit und Selbstbewusstsein im Bereich der Führungskompetenzen geführt zu haben (mit Ausnahme von Kunden-, Markt- und Wettbewerbskenntnissen), die auch für die Wirtschaft von Relevanz sind.

Doch inwieweit lassen sich die im militärischen Führungsbereich erworbenen Führungsqualifikationen auf den Führungsalltag im zivilen Bereich tatsächlich übertragen?

Übertragbarkeit der erworbenen Führungskompetenzen von Zeitoffizieren in die zivile Führungspraxis

Die persönlichen Einschätzungen von Zeitsoldaten am Ende ihrer Dienstzeit geben für diese Fragestellung weiterführende Informationen. Einigen Zeitoffizieren wurden folgende vier Fragen gestellt: Welche Stärken und Schwächen nehmen die Befragten im Vergleich zu altersgleichen zivilen Führungskräften wahr? Welche Chancen sehen sie in den durch ihre in der Bundeswehr erworbenen Führungsqualifikationen für eine zivile Verwendung und welche Herausforderungen antizipieren sie in einer Führungsfunktion in der Wirtschaft? Die Antworten sind entsprechend der vier Fragen nachfolgend aufgeführt.

Welches betrachten Sie als Ihre Stärken im Bereich Führung?

Insgesamt wurden hier acht zentrale Gründe genannt. Zentral sei, dass ein Zeitoffizier bereits im Alter von ca. 20 Jahren mit Menschenführung „konfrontiert" wird – und dies nicht nur theoretisch, sondern auch praktisch im Rahmen der Offizierausbildung Teil 2 , bei der u.a. eine Gruppe von 5-8 Personen geführt wird. Diese Erfahrung wird über die Dienstzeit von 12 bzw. neu 13 Jahren weiter erprobt durch die Führung von Gruppen mit 5 bis 60 Mitarbeitern, die sowohl aus dem militärischen wie auch zivilen Bereich stammen können. Dadurch ergeben sich zahlreiche Möglichkeiten, Erfahrung in allen Facetten der Menschenführung über die verschiedenen Verwendungen hinweg zu sammeln. Hierzu gehören u.a. der Umgang mit Mitarbeitern, die sich in schwierigen Motivationslagen befinden, aber auch der Umgang mit Mitarbeitern, die die unterschiedlichsten Ausbildungsniveaus und biografischen Hintergründe mitbringen. Diese Diversität kann z.B. von einem Grundwehrdienstleistenden mit abgebrochenem Hauptschulabschluss bis zum diplomierten Geologen reichen. Hierbei werden zum Führen mit Zielen, delegieren, informieren, motivieren und beurteilen speziell auch die Kooperations- und Durchsetzungsfähigkeit erprobt und trainiert. Zusätzlich werden Erfahrungen gesammelt im Umgang mit zahlreichen Strukturveränderungen innerhalb der Bundeswehr, die auch den Umgang mit einer komplexen Organisation ermöglicht. So gibt es nicht nur Disziplinar- und Fachvorgesetzte, sondern auch eine Reihe unterschiedlichster Anspruchsgruppen, die bei der Führung meiner Einheit berücksichtigt werden müssen.

Die so erworbenen Erfahrungen im Bereich Führung können in den Phasen der expliziten theoretischen Ausbildung in Menschenführung und Menschenbeurteilung reflektiert und erweitert werden. Zudem werden Kompetenzen z.B. in Umgangsformen, Moderationstechniken und Präsentationstechniken vermittelt und erworben.

Welches betrachten Sie als Ihre Schwächen im Bereich Führung?

Hier werden drei Aspekte als zentrale Schwächen aufgeführt: die Hierarchie gekoppelt mit der entsprechenden Führungskultur sowie der geringe Anteil an Frauen. Insgesamt sammeln Zeitoffiziere Führungserfahrung in einem komplexen System, das allerdings stark strukturiert ist und im Zweifelsfall über Befehl und Gehorsam geregelt werden kann. Zudem fördert die Möglichkeit des „einfachen" Rückgriffs auf Befehl und Gehorsam nicht unbedingt die Kreativität des Führenden bei der Gestaltung schwieriger Situationen. Die fest etablierte, an der Hierarchie orientierte Führungskultur weist zwar in den einzelnen Teilstreitkräften der Bundeswehr Subkulturen auf, bei denen Befehl und Gehorsam weniger stark ausgeprägt sind als beim Heer, dennoch wird der eigene Führungsstil vom Vorgesetzten häufig an der generellen Bundeswehr-Führungskultur beurteilt und auch in Beurteilungen entsprechend bewertet. Dies lässt wenig Freiraum, auch neue Wege zu gehen, selbst wenn die Führungsphilosophie *Innere Führung* solche selbstgewählten Alternativen zulässt. Auch ist die Sprache im militärischen Bereich z.T. stark kodiert und kann daher nicht unmittelbar auf ein privatwirtschaftliches Unternehmen übertragen werden.

Frauen sind zwar inzwischen in allen Bereichen der Bundeswehr zugelassen und vorzufinden, doch sind bislang die Führungserfahrung mit Frauen als unterstellte Mitarbeiter eher gering vorhanden.

Welche Chancen sehen Sie durch Ihre in der Bundeswehr erworbene Führungsqualifikation für eine zivile Verwendung?

Den oben genannten drei Schwächen werden hier drei zentrale Stärken bzw. Chancen gegenübergestellt, die vor allem im konkreten Erfahrungserwerb unter den oben genannten Rahmenbedingungen liegen. So werden die frühe Übernahme von Führungsverantwortung sowie die Erfahrungen, die bei der Menschenführung unter Belastung bei den verschiedensten Übungen erworben werden, als Chance und Vorteil gegenüber zivilen Mitbewerbern gesehen. Trotz Hierarchie ist es unter den gegebenen Arbeitsbedingungen eines Zeitoffiziers stets eine Herausforderung, die Mitarbeiter auf die zu erfüllenden Ziele hin zu motivieren und dabei soweit wie möglich auf Befehl und Gehorsam zu verzichten: Zeitoffiziere werden, bedingt durch die Versetzung nach spätestens drei Jahren Verweildauer in einer Funktion, ständig mit neuen Mitarbeitern konfrontiert, und dies ist gekoppelt mit den veränderten Rahmenbedingungen bei geringen verfügbaren finanziellen Mitteln. Auch die Loyalität gegenüber dem Arbeitgeber wird häufig durch Strukturmaß-nahmen auf eine harte Probe gestellt, dennoch gilt es, gegenüber den Mitarbeitern die angestrebten (Projekt-) Ziele konsequent zu verfolgen.

Welche Herausforderungen antizipieren Sie, wenn Sie in den zivilen Bereich gehen?

Generell werden vier Herausforderungen gesehen. Dieses sind erstens der Umgang mit Frauen als Vorgesetzte, wobei die Bundeswehr immer noch eine stark männerdominierte Kultur ist. Zweitens muss für den zivilen Bereich eine „neue" Sprache als Führungskraft erlernt werden. Drittens muss ein völlig anderer Stil für die Beurteilung von Mitarbeitern erworben werden, da Beurteilungen in der Bundeswehr nicht derart kodiert sind wie in der Privatwirtschaft.

Als letzte Herausforderung wird die Auseinandersetzung mit zahlreichen Vorurteilen gegenüber der Bundeswehr und Bundeswehrsoldaten betrachtet, die vom Kriegstreiber bis hin zum Freizeitsoldaten reichen können. Hier wird es als besondere Herausforderungen gesehen, im zivilen Bereich ein realitätsgetreues Bild des ehemaligen Arbeitgebers zu vermitteln, da immer weniger Menschen, bedingt durch Standortschließungen und Aussetzung der Wehrpflicht, in direkten Kontakt mit der Bundeswehr kommen.

Abschließende Bemerkung

Die obigen Ausführungen zeigen zum einen auf, dass Zeitoffiziere mit Studium im Vergleich zu altersgleichen Führungskräften mit Studium im zivilen Bereich eine wesentlich längere und breitere Führungserfahrung aufweisen. Auch die Kompetenzen, die Zeitsoldaten in ihrer zwölf- bzw. dreizehnjährigen Dienstzeit im Bereich der militärischen Führung erworben haben, sind für die Führung im zivilen Bereich notwendig und gefragt und – wie die Ergebnisse unserer explorativen Studie zeigen – auch in der Selbstwahrnehmung in großem Ausmaß vorhanden. Allerdings unterscheiden sich die Sprachlichkeit, wie oben erwähnt, und das Setting, in dem die Führungserfahrungen gesammelt wurden. Parallel zum Erlernen und Anwenden der neuen Sprachlichkeit müssen die über zwölf Jahre praktizierten Begriffe und Sprachmuster z.T. nicht nur ersetzt, sondern auch entlernt werden. So entspricht z.B. dem zivilen Führen mit Zielen die Auftragstaktik. Der Begriff „Verwendung" ist in der Wirtschaft gänzlich unüblich und entspricht dem

Einsatz- bzw. Verantwortungsbereich; der militärische Kamerad wird zum zivilen Kollegen. Delegieren mag im Rahmen der klaren Hierarchie mit der Möglichkeit, sich auf Befehl und Gehorsam zu berufen, im militärischen Bereich einfacher sein als in der Wirtschaft. Dafür stellt das Arbeits- und Wirkungsumfeld z.T. eine größere Herausforderung dar – speziell an die Motivation.

Meine persönliche Erfahrung im Umgang mit zivilen und militärisch ausgebildeten Führungskräften im Rahmen von Führungskräfteseminaren, Lehre und Projektarbeiten, die keinen Repräsentativitätsanspruch hat, zeigt, dass Zeitoffiziere gelernt haben, zu erreichende Ziele vorwiegend klarer zu artikulieren und häufig, im Vergleich zu ihren zivilen Kollegen, eine präzisere Information und Kommunikation praktizieren. Auch zeigen Zeitoffiziere eine ausgeprägte Neigung und Fähigkeit zur Teamarbeit und Kollegialität (*Kameradschaft*), bei der sie ihren eigenen Führungsanspruch auch zurückstecken können, wenn ein qualifizierter Kollege die Initiative ergreift. Im zivilen Bereich habe ich diesbezüglich mehr und z.T. auch sehr subtiles Wettbewerbsverhalten um die Führungsfunktion erlebt. Bezüglich Delegation konnte ich beobachten, dass Zeitoffiziere selbst in schwierigen und hektischen Situationen eher Ruhe bewahrten und sich nicht in operativer Hektik verlieren, sondern stets versuchen, den Überblick zu behalten. Ein weiterer großer Unterschied liegt in der antrainierten Fürsorgepflicht von Zeitoffizieren für die ihnen anvertrauten Mitarbeiter gekoppelt mit einer starken Teamorientierung und Loyalität gegenüber dem Team und Vorgesetzten, die ich in diesem Ausmaß bei zivilen Führungskräften weniger wahrgenommen habe.

Das gelernte Prinzip des Befehls und Gehorsams führt aber auch dazu, dass vorgegebene Ziele weniger hinterfragt, sondern eher loyal abgearbeitet werden. Aufgrund der erlernten Auftragstaktik werden eher klar und präzis formulierte Zielvorgaben erwartet und für die Suche nach neuen Ideen, Wegen und Vorgehensweisen muss eher, explizit aufgefordert werden.

Trotz ausgeprägter Führungskompetenzen stellt allerdings, wie die obigen Interviewausführungen zeigen, das neue zivile Arbeitsumfeld eine große Herausforderung dar. Während in einigen Ländern wie z.B. der Schweiz, Frankreich und den USA der militärische Bereich und auch eine militärische Ausbildung in der Gesellschaft eher positiv belegt sind und Führungskräfte mit militärischer Führungserfahrung im Bereich Führung als sehr gut qualifiziert betrachtet werden, ist dies in Deutschland nicht unbedingt der Fall. Je nach persönlicher Erfahrung – die bei Männern häufig geprägt ist durch ihren Grundwehrdienst in der Bundeswehr – ist in der Gesellschaft eher eine bipolare Einstellung zur Bundeswehr und zur Führungsqualifikation von Zeitsoldaten beobachtbar. War die eigene frühere Erfahrung mit der Bundeswehr eher negativ, werden z.B. bei Auswahlmöglichkeiten bei der Einstellung zivil geprägte Führungskräfte bevorzugt. Militärisch geprägte Führungserfahrung wird dann meist stereotyp mit einem direktiven Führungsstil assoziiert. War die eigene militärische Erfahrung positiv bzw. gibt es eine Verbindung zur Bundeswehr, z.B. als Reserveoffizier oder als ehemaliger Zeitoffizier, so werden Zeitoffiziere bevorzugt eingestellt – man weiß ja, welche Führungsqualifikation sie durchlaufen haben. Somit stimme ich mit den oben dargestellten Interviewausführungen überein, dass es wohl eine der großen Herausforderungen sein wird, dem zivilen Arbeitsumfeld ein differenziertes Bild über die Führungsqualifikationen von Zeitsoldaten zu vermitteln, die über die bekannten militärischen Stereotype hinausgehen. Mit der Aussetzung der Wehrpflicht wird diese Kenntnislücke noch vergrößert werden. Dabei bringen die Zeitoffiziere ein großes Potenzial an Führungserfahrung mit, die auch für die Wirtschaft von großem Wert sind, wie Teamarbeit und Kollegialität, klare Kommunikation und Zielvereinbarungen, die Fähigkeit zur Delegation, Umgang mit kritischen Situationen, Einsatzbereitschaft und Selbstmanagement sowie auch Loyalität gegenüber Team, Vorgesetzten und Arbeitgeber.

Damit dieses im Arbeitsmarkt vorhandene Potenzial aber auch in Zukunft entsprechend genutzt wird, wird es von Seiten der Bundeswehr künftig wohl mehr Kommunikations- und Sensibilisierungsanstrengungen brauchen, um vorhandene Berührungsängste und Vorurteile abzubauen. Die ausscheidenden Zeitoffiziere sollten sich verstärkt über die Andersartigkeit ihres neuen Arbeits- und Führungskontextes informieren, sich bewusst die neue Sprachlichkeit aneignen und ihre langjährigen Sprachmuster entlernen. Vom zivilen Bereich wird es mehr Neugierde brauchen, sich auf diese anders qualifizierten Führungskräfte einzulassen, mehr Offenheit, die vorhandenen Führungskompetenzen auch als solche zu erkennen und zu nutzen und auch mehr Mut, bei auftretenden Unstimmigkeiten, Missverständnissen oder Problemen diese nicht sofort auf die militärische Führungssozialisierung zu attribuieren sondern in einem offenen Dialog zu klären.

Literatur

Deiser, R.O. (2012). Business Models Galore: The Colorful and Diverse World of Corporate Universities. Developing Leaders, 9:10-18.

De Maizière, T. (2011). Verteidigungspolitische Richtlinien. Bundesministerium für Verteidigung, Berlin, den 27.5.2011.

Dörfler-Dierken, A. (2013). Führen in der Bundeswehr: Soldatisches Selbstverständnis und Führungskultur nach der ZDv 10/1 Innere Führung. Miles-Verlag.

Drucker, P.F. (1973/1985a/1993). Management: Tasks, Responsibilities, Practices. HarperBusiness.

Drucker, P.F. (1985b/1993). The Effective Executive. HarperBusiness.

Graen, G.B. und Graen, J.A. (2013) (Hrsg.): Management of Team Leadership in Extreme Context. Charlotte: IAP Information Age Publishing.

Hammerich, H.R., Hartmann, U. und von Rosen, C. (2010) (Hrsg.): Jahrbuch Innere Führung 2010: Die Grenzen des Militärischen. Miles-Verlag.

Hughes, D.J. (1995). Moltke and the Art of War: Selected Writings. Presidio Press.

Karst, S. (2008). Merkmale deutscher Corporate Universities. Grin Verlag.

Lorscheid, S. (2012). Corporate University: Grundlagen – Konzepte – Perspektiven AV Akademie Verlag.

Malik, F. (2006). Führen Leisten Leben. Wirksames Management für eine neue Zeit. Campus, 9. Aufl.

Marr, R. (2001) (Hrsg.). Kaderschmiede Bundeswehr? Vom Offizier zum Manager. edition gfw.

McCoy, B.P. (2012). Passion of Command. Marine Corps. Association.

Morick, H. und Knuschke, H. (2001). Karriereentwicklungen im Vergleich: Zeitoffiziere mit Studium und Absolventen ziviler Hochschulen. In: Marr, R. (Hrsg.). Kaderschmiede Bundeswehr? Vom Offizier zum Manager. München: edition gfw: S. 113-134.

Morick, H. und Neumayer, M. (2001). Über die Notwendigkeit eines zusätzlichen Personalentwicklungsbedarfs in der Laufbahn der Zeitoffiziere mit Studium. In: Marr, R. (Hrsg.). Kaderschmiede Bundeswehr? Vom Offizier zum Manager. edition gfw: S. 177-195.

Mühlbacher, J., Scheer, P., Schmidt, A. und von Rosenstiel, L. (2008). (Hrsg.), Management Development. von Linde-Verlag.

Powell, C. (2012). It Worked for Me: in Life and Leadership. Harper.

Neuberger, O. (2002). Führung und Führen lassen: Ansätze, Ergebnisse und Kritik der Führungsforschung. UTB: 6., völlig überarb. Aufl.

Puryear, E. (2001). American Generalship: Character is Everything: The Art of Command. Presidio Press.

Puryear, E.(2003). 19 Stars: A Study in Military Character and Leadership. Presidio Press.

Sackmann, S. A. (2005). Der Wandel der Bundeswehr als Herausforderung an die Innere Führung. In Wiesendahl, E. (Hrsg.). Neue Bundeswehr – neue Innere Führung? Nomos Verlag: S. 173-192.

Struck, Peter (2003). Verteidigungspolitische Richtlinien. Bundesministerium für Verteidigung, Bonn, den 21.5.2003.

Taylor, R.L., Rosenbach, W.E. und Rosenbach, E.B. (2008). Military Leadership: In Pursuit of Excellence. Westview Press, 6. Aufl.

Wunderer, R. (2011). Führung und Zusammenarbeit: eine unternehmerische Führungslehre. Luchterhand, 9. Aufl.

ZDv 10/1 (2008). Innere Führung. Selbstverständnis und Führungskultur der Bundeswehr. Bundesministerium der Verteidigung, Bonn.

Ein Offizier in der Wirtschaft:
Wie die Führungsprinzipien der Bundeswehr auf den Manageralltag vorbereiten

Thomas Haupt

Nach zwölf Jahren Bundeswehr und fünf Jahren Erfahrung in der Wirtschaft lautet mein persönliches Resümee zur Anwendbarkeit von Führungsprinzipien aus der Bundeswehr in der Wirtschaft: Erstens hat meine Bundeswehrzeit meinen Führungsstil, den ich heute in der Wirtschaft lebe, wesentlich geprägt. Und zweitens lassen sich bestimmte Management- oder Führungsprinzipien aus der Bundeswehr gerade in der mittelständischen Wirtschaft besonders erfolgreich anwenden.

Meine Laufbahn in der Bundeswehr begann im Juli 1997 als Offiziersanwärter in der Panzertruppe in Augustdorf. Die Offizierslaufbahn im Heer war 1997 noch so aufgebaut, dass man anfangs eine dreijährige Ausbildung zum Leutnant durchläuft. An die dreijährige Ausbildung zum Leutnant habe ich intensive Erinnerungen an Themengebiete, die mich heute noch prägen. Zum einen war ich bereits mit einem Lebensalter von 20 Jahren als Vorgesetzter in der Allgemeinen und Spezialgrundausbildung tätig, so dass ein Einfinden in eine Vorgesetztenfunktion bereits sehr früh möglich war. In der Allgemeinen Grundausbildung werden die Soldaten mit allgemeinen militärischen Fähigkeiten vertraut gemacht, die ein grundsätzliches „Überleben auf dem Gefechtsfeld" ermöglichen sollen. In der sich anschließenden Spezialgrundausbildung erfolgt die truppengattungsspezifische Ausbildung – in meinem Fall die Ausbildung als Besatzung eines Kampfpanzers Leopard 2. Einer der wichtigsten Grundsätze war mir damals das „Führen durch Vorbild", denn dieses wurde in der Offiziersanwärterausbildung als das Führungsprinzip in der Bundeswehr betrachtet und intensiv im Rahmen der Ausbildung analysiert. Das „Führen durch Vorbild" wurde aber nicht nur theoretisch besprochen, sondern immer wieder sehr intensiv vorgelebt, so dass ich dieses Führungsprinzip als immanenten Bestandteil der Führungskultur der Bundeswehr kennengelernt habe. Seit einigen Jahren hängt in meinem Büro eines von vier Bildern mit der Unterschrift Führung. Mit gutem Beispiel voran. Für die Führung in der Wirtschaft bedeutet dies für mich, mich selber immer in allen Belangen vorbildlich zu verhalten – angefangen von fachlichen Leistungen und methodischer Kompetenz, über die Einhaltung von z.B. Konzernrichtlinien bis hin zu korrektem Verhalten in Aspekten der sozialen Kompetenz. Es bedeutet in der Führung für mich aber auch Standards zu setzen, innovativ zu sein und vorbildliche Leistungen zu erbringen. Das Erbringen vorbildlicher Leistungen bedeutet jedoch nicht, Spezialist in allen Fachgebieten zu sein – was bei einer wachsenden Informationsfülle auch schlicht nicht möglich ist. Wohl aber wird in bestimmten Fachbereichen profundes Fachwissen benötigt. In einer Führungsposition stellt aus meiner Sicht ein profundes Fachwissen auf einem bestimmten Gebiet das „Standbein" dar; und die Führungsleistungen, mit denen man beispielsweise ein Team zu besonderen Leistungen motiviert, sind das „Spielbein."

Eng verbunden mit dem Prinzip des „Führens durch Vorbild" ist aus meiner Sicht, sich für seine Soldaten bzw. Mitarbeiter verantwortlich zu fühlen. Das wurde mir bereits zu Bundeswehrzeiten – insbesondere mit der im Soldatengesetz enthaltenen „Kameradschaftspflicht" – vermittelt; und die Verantwortung für meine Mitarbeiter ist mir heute mindestens immer noch genauso wichtig.

Nun zum zweiten Bild, das in meinem Büro hängt. Dieses trägt die Unterschrift Dialog. Ein gutes Wort kann Steine brechen. Dieses Prinzip hängt für mich eng damit zusammen, dass Führung einfacher wird, wenn man den Mitarbeitern durch gute Kommunikation den Zweck und das Ziel bestimmter Maßnahmen erläutert. Damit eng verbunden ist dann wiederum das Prinzip des „Führens durch Auftrag" (Auftragstaktik), das sowohl in der Bundeswehr als auch in der Wirtschaft angewendet wird. Denn wenn das Bewusstsein für den Zweck einer Maßnahme und das Ziel klar dargelegt wurden, kann der Weg dorthin innerhalb bestimmter Grenzen oder Vorgaben von den Soldaten oder Mitarbeitern selber festgelegt werden. Dabei ist aus meiner Sicht sowohl in der Bundeswehr als auch in der Wirtschaft die offene Diskussion und der konstruktive Dialog bei gleichzeitiger Loyalität erlaubt und gewollt; das Prinzip von Befehl und Gehorsam bleibt dadurch völlig unbenommen. Dennoch gibt es nach meiner Erfahrung sowohl in der Bundeswehr als auch in der Wirtschaft (termin-) kritische Situationen, in denen keine Zeit für Diskussionen bleibt; der Befehl beziehungsweise die Anweisung ist umzusetzen. Aber hinterher ist bei Bedarf ein Feedback angebracht. Welcher Manager kennt diese Situation nicht aus seinem Alltag?

Mit zum Dialog gehört die strukturierte Kommunikation. Bereits sehr früh in der Offiziersausbildung wurden wir darin geübt, aktuelle politische Themen in einem Zeitfenster von beispielsweise fünf Minuten vorzutragen. An der Offiziersschule wurden Vorträge gehalten, die sowohl inhaltlich als auch nach Einhalten der Zeitvorgabe bewertet wurden. Es ist eine ganz eindeutige Anforderung an den Offizier in der Bundeswehr, sich innerhalb bestimmter Zeitfenster sehr präzise, prägnant und strukturiert auszudrücken.

Zum oben genannten Dialog gehört aus meiner Erinnerung auch Folgendes: In den Ausbildungsabschnitten an der Panzertruppenschule und der Offiziersschule des Heeres wurden wir immer wieder dazu aufgerufen, Pausengespräche mit den Kameraden zu führen, um mit diesen zum Beispiel die Sinnhaftigkeit der Wehrpflicht oder aktuelle politische Entwicklungen zu diskutieren. Geprägt war dies vom Leitbild des Staatsbürgers in Uniform – und damit der Basis der Inneren Führung. Zur Inneren Führung heißt es auf der Homepage der Bundeswehr: „Die Innere Führung garantiert, dass die Streitkräfte grundlegende gesellschaftliche Entwicklungen flexibel aufgreifen, ohne sich kurzfristigen Modetrends anzuschließen." Die Forderung, gesellschaftliche Entwicklungen aufzugreifen, ohne sich kurzfristigen Trends anzuschließen, ist sicherlich ein Ansatz, der sich ohne Weiteres auch auf die strategische Ausrichtung von Unternehmen in der Wirtschaft übertragen lässt.

Weiterer Bestandteil der Offiziersausbildung waren zu meiner Zeit „Stil und Formen"; denn der Offizier soll in der Lage sein, sich auf jedem gesellschaftlichen Parkett adäquat zu benehmen. Dazu gehörten etwa ein Tanzkurs oder förmliche Abendveranstaltungen mit Mehr-Gänge-Menüs, um Tischmanieren einzutrainieren. All diese Fähigkeiten geben einem auch in der Wirtschaft in allen Situationen Handlungssicherheit.

Aus meiner persönlichen Erfahrung bekommt man in seiner Bundeswehrzeit also bereits grundlegende Soft Skills mit auf den Weg, die einem später in der Wirtschaft als Vorgesetzter oder Manager bereits innewohnen, und die man nicht mehr trainieren muss, da sie einem ohnehin selbstverständlich erscheinen. Diese Soft-Skills liegen aus meiner Sicht vor allem in sozialen Kompetenzen wie Eigenverantwortung und Selbstdisziplin, die insbesondere durch die gelebte Auftragstaktik geübt werden. Weiterhin ist Hilfsbereitschaft zu nennen, die sich aus der Pflicht zur Kameradschaft gem. Soldatengesetz ergibt. Als weitere Soft Skills möchte ich übergeordnet noch die Kombination aus Führungsqualitäten und Teamfähigkeit nennen, die wiederum mit anderen Soft Skills wie Einfühlungsvermögen, Kompromiss- und Konfliktfähigkeit, Menschenkenntnis, Zivilcourage, Motivationsfähigkeit und Kommunikationsfähigkeit (Aufzählung ohne Anspruch auf Vollständigkeit) zusammenhängen.

Mit diesen Soft Skills gut gerüstet begann ich im Jahr 2000 das Studium der Wirtschafts- und Organisationswissenschaften an der Universität der Bundeswehr München. Dabei fand die Vertiefungsrichtung „Gesundheitsökonomie" mein besonderes Interesse; und zugleich reifte in mir (aus Gründen, die nicht Gegenstand dieses Beitrags sein sollen) der Entschluss, nicht Berufssoldat zu werden, sondern die Bundeswehr nach zwölf Jahren zu verlassen. Nach dem Studium erhielt ich die Option, im Sanitätsdienst der Bundeswehr und damit studiennah eingesetzt zu werden, was ich als wesentlichen Erfolgsfaktor für einen reibungslosen Übergang aus der Bundeswehr in die Wirtschaft sehe. Denn neben Soft-Skills spielt in der Wirtschaft die fachliche Komponente eine sehr große Rolle. Und nicht alle fachlichen Kompetenzen, die man in der Bundeswehr erwirbt, sind in der Wirtschaft gefragt und einsetzbar.

Zuvor erwartete mich jedoch ein sechsmonatiger Auslandseinsatz in Bosnien-Herzegowina. Und obwohl es sich 2004 um einen friedenserhaltenden Einsatz handelte, der sicher nicht mit der Situation in Afghanistan beim ISAF-Einsatz der Bundeswehr im Jahr 2013 zu vergleichen ist, brachte dieser Einsatz doch besondere Belastungen mit sich. Meinen SFOR-Einsatz habe ich jedoch als wertvolle Erfahrung in Erinnerung. Denn neben der Erfahrung, für ein halbes Jahr in einem fremden Land als deutscher Soldat aufzutreten und dort seinen Dienst zu tun, erlernte ich in diesem Einsatz Grundlagen der Stabsarbeit, deren Strukturierungsprinzipien ich auch heute noch in der Wirtschaft anwende. Grundlagen der Stabsarbeit kann man auch außerhalb eines Auslandseinsatzes erlernen, und das ist auch sicher in weiten Teilen der Bundeswehr Standard. Aber in einer unsicheren und komplexen Einsatzlage lassen sich bestimmte Strukturierungsprinzipien der Stabsarbeit besonders gut einsetzen. Und der Einsatz von Strukturierungsprinzipien in unsicheren und komplexen Situationen ist in der Wirtschaft ebenso gefragt wie in der Bundeswehr. Dabei geht es um zwei aus Bundeswehr-Sicht banal erscheinende Dinge – namentlich der „Befehl" und die „Vorlage". Mit der Gliederung eines Befehls (Lage, Auftrag, Durchführung, Einsatzunterstützung, Führungsunterstützung) lässt sich ein Fußballturnier im Feldlager genauso organisieren wie ein Kontingentwechsel oder komplexe Einsatzszenarien. Wenn ich heute im Managementalltag etwas zu organisieren habe, denke ich dabei immer noch in den Kategorien des Befehls (Befehl zur Organisation und Durchführung…):

1. In welchem wirtschaftlichen Umfeld bewegt sich das Unternehmen? (Lage)

2. Welche Maßnahmen trifft z.B. der Konzern, um unter den genannten Rahmenbedingungen zu agieren? (Auftrag)

3. Welche Schritte übernimmt dabei der eigene Unternehmensteil? (Durchführung, eigene Absicht)

4. Bei Bedarf: Wie werden logistische Maßnahmen organisiert? (Einsatzunterstützung)

5. Bei Bedarf: Gibt es Besonderheiten im Bereich IT? (Führungsunterstützung)

Bei der empfängergerechten Aufbereitung von Informationen oder zur Vorbereitung von Entscheidungen orientiere ich mich heute noch an wesentlichen Punkten aus einer Vorlage:

1. Zweck der Vorlage: Beispielsweise Vorlage zur Information, Vorlage zur Entscheidung. Durch diese einleitende Zeile kann sich das Management unmittelbar darauf einstellen, was am Ende erwartet wird: Ist eine Entscheidung zu treffen? Werde ich „nur" informiert?

2. Sachverhalt: Möglichst neutrale Darstellung einer Situation.

3. Bewertung: Belegung des Sachverhaltes mit der eigenen Interpretation.

4. Empfehlung (selbsterklärend)

Die genannte Gliederung einer Vorlage führte ich bei meinem ersten Arbeitgeber in der Wirtschaft ein – einem mittelständischen Laborbetreiber, der einen starken Wachstumskurs aufwies, bei dem die Organisation dem Wachstum zunächst aber nicht nachkam. Dieses Unternehmen war zu Beginn rückblickend gesehen in einigen Bereichen eher unorganisiert. In diesem Unternehmen wurde ich als Controller eingestellt und wurde nach kurzer Zeit zum Leiter Controlling und mit dem Aufbau einer Abteilung betraut. Aus meiner Sicht konnte ich in diesem mittelständischen Unternehmen meine Stärken voll ausspielen: Gefragt war neben anderen Eigenschaften vor allem die Fähigkeit zum strukturierten Arbeiten. In hektischen Zeiten war es mir mit bekannten Strukturierungsprinzipien möglich, die vorhandene Komplexität angemessen zu managen. Aber ich sorgte nicht nur für bestimmte Strukturen; wichtig war es mir auch, in dem Bereich, für den ich verantwortlich war, Teamgeist zu schaffen, so wie es mir selber bereits als Offiziersanwärter als Korpsgeist mitgegeben wurde. Ziel war, Motivation zu fördern – natürlich auch, um dadurch wiederum möglichst gute Leistungen und Ergebnisse zu erzielen. In dieser Zeit von 2009 bis 2012 wurden mir sukzessive mehr Aufgaben, Projekte und Verantwortung übertragen. Meine persönliche Schlussfolgerung daraus lautet, dass man sich selber als ehemaliger Offizier im Mittelstand besonders erfolgreich entwickeln kann; denn hier kann man auf ein Umfeld treffen, in dem bestimmte Strukturen und Führungsprinzipien noch nicht intensiv ausgeprägt sind. Als ehemaliger Offizier kann man hier mit erlernten Prinzipien Strukturen schaffen, für Orientierung sorgen und angemessene Wege finden, um mit Komplexität umzugehen.

Wenn ich rückblickend zusammenfasse, dass ich bei meinem ersten Arbeitgeber in der Wirtschaft eine erfolgreiche karrieremäßige Entwicklung erlebt habe, so liegen sicherlich bestimmte Erfolgsfaktoren darin, dass ich aus meiner Bundeswehrzeit bestimmte Strukturierungsprinzipien erfolgreich anwenden konnte und mit einem Set an Soft Skills ausgestattet wurde. Doch dies alleine reichte sicherlich nicht aus. In meinem Fall spielten die vier letzten Jahre meiner Bundeswehrzeit noch eine bedeutende Rolle, denn hier sammelte ich bereits Branchenerfahrungen im Gesundheitswesen. Von 2005 bis 2007 war ich als Controller in einem Bundeswehrkrankenhaus tätig und in 2008 beim Sanitätsamt der Bundeswehr (in einem Projekt zur Vorbereitung der SAP-Einführung in den Bundeswehrkrankenhäusern und Sanitätszentren). Bundeswehrkrankenhäuser sind auch für „Zivilpatienten" geöffnet, womit ich bereits während der Bundeswehr auch die zivile Gesundheitswirtschaft kennenlernte. Auch nutzte ich diese Zeit für eine Dissertation, die vom Bundeswehrkrankenhaus im empirischen Teil unterstützt wurde. Und ich vernetzte mich im zivilen Gesundheitswesen durch die Teilnahme an einem Mentoring-Programm für Nachwuchs-Führungskräfte in der Gesundheitswirtschaft (gefördert von der B. Braun-Stiftung).

Damit war aus meiner persönlichen Sicht ein ideales „Bündel" für die Zeit nach der Bundeswehr „geschnürt": Aus der Truppe kannte ich Führungsprinzipien und brachte Soft Skills mit. Und nach dem Studium konnte ich mit dem Sanitätsdienst bereits Erfahrungen in der „Branche" sammeln, in der ich auch später in der Wirtschaft arbeiten wollte. Insbesondere mit Krankenhäusern hatte ich mich intensiv befasst; und so sollte es kein Zufall sein, dass mein erster Arbeitgeber nach der Bundeswehr ein Laborbetreiber war, der einen wesentlichen Teil seines Umsatzes mit Krankenhäusern erzielte.

Initiiert durch die gesundheitsökonomischen Vorlesungen an der Universität der Bundeswehr und meine Verwendungen im Sanitätsdienst der Bundeswehr habe ich die Branche gefunden, in der ich meine berufliche Zukunft sehe. Dennoch war es schon immer mein Wunsch, noch eine andere Branche kennen zu lernen. Auf Grund bestimmter Gemeinsamkeit von Gesundheitswesen zur Luftfahrt entschied ich mich, als Controller bei der Lufthansa CityLine tätig zu werden. In einem Konzern wie der Lufthansa findet man bestimmte Arbeitsprinzipien wieder, die an Grundlagen der Stabsarbeit erinnern. Die Verwendung einer „Vorlage" ist dort ebenso selbstverständlich wie vorgelagerte Abstimmungsrunden. Auch sind in einem Großkonzern prinzipiell alle „Geschäftsvorfälle" vorstrukturiert, und es existieren Verfahrensanweisungen – von der Reiserichtlinie bis zur Kontierungsanweisung. Wer sich in der Grundlagen der Stabsarbeit zurecht findet, sollte auch mit den grundsätzlichen Arbeitsweisen in einem Großkonzern wenige Probleme haben. Denn sowohl in einer Großorganisation wie der Bundeswehr als auch in einem Großkonzern wie der Deutschen Lufthansa AG müssen bestimmte Strukturen vorhanden sein, die es ermöglichen, eine sehr große Organisation zu steuern. Bei der Lufthansa CityLine war ich anderthalb Jahre tätig. Der Schritt in dieses Unternehmen ist eher als „Sidestep" zu sehen, der jedoch wichtig war, um auch einmal sowohl eine andere Branche als auch einen Großkonzern kennengelernt zu haben.

Nun ist es an der Zeit, zum dritten Bild in meinem Büro zu kommen. Dieses Bild trägt die Bildunterschrift Los. Die größte Gefahr im Leben ist, dass man zu vorsichtig wird. Als ich das Angebot erhielt, als kaufmännischer Leiter für eine Augenklinik tätig zu werden, musste ich nicht lange überlegen. Auf Grund meiner beruflichen Vorerfahrungen – auch aus der Bundeswehr – sah ich mich gut für diese Position vorbereitet und bin dort nunmehr seit Juli 2013 tätig.

Es sollte nun aber auch gesagt werden, auf welche Bereiche in der Wirtschaft mich die Bundeswehr explizit nicht vorbereitet hat oder welche Nachteile es hat, wenn man in der Wirtschaft einsteigen will und vorher zwölf Jahre bei der Bundeswehr aktiv war. Da ist aus meiner Sicht in erster Linie die Berufserfahrung zu nennen. Ich erinnere mich an eine Due-Diligence, an der ich recht früh nach meiner Bundeswehrzeit in der Wirtschaft maßgeblich beteiligt war. Hier traf ich auf Unternehmensberater, die jünger waren als ich, in bestimmten Bereichen aber bereits vier bis fünf Jahre sehr fundierte Berufserfahrung aus der Wirtschaft mitbrachten und mir an Fachwissen überlegen waren. Ich selbst sah diese Zeit als Crash-Kurs und hatte die Gelegenheit, in einer sehr (arbeits- und zeit-) intensiven Berufsphase sehr viel Fachwissen aufzubauen. Dieses Beispiel soll verdeutlichen, dass in der Wirtschaft zwingend fundierte relevante Fachkompetenz benötigt wird. Und Kenntnisse zum Beispiel über Waffensysteme lassen sich (die Rüstungsindustrie ausgenommen) nur sehr eingeschränkt auf die Wirtschaft übertragen.

Weiterhin ist Führung in der Wirtschaft immer auch ein Stück weit anders ausgeprägt als Führung in der Bundeswehr. In der Wirtschaft ist Führungsverantwortung in der Regel auch immer mit Budget- oder Ergebnisverantwortung verbunden. Hier muss man sich auf andere Ergebnisgrößen einlassen, als man das von der Bundeswehr kennt – zum Beispiel rein finanzwirtschaftliche Kennzahlen aus Bilanz, Gewinn- und Verlustrechnung oder Cash-Flow. Bei der Bundeswehr hingegen steht eher die Erfüllung des Auftrages per se als Ergebnisgröße im Vordergrund. Ich traf weiterhin in der Wirtschaft durchgängig (sowohl im Mittelstand als auch in einem Großkonzern) auf ein hohes Maß an Dienstleistungsorientierung – und zwar nicht nur gegenüber den Kunden, sondern auch innerhalb des Unternehmens. Diese Dienstleistungsorientierung war in einem deutlich höheren Maße ausgeprägt, als ich dies jemals bei der Bundeswehr antraf. Die aus meiner Erfahrung gering ausgeprägte Dienstleistungsorientierung innerhalb der Bundeswehr könnte aus meiner Sicht unter anderem aus den wenig agilen Strukturen innerhalb der Bundeswehr resultieren, die demotivierend wirken. Verstärkt wird diese These aus den aus meiner Sicht teilweise verkrusteten Strukturen, die ich von der Bundeswehr in Erinnerung habe und die einem schnellen Handeln zum im Wege standen. Insbesondere im Mittelstand ist ein sehr schnelles Handeln an der Tagesordnung, und so war es mir dann möglich, auch große Projekte in kurzer Zeit umzusetzen.

Nun kommen wir zum letzten Bild aus meinem Büro: Tempo. Zeit ist, was wir aus ihr machen. Dieser Grundsatz bringt mich zu meinem Resümee: Meine Zeit bei der Bundeswehr war eine gute Zeit, und sie hat mich zwar nicht umfassend, aber sehr gut auf die Wirtschaft vorbereitet. Dabei ist vor allem zu beachten, dass in der Wirtschaft nach meiner Erfahrung ein persönliches Kompetenzprofil gefordert ist, das zu jeweils einem Drittel aus fachlicher, sozialer und Methodenkompetenz besteht. Während eine rein-universitäre Ausbildung einen Schwerpunkt auf die fachliche Kompetenz legt, werden in der Bundeswehr alle drei Aspekte zu gleichen Teilen ausgeprägt. Einschränkend ist jedoch zu ergänzen, dass sich nicht immer alle fachlichen Kompetenzen, die man in der Bundeswehr erlernt, auch in der Wirtschaft anwenden lassen.

Ein Manager nähert sich der Führung in der Bundeswehr – Ein Blick von außen[*]

Diethelm Krull

Die Welt ist weniger überschaubar geworden, viele alte Maximen oder Paradigmen sind nicht mehr gültig. Da kann sich einem durchaus der Gedanke aufdrängen, der permanente Wandel sei die einzige verlässliche Konstante und konstitutiv für die Stabilität des Weltgefüges, um es faustisch zu sagen – oder doch besser überspitzt mit Calderón de la Barca: des großen Welttheaters. Das ist zwar nicht grundlegend neu, doch Geschwindigkeit und Durchschlagskraft, mit der der Wandel grundlegend vor sich geht, scheinen eine neue Qualität gewonnen zu haben. Die gesamten Rahmenbedingungen politischen, wirtschaftlichen und militärischen Handelns haben sich in den letzten etwa zwanzig, dreißig Jahren grundlegend verändert.

Beigetragen zu dieser neuen Weltlage haben verschiedene Faktoren wie das Ende des Kalten Krieges, der Fall des Eisernen Vorhangs und die

[*] Wenn ein Zeitgenosse wie der Autor, dessen aktive Dienstzeit etwa vierzig Jahre zurückliegt, über „Führung in der Bundeswehr" schreibt, dann könnte man ihm das als Anmaßung vorwerfen. Andererseits habe ich mich schon lange mit dem Thema Führung in der Wirtschaft beschäftigt, war u.a. als Manager in der internationalen Verlagswelt und bin heute freiberuflich als Berater für Kommunikation tätig. Auf diese Weise eröffneten sich mir Einsichten in viele sehr unterschiedliche Unternehmen und Branchen. Und weil Führung mehr denn je ein Problem geworden ist, weil die Führenden die Komplexität der Dinge oftmals kaum noch durchdringen können, halte ich es für sinnvoll, ein quasi geschlossenes System wie die Bundeswehr, in dem Führung naturgemäß eine große Rolle spielt, auf das Thema hin operativ abzufragen – gewissermaßen im Vergleich zur Wirtschaft. Ich war bemüht, mich dem Thema so behutsam wie möglich zu nähern. Die Leserin/der Leser möge mir die zweifellos relative Oberflächlichkeit und Pauschalität der Beobachtungen und die eher feuilletonhafte Darstellung nachsehen! Zugleich stellenweise die vielleicht vorgenommene Überzeichnung zur Verdeutlichung der Inhalte, vor allem bei den Verhältnissen in der Wirtschaft, die aber doch nur vorgenommen wird, um die Konturen damit umso deutlicher zu zeichnen. Und zum guten Schluss: Es soll nicht geleugnet werden, dass gerade bei der Betrachtung dieses Themas viel Subjektivität im Spiel ist. Dies allerdings von allen Seiten. Für mancherlei Anregung sei Herrn Hptm Dr. Arjan Kozica von der Führungsakademie der Bundeswehr in Hamburg herzlich gedankt. Dank gilt zugleich vielen ungenannten Gesprächs-partnern innerhalb und außerhalb der Bundeswehr, die zu diesen Betrachtungen zum Teil „off records" beigetragen haben. Ich hatte großartige Gesprächspartner!

Entstehung neuer politischer Allianzen, die Verschiebung der geopoliti-schen, weltwirtschaftlichen und geokulturellen Gewichte, die Entstehung und Ausbreitung eines neuen, fanatischen Fundamentalismus, das sich be-schleunigende Auseinanderdriften von Arm und Reich, die Omnipräsenz und Omnipotenz der Medien und die seit zwei, drei Jahrzehnten rasant fort-schreitende Digitalisierung und Technisierung aller Bereiche unseres Lebens, damit verbunden deren existenziell tief greifende Ökonomisierung! Viel-leicht hat auch die Finanzwirtschaft, vor allem die Finanzkrise ein Übriges dazu geleistet, dass vielen Unternehme(r)n (wieder einmal) drastisch die Kurzfristigkeit, wenn nicht mögliche Endlichkeit ihres Tuns vor Augen ge-führt wurde. Wie vorsätzlich verletzbar und bedroht die menschliche Ge-meinschaft ist, wurde nicht erst, aber auch nicht zuletzt durch 9/11 offen-bar. Viel schnelle Veränderung, auch viel neue Gewalt sind in die Welt ge-kommen.

Der damit einhergehende tief greifende kulturelle Wandel soll hier nicht grundsätzlich weiter untersucht werden; auch wenn die Ursachen für manche der hier beschriebenen Phänomene tiefer in der kulturellen Genese unserer Gesellschaft gründen, als wir das vielleicht gern wahrhaben würden. Wir werden vielmehr nur einige Spotlights auf einen Teilbereich werfen. Darüber hinaus müssen wir vor allem nicht die Ursachen für die oben ge-nannten Entwicklungen erneut diskutieren, zu denen die Meinungen sehr kontrovers auseinandergehen, deren Folgen uns allerdings noch sehr lange beschäftigen werden. Uns soll hier nur ein immerhin ziemlich zentrales Thema in der heutigen globalisierten (Arbeits-) Welt interessieren: Führung.[1] Das Thema ist in der Tat viel zentraler, als uns in der Regel bewusst ist.

Die Goldenen Jahre sind vorbei

War vor gar nicht so vielen Jahren flächendeckend noch die Ab-satz-, Um-satz- und damit die Profit*maximierung* ein durchaus luxuriöses Ziel vieler Un-ternehmen, wenn auch schon zuvor nicht immer ein unbedingt ethisch ver-tretbares oder zumindest so umgesetztes, so geht es heute bei nicht wenigen von ihnen, ja sogar ganzen Branchen inzwischen schlicht ums nackte Über-

---

[1] Bis heute in vielen Punkten gültig, aussagekräftig und immer wieder erhellend sind die grundsätzlichen Untersuchungen Max Webers zum Thema Führung, Führer, Herr-schaft. s. Max Weber, Wirtschaft und Gesellschaft. Grundriss der verstehenden Soziolo-gie, 5. Aufl. Tübingen 1972 (Originalausg. Tübingen 1921), bes. 122ff. und 815ff.

leben, und so manches vordem bedeutende Unternehmen ist dabei einfach völlig bedeutungslos geworden oder gar ganz verschwunden. Diese Entwicklung einfach mit mehr oder weniger normaler „schöpferischer Zerstörung" in der Wirtschaft abzutun würde jedoch bestimmt zu kurz greifen. Es hat sich viel grundlegender, auch im kulturellen Zusammenhalt, etwas verändert. Dahinter steht aber leider kein kurzfristiger Zustand, sondern ein fortdauernder Prozess, an den wir uns zu gewöhnen haben werden. Noch hat das „Alte Europa" zumindest zu Teilen erhebliche Wirtschaftskraft, doch die meisten Experten gehen davon aus, dass dessen „Goldene Zeiten" vorüber, dagegen die neuen wirtschaftlichen Schwergewichte inzwischen schon längst in Ost- oder Südasien oder Südamerika auf den Plan getreten sind. Die Leistungsbilanzen und daraus resultierenden Überschüsse (Asien) oder Schuldenstände der Staaten (USA, Europa) legen deutlichstes Zeugnis davon ab.

Diese prinzipiell bedrohliche Situation für die von langem Wachstum und breitem Wohlstand verwöhnten westlichen Gesellschaften hat ebenso wie der mancherorts durchaus Besorgnis erregende Zustand der (Arbeits-) Welt mit dazu beigetragen, dass ein Nachdenken über Führungsverständnis und Führungsverhalten einzusetzen beginnt, zunächst beim Einzelnen – es sind immer Einzelne, die die Dinge in Bewegung bringen – , dann über Unternehmen, Großunternehmen, multinationale Konzerne oder Organisationen bis hin zu ganzen Nationen, die ihre Führung infrage stellen. Dazu kommt, dass der Wandel zugleich eine ständig wachsende und nicht abweisbare Komplexität der „Dinge", der Situationen und Zusammenhänge und ihrer Verknüpfung, der Abläufe und Prozesse, der finanztechnischen, medialen und gesellschaftlichen Implikationen zur Folge hat. Dieser Komplexität kann man sich nicht nur nicht entziehen, sondern man kann sie auch immer schwerer kontrollieren, wie in der jüngeren Vergangenheit möglicherweise zum Beispiel die (nicht grundsätzlich neuen) Probleme der Bahn oder solche um den neuen Hauptstadtflughafen BER zu erweisen scheinen. Die Liste ließe sich leicht verlängern.

Dagegen steht, dass trotz sich schnell verändernder Umstände im Markt, welche die Unternehmen zu manchmal allzu schneller Aktion und Reaktion zwingen, Führung etwas ist, was dergleichen Handlungen ja anleiten, kontrollieren und verantworten, aber eben gerade nicht von allzu schnellen Veränderungen getrieben werden soll. Dabei lässt sich Führung zugleich jedoch in der Breite nur sehr langsam verändern, weil ihr viele (wirtschaftliche und soziale) Zwänge innewohnen. Sie hat in geübter Form wesentlich mit lang gewachsenen Kulturmechanismen zu tun, die von Generation zu Generation weitergegeben wurden und werden.

Führung ist ein unverzichtbarer Bestandteil im menschlichen Zusammenleben und Zusammenarbeiten. Die Welt, jede zielgerichtete Gemeinschaft und Organisation braucht Führung. Durch falsche oder schlechte Führung – und davon gibt es viel zu viel! – entstehen jedoch zahllose Probleme. Und diese werden voraussichtlich zunehmen. Davon wird unten noch die Rede sein. Um diesen Problemen auf Dauer abzuhelfen sollte man sich auf die Suche nach guter Führung oder doch zumindest nach guten Rahmenbedingungen dafür machen, soweit Unternehmen, Konzerne oder Organisationen überhaupt Einblicke erlauben. Nach Fredmund Malik gibt es ohnehin „nur zwei Organisationen, die ihre zukünftigen Führungskräfte wirklich systematisch auf ihre Führungsaufgaben im engeren Sinne vorbereiten und nicht nur auf ihre sachlich-fachlichen Aufgaben: die Armeen und die Kirche"[2].

Was macht gute Führung aus? Als Spiegelbild: Was macht schlechte Führung aus? Hinweise darauf können Einblicke in Unternehmen liefern und – Einblicke in ein „totales"[3] System wie die Bundeswehr, in der menschenorientierte[4] Führung – zumindest in der Theorie – seit jeher ein zentrales Thema ist. Nicht nur entstammt dem militärischen Bereich ja ein in der Wirtschaft, vor allem im Marketing weit gebräuchliches Vokabular, sondern auch manche modernen Führungsinstrumente nahmen hier ihren Ursprung.

Bis zu einem gewissen Grad kann man Führung, deren Werkzeuge und Mittel, lernen, Führungsverhalten trainieren, der/die eine Einzelne mehr, der/die andere Einzelne weniger, sicher jedoch mehr, als man denkt. Vielleicht können auch Unternehmen, Organisationen, Systeme voneinander lernen, sofern man die durch Vorurteile gesetzten Schranken beseitigt? Wir wollen versuchen, der Beantwortung dieser Frage im Folgenden etwas näher zu kommen. Können zivile Manager, können Unternehmen von Prinzipien

---

[2] F. Malik, Führen Leisten Leben. Wirksames Management für eine neue Zeit, Stuttgart, München 2000, 55f.

[3] Nach: Erving Goffman, Asylums. Essays on the Social Situation of Mental Patients and Other Inmates. Chicago 1961; dt. Ausg.: Asyle. Über die soziale Situation psychiatrischer Patienten und anderer Insassen. Frankfurt am Main 1973; vgl. http://de.wikipedia.org/wiki/Totale_Institution.

[4] Nach: Steiger, R., Menschenorientierte Führung. Anregungen für zivile und militärische Führungskräfte, 13. Aufl. Zürich 2004.

militärischer Führung etwas lernen? Ja, das können sie in der Tat. Das viel geschmähte System Bundeswehr ist nicht wenigen Unternehmen auf dem Markt um „Lichtjahre" voraus.

Um auch nur in einem geringen Maß Substanzielles über Führung in einem militärischen System wie der Bundeswehr aussagen zu können, ist es notwendig, gewissermaßen als Hintergrund Allgemeines über Führung festzustellen und Führung in der Wirtschaft in geübter Form kurz in ihrem Ist-/Soll-Zustand zu skizzieren, dies durchaus in dem festen Bewusstsein, dass eine so flüchtige Skizze doch nur die Oberfläche der Dinge berühren kann. Dabei gilt es natürlich, Pauschalisierungen zu vermeiden, die fast niemals zutreffen. Bei manchen Formulierungen können sie hier allerdings nicht gänzlich ausgeschlossen werden. Das möge der/die Leser/in bitte bedenken und dem Autor vergeben! Nichtsdestotrotz – die „(Benutzer-) Oberfläche" ist ja das, womit die allermeisten von uns überhaupt nur zu tun haben, als Führende oder zu Führende und Geführte, Vorgesetzte und Untergebene. Das Warum dessen, wenn man im eigenen Arbeitsleben beispielsweise Nachteile durch schlechte Führung erleidet, ist zumeist von gar nicht so großer Bedeutung. Entscheidend ist allein, dass man sie erleidet und was daraus folgt. Überall da, wo Menschen zusammentreffen, findet Führung in irgendeiner Form statt, natürlich besonders da, wo erklärtermaßen ein bestimmtes Ziel durch das organisierte Zusammenwirken vieler erreicht werden soll. Insofern erklären sich viele Verhaltensweisen von Führenden unabhängig vom jeweiligen System, in dem sie wirken, durch grundsätzliche menschliche Verhaltensweisen. Und damit bilden diese Verhaltensweisen zugleich einen Spiegel der jeweiligen Gesellschaft.

Führung – ein Thema für die Forschung

Führung ist zumindest für die Forschung bereits seit einigen Jahrzehnten ein Thema, wenngleich auch mehr im anglo-amerikanischen als im deutschen Raum, wie schon Peter Druckers Bestseller „Die ideale Führungskraft" aus den Sechzigern erweist, der immer noch und immer wieder zitiert wird.[5] Mit Büchern über Leadership ließen sich seitdem ganze Bibliotheken füllen. „Leading Change" von John Kotter aus dem Jahr 1996 war einer der erfolg-

---

[5] P. F. Drucker, The Effective Executive, New York 1966; dt. Ausg.: Die ideale Führungskraft, Neuausg. Düsseldorf 1993. Drucker hat das (prinzipiell schon aus dem 19. Jahrhundert kommende) „Leading by Objectives" erst richtig publik gemacht.

reichsten Titel jener Zeit, welche die Pflicht zur dauernden persönlichen Veränderung ausriefen.[6] Bald darauf folgte eines der zumindest seitdem besten Bücher zum Thema überhaupt: „Führen Leisten Leben" von Fredmund Malik[7], der in seiner schnörkellosen Studie unumwunden sagt, die „ideale Führungskraft" gebe es nicht. Eine Führungskraft müsse dagegen nur wirksam sein.[8] Auch wenn Malik ganz gewiss weiß, wovon er spricht, so klingt das scheinbar recht einfach gesagt; denn in der Praxis gibt es natürlich die vielen normativen Zwänge, die „normative Kraft des Faktischen", denen sich Führende allüberall beugen müssen und die Führung, wenn man sie denn verantwortlich betreibt, manchmal zu einer echten „Höllenarbeit" machen können. „Führen muss wehtun", sagte unumwunden ein General im Gespräch voller Respekt vor der Komplexität der Aufgabe – und damit meinte er: dem Führenden.

Erst seit wenigen Jahren werden durch die Neurowissenschaften neue Erkenntnisse um Führung („Neuroleadership"[9]) eingebracht, welche die Diskussion wahrhaftig bereichern. In der Tat ist es mehr als sinnvoll, aus dem Blickwinkel der Neurologen die grundsätzlichen Bedingungen zu beleuchten, unter denen unser Gehirn Führung überhaupt versteht und verarbeitet. „Das Belohnungssystem ist die zentrale Schaltstelle!" und „Das Ultimatumspiel gilt überall!"[10] geben wichtige Hinweise, die Führung nach altem autoritären Muster mehr als nur infrage stellen.

Auch hier also sind die Dinge in Bewegung gekommen. Im Business wird im deutschen Sprachraum heute gern der Begriff Leadership gebraucht,

---

[6] J. P. Kotter, Leading Change, Cambridge/Mass. 1996; dt. Ausg.: Chaos Wandel Führung. Leading Change, Düsseldorf 1998.

[7] Maliks Buch ist in seiner präzisen unprätentiösen Darstellung das Beste, was in den letzten Jahren über Führung geschrieben wurde. s.o. Anm. 4.

[8] Ebd. 18ff.

[9] David Rock (Unternehmensberater) und Jeffrey Schwartz (Neurowissenschaftler) prägten diesen Begriff mit ihrer Veröffentlichung „The Neuroscience of Leadership" in Strategy & Business, 43, 2006.

[10] Führend auf diesem Gebiet: Ch. E. Elger, Neuroleadership. Erkenntnisse der Hirnforschung für die Führung von Mitarbeitern, Freiburg/Berlin/München 2009, ebd. 158ff. Elger bringt viele Erkenntnisse für die operative Arbeit auf den Punkt, etwa beim „Ultimatum-spiel", das man nicht nur „alttestamentlich" mit „Wie du mir, so ich dir!" vereinfacht beschreiben könnte, sondern auch erweiternd und drohend mit „Wenn du mir, dann ich dir auch!". Professor Elger sei für mancherlei Hinweise während eines Gesprächs in Bonn herzlich gedankt!

denn mit der Begrifflichkeit um Führer(schaft) hat es im Deutschen immer noch so seine besondere Bewandtnis. Noch immer benutzen wir alle Begriffe um das Wort „Führer" und „Führung" mit gewissem beträchtlichen Unbehagen. Soweit das überhaupt möglich ist, müssen wir den Begriff jedoch nicht nur semantisch von seiner über-lastenden Konnotation, von seinem jüngeren historischen Kontext lösen. Führung ist etwas, das Menschen in allen Kulturen seit Jahrtausenden suchen, weil sie zu allen Zeiten gebraucht wurde. In der Kultur, in der Wirtschaft, in der Politik, beim Militär. Je komplexer die Welt wird, je unüberschaubarer, desto mehr, es kommt immer nur darauf an, mit welchen Zielen, Methoden und Werkzeugen Führung betrieben wird – aber vor allem: welche Ethik hinter ihr steht. Meiner Meinung nach greift man nicht zu weit, wenn man Führung als einen Kulturmechanismus versteht. Das Problem ist in aller Regel nur, dass ihr von den Führung Ausübenden selbst zu wenig Aufmerksamkeit geschenkt wird. Die Fähigkeit zu Führung wird vollkommen unreflektiert weitgehend einfach vorausgesetzt. Doch dazu später.

Change Management – Eine neue Form der Führung?

Zu Anfang der Neunzigerjahre setzte ein Aufmerken in der Wirtschaft ein, „Umdenken" wäre zu viel gesagt. Den Startschuss dazu gab die Einführung des Begriffs „business process reengineering", der von Henry Johansson[11] geprägt, von Michael Hammer und James Champy[12] jedoch erst wirklich publik gemacht wurde. Damit setzte eine gewisse Manie zur Optimierung in den Unternehmen ein, die bis heute anhält. Hintergrund dafür waren schlicht, „fundamental rethinking and radical redesign of business processes to achieve dramatic improvements in critical, contemporary measures of performance, such as cost, quality, service, and speed"[13] zu erreichen. Es ging also um die Verbesserung der Geschäftsprozesse und Zahlen, nicht freilich, schon gar nicht in erster Linie um die Verbesserung der (Menschen-)Führung.[14]

---

[11] H. J. Johansson, P. McHugh, J. A. Pendlebury, W. A. Wheeler II, Business Process Reengineering. Breakpoint Strategies for Market Dominance, Chichester 1993.

[12] M. Hammer, J. Champy, Reengineering The Corporation. A Manifesto for Business Revolution, Sydney 1993.

[13] Vgl. dazu: http://de.wikipedia.org/wiki/Business_Process_Reengineering.

[14] s.o. Anm. 4.

Doch grundsätzlich richtet sich seitdem in der Öffentlichkeit mehr Augenmerk auf Führung und das Thema Leadership ist zunehmend gewachsen, auch weil (nicht zuletzt in ursächlicher Folge) immer wieder spektakuläre Auswüchse von Machtmissbrauch, Selbstbereicherungs-mentalität oder sich erweisender Unfähigkeit von Managern publik werden, worauf sich manche Medien freilich aus Sensationsgier gern stürzen und das sicher nicht neue Faktum damit natürlich nur umso größer machen. Doch in der Tat kann man manchmal nur fassungslos mitansehen, wie unverblümt und mit welcher Chuzpe höchstbezahlte und medienumschwärmte Manager agieren, Millionen vernichten, Tausenden die Kündigung schicken, Unternehmen bis zur Unkenntlichkeit oder Nicht-mehr-Lebensfähigkeit „sanieren" und – dabei fröhlich die Hand aufhalten, um kurz darauf – man hat ja seine „Buddies!" – zum nächsten derartigen Job zu eilen.

Führung in der Wirtschaft

Die schwieriger werdenden wirtschaftlichen Verhältnisse, Stagnation oder Rezession, zumindest ein immer geringer ausfallendes Wirtschafts-wachstum haben also mithilfe der Medien hinreichend Aufmerksamkeit auch auf das Thema Führung gelenkt. Freilich hat besonders die in geführter Form ziemlich fruchtlose Diskussion um Managergehälter, Abfindungen, Boni diese Aufmerksamkeit geschärft. Wir können daran immerhin erkennen, dass Führung nach allgemeiner terminologischer Wahrnehmung überwiegend nicht nur eher, sondern eigentlich aus-schließlich als *Geschäfts*-Führung verstanden wird, nicht als *Menschen*-Führung. Menschenführung wird in der Praxis ohnehin eher „so nebenbei" geübt, sie ist dort ein beiläufiges, nicht wirklich weiter beachtetes, weil vorausgesetztes Nebenprodukt der Geschäftsführung. Manager werden für gute Zahlen gefeiert, nicht für gute Menschen-führung. Solange nur die Zahlen stimmen, ist ohnehin vieles erlaubt, so die landläufige Meinung.[15] Bis auf wenige Artikel in einschlägigen

---

[15] Der Fall des großen Konzerns im Medienbereich, bei dem unter allen Umständen eine Umsatzrendite von 15 Prozent „geprügelt" werden musste und bei dem Führungskräfte und Untergebene nicht nur im Regen standen, wenn das nicht geschafft wurde, sondern in reichlich frostiger Landschaft, ist nicht nur Insidern hinlänglich bekannt. Das Arbeitsklima dort wurde (wird?) von vielen in der Belegschaft als katastrophal empfunden. Dieses Beispiel ist wahrhaftig kein Einzelfall. Geschäftsführung geht in der Regel immer vor Menschenführung. Und daran sind wir irgendwie auch selbst beteiligt; denn die Shareholder großer Konzerne oder Unternehmen sind ja oftmals wir selbst, seltener Privat-

Zeitungen und Zeitschriften liest man sehr wenig über die Menschenführung der auf den Schild gehobenen Protagonisten. Personalführung ist übrigens grundsätzlich etwas anderes als Menschen-führung; über jene sprechen wir hier nicht.

So ist Führung in unserem Land eigentlich eine große Unbekannte. Jeder kann darüber etwas sagen, viele üben sie auf irgendeine Weise aus, aber ein irgendwie verbindender Kodex, gewisse Maßstäbe oder „Spielregeln für Führung" gibt es nicht. An den Universitäten forschen nur sehr wenige daran, gelehrt wird darüber in der Breite nicht, auch wenn freilich vereinzelt wissenschaftliche Lehrer dieses Defizit erkannt haben und Lehrveranstaltungen anbieten. Natürlich setzt man richtig voraus, dass im Land des Exportweltmeisters exzellente Unternehmen auch exzellente Führung haben. Erfolgreiche Unternehmen müssen gut geführt sein – denkt man. Müssen sie das wirklich? Und wie relativ ist „Erfolg"? Besteht der nur aus Zahlen, Dividenden, Überschüssen?

Natürlich gibt es sie, die „guten Leute", exzellente Manager und Unternehmensführer, die zuerst die Sorge um das Unternehmen und die Menschen, die ihnen damit anvertraut sind, im Blick haben und in eine ausgewogene Balance zu bringen versuchen. Da wird vielerorts richtig gute Arbeit geleistet! Zumeist ganz im Stillen; denn so fällt das Gute ja auch gar nicht weiter auf. Das muss hier grundsätzlich vorausgeschickt werden: In der Breite gibt es ohne Zweifel viel gute Führung im Land, es gibt zahlreiche gute Akteure, die ihre Verantwortung ernst nehmen – und darüber gar nicht reden! Bei denen eher Demut spürbar ist als Hochmut. Denn es geht um Verantwortung. Und es geht um Vertrauen, das zwischen Führenden und Geführten wechselseitig entstehen muss.

Dass manche – an den Zahlen gemessen durchaus erfolgreiche – Unter-nehmen vielleicht mit ausgewogenerer, nachhaltigerer, motivierenderer, stärker auf die Menschen ausgerichteter Führung vielleicht noch erfolgreicher sein könnten, bleibt schon heute gar nicht mehr im Bereich der Hypothese.[16] Denn in der Zwischenzeit weist eine ganze Anzahl von Studien und Untersuchungen darauf hin, dass es einen signifikanten Zusammenhang gibt zwischen guter Menschen- und erfolgreicher Unternehmensführung.

---

personen, häufiger Rentenfonds, Versicherungsgesellschaften und ähnliche Investoren. Und die machen Druck.

[16] Vgl. Der Spiegel Nr. 45 v. 4. November 2013, 90ff.

Durch die Wüste

Leider müssen wir hier aber über die weniger guten Protagonisten sprechen, die sich in Führung versuchen. Weil man mit Aussagen darüber aber leicht in die Nähe von Stammtischparolen geraten oder gerückt werden kann, riskieren nicht viele, dann zumeist aber Journalisten, nicht Berater, überhaupt etwas dazu zu sagen.   Es gibt nämlich zu viele schlechte Führende. Es gibt sie auf allen Hierarchiestufen, in allen Altersklassen, mit allen unterschiedlichen Qualifikationen im Gepäck, Führungsschwächen sind allerorten.

Natürlich finden sich nämlich auch die Unternehmen, in denen es in Gänze oder auch nur in Teilbereichen um die Führungsqualität nicht wirklich gut steht. Eine Reise in das „Land der Führung" in der Wirtschaft ist deshalb zugleich immer auch eine Reise in eine vollkommen trostlose, bittere Ödnis.

„Die Realität wird von Steine- oder Sprücheklopfern geprägt. ‚Die Interaktion mit einem Vorgesetzten führte in neun von zehn Fällen zu negativen Gefühlen wie Frustration, Enttäuschung, Ärger, Traurigkeit, Widerwillen oder Kränkung', fand der amerikanische Psychologe Daniel Goleman heraus."[17]

Leider setzen allzu viele Führende, Manager oder Unternehmensinhaber (Männer wie Frauen!) offenbar voraus, dass man Führung „eben einfach kann". ‚Schließlich sind wir ja tolle Kerle (Mädels), nicht wahr? – wenn wir's unter uns mal genau betrachten!' – Da ist dann manchmal ganz ordentlich „Testosteron" im Spiel. Solche Führende sind immun gegen Erkenntnisse der Wissenschaft oder ihrer Umgebung, lassen sich nicht darauf ein oder sind schlichtweg überfordert. Übten sie dann doch nur wenigstens Führung so intuitiv, wie sie das früher vielleicht im Sportverein, bei den Pfadfindern oder beim Skateboarding in der Halfpipe getan haben! Mit natürlichem Respekt und Interaktion in der Gruppe! Doch Macht – und Führende und Vorgesetzte haben Macht – kann korrumpieren, das ist ja nicht neu, sie kann einsam, unsicher, angreifbar, überheblich bis zur schneidenden Arroganz machen, sie kann zum Verlust einer Realitätssicht beitragen, und sie verleitet zu Machtspielchen, wie man auf allen Ebenen beobachten kann,

---

[17]   Ebd. 92. Leider verrät Der Spiegel die Quelle nicht, in der Goleman seine Erkenntnis und seine Methode zu deren Gewinn publiziert hat. Die Aussage muss also mit Vorsicht und Skepsis betrachtet werden, wird hier also mit gewissem Vorbehalt zitiert, jedoch erscheint mir die in der Aussage beschriebene Tendenz durchaus zutreffend.

dabei kann die Intuition dann durchaus schon einmal etwas verloren gehen. Da macht der Ich-sage-was-gemacht-wird-und-damit-basta!-Stil ebenso wenig einen guten Führenden, wie ein schicker Anzug, eine Nobelkarosse oder ein Protz-SUV es tun – oder auch eine Uniform mit beeindruckend vielen Spangen. Das wird dann nicht selten sogar zur Karikatur oder Peinlichkeit.

Und dann gibt es tatsächlich Auf-welche-Weise-auch-immer-Vorgesetzte, die „führen", als ob sie keine Regeln, zuweilen wirklich kaum Skrupel, aber (oftmals scheinbar) viel Selbstbewusstsein hätten, das häufig mit Geltungssucht verwechselt wird.[18] So manche Verhältnisse in nicht wenigen Betrieben könnten einem zuweilen wirklich den Verdacht nahelegen, man lebte noch im Zeitalter des puren Absolutismus oder Feudalismus. Dies ist vor allem nicht selten der Fall, wenn der Inhaber selbst führt, was dann allerdings eher ein Herrschen als ein Führen ist. Da gibt es nämlich nach wie vor den kaum eingeschränkten „Souverän", und dann kommt lange, lange nichts. Auch gestandene Angestellte werden angebrüllt und auf kleines Maß zusammengefaltet (das gibt es nicht nur beim Militär). Da kommt es nicht selten zu Beschädigungen von Angestellten und Untergebenen. Besonders „beliebt": vor anderen, also vor Publikum. Es herrscht tatsächlich oft die reine Willkür, von Arbeitsrecht oder Betriebsrat kaum im Zaum gehalten. Denn natürlich gibt es auch sie, die Vorstände, die Unternehmens- und Geschäftsführer, die Bereichs- oder sonstigen Leiter, welche die Verhältnisse nicht beherrschen und noch mehr Umsatz herausprügeln, die persönliche Rendite erhöhen oder sich ihren Bonus abholen wollen, koste es, was es wolle.[19] Oder um sich einfach hierarchisch zu bestätigen, durchzusetzen und

---

[18] Vielleicht ist manchen noch die Werbeanzeige eines großen Kfz-Rechtsschutz-Versicherers in Erinnerung, die in Großaufnahme einen hoch aufgerichteten Gorilla in Imponierhaltung mit weit aufgerissenem Maul zeigte, welches ein äußerst beeindruckendes Gebiss erkennen ließ. Darüber die Zeile: „Denken Sie dabei an Ihren Chef?" Daneben das Logo des Versicherers und die Unterzeile: „Macht stark."

[19] Manfred Kets de Vries, Psychoanalytiker und Psychotherapeut, Chef von INSEAD, vormals Professor an der Harvard Business School, den Capital, Financial Times, Wirtschaftswoche und der Economist als einen der führenden Denker zum Thema Leadership in der Welt bezeichnen, spricht über Gier, zitiert dazu in einer exzellenten Studie Gordon Gekko aus dem Film „Wall Street" (gespielt von Michael Douglas) und führt darüber hinaus aus: „ ‚The point is, ladies and gentlemen, greed – for the lack of a better word – is good. Greed is right; greed works. Greed clarifies, cuts through, and captures the essence of the evolutionary spirit. Greed in all its forms – greed for life, for money, for love, knowledge – has marked the upward surge of mankind, and greed – you mark my words – will not only save Teldar Paper, but that other malfunctioning corporation

Bestätigung darin zu holen, mal wieder den Chef gegeben zu haben. Wer unter uns kennte dies nicht?[20]

„Wo trifft man sie nicht, die Chefs, die mehrmals zu einem Thema die Meinung wechseln, die Kritik nicht begründen, die Mitarbeiter im Unklaren über Ziele lassen oder unrealistische Fristen für Aufträge setzen? Die nicht ‚bitte‘ und nicht ‚danke‘ sagen? Oder am Wochenende E-Mails versenden mit dem Wunsch, sich doch mal eben schnell darum zu kümmern?"[21] Dabei spielt es bestenfalls eine untergeordnete Rolle, ob dergleichen aus Vorsatz geschieht, wegen fehlenden Bewusstseins oder Selbsterkenntnis Führender über ihr eigenes „inner theater".[22] Oftmals werden auch Bösar-

called the USA'. (1987) Unfortunately, Gordon Gekko's manic, self-centered perspective isn't just the nightmare vision of an over-the-top Hollywood script-writer. Real executives who have lost any sense of boundaries frequently act out similar scenarios." s. Manfred F.R. Kets de Vries, The Leader on the Couch. A Clinical Approach to Changing People and Organizations, Chichester 2006, 33, im Folgenden s. besonders 51ff. u. 157ff. In diesem Zusammenhang muss einem wieder das mahnende Wort unseres Bundespräsidenten Joachim Gauck in den Sinn kommen, der in einem Fernsehinterview (sinngemäß) sagte: Gier sei kein Problem derer „da oben" allein. Gier beginne in jedem von uns.

[20] Der Spiegel greift in seiner Ausgabe Nr. 45 vom 4. November 2013 das Thema auf: Problem Chef. Psychische Leiden lassen den Krankenstand in den Betrieben seit Jahren steigen. Hauptursache ist der Leistungsdruck in der modernen Arbeitswelt. Doch der ist in vielen Stellen hausgemacht: von Vorgesetzten mit schlechtem Führungsstil (90ff.). Das Magazin beruft sich dort auf verschiedene aktuelle Studien aus dem Gesundheitsbereich, deren Ergebnisse zum Teil erschütternd sind. „Und man sollte Führungskräfte nicht nur an der Rendite messen, sondern auch daran, wie gesundheitsbewusst sie ihre Mitarbeiter führen.", wird ein langjähriger Gesundheitsberater zitiert. Auch die vormalige Arbeitsministerin Ursula von der Leyen findet dort Gehör: „Wenn es um die seelische Gesundheit der Arbeitnehmer geht, spielen weiche Faktoren wie das Führungsverhalten, Unternehmenskultur und offene Kommunikation in einer Firma eine zentrale Rolle.[...] Das können Sie nicht gesetzlich verordnen, da brauchen Sie die Einsicht des Chefs." (ebd. 92)

[21] Ebd. 90f.

[22] Noch einmal Kets de Vries, ebd. XX: „...people around the world complain that there's a great discrepancy between what their leaders say and what their leaders do, and that discrepancy is grounded in leaders' lack of their own psychological drivers and mood states – the ‚inner theater' […]. That unawareness makes them prisoners of hidden forces that dictate their decisions and their behaviour. Leaders and followers alike will continue to send mixed and confusing messages as long as they are unaware of the content of their inner theater." Dazu passt aufs Beste ein jüngst unter dem Obertitel „Irre erfolgreich" in Die Zeit erschienener Leitartikel: K. Bund, M. Rohwetter, Wahnsinns-

tigkeiten und Intrigiererein für Führungsmittel gehalten oder zumindest als solche eingesetzt. Und das ist leider eben nicht der Einzel- oder Ausnahmefall. Das ist in tatsächlich erheblichen Bereichen die Realität.[23]

Es gibt ja auch die Kolleginnen oder Kollegen, die Vorgesetzten wie Untergebenen – das funktioniert prinzipiell wechselseitig – , die gern Anweisungen torpedieren, süffisant (vor Publikum) Führende oder Geführte kommentieren, gewissermaßen vorführen, oder natürlich sogar intrigieren. Hier macht Malik kurzen Prozess: „Wer Vertrauen aufbauen will, muss sich von Intriganten trennen."[24] Dagegen steht die dezidierte Beobachtung, dass manche Unternehmensleiter Intriganten jedoch sogar vorsätzlich im Unternehmen platzieren, um Unsicherheit in der Belegschaft zu wecken – womöglich weil das gut für die Arbeitsmoral sei. Dabei ist das die Moral des früheren 19. Jahrhunderts!

Da überrascht es schließlich auch kaum noch, dass viele Personal- und Unternehmensberater übereinstimmend beobachten, dass wirklich gute Leute, ältere, erfahrene Manager sowieso, ähnliche Schwierigkeiten oder sogar gar keine Chance mehr haben, eine (Neu-) Anstellung auf dem freien Markt zu finden, wie die wirklich unzureichend oder noch wenig profilierten Arbeitsuchenden. Auf diese perfide Weise können exzellente Qualifikatio-

---

Typen. Wie gestört muss man sein, um Besonderes zu leisten? Erstaunlich viele Chefs sind psychisch auffällig, in: Die Zeit, Nr. 34 v. 14. August 2013, 19ff.

[23] Wer wie der Autor Zuschauer bei einer Talkshow vor geraumer Zeit gewesen ist, genaues Datum und Sender sind leider nicht mehr präsent, konnte vermutlich kaum glauben, was dort zu hören war: Ein ehemaliger Vorstand eines großen deutschen Automobilbauers, heute hoch bezahlter PR-Berater, produzierte sich allen Ernstes mit dem Satz, ein Manager müsse „ein Schwein" sein, damit er erfolgreich arbeiten und seine Ziele erreichen könne. Wohlgemerkt: Keine Persiflage oder ironische Überzeichnung! Diese These eröffnet freilich ein Spielfeld, auf dem hier nicht weiter in die Tiefe gehen will. Deshalb möge diese Äußerung ohne weitere Kommentierung so stehen bleiben. Sie weist allerdings auf eine ernst zu nehmende Diskrepanz hin: Es gibt tatsächlich Auffälligkeiten in diesem Zusammenhang (s.o. Anm. 10). An diesem Punkt kommt auch Niccolo Machiavelli (1469-1527) ins Spiel: Ein Herrscher müsse die Gesetze der Moral verletzen. Es sei egal, ob er als gut oder als böse gelte. Wichtig sei nur der Erfolg. Niccolo Machiavelli, schrieb 1513 mit seinem „Il Principe" ein Traktat über den Gebrauch von Macht, die zuweilen als „Bibel der Staatskunst" bezeichnet wird und bis heute wenig an Erkenntniskraft eingebüßt hat (dt. Ausg. z.B. R. Zorn (Hrsg.), Machiavelli, der Fürst. „Il Principe", Stuttgart 1972. vgl. V. Reinhardt, Machiavelli oder Die Kunst der Macht. Eine Biografie, München 2012, 252

[24] Malik a.a.O. 146f.

nen, eine hohe soziale oder emotionale Kompetenz, Lebens- und Weltläufigkeit tatsächlich sogar kontraproduktiv sein und sich zu einem Lebens-Defizit auswachsen! Solche hoch kompetenten Kandidatinnen und Kandidaten könnten ja dem einstellenden Vorstand, Geschäftsführer oder Bereichsleiter unter Umständen selbst gefährlich werden. Das Ego so mancher Führungskräfte lässt nicht zu, dass jemand ins Haus geholt wird, der eventuell besser oder höher qualifiziert ist als sie selbst. „Überqualifiziert" ist ein oft gehörtes, zwar manchmal ebenso legitimes wie oft jedoch als Ausrede gebrauchtes Argument bei Absagen. Vereinfacht gesagt: Eingestellt werden immer (vermeintlich) Schwächere. Das gilt für alle Ebenen. Drum merke – und das ist wirklich purer Zynismus: Zu viel Bildung ist auch wieder nicht gut! (Das mal an die Adresse der Bildungsfanatiker im Land! Aber über welche Bildung sprechen wir?) Wir müssen darin mitnichten etwa Einzelfälle erkennen! Davon können ganze Scharen von traurigen Frührentnern und zuweilen mühsam herumkrebsenden „Freiberuflern" Geschichten erzählen!

Es ist an der Zeit, von Anstand zu reden

„Es ist an der Zeit, von Anstand zu reden. Der Chef eines Unternehmens trägt für jene, die von ihm abhängen, Verantwortung. Seine Aufgabe besteht nicht allein darin, Effizienz und Kurswert zu steigern und im Falle des Erfolgs die Prämie zu kassieren, im Falle des Misserfolgs die Abfindung. Er hat ebenso die Aufgabe, das Schicksal der ihm Anbefohlenen zu bedenken und das Gemeinwohl im Auge zu behalten", so Ulrich Greiner.[25] Weiter: „Anständigkeit mag er im privaten Umgang für erstrebenswert halten, im Job ist sie ihm keine handlungsleitende Tugend mehr."

Von „Anstand", einer weithin verlorenen Tugend, spricht auch Malik in seinem Unterkapitel „Vertrauen"[26]: „Ich wage die Behauptung, dass 90 Prozent dessen, was man sinnvoll und praktisch unter „Führungsstil" ver-

---

[25] U. Greiner, Wahnsinnige Gewinne. Eine neue Generation von Unternehmern spielt mit dem sozialen Frieden. Eine Polemik, Leitartikel in Die Zeit, Nr. 49 v. 1. Dezember 2005, 1. Greiner geht es freilich in seinem ebenso kühlen wie leidenschaftlichen Ausruf um nicht weniger als das Ende der sozialen Marktwirtschaft. Wir müssten eine Debatte über einen neuen Gesellschaftsvertrag beginnen. Erfolgreiches Wirtschaften benötige eine gedeihliche Gesellschaft, und schon jetzt seien die Zeichen psychischer und sozialer Verwahrlosung erschreckend sichtbar. „Geiz ist nicht geil, sondern schäbig und schädlich."

[26] Malik a.a.O. 143f.

stehen kann[...]*etwas ganz anderes* ist, als in Büchern und Seminaren gefordert und vermittelt wird[...]; *wirklich wichtig* ist etwas viel Einfacheres, nämlich ein Minimum an elementaren Manieren[...], ein Minimum an *Anstand*." Er sagt: „Wer Vertrauen schaffen will, muss charakterlich integer sein."[27] Integrität, was genau das in all seinen Verästelungen auch immer sei, wird als Grundvoraussetzung eines Führenden in der gesamten Literatur gefordert, und zwar fast immer im selben Atemzug wie „Authentizität". Ohne auch hier weiter nach der Definition des Begriffs zu fragen, jetzt nur so viel: Stimmt!

Schon länger drängte sie sich auf, doch hier endlich muss dann einmal erlaubt sein, die Frage nach der Moral aufzuwerfen (s.u.). Und in diesem Zusammenhang wollen wir lieber erst gar nicht Bertold Brecht bemühen! Es gibt genügend jüngere Stimmen.[28] Das Thema dürfte so alt sein wie die Welt selbst, ist zwar dennoch nicht abgehandelt, doch diese Diskussion wollen wir hier nicht neu entfachen.

Innere Kündigung, Mobbing – ständige Begleiterscheinungen

Doch gibt alles das zusammengenommen die, zumindest eine Realität wieder? Zumindest zu Teilen? – Es gibt einige Untersuchungen über das Thema „innere Kündigung", und daraus resultiert allerdings immer etwa ein und dasselbe ernüchternde Ergebnis: In Unternehmen ist der Prozentsatz derer, die innerlich bereits gekündigt haben, offenbar erschreckend hoch. Auch dies nicht nur, aber vor allem ein Ergebnis schlechter Führung.[29] Dies trifft

---

27 Ebd. 144ff.

28 S. dazu z.B.: Heiner Geissler, Wo bleibt Euer Aufschrei?. In der globalen Wirtschaft herrscht die pure Anarchie. Die Gier zerfrisst den Herrschern ihre Gehirne. Ein Wutanfall, in: Die Zeit, Nr. 47 v. 11. November 2004, 26; http://www.zeit.de/2004/47/Ohnmacht_2fArbeiter: Eine neue Art von Druck. Heute dienen Topmanager nicht mehr dem Unternehmen, sondern den Investoren, sagte Rakesh Khurana von der Harvard Business School (Interview durch Jan Uwe Heuser), in: Die Zeit, Nr. 51 v. 14. Dezember 2006, o.S.;

http://www.zeit.de/2006/51/_Eine_neue_Art_von_Druck

29 Die Werte differieren zwischen den einzelnen Untersuchungen beträchtlich. vgl. z.B. n-tv vom 9. Mai 2008, wo nur erstaunlich geringe 24 Prozent der Arbeitnehmer genannt werden, dagegen die Süddeutsche Zeitung v. 25. April 2012 mit etwa 50 Prozent. Sicher kann man nur in einem Punkt sein: Der Wert ist hoch. http://www.sueddeutsche.de/karriere/innere-kuendigung-das-sind-die-schlimmsten-motivations-killer-1.1341916 Vgl. zu verschiedenen Statistiken (und zu weiterführender

vor allem – wie leicht einsichtig ist – offenbar auf stark von streng autoritativen Führungsstilen Betroffene zu.[30] Der daraus entstehende volkswirtschaftliche Schaden – von den gesundheitlichen seelischen Schäden des/der Einzelnen hier einmal abgesehen – geht locker in die Milliarden, einige Dutzend Milliarden. Pro Jahr.[31]

Peter Zernisch, seit Langem einer der bedeutendsten Markenstrategen in unserem Land mit unbestrittenem internationalen Renommée stellt ein allgemeines Defizit von Managern in Sachen Markenstrategie fest, sucht die Ursachen dafür aber im aktuellen Zustand unserer Gesellschaft und streift dabei auch die Führungskultur: „Die Menschen, die menschlichen Leistungen und die Maßstäbe dafür, so auch die Erfolgsbedingungen der Menschenführung, sind in diesem Klima unversehens unter die Maßstäbe der Technik geraten, wodurch sich die *Schere* zwischen technischem und menschlichem Fortschritt allgemein besorgniserregend weit geöffnet hat."[32]

Und ein weiteres Thema kann in diesem Zusammenhang auch noch bezeichnet werden: In Unternehmen wird gemobbt, dass es einen schlichtweg grausen kann (das beginnt heute systematisch allerdings bereits in der Schule): Mobbing und Bossing (vom Chef geduldetes oder gar initiiertes Mobbing von Unterstellten) von oben nach unten nehmen immer mehr zu, werden zuweilen freilich auch als vermeintliches Führungsmittel eingesetzt. Nach einer jüngeren Studie mobben sich 44 Prozent der Mitarbeiter untereinander und 37 Prozent der Führungskräfte ihre Mitarbeiter. Der durch Mobbing entstehende volkswirtschaftliche Schaden wird auf 25 Milliarden Euro pro Jahr geschätzt.[33]

Literatur) auch: E. Hoffmann, Die Pflicht zu führen. Was Manager vom Militär lernen können, Wiesbaden 2011, 17ff.

30 Vgl. A. Dörfler-Dierken, Führung in der Bundeswehr. Soldatisches Selbstverständnis und Führungskultur nach der ZDv 10/1 Innere Führung, Berlin 2013, 128f.

31 Der Spiegel Nr. 45 v. 4. November 2013, 91.

32 P. Zernisch, Markenglauben managen. Eine Markenstrategie für Unternehmer, Weinheim 2003, 57.

33 U. Kals, Der Vorgesetzte entscheidet, ob gemobbt wird oder nicht, s. Frankfurter Allgemeine Zeitung v. 2. Oktober 2004.

Vermeintliches Allheilmittel BWL

Wo und wie kann man Menschenführung lernen? Strukturiert an den Universitäten und Business Schools in der Regel jedenfalls nicht. Man kann Seminare über die „Rahmenbedingungen" besuchen, auf die wir auch im Weiteren noch kommen werden, man kann (und sollte) sich in intensiver Arbeit coachen lassen, man kann über Führungsprozess, über Grundsätze, über Aufgaben und Werkzeuge der Führung lesen oder hören. Man muss trainieren. Führung selbst geht nur durch permanentes Üben in der Praxis. Das setzt aber vor allem, wie oben bereits und im Folgenden noch beschrieben, viel voraus.

Noch einmal Malik: „Von Ausnahmen abgesehen, fehlt es Managern nicht an Moral, sondern an der richtigen Ausbildung. Wer ein typisches amerikanisch geprägtes Programm zum Master of Business Administration (MBA) absolviert hat, ganz gleich, an welcher Universität, kommt mit den denkbar schlechtesten Voraussetzungen in eine Führungsposition."[34] In einer Führungsposition werden nämlich ganz andere Kompetenzen und Fähigkeiten gefordert, als gemeinhin zu lehren und an den einschlägigen Bildungsstätten zu lernen ist. Die „Lizenz zu guter Führung" erwirbt man dort leider eben nicht.[35]

Viele große Unternehmen und Konzerne schulen ihre jungen Führungskräfte nach Eintritt in die Praxis zunächst einmal weiter und bereiten sie schrittweise auf die verantwortliche operative Führungsarbeit vor. Aber die anderen Großen und die KMUs? Kleinere und mittlere Unternehmen? Hier kommt ein ambitionierter junger Mensch recht sieghaft frisch von der Universität und innerhalb kürzester Frist sieht er sich in der Verlegenheit, Zahlen verbessern, Dinge, Prozesse, Personalstände verändern zu müssen, Menschen anzuleiten und eben zu führen, die häufig älter und erfahrener und ganz und gar nicht selten auch sozial kompetenter sind als er/sie selbst.

---

[34] F. Malik, Die verlorene Generation. Sie denken in Zahlen und glauben nur ans Geld: Warum viele Manager heute versagen, in Die Zeit, Nr. 49 v. 1. Dezember 2005, 28.

[35] Die Managementlegende Helmut Maucher, vormals Chairman and CEO von Nestlé S.A., dem größten Lebensmittelkonzern der Welt, dazu: „What do we mean when we talk about ‚top-quality managers'? What I mean is intelligence, talent, education, experience, and everything that falls under that general heading of ‚personality'. That is why I prefer to look into a candidate's eyes rather than at his or her diplomas."; H. Maucher, Leadership In Action. Tough-Minded Strategies from the Global Giant, New York u.a. 1994, 87 (dt. Originalausg.: Marketing ist Chefsache, Düsseldorf u.a. 1992).

Das kann zwangsläufig nicht immer gut gehen. (Ähnliche Konstellationen ergeben sich im Rahmen der Bundeswehr leicht zwischen jungen Leutnanten und altgedienten Feldwebeln.) Grundsätzlich ist das jedoch beim Militär anders: Hier lernt man Führung, bevor man in entsprechende Funktionen kommt, von der Pike auf. Und nun drängen nicht nur jedes Jahr endlose Scharen junger Betriebswirtschaftler/innen in die Unternehmen; ein Studium der BWL scheint heute vielmehr weitestgehend als unabdingbar notwendige Voraussetzung überhaupt für eine Einstellung in ein Unternehmen gehalten zu werden (Ausnahme: Ingenieure). Welch ein Irrglaube, zu denken, nur jene (oder diese) könnten es richten![36]

Gute Führung steigert die Wirksamkeit von Management

Grundsätzlich bieten große Unternehmen oder solche mit Konzernstruktur eine höhere Gewähr für eine ausgewogenere Führung (aber auch nur das). Dort gibt es in der Regel klarere (hierarchische) Strukturen, es gibt Stellenbeschreibungen, an die man sich halten kann, eindeutigere Vorgaben, und sie bieten allein durch die Größe mehr „Seitenhalt", mehr Intra-Öffentlichkeit, systematisches Feedback und Kontrolle, sie verfügen dadurch in der Regel über Korrektive, bieten allerdings auch weniger Spielraum für Führungskräfte, damit zwangsläufig auch weniger Spielraum für Willkür. Sie sind in der Regel wie ein großer Supertanker weniger beweglich und können sich bestenfalls mit kleineren Einheiten auf taktische Notwendigkeiten schneller einstellen.

Autokratisches Führen, Mobbing und all die anderen Schlechtigkeiten gibt es hier wie überall natürlich auch, das hängt immer vom Einzelnen ab, sie wirken sich möglicherweise aber nicht so flächendeckend, das gesamte Unternehmen betreffend aus und haben deshalb (für den unglücklichen Einzelnen allerdings schon!) nicht eine so massive, durchschlagende Wirkung, der man sich nicht entziehen könnte. Es sei denn, das Ganze gehörte

---

[36] Hier sei voller Überzeugung eine Lanze für die Geisteswissenschaftler gebrochen! Sie haben es wegen des allgemeinen Tanzes um das „Goldene Kalb BWL" schwerer denn je, und das obwohl sie unter Umständen wohl ebenso pragmatisch, lösungsorientiert, zugleich von ihrem Studium her methodischer vorgehen, analytisch und konsequent zu denken gelernt haben und problematische Sachverhalte besser zu strukturieren verstehen.

zum Programm, auch solche Unternehmen gibt es ja. Auf Auswüchse dieser Art reagieren die Medien allerdings sensibler und heftiger.[37]

So hat man beim großen Global Player mit Hauptsitz am Wittelsbacherplatz in München bestimmt nicht gern gesehen, dass durch den jüngst vollzogenen Führungswechsel, die Streitereien und den Machtkampf im Aufsichtsrat ein Höchstmaß an Aufmerksamkeit generiert wurde. Die Vorgänge dort wurden von der *Börsen-Zeitung* als „Affentheater"[38] bezeichnet, und *Der Spiegel* zitiert einen namentlich nicht genannten „hochrangigen Siemens-Mann" so: „Manchmal geht es auch in Firmen wie unserer zu wie in einem Sandkasten, wo einer dem anderen die Förmchen nicht gönnt."[39] Keine gute atmosphärische Grundlage für konstruktive und produktive Arbeit, keine gute PR, kein gutes Licht auf ein deutsches Vorzeige-Unternehmen. Man sieht daran: Niemand ist davor gefeit. Aber Führung ist wesentlich dafür verantwortlich.

Der/die Einzelne kann sich Fach- und methodisch-analytische Kompetenz verschaffen, den Dingen auf den Grund zu gehen, die richtigen Fragen zu stellen und dabei nicht nachzulassen, das ist noch das geringste Problem. Die Ziele und Werkzeuge, die gute Führung benötigt, kann man grundsätzlich lernen, so viele sind es ja gar nicht.[40] Über die notwendigen Voraussetzungen, die es braucht, wirksam zu führen, selbst wenn er/sie die Werkzeuge kennt und beherrscht, kann er/sie sich bestenfalls intellektuell bilden. Das heißt ja nicht, dass er/sie diese Voraussetzungen im selben Zug dann damit auch bereits hätte...

Charakter wird gebraucht

Aber was ist mit Charakter? Führung kann ohne ausgewiesene Persönlichkeit, ohne Charakter eines Führenden nicht stattfinden. Soziale und persönliche, „menschliche" Kompetenz, Werte, Integrität holt man sich eben nicht

---

[37] Vgl. Anm. 15.

[38] Börsen-Zeitung v. 29. Juli 2013, vgl. http://www.presseportal.de/pm/30377/2524273/boersen-zeitung-affentheater-kommentar-zu-siemens-von-michael-flaemig.

[39] D. Deckstein, M. Hesse, Th. Tuma, Peter und die Wölfe. Rund um den Rausschmiss von Vorstands-chef Löscher hat sich Siemens in kürzester Zeit in ein Tollhaus verwandelt. Das verdankt der Konzern auch, aber nicht nur seinen beiden mächtigsten Aufsichtsräten. Die Anatomie eines Absturzes, in: Der Spiegel Nr. 32 v. 5. August 2013, 67.

[40] Vgl. z.B. Malik, Führen Leisten Leben 65ff., vor allem 171ff.

auf der Universität oder Business School. Die wachsen – so oder so – seit dem Kindesalter mit. Ausschlaggebend dafür sind wesentlich das Elternhaus, das soziale Umfeld, sind Leitfiguren, die sich Kinder und Jugendliche suchen, Schule offenbar weit weniger, als man denkt, von einzelnen Lehrern vielleicht einmal abgesehen.[41] Inzwischen sind unverkennbar längst die Vertreter der Generation „Wohlstand" in den Unternehmen angekommen, die – soweit sich das überhaupt (mit Vorsicht!) so pauschal sagen lässt – nicht selten verwöhnt sind und ein ausgeprägtes individuelles Anspruchsdenken mitbringen, was häufig einen autoritativem Führungsstil zur Folge hat. Dafür werden aber leider in der Persönlichkeitsstruktur nicht selten Defizite an emotionaler und sozialer Intelligenz festgestellt. Das wirft ein bezeichnendes Licht auf die Gesellschaft (und deren „Kinderstuben"). Es ist ziemlich kalt geworden.[42]

Kommunizieren muss man lernen

Damit kommen wir zu einer weitgehend vollkommen unterschätzten, aber zentralen Schlüsselqualifikation: der Kommunikationsfähigkeit. Denn natürlich nehmen die eben beschriebenen Erscheinungen unmittelbar Einfluss auf die Kommunikation einer/s Einzelnen. Die Kommunikation(sfähigkeit) eines Menschen steuert oder zumindest beeinflusst alles andere, vor allem die Fremdwahrnehmung durch andere. Aber man muss kommunizieren eben auch lernen, wie man nicht nur unter Berufsanfängern, sondern besonders Älteren leicht feststellen kann, und man *muss* es eben auch lernen, es ist kaum einem in die Wiege gelegt. Von der Existenz einer zumindest durchschnittlich entwickelten und weiter entwicklungsfähigen Kommunikationsfähigkeit kann man jedoch leider auch bei Führenden in der Wirtschaft mitnichten berechtigt ausgehen. „Wenn Sie irgendjemanden, irgendein Team oder irgendein Unternehmen danach fragen, was unbedingt verbessert wer-

---

41 Ein General, der sich mit dergleichen befasst, erläuterte im Gespräch, dass in der Regel wirkliche Führungseigenschaften bei jungen Leuten Anfang zwanzig noch gar nicht erkennbar seien. Erst mit etwa 27, 28 Jahren könne man darüber eine verlässliche Aussage treffen.

42 Der Spiegel, Nr. 45 v. 4. November 2013, 91, zitiert den Ärztlichen Direktor der Heiligenfeld Kliniken in Bad Kissingen, J. Galuska, der für den „Seeleninfarkt" vieler Menschen das kalte Miteinander in der Arbeitswelt verantwortlich macht.

den muss, dann wird Kommunikation sehr weit oben auf der Liste stehen, häufig sogar an erster Stelle."[43]

Kommunikation bildet einen Spiegel der Seele, der Emotion, der Vernunft, der Intellektualität, der Einstellung eines Menschen, sie kann alle Türen öffnen und Grenzen beseitigen. Sie ist der Schlüssel zu allem. Sagen zwei Menschen ein und dasselbe, meinen sie in der Regel doch Unterschiedliches (das gilt übrigens auch für Ehepaare). Hier hilft nur Kommunikation weiter (deshalb ist es grundsätzlich eine gute Regel, dass beim Militär ein Untergebener einen Auftrag bei dessen Erteilung verbal wiederholen muss, um so weit wie möglich sicherzustellen, dass er ihn auch richtig verstanden hat).

Kommunikation sichert den Zugang zum Verstand und zum Herzen der Menschen, sie ist fundamentaler Bestandteil jedes menschlichen Seins, jedes menschlichen Zusammenwirkens. Wer auf dieser Klaviatur spielen kann, der kann viele Ziele erreichen, er kann damit freilich auch manipulieren. Die Dinge haben immer zwei Seiten. Doch ohne Kommunikation kann niemand führen. Kommunikation betrifft übrigens natürlich nicht nur Sprache, die derzeit vielerorts zusehends verroht und – trotz zahlreicher kreativer, pfiffiger und origineller Neuschöpfungen – auch von den Medien manchmal bis zur schmerz-haften Verstümmelung vereinfacht und verfälscht wird. Dabei will ich schon gar nicht mehr an richtige Rechtschreibung und Zeichensetzung denken. Aber es gibt ja neben der Sprache auch eine non-verbale Kommunikation (Kleidung, Mimik, Gestik, Körpersprache, Bewegung, Haltung), die Wesentliches über den Kommunizierenden aussagt, meistens ohne dessen Wissen, von Kontrolle ganz zu schweigen. Zur Erinnerung: Man kann nicht nicht kommunizieren![44] Und man kommuniziert auch durch schriftliche Anweisungen, Messages, Kommuniquès und dergleichen. Gänzlich spannend wird es da, wo die (legitime) Inszenierung ein Teil der Kommunikation wird. Doch dazu an anderer Stelle!

Beim Militär gibt es übrigens die „Pflicht zur Kommunikation". Gefordert wird sie von Einzelnen auch für die Wirtschaft.

---

43 D. Taylor, The Naked Leader, Wien 2004, 23.

44 Nach Paul Watzlawick (1921 – 2007), österreichischer Kommunikationswissenschaftler, Psychotherapeut, Soziologe und Philosoph;
vgl. http://de.wikipedia.org/wiki/Paul_Watzlawick.

Charakter + Kompetenz + Kommunikation = Vorbild

Andersherum, und damit kommen wir wieder zum Charakter zurück: Kommunikationsfähigkeit schafft die wichtigste Voraussetzung für die elementarste Grundlage von Führung: Integrität, Anständigkeit, Echt-heit, Wahrhaftigkeit, Ehrlichkeit eines Führenden, an die sich Menschen halten und auf die sie vertrauen können.[45] Im Charakter einer/s Führenden liegt der Kern. Beherrscht er/sie dann die Mittel und Werkzeuge der Führung, begründet das die Entstehung von Vertrauen der zu Führenden und eine tatsächliche, wirksame Vorbildfunktion der/s Führenden. Daraus allein erwachsen die Mittel, die schwierige Arbeit der Menschenführung erfolgreich zu bewältigen. Ausschließlich dieses Vorbild entscheidet.

Viel des eben Gesagten trifft freilich auch auf Führende und Führung in der Bundeswehr zu. Der eine oder die andere mag sich da durchaus vielleicht schon wiedergefunden haben. Wir sprachen ja über zum Teil sehr allgemein menschliche Verhaltensweisen. Aber natürlich macht grundsätzlich auch anderes die Führung beim Militär aus, in vielerlei Varianten. Das wollen wir jetzt anschauen.

---

[45] Sehr im Gegensatz zu T. Servilio erscheinen dem Autor Ehrlichkeit und Wahrhaftigkeit nicht als Eigenschaften des Kleinbürgertums (s. Zeit Magazin Nr. 31 v. 25. Juli 2013, 46). Immerhin propagiert sie auch der bedeutende amerikanische Intellektuelle, Vietnamkriegsgegner und Systemkritiker Noam Chomsky für den Stand der Intellektuellen, gerade weil er weiß, dass die Welt von anderen Maximen getrieben wird: „Was wir als Wissenschaftler, als Gelehrte, als Verfechter einer Sache tun, hat Konsequenzen, genau wie unsere Weigerung, uns zu Wort zu melden oder zu handeln, definitiv Konsequenzen hat. In einer auf der Konzentration von Macht und Privileg basierenden Gesellschaft kommen wir an dieser Tatsache nicht vorbei. Daraus resultiert eine schwerwiegende Verantwortung, die der Wissenschaftler oder Gelehrte in einer menschenwürdigen Gesellschaft, in der die Einzelnen die Entscheidungen über ihr Leben und ihre Überzeugungen nicht an irgendwelche Autoritäten delegieren würden, so nicht zu tragen hätten. Wir können – und sollten – uns an die ganz einfachen Werte halten: Aufrichtigkeit und Wahrhaftigkeit, Verantwortlichkeit und innere Beteiligung an den Angelegenheiten der Welt. Aber nach diesen Richtlinien zu leben ist oft alles andere als einfach." (Noam Chomsky, Gleichheit (1976), aus U. Schiffmann, absolute. Noam Chomsky, Freiburg 2004, 78). Dass ein purer Moralist in der Regel keinen guten Führer ausmacht, ist heute Allgemeingut, doch obwohl diese Einschätzung weit verbreitet ist – die Machiavellisten ebenso wenig.

Führung in der Bundeswehr

„Kämpfen zu können, um nicht kämpfen zu müssen!", das war über Jahr-zehnte gängige Doktrin der Streitkräfte, weil das allgemeine Gleichgewicht der Kräfte durch Abschreckung die Möglichkeit einer großen kriegerischen Auseinandersetzung zwischen den Blöcken dauerhaft zu bannen schien, nicht ohne allerdings zeitweise ernsthafte und ziemlich beunruhigende Spannungen aufzuwerfen. Dabei blieben regionale Konflikte lange Zeit in der Regel regionale Konflikte.

Fulda Gap

Die Generation des Autors dieses Beitrags versah ihren Militär-dienst noch vor dem Hintergrund der grundsätzlichen Erwartung eines im möglichen Ernstfall breit angelegten Vorrückens massiver Panzer-verbände von Osten her. Die entlang des Eisernen Vorhangs aufgestellten Panzerdivisionen des Warschauer Pakts sollten ihrem eigenen Auftrag nach in Windeseile die nie-derdeutsche Tiefebene durchpflügen, um nach wenigen Tagen am Rhein zu stehen. So war das Szenario. „Fulda Gap" oder „Fulda-Lücke" hieß das Schlagwort, nach dem vermuteten Einfallstor einer möglichen Invasion durch Truppen unter Führung der Sowjetunion östlich der Stadt Fulda zwi-schen Harz und Thüringer Wald hindurch. Bei dieser Art von Kriegsführung rechnete und plante man strategisch mit Aktion und Reaktion großer Ver-bände.

Die Sowjetunion ist Geschichte, und die Bedrohung hat sich in eine gänzlich andere verwandelt. Die grundsätzlichen Mechanismen der Kampf-führung sind andere geworden. Stellt man sich heute im Großen mit „situa-tion awareness" auf die jeweiligen situativen Gegebenheiten ein und bereitet sich mit Hilfe sogenannter Ländermodule auf die ebenso kampfbedingten wie kulturellen und gesellschaftlichen Erfordernisse eines Einsatzes im Aus-land vor, so bleibt zugleich festzustellen, dass sich die Führungs-situation durch Delegation der Verantwortung nach unten vollkommen verändert hat. Die kämpfende Truppe sieht sich heute stellenweise kleinsten und höchst mobilen Einheiten oder einzelnen Kämpfern gegenüber, die aus dem Hin-terhalt angreifen und sie in unter Umständen verlustreiche Gefechte verwi-ckeln. Der Führung solcher kleinster Einheiten durch Gruppen- oder Zug-führer kommt ungleich größere Bedeutung zu, als in früheren Planspielen gedacht war, auch wenn der „Guerilla-Kampf" bereits in den Sechziger-

/Siebzigerjahren in Lehrgängen behandelt wurde. Die (Kampf-) Führung, auch im Zusammenwirken der verschiedenen Waffengattungen, ist damit deutlich komplexer geworden – womit zwangsläufig auch zugleich die Ausbildungsaufwendungen gewachsen sind.

Die folgende kurze Betrachtung über Führung in der Bundeswehr aus der Sicht des Außenstehenden muss nicht, kann auch gar nicht einen so formalen Anspruch erheben, wie das andere Autoren mit ihren hoch respektablen Publikationen tun können, die viel näher an diesem Thema arbeiten.[46] Sie kann nicht mehr sein als eine sehr, sehr oberflächliche Momentaufnahme, die sich nicht an akademischen Regeln orientieren muss, sich dafür vielmehr vollkommen pragmatisch-operativ bewegen kann. Sie speist sich einerseits zum kleinsten Teil aus des Autors eigenen (besonders in Hinsicht auf Führung in diesem Zusammenhang allerdings überhaupt nicht guten) Erinnerungen an dessen aktive Dienstzeit als Zeitsoldat in einer grenznahen Einheit für Psychologische Verteidigung (PSV), die nun immerhin etwa vierzig Jahre zurückliegt. (Hier liegt jedoch unter Umständen sogar der kausale Schlüssel für dessen Beschäftigung mit dem Thema seit nun mehreren Jahrzehnten.) Andererseits speist sie sich weiter aus wacher Anteilnahme und verschiedenen Kontakten in die Streitkräfte innerhalb der Jahre(zehnt)e, zum anderen und vor allem aber aus vielen Recherchegesprächen für die Erarbeitung dieses Themas während der letzten Monate.[47] Und sie findet statt vor dem Spiegel einer langen Erfahrung mit Führung im zivilen Leben, insbesondere in der Wirtschaft.

Diese Zeilen wollen keinen Anspruch auf absolute formale Richtigkeit erheben, dazu sind zu viele weiche Faktoren und subjektive Eindrücke im Spiel. Aber sie weisen schwerpunktmäßig in eine Richtung, wo Stärken oder Schwächen der Führung und der Führenden und ihrer Methodik liegen könnten. Und wie diese vielleicht sinnvoll in die zivile Gesellschaft und in die Wirtschaft hineinwirken könnten, was zum produktiven Nutzen beider

---

[46] Z.B. A. Dörfler-Dierken mit ihrer Studie „Führung in der Bundeswehr", vgl. Anm. 28, und E. Hoffmann mit seinem beeindruckenden Werk „Die Pflicht zu führen" (dort bes. 14 mit älterer Literatur), vgl. Anm. 32).

[47] Dabei gab es, sagen wir, systemkonforme Stimmen, aber auch manche kritische, vom Unter-führer bis weit in die Generalität hinein. Die größte Gruppe unter den Gesprächspartnern bildeten höhere Stabsoffiziere, zum weitaus geringeren Teil Reservisten. Ich konnte bei diesen Gelegenheiten zum Teil sehr beeindruckende, gereifte wirkliche Persönlichkeiten kennenlernen.

Seiten auch deren stärkere Verknüpfung zur Folge haben könnte. Aus Unkenntnis, allerdings auch einer gewissen Überheblichkeit heraus nutzt die Wirtschaft die beim Militär gewonnenen Erkenntnisse über Führung viel zu wenig, auch wenn viele der geübten Management- und Führungstechniken ursprünglich sogar vom Militär her kommen.

Ein totales, ein geschlossenes, ein geschütztes System

Zunächst einmal muss man das System Bundeswehr ja als ein recht geschlossenes System erkennen, das deshalb in gewisser Weise auch ein geschütztes ist. Führende haben innerhalb des Systems viel weniger Gestaltungs- und Handlungsspielraum, als dies in einem Unternehmen in der freien Wirtschaft der Fall ist. Und „Hire and fire" geht hier schon gar nicht. Zudem steht ja immer nur eine begrenzte und – je nach Rang – überschaubare Anzahl von möglichen Bewerbern für eine Position zur Verfügung.

Dafür reichen unter Umständen die zu treffenden Entscheidungen zumindest für den Einzelnen selbst, aber vor allem auch den Entscheidungsempfänger im wahrsten Sinn des Wortes existenziell weiter, zumal wenn die Truppe ins Gefecht geht. Einer existenziellen Gefährdung durch Kampfhandlungen steht zumindest im Fall von Berufssoldaten andererseits lebenslang eine äußerst stabile formale und wirtschaftliche Absicherung gegenüber. Das gibt es in der Wirtschaft dagegen nicht (nur noch im Beamtentum und Bereichen des öffentlichen Dienstes). Dort herrscht dafür nicht selten, immer wieder einmal oder langfristig die Angst vor Arbeitslosigkeit, vor Verlust des Arbeitsplatzes vor. Was diese Angst oder sogar Arbeitslosigkeit mit Menschen auf Dauer wirklich macht, können sich viele, darunter viele Führende (auch Politiker!) überhaupt nicht annähernd vorstellen. Allerdings wird in mancherlei Unternehmen oder von mancherlei Führendem zuweilen auch genau diese Angst als vermeintliches Führungsmittel eingesetzt. In der Wirtschaft ist in der Regel formal eine Kündigung das äußerste Mittel. Manchmal jedoch nicht das schlimmste!

Trotz Auftragstaktik herrscht im System Bundeswehr natürlich das Prinzip von Befehl und Gehorsam vor, und natürlich ist die seit ehedem existierende landläufige Vorstellung, dass mit Anzahl der Winkel oder Anzahl und Farbe der Sterne auf der Schulter die Hierarchie klar vorgegeben sei, grundsätzlich richtig und wird so geübt. Dass sich damit das Problem der Führung quasi von selbst erledige, muss jedoch und kann getrost auf den Müllhaufen der Geschichte geworfen werden, auch wenn es in der Truppe noch immer verbreitet ist. Gestimmt hat es zwar nie, wurde und wird aber nach Herzenslust geübt. Es sind ja hinreichend viele katastrophale Fehlentscheidungen von Militärs aus der Geschichte bekannt. Reine Amts- oder funktionale Autorität hat mit Führung aber auch gar nichts zu tun. Deren einstmals unumschränkte Gewalt ist zum Glück im Prinzip heute vorbei, wenngleich mancherorts auch eher theoretisch. Und noch einmal: Personalführung ist etwas ganz anderes als Menschenführung!

Die Menschen sind eben so

„Wie in jeder Organisation gibt es auch in der Bundeswehr Idioten und geistig Arme."[48] Denn natürlich gibt es in einem solchen System wie der Bundeswehr keine grundsätzlich besseren Menschen als in der Wirtschaft. Das ist ein Faktum, die Menschen sind eben so. Sie sind ja das derzeitige Ergebnis eines jahrtausendelangen evolutionären Prozesses über viele, viele Generationen hinweg, allerdings „mit einer dünnen Decke" der speziellen Ausprägung der Kultur des 20./21. Jahrhunderts. Und deshalb und zugleich dennoch zeigen sie hin und wieder, mal mehr, mal weniger, vollkommen archaische Verhaltensweisen, als ob es Jahrhunderte der Kulturgeschichte, zumal die Epoche der Aufklärung, einen wirklichen Quantensprung in der Menschheitsgeschichte, nicht gegeben hätte. Die autokratischen Typen, die Alpha-Männchen (oder Alpha-Weibchen), die Wichtigtuer, die Überflieger, die Geltungssüchtigen, die Sieghaften, die Mobber, die Unsicheren, die Echten, Ehrlichen, Authentischen, die Kameraden, die Sorgenden, die Vorbilder – die Reihe ließe sich beliebig fortführen – gibt es in der Wirtschaft wie beim Militär. Auch Uniformen übrigens, wenngleich in der Wirtschaft mit größerem Spielraum. Was macht aber den möglichen Unterschied aus?

---

48 D. Wullers, Was glaubt ihr eigentlich, wer wir sind?, in: Die Zeit Nr. 48 v. 21. November 2013, 17. Zweifelsohne ein heftiger Satz! Aber natürlich hat er recht, auch wenn ich dergleichen starke Vokabeln hier nicht gebrauchen will. Allerdings sind sie unter Umständen mehr als berechtigt, wenn man zugrunde legt, was solche Führenden – hier wie dort – anrichten können. Wullers ist selbst aktiver Offizier in der Bundeswehr und beklagt in seiner durchaus persönlichen Stellungnahme primär die mangelnde Wertschätzung von Soldaten durch die und in der Gesellschaft. Insofern stellt sein lauter Ruf ein leidenschaftliches Plädoyer für mehr Respekt dar. Womit er vielen Bundeswehr-Angehörigen (zu Recht) aus der Seele gesprochen haben dürfte.

Das System macht den Unterschied

Das System ist es, vor allem das macht den Unterschied. Es gibt, mehr noch als ein konzernartiges Unternehmen, dem Einzelnen „Seitenhalt" und strukturiert Weg und Verhaltensweisen stärker vor. Dazu kommen die vielfachen Beurteilungen und Qualifikationen, denen sich vor allem Offiziere im Turnus unterziehen bzw. die sie erwerben müssen. Diese Beurteilungen bilden Korrektive, wohl doch objektivere als in der Wirtschaft. Der Einzelne ist hier grundsätzlich in eine mehr oder weniger konforme Gemeinschaft eingefügt, deren (Ausbildungs-) Standards sich entschiedener gleichen (müssen), als das in der Wirtschaft gegeben ist.[49] Zudem sollten wir davon ausgehen können, dass sich Werte und Wertvorstellungen der Einzelnen untereinander stärker angleichen.[50] Und eine alle verbindende „Zielrichtung" ist durch das System von unten bis oben impliziert. Vor diesem Hintergrund werden Soldaten in der Bundeswehr durch die Auftragstaktik grundsätzlich lösungsorientiert ausgebildet, während in der Wirtschaft oftmals eine starke Problemorientierung überwunden werden muss. Daraus folgernd kann man grundsätzlich eine größere Teamfähigkeit bei Soldaten und Ex-Militärs feststellen, die den Einzelnen eher zu einer Zurücknahme seiner selbst in der Gruppe bringt. Soldaten machen in vielen Schritten eine harte Ausbildung

---

[49] Allerdings sei hier als kurzer Exkurs auch ein etwas bitterer Hinweis gestattet. Es scheint stellenweise immer noch ein Verständnis von Männlichkeit (eine „vermännlichte" Variante hiervon existiert aber auch bei Frauen), gleichsam ein Mannbarkeitsritual zu geben, welches es Angehörigen von Kampfverbänden grundsätzlich nahelegt, sich nach Kampfhandlungen bei Bedarf nicht etwa gegebenenfalls therapeutische Hilfe zu holen: „Die kämpfende Truppe geht nicht zum Psychologen!" – Die posttraumatische Belastungsstörung (PTSD) ist keine Erfindung von weichlichen Theoretikern! Der Autor vermag hier lediglich ein archaisch anmutendes Ritual erkennen, das Führung – unter Umständen, nicht zwangsläufig! – nicht im besten Licht erscheinen lassen könnte. Offenbar scheint es jedenfalls tatsächlich so zu sein, dass sich manche Soldaten aus Angst vor Sanktionen oder Beförderungsnachteilen keine Hilfe holen. Ein hoher ehemaliger Marineoffizier kommentierte das so: „Was sollen denn die vielen, vielen Marine-Angehörigen sagen, die bei haushohen Wellen auf stürmischer See hin- und hergeschleudert werden? Die kriegen auch richtig Angst." (Nicht gesagt wurde: ‚Und gehen trotzdem nicht zum Psychologen!').

[50] Nicht ganz einfach zu lesen, doch einer der besten Ratgeber der letzten Jahre für das zivile Management: U. Hemel, Wert und Werte. Ethik für Manager – Ein Leitfaden für die Praxis, München, Wien 2005.

durch, in der die Gruppe oder das Team eine entscheidende Rolle spielt. Das schweißt zusammen![51]

Soldaten lernen Führung in der Praxis

Soldaten lernen von der untersten Ebene ab „stückchenweise" Führung – und müssen sich darin erweisen. Führung wird in kleinsten Einheiten schon ab Mannschaftsdienstgraden geübt, und eventuelle Widrigkeiten werden da unter Umständen ganz schnell und unmissverständlich „ausdiskutiert". Vom Trupp- oder Gruppenführer ab lernt ein Soldat Menschenführung mit allen Facetten, weiter über alle Stufen hinweg, im Fall des Heeres über Zug, Kompanie, Bataillon, bis zur Brigade, zur Division oder noch weiter. Er hat also über Jahre Gelegenheit, seine Führungseigenschaften zu entwickeln und zu vervollkommnen. Menschenführung (und damit: Kommunikation!) ist beim Militär als viel elementarerer Bestandteil der Arbeit offenbarer als in der Wirtschaft (und formal in Dienstvorschriften verankert), sie ist eigentlich nicht wirklich elementarer, aber sie ist offenbarer. Sie wird in den Beurteilungen eines Offiziers spätestens im Zwei-Jahres-Rhythmus immer wieder begutachtet und spielt bei der Qualifikation für die wirklich hohen Ränge in der Bundeswehr auf den ebenfalls im Turnus stattfindenden Personalkonferenzen, auf denen darüber entschieden wird, wer befördert wird, eine ganz erhebliche Rolle. „Keiner, der nicht gewisse Qualifikationen für Menschenführung unter Beweis gestellt hat, kommt heute noch in verantwortliche Positionen."[52] Die nachgewiesene Befähigung zur Menschenführung ist also zur unverzichtbaren Qualifikation geworden. Man darf folglich mit einer gewissen Gewähr für die jüngere Geschichte der Bundeswehr davon ausgehen, dass hier ein grundsätzlich positiver Auswahlprozess greift. Es findet genau genommen ein „talent scouting" statt. Auch wenn die großen Unternehmensberatungen schon früh ihre eigenen Talentsuchen veranstalten, so legen sie doch ein ganz anderes Maß an die Kandidatinnen und Kandidaten. Denn in der Wirtschaft zählen vereinfacht gesagt dagegen die nackten Zahlen, an denen ein Manager gemessen wird – und zuweilen ein Nachweis darüber, dass er Härten gegenüber der Belegschaft des Unternehmens durchsetzen kann.

---

[51] Auch hierzu D. Wollers in Die Zeit Nr. 48, s.o. Anm. 43.

[52] So ein speziell mit diesen Inhalten vertrauter General im Gespräch.

Kameradschaft – Kampfgemeinschaft - Korpsgeist

Bei meinen Recherchen bin ich an vielen Stellen auf einen Zusammenhalt gestoßen, der in den Streitkräften spürbar ist (sehr entschieden im Gegensatz zur Wirtschaft).[53] Das führt uns hin zu einem etwas altmodischen Begriff, der aber offenbar wieder neue Bedeutung gewinnt. Er wird mit neuem Inhalt erfüllt und erweitert sich notgedrungen zu einem weiteren: Kameradschaft bzw. Kampfgemeinschaft. Sie ist unter Umständen überlebenswichtig (auch über „Klassenstrukturen" zwischen beispielsweise Offizieren und Unter-offizieren hinweg, die es wechselseitig freilich noch immer gibt), sie wird zur Vorbedingung für ein funktionierendes Team. Der Einzelne ist auf den nach denselben Standards ausgebildeten Nächsten existenziell angewiesen, auch dies ein Unterschied zur Wirtschaft, wo der Einzelne sich abends in sein Privatleben zurückziehen kann, um weiter – unter Umständen gegen den anderen – an seiner Karriereplanung zu arbeiten. Gefahr verbindet, aber Werte verbinden auch und wirken mit am Entstehen eines „Ehrenkodexes", den es offenbar – wenn auch ungeschrieben – zumindest in Teilen der Streitkräfte gefühlt zu geben scheint. Gruppendynamischen Prozesse, die sich daraus ergeben, sind unverzichtbar und als Führungsmittel nicht hoch genug einzuschätzen.

Es scheint also einen gewissen Korpsgeist – mit aller Vorsicht, in des Wortes positiver Bedeutung – zu geben. Dazu passt zwar, dass „Intrigen nicht gern gesehen werden" [54], aber leider gibt es natürlich Intrigen, und es gibt Mobbing in der Truppe. Aber es gibt auch die klare Anweisung, Menschen nicht zu beschädigen, körperlich nicht, seelisch nicht, und das sowieso auf keinen Fall coram publico, also vor anderen (was besonders beim Militär früher viel angewandt wurde und auch zweifellos immer noch vorkommt, aber vor allem in der Wirtschaft wie schon gesagt heute gern durchaus bedenkenlos als vermeintliches „Führungsmittel" gebraucht wird). Allein das Faktum (und natürlich eine notwendige Konstitutive), dass Delegation beim Militär gefördert wird und immer ein Stellvertreter existiert, der bei Ausfall eines Vorgesetzten die Führung sofort übernehmen kann, setzt mehr Teamfähigkeit und Sachorientierung voraus, als man das gemeinhin in der Wirt-

---

[53]   Auch hierzu D. Wollers, ebd.

[54]   Mit Überzeugung vertrat ein sehr hoher Offizier (Luftwaffe) die Theorieseite: Mobbing existiere in den Streitkräften nicht. Das ist jedoch wohl leider eher eine Wunschvorstellung. Dabei will ich gar nicht an mit aller Vorsicht mögliche Extremfälle erinnern, die vor nicht langer Zeit kein gutes Licht auf die Marine und ihr Segelschulschiff warfen.

schaft findet. (Nur nebenbei und unkommentiert: Angeblich können Offiziere des britischen Militärs im Notfall zwei Ebenen höher führen als auf ihrer eigenen, dem Dienstrang entsprechenden Ebene.)

In der Wirtschaft dagegen zieht man sich Vertreter, die in vollem Umfang für einen selbst einspringen könnten, also mögliche Nachfolger, eben gerade nicht hoch; denn man würde fast zwangsläufig Gefahr laufen, sich als ersetzbar zu erklären, und müsste sich keineswegs wundern, wenn man damit beispielsweise seinen Stellvertreter ermunterte, einem kräftig (zumeist eher subtil und verdeckt) „die Stuhlbeine abzusägen". Schon ohne dies sind die Situationen, wo man aus dem Urlaub wieder an den Arbeitsplatz zurückkehrt und diesen von jemand anderem besetzt findet, gar nicht selten. Echte Stellvertreter existieren in der Wirtschaft vereinfacht gesagt *nicht*.

Das Konzept der Inneren Führung

Seit Jahrzehnten hat sich in der Bundeswehr das Konzept der Inneren Führung bewährt, und es wird laufend weiter vervollkommnet.[55] Darin liegt ein großer Wert, mit dem die Bundeswehr pauschal gesagt der Wirtschaft um Längen, um „Lichtjahre", wie oben schon gesagt, voraus ist. Nirgendwo sonst findet sich das Prinzip von Befehl und Gehorsam in Verbindung mit einem so klar definierten ethisch anspruchsvollen Menschenbild. Freilich existiert auch in großen Unternehmen z.B. über die Corporate Governance ein gewisser Kodex, der neben anderem die Führung und das Verhalten nach innen zum Thema hat.[56] Etwas in seiner Stringenz Vergleichbares wie die Bundeswehr mit den genannten Dienstvorschriften und mit zum Beispiel

---

[55] Die ZDv 10/1, auch die HDv 100/200 u.a. sind hervorragende Dokumente, die in aller möglichen Präzision die theoretischen Standards der Führung formulieren. Davon können BWL-Studenten (und – Pardon! – auch ein paar Lehrende) viel lernen. Die ZDV 10/1 findet sich zum Download auf der Homepage des Zentrums für Innere Führung in Koblenz unter: www.kommando.streitkraeftebasis.de.

[56] Prof. Norbert Bolz von der TU Berlin, bekannter Medien- und Kommunikationswissenschaftler und Philosoph, äußerte in einem Gespräch dazu, ihm sei es völlig gleichgültig, ob Unternehmen, Verantwortliche in Unternehmen, die sich einen Corporate-Governance-Kodex gegeben haben, grundsätzlich von dessen ethischem Wert überzeugt seien. Hauptsache: Sie hielten sich daran! – Aber auch er zweifelte nicht daran, dass ein solcher Kodex zuweilen eine gewisse Schaufensterfunktion für Unternehmen darstellt.

den zehn Leitsätzen der Inneren Führung[57] hat aber kein Großkonzern auch nur annähernd aufzuweisen. Vor allem aus dieser Grundlage, auf der tagtäglich Führungsarbeit auf allen Ebenen vernetzt geleistet wird, resultiert eine grundsätzlich exzellente Führungsarbeit in den Streitkräften – auch wenn das dem Einzelnen häufig gar nicht bewusst ist und auch wenn das konkret natürlich auch nicht überall andauernd der Fall ist.[58]

Nirgendwo sonst – und da schließe ich die wesentlichen Teile der zivilen Literatur mit ein – existiert eine ähnlich treffende, knappe und präzise Darstellung des zugrunde liegenden Menschenbildes, des Führungsverhaltens, des Führungsprozesses, der ihn bedingenden Voraus-setzungen und der mit ihm zusammenhängenden Mechanismen. Der Stil dieser Darstellung mag zuweilen etwas spröde sein, aber nicht zuletzt darin liegt ihr Wert; denn es gilt ja auch, die Verschiedenartigkeit möglicher Interpretation zu reduzieren.

Bei der Bundeswehr wird Führung wie oben schon beschrieben methodisch geübt. Ein Soldat durchläuft über die verschiedenen Ränge hinweg wieder und wieder ungezählte operative Trainings durch Einsatz in der Praxis, und das bedeutet die beste Möglichkeit für eine methodische Qualifikation für Führung. Die Neurowissenschaftler nennen das „Prozedurales Lernen" (vulgo: „Drill", der in früheren Zeiten in seiner allerdings sinnlosen Form oftmals nur zur gewissen Erniedrigung der Gedrillten diente. In der Praxis sind diese Zeiten freilich noch nicht überall gänzlich überstanden). In ihrer Wirkung nicht zu unterschätzen und wesentlicher Bestandteil der Tätigkeit und der Führungskultur in den Streitkräften sind die aus der Spieltheorie herkommenden Planspiele, die u.a. vernetztes Denken, Schnelligkeit und Führungsfähigkeiten immer wieder abrufen und für die Praxis schulen.

---

[57] ZDv 10/1 Innere Führung. Selbstverständnis und Führungskultur der Bundeswehr (neueste Fassung vom 28. Januar 2008) 46, Anlage 1; vgl. auch A. Dörfler-Dierken, a.a.O. 16ff. Freilich müssen diese Leitsätze mit Leben gefüllt werden, um nicht einfach Schlagworte zu bleiben, doch sie verpflichten den Einzelnen definitiv auf diesen Kodex. Interpretationsspielraum wird dabei immer bleiben. Der eine Vorgesetzte wird ihnen mehr, der andere weniger folgen.

[58] Da mag es durchaus beispielsweise auf der Ebene auch durchaus hoher operativ Führender noch altes „Kommissdenken" geben (was mir – bei allem Respekt! – vor allem für das Heer berichtet wurde; doch hier müsste man mit Differenzierungen ansetzen), aber es ist nicht zu leugnen, sondern wird sehr deutlich, dass ein neues Führungsverständnis in der Truppe greift, das von auch niedrigeren Dienstgraden vertikal durch die Truppe bis in die Spitze – oder besser andersherum! – reicht.

Vergleichbar sind die in der Wirtschaft nur in sehr wenigen Stabsabteilungen angestellten Szenario-Planungen demgegenüber kaum. In der Breite geübt wird da nichts.

Die Standards und Verhaltensweisen, welche die Grundlage für Führung bilden, werden wieder und immer wieder geübt, bis sie quasi zur zweiten Natur werden.[59] Die Führenden werden, das ist zumindest die Zielsetzung, zu klar strukturiertem und methodischem Denken und Handeln gebracht. Der Führungsprozess über Kontrolle und Lagefeststellung[60], Entscheidungsfindung, Planung und Befehlsgebung (und in andauern-dem Zyklus sich fortsetzend) könnte und müsste ebenso Grundlage jeder erfolgreichen Tätigkeit in der Wirtschaft sein – wenn er oder zumindest sein ziviles Pendant, der Regelkreis, denn dort überall auch mit methodischer Kompetenz und Konsequenz angewandt würde.[61]

Der „Führungsquader"

Bei aller Überlastung durch wachsende Komplexität, der sich Verantwortliche in der Wirtschaft auf allen Ebenen täglich zu stellen haben, muss eines doch gesagt werden: An methodischer oder analytischer Kompetenz mangelt es vielerorts in der Wirtschaft. Auch ein Universitätsstudium ruft nicht zwangsläufig beim Einzelnen die Fähig-keit hervor, vernetzt zu denken, bis

---

[59] Eine Stimme während der Recherche für diesen Beitrag lautete: „Einen Offizier macht aus, dass er weiß, wann er von diesen Standards abweichen muss." Das können u.a. nur ein langer Ausbildungsprozess und beträchtliche Erfahrung in der Praxis bedingen. An der Universität wird dergleichen nicht gelehrt, kann es freilich auch gar nicht.

[60] Das bedeutet im Prinzip, die richtigen Fragen an die richtigen Leute zu richten. Besonders der fortdauernd vorzunehmenden und zu kontrollierenden Lagefeststellung kommt wesentliche Bedeutung zu. Die verschiedenen Ebenen zu koordinieren und daraus ein treffendes Lagebild zu fertigen kann in der Wirtschaft durchaus als Schlüsselkompetenz bezeichnet werden. Beim Militär lernt man in aller Regel dazu auch noch eine präzisere, knappere, konzentriertere Darstellungs-weise, verbal in der Präsentation und auch bildlich-zeichnerisch.

[61] In der Wirtschaft existiert ein zwar ähnliches Modell mit dem sogenannten Regelkreis über „Zielsetzung, Planung, Entscheidung, Realisierung, Kontrolle" und so fort in dauernder Kreisbewegung. Ich bin jedoch mit Hoffmann (a.a.O. 97ff.) der Meinung, dass der militärische Führungsprozess mit dem Punkt „Befehlsgebung" über den Regelkreis hinausgeht, weil er den unverzichtbaren Anteil an Kommunikation bedeutet. Inzwischen sind beide Regelkreise jedoch grundsätzlich etwas überholt, weil es weiterentwickelte Modelle gibt, die die systemischen Zusammenhänge berücksichtigen (105ff.).

in die Tiefe und wiederholt bei veränderter Lage die richtigen Fragen zu stellen, Prozessanalyse zu betreiben und dann die entsprechenden Schlüsse daraus zu ziehen und eine Verlaufskontrolle anzustellen. Das gilt übrigens nicht weniger für manche hoch bezahlten Unternehmensberater, sogar solche aus den bekannten Kaderschmieden, die eben gerade nicht aus ihren schon vorgelegten Spuren ausbrechen können (und sollen).

Deshalb kommt den auf dem bekannten „Führungsquader"[62] aufgezählten Fähigkeiten und Kompetenzen eine so besondere Bedeutung zu, die hier zwar als bekannt vorausgesetzt werden dürfen, jedoch in aller Kürze aufgezählt folgende sind: Der Quader benennt die aus vier Kompetenzfeldern bestehende militärische Führungs-kompetenz (fachliche, methodische, soziale und Selbstkompetenz), die sich mit den individuellen persönlichen Schlüsselkompetenzen des Einzelnen wechselseitig durchwirkt (Fähigkeit zu ganzheitlichem Denken, Kommunikationsfähigkeit, Konfliktfähigkeit, Motivierungs-fähigkeit, interkulturelle Fähigkeit, Kreativitätsfähigkeit, Belastungsfähigkeit, Fähigkeit zu wirtschaftlichem Denken und Handeln). Alle diese aufgeführten Qualifikationen müssen Führende an sich entwickeln (lassen). Dabei ist jedoch eben nicht ohne Bedeutung, was sie beispielsweise an methodischer[63], an sozialer[64] und vor allem an Selbstkompetenz[65] schon aus

---

[62] OTL i.G. Krempf (Bearb.), Konzept der Allgemeinen Führungslehre (SOL 1.0), Fü-AkBw, Militärische Führung und Organisation (August 2012), 9 Abb.1.

[63] Die methodische Kompetenz vieler Studierender ist nach übereinstimmender Aussage vieler Hochschullehrer oftmals erschreckend wenig ausgebildet. (Das muss sich auch durch ein wie heute zu betreibendes Studium leider auch nicht grundsätzlich ändern. Da hat die Studienreform eher Bildung abgeschafft.) Aber auch deshalb gilt das für nicht wenige Manager in der Wirtschaft ebenso.

[64] Für die soziale Kompetenz ist das schon frühe Umfeld von Kindern und vor allem das Elternhaus von allergrößter Bedeutung. Sie ist gar nicht hoch genug einzuschätzen, aber deshalb versuchen manche Business Schools wie vordem Witten-Herdecke, allerdings auch Elite-Universitäten wie Stanford, ihre Studierenden zu Zusatzkursen zu verpflichten, die mit dem eigentlichen, gewählten Studienfach inhaltlich nichts zu tun haben, aber die allgemeine und soziale Bildung der Studierenden erhöhen sollen.

[65] Verschiedene Wissenschaften definieren diesen Begriff durchaus unterschiedlich. Was in unserem Zusammenhang unter Selbstkompetenz zu verstehen sei, wird unter Pkt. 5.4, Konzept der Allgemeinen Führungslehre (SOL 1.0) 11f., erläutert: „Selbstkompetenz ist das Wollen und Können bei der Entwicklung der eigenen Führerpersönlichkeit durch Selbstreflexion und Selbst-steuerung in ständigen Lernprozessen."[...] Wohl wahr! Also beinhaltet sie unausgesprochen zwangsläufig auch die Erkenntnis eigener Schwächen

dem Vorfeld mitbringen. Aber durch die hinlänglich beschriebene Ausbildung in vieljährigem Dienst in den Streitkräften ist die Gewähr recht groß, dass die Kompetenzen des Einzelnen konsequent und methodisch (weiter) entwickelt werden, freilich auch, dass mögliche eher negative charakterliche Auswüchse eines Vorgesetzten im Zaum gehalten werden. Das System kann aus den Menschen keine grundsätzlich besseren machen, aber es kann ihr Verhalten standardisieren und kann Mittel und Werkzeuge der Führungsarbeit exzellent schulen. Das ist der Vorteil eines solchen Systems. Und der Vorteil von Ex-Offizieren, die in die Wirtschaft abwandern. Sie sind damit methodisch in der Regel besser geschult als viele Manager, sie arbeiten strukturierter.

Im selben Zug werden in der Gemeinschaft durch das prozedurale Lernen die zwischenmenschlichen Grundlagen systematisch ausgebildet. Das schließt die Ausbildung einer fundierten Delegationskompetenz mit ein, die beim Militär im Gegensatz zur Wirtschaft zwangsläufig intensiv gelehrt und gepflegt wird. Die alle (zwei) Jahre vollzogene Rotation durch Versetzung und neue Verwendung auf neuer Position bedingen zudem eine gleichsam systemimmanente höhere Flexibilität des Einzelnen und eine größere Bereitschaft und Fähigkeit zum Arrangement mit Vorgesetzten oder Situationen, auch wenn das vielen Familien mit Kindern das Leben fraglos schwerer macht. Aber: Das schult! Dazu kommt inzwischen, dass bei besonderen Laufbahnsprüngen heute auch besondere Qualifikations- und Eignungsprüfungen stattfinden, so vor Beginn der Offizierslaufbahn, vor Antritt einer Position als Kompanie oder Bataillonschef oder vor der Übernahme als Berufssoldat, die übrigens heute nur ein kleiner Prozentsatz der Bewerber schafft.

Offiziere unterwerfen sich einem relativ lückenlosen, dauernden Beurteilungsverfahren, mit dem sie sich qualifizieren und ihre Erkenntnis über ihre Führungsfähigkeiten verbessern können. Das ist zwar zugegeben unbequem, aber darin steckt wie schon gesagt ein unschätzbares Korrektiv, selbst wenn das Beurteilungsverfahren unter den Betroffenen vielleicht auch nicht über die Maßen beliebt ist. Das schließt ein auch in Offiziersrängen nicht selten festzustellendes Karrieredenken nicht aus. Zugleich eliminiert es zwar nicht, minimiert jedoch die in der Wirtschaft in sehr gehobenen Rängen

---

und eigener Defizite. Das ist in der Bundeswehr vermutlich jedoch ein ebenso schwieriges Thema wie in der Wirtschaft.

nicht unübliche Günstlingswirtschaft, bei der gewisse „Buddies" gern in passende, für einen selbst nützliche (und eher ungefährliche) Positionen lanciert werden. Grundsätzlich ist das übrigens etwas ganz anderes, als bewährte Leute in seinen Stab oder in sein Umfeld zu holen. Beurteilungsverfahren gibt es in vielerlei Varianten draußen in der Wirtschaft freilich auch, aber da läuft vieles sehr informell und für den „Delinquenten" oftmals nicht durchschau-, schon gar nicht nachvollziehbar. Sicher öffnet das der Willkür mehr Tür und Tor, als dies das geschlossene System Bundeswehr zulässt.

Disziplin

Eine weitere heute am freien Markt gar nicht so gern offen geforderte Grundlage einer guten Führung ist schlicht – Disziplin. Für Soldaten ist Disziplin unabdingbare Begleiterin ihres ganzen Tuns. Klingt so nebensächlich, ist es aber ganz und gar nicht. Disziplin ist eine Tugend, die sich auf alle Lebensbereiche auswirkt und eben nicht zuletzt auf die Führungsfähigkeit. Sie verhilft dazu, mit sich selbst verantwortungsvoll umzugehen, sich selbst zurückzunehmen[66], Ziele mit Konsequenz zu verfolgen und umzusetzen, unter Belastung kühl und handlungsfähig zu bleiben, Routinen abzurufen und auch zuweilen – den eigenen Schweinehund zu überwinden. Disziplin eines Vorgesetzten ist eine der notwendigen und zugleich besten Voraussetzungen, auch für Härte und harte Entscheidungen Akzeptanz bei Untergebenen zu finden. Wieder ein klares Plus für Ex-Offiziere in der Wirtschaft, weil das Vorhandensein von Disziplin für die Erfüllung der Aufgaben und den Umgang mit sich selbst und miteinander dringend nötig ist.

    An dieser Stelle soll auf eine scheinbare Kleinigkeit hingewiesen werden, die aber zu Wichtigerem verhelfen kann: das Anfertigen einer Vorlage. Was vielen als durchaus nervtötend und langweilig erscheinen mag, zwingt durch die Konzentration auf das Wesentliche zu klar strukturierter Denk- und Darstellungsweise. Dazu braucht man einige Fähigkeiten, nicht nur Disziplin, aber diese eben auch. Freilich gibt es Vergleichbares in der

---

[66] In aller Regel machen (Stabs-) Offiziere bei öffentlichen Veranstaltungen, in Interviews, Talkshows eine sehr gute Figur. Sie spielen sich nicht in den Vordergrund und urteilen sachlich und damit eher souverän. Insofern steht der Bundesvorsitzende des Bundeswehrverbandes, der wohl der am meisten in der Öffentlichkeit gesehene und gehörte Soldat ist und ein hervorragendes Standing hat, grundsätzlich nicht allein.

Wirtschaft auch, doch dort wird es zu Unrecht als selbstverständlich vorausgesetzt, gute Vorlagen anfertigen zu können. Beim Militär wird es systematisch geübt.

Der Prozess macht die Führenden

Es gibt also grundsätzlich keine geheimnisvollen Mechanismen in der Führungsarbeit der Bundeswehr, die sich von denen in der Wirtschaft fundamental unterschieden. Es ist der Prozess, der die Führenden macht. Das System Militär bedingt eine unterschiedliche Führungsintensität, einen anderen, direkteren Führungsmodus, der sich schließlich auch substanziell auf die Qualität der Führung auswirken kann. So haben Führungskräfte in der Bundeswehr allgemein ein erheblich höheres Maß an Führungskompetenz vorzuweisen als in der Regel nicht nur jüngere Manager ohne militärischen Background; denn das System bewirkt eine gänzlich andere, intensivere Form der Sozialisation.[67]

Auch hier noch ein Wort zur Schlüsselqualifikation schlechthin, die noch immer sträflich unterschätzt wird und ein großes Manko unter den Menschen darstellt: Kommunikationsfähigkeit (und Kommunikations-*willig*keit!).

Kommunikation ist das wichtigste Führungsmittel überhaupt, überall, immer. Nicht nur beim Militär, nicht nur in der Wirtschaft, sondern überall! Deshalb muss die Fähigkeit zur Kommunikation auch systematisch geschult und entwickelt werden, was üblicherweise allerdings an der Universität und in der Wirtschaft nicht geschieht. Dafür reichen auch gelegentliche PowerPoint-Präsentationen im Seminar oder Meeting nicht aus. Kommunikation ist ja viel mehr! Die Fähigkeit dazu wird kurzsichtig einfach vorausgesetzt oder gar nicht erst bedacht. Natürlich bringen viele junge Menschen eine a priori gute Eignung mit, aber die muss eben weiterentwickelt werden. Dabei geht es keineswegs um Selbstdarstellung. Das zwar in gewissem Sinn

---

[67] Ein Gesprächspartner während der Recherche, ein aktiver General, charakterisierte das etwa so: ‚Wenn ich in meiner Dienststelle sehe, wie beispielsweise ein Oberstleutnant eine zivile Angestellte beauftragt, beispielsweise ein paar Kopien zu machen, und wenn ich dagegen eine relativ jung von der Universität gekommene Akademikerin dabei sehe, wie sie denselben Auftrag erteilt, dann werden Unterschiede augenscheinlich. Beim Ersteren wird dabei in der Regel eine empathischere, höhere Sozialisation erkennbar.' – Das mag ein belangloses, sehr pauschalisiertes Beispiel sein, vom Prinzip her halte ich die dabei getroffene Aussage grundsätzlich für richtig.

auch, aber grundsätzlich dreht es sich um Sach- und nicht Selbstorientierung!

Auch hier verhilft das prozedurale Lernen im System den Soldaten, ihre Fähigkeiten zu entwickeln und zu schärfen. Freilich hängt Kommunikationsfähigkeit stark mit dem Charakterbild einer/s Führenden zusammen und ist in der Regel – bei aller Inszenierung (die es legitimerweise natürlich zuweilen braucht und die auch jeder irgendwie mehr oder weniger bewusst anstellt) – unfehlbarer Ausdruck der Persönlichkeit. Sie ist der Spiegel der (Selbst-) Sicherheit oder Unsicherheit einer/s Führenden; sie erweist untrüglich, ob die/der Kommunizierende möglicherweise ein Narziss, ein Wichtigtuer, ein Intellektueller, ein nüchterner Realist oder ein unangenehmes Raubein ist, ob sie/er echt oder falsch ist und auf dem Boden welcher Tatsachen sie/er steht. Sie gibt damit zugleich Aufschluss über ihre/seine Werte. Aber nun: Welche Defizite tun sich da selbst in der hohen Politik oder bei gewichtigen Vorständen von Großkonzernen auf? Die Medien leuchten ja heute alles aus. Diese Defizite gibt es auf allen Ebenen.

Ein Vorgesetzter muss „echt" sein

Die Art der Kommunikation lässt insofern am ehesten erkennen, wie „echt" die/der Führende ist. Denn Echtheit, Authentizität, d.h. hier: Berechenbarkeit, Verlässlichkeit, Integrität, Anständigkeit einer/s Vorgesetzten zählen in der militärischen Welt ja nicht nur nicht weniger als in der zivilen, sie sind sogar noch von größerer Bedeutung, denn hier kann es um Leben und Tod gehen. Sie sind wesentlicher Bestandteil der Grundlage, auf der überhaupt Vertrauen zwischen Führendem und Geführten entstehen kann.[68] Und Vertrauen ist auch hier ein zentraler Begriff. Männer und Frauen, umso mehr solche, die auf ihre Führenden existenziell angewiesen sind, haben ein sehr feines Gespür für Falschheiten oder Schwächen ihres/ihrer Vorgesetzten – auch wenn sie selbst zuweilen vielleicht eher rau und einfacher strukturiert sind.

Das Vorbild entscheidet! Diese Maxime gilt in der Wirtschaft wie beim Militär, es ist die Haupt-Konstitutive des Führens. Doch wie wenig wirkliche Vorbilder gibt es!? Tatsächlich hat in der jüngsten Neuzeit eine Inflation an scheinbaren Vorbildern stattgefunden. Dabei gilt freilich trotz

---

[68] Ein ehemaliger Panzerkommandant, der im Kosovo im Einsatz war, sagte unumwunden, für ihn sei höchstes Ziel gewesen, dass seine Leute ihm vertrauten.

aller Aufgeklärtheit auch für uns post-postmoderne Menschen eines noch immer: Ein/e Führende/r muss immer zugleich auch Projektionsfläche für Ängste, Sehnsüchte, vielerlei Emotionen seiner Untergebenen, seiner Gefolgschaft bieten.[69] Die Geschichte ist voll von Beispielen dafür, guten wie schlechten. Das sollte uns Heutigen sehr bewusst sein.

Verehrt und geliebt von ihren Soldaten – Zwei der größten Charismatiker der Geschichte

Ein kurzer Exkurs sei erlaubt, weil die hier zu betrachtenden Persönlichkeiten Wesentliches für unser Thema aussagen können. Sie können gewissermaßen auf die „Essentials" hinweisen. Natürlich kennen wir hinreichend Beispiele von schlechten Führenden aus der Geschichte – auch besonders der Militärgeschichte –, die obwohl in verantwortlichsten Positionen und mit beträchtlichen Gaben ausgestattet doch an ihrer Selbstüberschätzung, ihrer Unfähigkeit, ihrem Dünkel, zuweilen ihrer adligen Aufgeblasenheit gescheitert sind. Doch zwei der berühmtesten Charismatiker der Geschichte waren trotz aller Skepsis, die man über ihr Wirken ansonsten vielleicht haben mag, unstrittig Vorbilder für ihre Soldaten und haben auch damit über Jahrtausende Strahlkraft entwickelt und Stoff für Legenden ohne Ende geschaffen, der eine für einen der bedeutendsten Legendenstoffe der Menschheit, welcher noch im Mittelalter bei Erzählungen am Kaminfeuer finsterer, zugiger Burgen die Menschen gewärmt hat. Wir sind über zumeist durchaus zuverlässige zeitgenössische Quellen zumindest teilweise recht gut über diese historischen Persönlichkeiten informiert. Es handelt sich um Alexander den Großen[70] und Gaius Iulius Caesar[71]. Und damit keineswegs um „Museums-

---

[69] S. dazu wieder einmal Max Weber, vor allem dessen Ausführungen zu charismatischer Herrschaft; M. Weber, a.a.O. 140ff.

[70] Alexander, Prinz, späterer König von Makedonien, (356 – 323 v. Chr.) inszenierte wohl schon früh seine – gleichwohl faktisch erfolgreiche – Geschichte und seine Persönlichkeit. Wir haben also eine Form frühester Propaganda vor uns. Der „Alexanderroman", die in vielen unterschiedlichen, vor allem mittelalterlichen Varianten überlieferte Erzählung seiner Taten, ist eines der am weitesten verbreiteten „Bücher", einer der erfolgreichsten Legendenstoffe der Menschheit überhaupt. Alexander ist der Charismatiker schlechthin. Zu Alexander vgl. die Biografie Plutarchs, die auf ältere, z.T. wohl zeitgenössische Vorlagen zurückgeht (z.B. dt. Ausgabe: Plutarch, Große Griechen und Römer, München 1979f. (Nachdruck der Ausg. Zürich, München 1954), Bd.5, 7ff., worin die Biografien Alexanders und Caesars nebeneinander gestellt werden). Darüber hinaus: M. Pfrommer, Alexander der Große. Auf den Spuren eines Mythos, Mainz 2001, mit wei-

stücke", sondern sie geben sich als in gewisser Weise modern handelnde Akteure zu erkennen.

Alexander war von eher leidenschaftlicher Natur, unbestritten von außerordentlicher Tapferkeit, Entschlusskraft, von großem Mut. Er warf sich unter größtem Risiko in vorderster Linie in die Schlacht und wurde mehrfach schwer verwundet. Er sorgte sehr gut für seine Soldaten, wanderte durch deren Lager, saß mit ihnen oft am Lagerfeuer und kannte nicht nur Unterführer beim Namen, sondern auch viele einfache Soldaten.[72] „Seine Fähigkeit, in ungeklärten Lagen das Gebotene zu erkennen und aus Beobachtungen auf das Bevorstehende zu schließen, war unübertrefflich. [...] Bemerkenswert war seine Begabung, die Truppe zu ermutigen, ihr Hoffnung zu geben und ihr in der Gefahr durch seine Unerschrockenheit die Furcht zu nehmen."[73]

Caesar war anders. Er war kühl. Die späte römische Republik bot auch eine andere Bühne als das vierte Jahrhundert vor Christus. Doch auch von ihm wird berichtet, dass er bei allem unbestrittenen Machtstreben und aller strategischen Genialität von äußerster Tapferkeit war, seinen Leuten in die Schlacht vorausging und ebenfalls mehrfach schwer verwundet wurde. Er sorgte sich sehr um das Wohl seiner Truppen und war offenbar zudem großer menschlicher Empathie fähig. Natürlich war er berechnender Machtpolitiker, aber ein genialer Dramaturg, und er inszenierte sich äußerst ge-

---

terführender Literatur zu allen Einzelthemen, und A. Demandt, Alexander der Große. Leben und Legende, München 2009. Beide Publikationen zählen zum Besten, was seit Langem über Alexander erschienen ist.

[71] Gaius Iulius Caesar (100 – 44 v. Chr.) galt und gilt als begnadeter Menschenführer. Er war natürlich auch ein genialer Inszenator seiner selbst. William Shakespeare hat in seiner Charakterisierung Caesars (denn er kannte die antiken Autoren ausgesprochen gut) diesen wohl recht treffend skizziert: The Tragedy of Julius Caesar, entstanden vermutlich 1599, darin besonders der berühmte Monolog des Marcus Antonius, 3. Akt, 2. Szene. Zu Caesar vgl. dessen eigene Werke, die dessen Zeitgenossen Cicero, die Biografie Plutarchs, a.a.O. 101ff. und die im Folgenden genannte Literatur. Die Literatur über Caesar füllt allein ganze Bibliotheken.

[72] Lucius Flavius Arrianus, Alexanderzug (Anabasis Alexandrou), 7, 28 – 7, 30; etwa in der Ausgabe der Loeb Classical Library, Cambridge/Mass., London 1976-1978, II 297ff.

[73] Fritz Wille, Führungsgrundsätze in der Antike, Zürich 1992, 241ff.

schick. Er hatte nach seiner und allgemeiner Auffassung vor allem eines, das quasi als seine Eigenschaft angesehen wurde: Glück.[74]

Caesar war der Erste unter Gleichen in seinem Heer. Er teilte die Entbehrungen seiner Leute, verschaffte sich selbst keine Vorteile und verteilte materielle Beute weitgehend an alle anderen. Seine *dignitas*[75] (Würde, Ehrenhaftigkeit) spielte für ihn selbst offenbar eine große Rolle, seine *clementia*[76] (Milde, Nachsicht) wurde gerühmt – obwohl er bis zur Grausamkeit rachsüchtig sein konnte. Er war ein hervorragender Kommunikator und hielt mehrfach große Reden an seine Truppen. Sueton berichtet, dass er seine Legionen „zu größter Tapferkeit und Ergebenheit"[77] anzuspornen wusste.

Beide wurden von ihren Truppen geliebt. Der junge König der Makedonen von seinen Kämpfern – und nicht nur den makedonischen, sondern auch denen unterworfener Völker, die er in sein Herr eingegliedert hatte! – ebenso wie etwa dreihundert Jahre später der römische Feldherr und Konsul Caesar von seinen Legionären. Die Soldaten beider Heerführer ertrugen die härtesten Entbehrungen, über Jahre unzählige Gefechte und Schlachten und gingen für ihre Anführer immer wieder durchs Feuer. Als Truppenführer waren beide bei allen der Zeit und den Umständen geschuldeten Unterschieden ein Vorbild für ihre Kämpfer. Und das war ihnen eben offenbar auch wichtig.

Das Vorbild entscheidet!

Wenngleich sich das „Prinzip Vorbild" bis in die Moderne hinein und jetzt vor allem in der Post-Postmoderne sehr verändert hat, so ist das Grundprinzip doch ein bis heute äußerst wirksamer Mechanismus: Die Menschen

---

[74] Wir müssen davon ausgehen, dass Caesar selbst die Legende von seinem Glück genährt hat. Seine an den furchtsamen Kapitän eines Schiffes im Sturm vor der illyrischen Küste gerichtete Ermunterung, „Caesar fährst du und Caesars mitsegelndes Glück!", wird uns von Plutarch überliefert. Sie ist möglicherweise historisch. vgl. z.B. Sueton, De vita Caesarum, Divus Iulius 32, 61; Plutarch Caesar 38; Cicero, Pro M. Marcello 19; H. Bruhns, Caesar, „der wahre Gebieter", in: W. Nippel (Hrsg.), Virtuosen der Macht. Herrschaft und Charisma von Perikles bis Mao, München 2000, 57

[75] Ebd. 55ff., bes. 59, 62, und Ch. Meier, Caesar, 5. Aufl. München 2002 (Originalausg. 1986 bzw. Berlin 1982), 433, 441, 512, 521, 565.

[76] Vgl. Meier, Caesar, 447ff. mit Abb. 50

[77] Vgl. Bruhns, a.a.O. 64

brauchen Vorbilder, an denen sie sich orientieren können. Dies gilt für alle Ebenen, nicht nur für Bundeskanzler und Minister, Inspekteure und Generalität/Admiralität, CEOs und Vorstandsvorsitzende, sondern auch für Unternehmens-, Betriebs- und Abteilungsleiter, Stabsoffiziere, Offiziere, Unteroffiziere und Mannschaften.[78] Das Vorbild entscheidet! Selbst beim Vereinsvorsitzenden spielt es eine Rolle. Vielleicht ist dieser Mechanismus ähnlich stark im Unterbewussten der Menschen verankert wie die Tatsache, dass sie – Untergebene, Geführte, aber nicht zu vergessen auch die Führenden – Lob und Anerkennung für ihr Tun suchen (wir erinnern uns: Das Belohnungssystem ist die zentrale Schaltstelle!). Lob und Anerkennung sind wichtige Führungsmittel. Das sei allen Führenden doch immer wieder ans Herz gelegt. Geübt wird das in ganzer Breite viel zu wenig. Da braucht es gar nicht immer eine finanzielle Zuwendung. Es fängt bei Gesten, Worten, Aufmerksamkeit an (man beachte: Kommunikation!) Vorbildlichen Führenden fällt es leicht, Lob und Anerkennung auszusprechen.

Ergebnis: Exzellente Führungsarbeit

Nehmen wir nun alles Gesagte zusammen! Wir können daraus erkennen, dass in der Bundeswehr mit dem Reifen des Konzepts der Inneren Führung bei allen Einschränkungen ein neues Führungsverständnis um sich gegriffen hat und damit von vielen Verantwortlichen grundsätzlich hervorragende Führungsarbeit geleistet wird, weil das System sie begünstigt und viel vorsätzlicher Wert auf die Qualität der Menschenführung gelegt wird. Es fördert über viele zum Teil harte Ausbildungsschritte hinweg die Entwicklung, Ausformung und Erprobung von Führungsfähigkeiten von Offizieren, auch länger dienender Unterführer. Das ist ein unschätzbarer Vorteil dieses Systems der Wirtschaft gegenüber, wo es einen ähnlichen zielgerichteten Prozess im Prinzip nicht gibt. In Verbindung mit einer fundierten Fach- und Sachkompetenz[79] (die heutzutage prinzipiell zur Ausbildung von Offizieren gehört) sind das beste Voraussetzungen für eine erfolgreiche Laufbahn auch und im Besonderen in der Wirtschaft, auch wenn der Einzelne zumindest anfangs mit Spannungen oder Verwerfungen und unter Umständen mit ge-

---

[78] Zur Erinnerung: § 10(1) des Soldatengesetzes besagt: „Der Vorgesetzte soll in seiner Haltung und Pflichterfüllung ein Beispiel geben."

[79] Vgl. dazu auch: D. Wellershoff, Führen. Wollen – Können – Verantworten, Bonn 1997

ringer Anerkennung rechnen muss, was zum großen Teil auf nicht reflektierte stammtischhafte Vorurteile zurückzuführen ist.

Quasi „nebenbei" erfordert der immer wieder trainierte reibungslose Betrieb des Systems (und hat zugleich eben auch wieder zur Folge), dass die Beteiligten zu einer systemimmanenten Strukturiertheit gebracht werden, die bei der Lösung jedweder Aufgabe in der militärischen und zivilen Welt von allergrößtem Nutzen ist, keineswegs in dieser aber fraglos vorausgesetzt werden kann. Schule und Universität rufen sie nicht zwangsläufig hervor. Das ist ja auch nicht deren Aufgabe.

Die viel gepriesenen Soft Skills

Man kann diese besonderen Eigenschaften und Fähigkeiten, die Führungsarbeit in der Bundeswehr zugleich in einem gewissen Maß mit hervorbringt, landläufig „Soft Skills" nennen. Aber Strukturiertheit, Kommunikationsfähigkeit, Disziplin sind doch so grundlegende Mechanismen, dass sie weit über die zweifellos wichtigen Soft Skills – nach allgemeinem Verständnis – hinausreichen. Oder die Soft Skills sind tatsächlich gar nicht wirklich so „soft" und müssen neu verstanden werden.[80]

Führung in der Bundeswehr ist ebenso wie die in der Wirtschaft an vielen einzelnen Stellen immer wieder verbesserungsbedürftig, weil die Handelnden ja Menschen sind, aber grundsätzlich bringt das System Führende dazu, dort sehr gute Arbeit zu leisten. Sie wenden vereinfacht gesagt nicht grundsätzlich andere Führungsmechanismen an, aber sie tun ihre Führungsarbeit anders als Führende in der Wirtschaft, weil sie anders sozialisiert sind. Dafür schafft das System Bundeswehr bessere Voraussetzungen, als sie in

---

[80] Erst vor relativ kurzer Zeit hörte der Autor in Kreisen von Personalberatern und -vermittlern mehrfach die Feststellung, dass „die Wirtschaft" immer mehr dazu übergehe, bei Einstellungen praktisch nur noch nach Soft Skills zu entscheiden – ein leider fast ausschließlich einschlägiges Studium (Umkreis BWL) wird dabei allerdings natürlich vorausgesetzt. Ohne jetzt weiter auf den weithin allzu unkritisch rezipierten Wert eines BWL-Studiums einzugehen, gibt das auch so zu denken, zeigt immerhin auf jeden Fall, dass die Soft Skills eine offenbar lange unterschätzte Größe waren. Auch in diesem Zusammenhang ist es von einiger Bedeutung, dass Offiziere in den unteren Rängen in „Stil und Formen" trainiert werden, damit sie sich auf quasi jedem Parkett sicher bewegen können. Das kann heute allerdings in keiner Altersklasse „draußen" unter gar keinen Umständen (mehr?) vorausgesetzt werden, schon gar nicht im Umgang mit und in anderen Kulturen, ist aber gerade deshalb wichtiger denn je.

der Wirtschaft vorzufinden sind. Insofern und in diesem Zusammenhang bringen Offiziere prinzipiell exzellente Voraussetzungen für eine Tätigkeit auch in der freien Wirtschaft mit. Sie müssen sich bei Verlassen des geschützten Systems dann allerdings den geübten Erfordernissen in der „freien Wildbahn" irgendwie anpassen. Die werden eben oftmals durch die „normative Kraft des Faktischen" und die Willkür von Menschen bestimmt.

Ausblick

„Die moderne Welt ist für den Menschen beherrschbar, doch um das zu erreichen, muss es einen kulturellen Wandel in der Arbeitswelt geben, glaubt der Zukunftsforscher Horst Opaschowski[...]."[81]

Wir stehen fraglos vor großen kulturellen Umbrüchen, die kommen müssen. Ob wir die gezwungenermaßen bewältigen oder mehr oder weniger freiwillig aus Überzeugung, wird deren Qualität beeinflussen und einen Spiegel des Zustandes unserer Gesellschaft(en) darstellen.

Die Anforderungen, denen sich Führende in der immer komplexer werdenden Welt heute stellen müssen, wachsen ständig und erfordern ein Höchstmaß an Kraft, Konzentriertheit, Ausdauer, ja, auch an Härte vom Einzelnen. Dennoch – auch Glück gehört dazu. Das gilt für die Wirtschaft ebenso wie für das Militär. Und in der Komplexität, genauer: in der Reduzierung der Komplexität, liegt das Hauptproblem im Management. Und gleichermaßen auch beim Militär. Insofern gilt auch hier in gewisser Weise das Prinzip der Führung in der Veränderung. Mit der Verlagerung der operativen Führungsverantwortung nach unten, weiter in kleinere Einheiten hinein etabliert sich auch hier weiterhin eine dauerhafte Veränderung des Führungsverständnisses. Dabei gilt: Die Essentials erfolgreicher Menschenführung gehen auf der operativen Ebene vom Individuum aus, die das übergeordnete System auch durch formale Grundlagen unterstützen muss, und sie haben sich über die Zeiten grundsätzlich nicht wirklich wesentlich verändert. Sie setzen aber Eignung, Bewusstsein und ein gewisses Talent beim Einzelnen voraus und wurden und werden nur überall viel zu wenig geübt.

Soldaten, Offizieren, die Kampfeinheiten angehören und ins Gefecht gehen, muss man all das bestimmt nicht sagen. Sie gehen ja auch bei Wah-

---

[81] Der Spiegel, Nr. 45 v. 4. November 2013, 91.

rung höchster Sicherheitsmaßnahmen ein allergrößtes Risiko ein.[82] Dem gegenüber sind häufig gehörte Klagen aus der Wirtschaft schlicht als „Luxusproblem" zu bezeichnen.[83] Aber das ist wohl die zwangsläufige Begleiterscheinung einer durch und durch pluralistischen Welt und einer sich immer weiter fraktalisierenden Gesellschaft.

Von Zeit zu Zeit machen sich Ex-Militärs Gedanken darüber, was wohl Manager in der freien Wirtschaft von Offizieren lernen könnten.[84] Besonders findig sind da die britischen und amerikanischen Kollegen. Nun lässt sich der beschriebene „Wachstumsprozess", den Führende beim Militär durchlaufen haben, nicht ohne Weiteres in die Wirtschaft übernehmen. Doch man muss rastlos darauf hinwirken, Bewusstsein über Führungsfähigkeit und deren Erfordernisse bei zivilen Managern zu wecken, nachhaltig zu schärfen und deren Führungskompetenzen stetig zu verbessern. Das ist eine große Aufgabe, da gibt es viel zu tun!

Hilfreich dabei können zunächst schon einmal folgende fünf Merksätze sein, die allerdings viel an Erkenntnis voraussetzen und deshalb nicht als billige Schlagwörter missverstanden werden dürfen:[85]

---

[82] In diesem Zusammenhang könnte besonders interessant sein, dass inzwischen unter Feldwebeldienstgraden sogenannte Peers geschult werden, die sich in der Truppe mit „combat stress" und dessen Bewältigung beschäftigen und als Ansprechpartner für Hilfe suchende Kameraden dienen sollen.

[83] Wer (in der zivilen) Welt einen Eindruck davon bekommen möchte, wie komplex die Situation für ein kämpfendes Militär inzwischen geworden ist, der möge sich die Einstellungsverfügung zum Ermittlungsverfahren gegen den damaligen Oberst K. und Hauptfeldwebel W. durch den Generalbundesanwalt beim Bundesgerichtshof vom 16. April 2010 anschauen. Dem ist grundsätzlich nichts hinzuzufügen. s. unter: http://www.generalbundesanwalt.de/de/showpress.php?newsid=360.

[84] Vgl. z. B.: E. Hoffmann, Die Pflicht zu führen, s.o. Anm. 32, und K. Schmidt, Was Manager von Offizieren lernen können, Wirtschaftswoche online vom 12. Juli 2013: http://www.wiwo.de/erfolg/management/bundeswehr-was-manager-von-offizieren-lernen-koennen/8418274.html.

[85] John Esposito, Five Ways a Military Approach Can Help Every Non-Military Manager , s. unter: Forbes online vom 21. Februar 2013: http://mckinneyrogers.us6.list-manage1.com/track/click?u= 6cf6f4e83ca31382014c33c28&id=aa04014bd3&e=958e50ee33. Etwas weiter und ausführlicher behandelt Damian McKinney das Thema, der achtzehn Jahre als Kommandosoldat bei den UK Royal Marines gedient und 1999 auf Barbados ein Beratungsunternehmen mit inzwischen über die ganze Welt verteilten Büros gegründet hat: Damian McKinney, The Commando Way. Extraordinary Business Execution, London u.a. 2012.

1. Klare Kommunikation! Klare Ausrichtung! Klare Ansage!

2. High-Performance-Teams schaffen!

3. Dynamisches Umfeld und schnelle Veränderung schätzen lernen!

4. Eigenen Nachfolger einstellen!

5. Hilfe suchen! Nichts allein schaffen oder machen wollen!

Punkt 1 und 2 würde wohl jeder zivile Manager fröhlich unterscheiben (es kommt aber auf die Interpretation an!), Punkt 3 vielleicht schon nicht mehr so begeistert, auf keinen Fall Punkt 4 und wohl auch nicht Punkt 5. Außerdem – unterschreiben und umsetzen sind in der Praxis ganz entschieden zweierlei! Schon über die „Klarheit" von Kommunikation und Ausrichtung wird man zweifelsohne selten Einigkeit erzielen. Aber grundsätzlich gilt: Ein wesentlicher Teil des Problems ist damit erkannt.

Deshalb zugegeben: Setzte man diesen kurzen Katalog konsequent in einem beliebigen Unternehmen draußen um, dann hätte man schon sehr viel erreicht! Durch die Merksätze würden ja Prozesse initiiert, denen dauerhaft sorgfältige Beobachtung gewidmet werden müsste. Die Dinge wären damit in dauernder Bewegung. Wir erinnern uns an der Kreis: Lage, Entscheidungsfindung, Planung, Befehlsgebung, Kontrolle/Lage?

Führung in der Wirtschaft könnte von den Erkenntnissen und Paradigmen militärischer Führung viel stärker profitieren, als das bisher der Fall ist. Aber dazu müsste auf ziviler Seite eine höhere Bereitschaft geschaffen werden, die eigenen Paradigmen und Verhaltensweisen auf den Prüfstand zu stellen und zu überdenken. Mancherorts müsste vielleicht auf militärischer Seite allerdings auch die Bereitschaft zu einer gewissen Öffnung wachsen.

Auch wenn das Bild der Bundeswehr in der Öffentlichkeit immer noch zu stark von zweifellos weiter existierenden „Kommissköpfen" und „Steiner-Typen"[86] beeinflusst wird[87], so ist nicht abzuweisen, dass in den Streitkräften auf dem Boden des Konzepts der Inneren Führung und durch die Anforderungen der modernen Kampfführung ein neues Führungsverständnis geweckt ist, welches schon vertikal tief in die Truppe reicht, aller-

---

[86] Hollywood prägte mit der Figur des Feldwebels Rolf Steiner, gespielt von James Coburn, als namengebendem Helden mehrerer Action-Kriegsfilme der Siebzigerjahre mit internationaler Starbesetzung das Bild eines deutschen Soldaten der Wehrmacht stärker als alle Anti-Kriegsfilme der Bundesrepublik zusammengenommen.

[87] Diese Einschätzung traf ein General in einem persönlichen Gespräch.

dings noch beileibe nicht überall. Es wird seine Zeit dauern, bis es sich bis auf alle Ebenen hin durchgesetzt haben wird; denn dieses Führungsverständnis setzt viel voraus, auch Bildung, auch und vor allem Charakter-Bildung.[88] Die Bundeswehr hat mit dem immer weiter verbesserten Konzept der Inneren Führung, mit der Verbindung des Befehl-und-Gehorsam-Prinzips mit einem modernen Menschenbild einen hoch respektablen und in die Zukunft weisenden Weg eingeschlagen. Damit ist sie weiten Kreisen in der Wirtschaft weit voraus. Und sie hat auf allen Ebenen bei allen Einschränkungen eine Vielzahl an hervorragenden Führungs-persönlichkeiten hervorgebracht, die sensibel für die erfolgreiche Um-setzung des Konzeptes sind.

Deshalb ist der Bundeswehr und ihren vielen Verantwortlichen in diesem Zusammenhang sehr zu wünschen, dass sich gerade wegen der guten Führungsarbeit dort deren Standing bei den Verbündeten und in der allgemeinen öffentlichen Wahrnehmung verbessert.[89] Diese Wahrnehmung sollte viel besser sein, als sie tatsächlich ist. Sie könnte und müsste es eigentlich auch sein, vor allem wegen der besonders schwierigen Rolle, die Streitkräfte eines durch und durch demokratischen Staates heute zu spielen haben. Zu lernen und zu verbessern gibt es zwar immer viel, beim Individuum wie bei der Organisation, darauf habe ich hinzuweisen versucht, und damit darf man nicht nachlassen. Es gibt jedoch keinen Grund, warum die Vielzahl der Verantwortlichen bei aller Angemessenheit (das sei allen Führenden immer wieder gesagt) nicht durchaus selbstbewusst auftreten sollten. Sie leisten richtig gute Arbeit.

---

[88] Von einem General hörte ich: „Ein Soldat kann gar nicht Bildung genug haben!" Möglicherweise sei man beim Heer noch nicht überall davon überzeugt.

[89] Von mehreren Seiten hörte der Autor über eine deutlich empfundene Nachordnung der Bundeswehr durch verbündete Streitkräfte, also ein klares Ranking. Und mehrfach wurde über die zu geringe Wertschätzung vonseiten mancher politischer Akteure oder Stellen berichtet. In der Tat wünschte man sich – auch als Außenstehender – zuweilen etwas mehr Respekt in der öffentlichen Wahrnehmung vor den unbestreitbaren und zunehmend schwieriger zu erbringenden Leistungen der Streitkräfte.

Perspektiven auf Führung in der Bundeswehr

Konstruktivistische Führung: Ein neuer Ansatz für Führung in der Bundeswehr?

Simon Kraus

Die Vermittlung *individueller Führungskompetenz, richtigem Führungsverhalten* sowie eines *mustergültigen Führungsprozesses* ist an militärischen Ausbildungsinstitutionen über die Jahre zu einem integralen Bestandteil ihrer Daseinsberechtigung und ihres Selbstverständnisses geworden. Ganze Heerscharen an Unteroffizier- und Offiziersanwärter wurden derart geprägt, und auch im Beurteilungswesen ist der Stellenwert dieses Ausbildungsteilgebietes hoch. So fungiert als Entscheidungsprämisse für zukünftige Verwendungen die *Kompetenz zur Menschenführung* als individuelles Einzelmerkmal des Vorgesetzten, was durchaus den Schluss nahe legt, dass Führung eine quantifizierbare, personenbezogene und beobachtbare Größe darstellt.

Doch was ist *Führung* überhaupt und woran erkennt man *gute Führung*? Gibt es eindeutig definierende Merkmale? Beweist die Tatsache, dass jemand als Patrouillen- beziehungsweise Zugführer bezeichnet wird, dass er oder sie führt? Kann man führen, ohne es zu wollen oder dies zu merken? Wenn ein Zugtruppführer mit seinen Kameraden beim Bier sitzt oder ein Heeresbergführer mutterseelenallein durch die Berge marschiert, führen die beiden dann? Führt ein Kompanietruppführer, wenn er sich mit seinem Chef über den Dienstplan der nächsten Woche unterhält? Führung lässt sich wohl kaum auf die Charaktereigenschaft einer Person reduzieren, auch ist diese nicht durch bloße Etikettierung oder formalen Stellenbesitz gegeben. Vielmehr zeigt sich Führung darin, wie der unterstellte Bereich sich verhält. Entscheidend ist es also, wie die mit der Führungsaufgabe belegte Person durch andere wahrgenommen wird und das, was sie sagt oder tut, durch andere interpretiert wird. Ein Zustand, bei dem niemand und nichts folgt, wird wohl kaum als Führung bezeichnet, sondern deutet vielmehr auf deren Abwesenheit hin.

Der nachfolgende Beitrag soll nun dazu dienen, das militärische Führungsverständnis kritisch auf den Prüfstand zu stellen und unter Zuhilfenahme systemtheoretischer Erkenntnisse (d. h. Kommunikationen konstituieren eine Organisation oder auch ein soziales Kollektiv) zu erweitern. Notwendig erscheint dies, weil sich die militärische Führungslogik einer einseitig gerichteten, unmissverständlichen Kommunikation im Sinne von Befehl und

Gehorsam orientiert, deren Gültigkeit nicht nur an den verschiedenen Ausbildungsinstitutionen kontextunabhängig propagiert wird, sondern auch bei der „Auftragstaktik" Bestand hat. Phänomene wie das Blockieren von Entscheidungen, bereichsinterne Eigendynamiken oder der Vorbehalt von Information dürften demnach kaum vorkommen. Die militärische Realität – nicht zu letzt getrieben durch den aktuell in der Umsetzung befindliche Transformationsprozess – zeigt allerdings, dass dies keineswegs so ist.

Traditionelles Führungsverständnis

Bereits der Führungsbegriff als solcher legt den Schluss nahe, dass es ein theoretisches, idealtypisches Modell gibt, das befolgt werden kann. So soll der militärische Führer durch die Vermittlung und Anwendung des Führungsprozesses, der bekanntermaßen den Phasen der Lagefeststellung, Planung, Befehlsgebung und Kontrolle folgt, in die Lage versetzt werden, auch in Krisensituationen durch einen folgerichtigen Gedankenablauf zu zweckmäßigen Entscheidungen zu gelangen. Durch eine Komplexitätsreduktion soll die Kontrolle über eine Situation erreicht werden, die zumeist durch die Interaktion unterschiedlicher Akteure und sich rasch ändernde Systemumwelten charakterisiert ist. Vorteilhaft und systemrational mag es sein, militärische Vorgesetzte auf ein derartiges Führungsverständnis zu sozialisieren, weil auf diese Weise im Sprachgebrauch ein uniformes Verständnis von Führung etabliert wird. Dennoch sollte man sich vor Augen führen, dass dadurch auch eine linear-kausale Steuerungsfantasie Einzug erhält, welches der österreichische Kybernetiker und Physiker Heinz von Foerster mit einer *trivialen Maschine* vergleicht.

Eine der beliebtesten und gebräuchlichsten Metaphern zur Verdeutlichung von Führung ist die des Kapitäns oder Pilots. Schiffe und Flugzeuge können als *triviale Maschinen* bezeichnet werden, die als beherrschbar gelten, weil ihre inneren Prozesse einer eindeutigen Input-Output-Korrelation genügen. Dennoch kann auch ein Kapitän im Modell der *trivialen Maschine* versagen – insbesondere dann wenn man wissentlich und womöglich sogar vorsätzlich gültige Regeln der Navigation verletzt. Beispielsweise wäre die Havarie der Costa Concordia und die daraus resultierenden 32 Toten durchaus vermeidbar gewesen, hätte Kapitän Francesco Schettino in Begleitung einer mysteriösen Blondine nicht entschieden, vom Kurs abzuweichen und in der Nacht ein gewagtes Verneigungsmanöver vor der italienischen Insel

Giglio zu starten. Gerade deswegen muss er sich heute vor einem Mailänder Gericht für das Unglück verantworten, weil er durch das vorzeitige Verlassen des Schiffes seiner der Kapitänsfunktion geschuldeten Führungsverantwortung nicht gerecht geworden war (von den nicht funktionierenden Notfallplänen, die auf ein personenzentriertes System schließen lassen, einmal ganz abgesehen).

Auch militärische Führer sind bereits frühzeitig – beispielsweise im Rahmen ihrer truppengattungsspezifischen Kraftfahrausbildung – mit *trivialen Maschinen* konfrontiert, sodass sich durchaus die Gefahr ergibt, dass dieses Verständnis auf spätere Führungssituationen transferiert wird. Wird beispielsweise ein Transportpanzer nach links gelenkt, so fährt er nach links, betätigt man die Bremse, so bleibt er stehen. Reparaturbedürftigkeit wird immer dann attestiert, sobald das System nicht mehr den Eingaben des Bedieners folgt – also immer dann, wenn das Verhalten als nicht mehr erwartbar bezeichnet werden kann und aus einem definierten Toleranzbereich abweicht. Der Fahrer selbst steht hierbei zumeist nicht im Fokus der Aufmerksamkeit, es sei denn, dass sein in der Kraftfahrausbildung erlerntes Verhalten massiv von der im sozialen Kollektiv tolerierten Bedienungsanleitung abweicht.

Man sollte sich jedoch vergegenwärtigen, dass die Funktionsweise der trivialen Maschine auf einer grundsätzliche Berechenbarkeit und Prognostizierbarkeit von Resultaten basiert. Das Systemverhalten lässt sich entsprechend einer Input-Output- beziehungsweise Ursache-Wirkungskorrelation eindeutig bestimmen. Durch die Wahl des Inputs lässt sich die Maschine also steuern. So orientieren sich alle *trivialen Maschinen* an einem kybernetischen Grundverständnis 1. Ordnung, das heißt, dass beim Erkennen einer gewissen Regelhaftigkeit eine grundsätzliche Steuer- und Beherrschbarkeit von Prozessen angenommen werden darf. Thermostate genügen beispielsweise einer Kybernetik 1. Ordnung, weil sie in der Lage sind, einen homöostatischen Temperaturzustand durch den aktiven Ausgleich verändernder Umweltbedingungen auszugleichen. Wo immer nun ein externer Beobachter Statik (d. h. das Nichtverändern von Rahmenparametern) entdeckt (z. B. die Konstanz der Raumtemperatur), kann er diese durch die Dynamik rückgekoppelter (d. h. selbstreferenzieller) Prozesse erklären. Unzweifelhaft mögen alle technischen Systeme, wie sie ein Transportpanzer oder eine Fregatte der Marine darstellen, derart als beherrschbar gelten. Ein Bataillon, ein Ministerium oder ein Amt ist dies aber sicherlich nicht, berücksichtigt man, dass deren Eigengesetzlichkeiten stets einer systemspezifischen Entwicklungshistorie geschuldet sind.

Organisation als „nicht-triviale" Maschine

Alle militärischen Vorgesetzten haben es mit lebenden psychischen (d. h. dem einzelnen Soldaten) und sozialen Systemen (d. h. einem Bataillonsstab, einer Kompanie, einem Amt oder einer Ausbildungsinstitution) zu tun. Diese unterscheiden sich grundlegend von den soeben beschriebenen technischen Systemen und müssen – folgt man einem konstruktivistischen Gedankengang und der Argumentation von Foersters – als *nicht-triviale Maschinen* bezeichnet werden.

Einer der wichtigsten Unterschiede ist, dass das Verhalten solcher Systeme nicht einfachen Input-Output-Mustern folgt. Sie entziehen sich einer externen Steuerung im Sinne linear-kausaler Ursache-Wirkungsbeziehungen, weil sich die Kommunikation mit ihnen grundsätzlich anders verhält als mit technischen Systemen. So kann ein militärischer Vorgesetzter so viel Anweisungen geben, wic cr möchte, ein ihm Unterstellter (als autonomes, strukturdeterminiertes, innengesteuertes Individuum) wird schlussendlich höchstpersönlich und nach Abwägung möglicher Konsequenzen der Nichtbefolgung (bspw. einer drohenden Sanktionierung) entscheiden, ob er den Anweisungen Folge leistet oder auch nicht. Für das Verhalten bestimmend sind die aktuellen inneren Zustände und Prozesse des Untergebenen. Ein Umweltereignis (z. B. ein Anweisung gebender Vorgesetzter) hingegen wird nur eine Anregung oder auch Störung darstellen können, auf das entsprechend der Spielregeln des Innenlebens reagiert wird. Die innerlich ablaufenden psychischen Prozesse entziehen sich einer direkten Beobachtung durch den Vorgesetzten, so dass eine Prognose des zukünftigen Verhaltens nicht möglich ist. Dies kann auch nicht durch eine akribische Situationsanalyse kompensiert werden.

Autonomie und Strukturdeterminiertheit gelten nicht nur für Individuen, sondern gleichermaßen für soziale Systeme, wie ein Amt, eine Kompanie oder das Verteidigungsministerium. Auch sie sind autonom, weil ihr Verhalten stets ihrer inneren Struktur geschuldet ist. Wie beispielsweise eine Kompanie im Einsatz auf eine veränderte Taktik des Feindes reagiert, bestimmt nicht einseitig die Gruppe der Aufständischen, sondern ist stets durch die innere Struktur und dem Erfahrungshorizont der jeweiligen Einheit bedingt. Wie das Verteidigungsministerium auf einen Ministerbeschluss reagiert, bestimmt nicht der Minister, sondern vielmehr Abläufe und Problemlösungsroutinen innerhalb der Gesamtorganisation. Keinesfalls enthebt dies den zuständigen Minister seiner Verantwortung, was in seinem unterstellten Bereich geschieht. Allerdings wird deutlich, dass der unlängst in der Öffentlichkeit erhobene Vorwurf, das Ministerium *nicht in den Griff* bekommen zu haben (bspw. im Rahmen der Drohnen-Affäre), in der Gesamtbetrachtung so nicht haltbar ist. Unzählige Mitarbeiter (Staatssekretäre, Referenten, Abteilungsleiter, Beamte, etc.) treffen als innengesteuerte Individuen in ihrem Bereich weitgehend autonom ihre Entscheidungen. Eine Organisation über eine zielgerichtete Verhaltensbeeinflussung, vollständig in den Griff bekommen zu wollen, ist daher nicht möglich. Auch der politische Anspruch über einen Austausch des Führungspersonals ein Mehr an Kontrolle zu erreichen, kann nicht mehr als ein gut gemeinter Wunsch sein. Dies begründet sich damit, dass sich eine gewachsene Organisationskultur und existierende Problemlösungsroutinen kaum per Knopfdruck (und durch eine externe Steuerungsinstanz schon gar nicht) verändern lassen werden.

Militärische und zivile Führungskräfte sehen sich folglich mit einem Paradox konfrontiert: Ihnen wird Verantwortung für das Verhalten hochkomplexer, selbstreferenzieller Systeme zugeschrieben, während diese Systeme innengesteuert sind und sich kaum im Sinne linear-kausaler Ursache-Wirkungsbeziehungen von außen kontrollieren lassen. Die im Kontext von Führung weit verbreitete Piloten-/Kapitänsmetapher verliert vor diesem Hintergrund an ihrer Absolutheit. Der Vergleich mit einem Dirigenten oder Fußballtrainer hingegen erscheint dafür umso treffender. So kann ein Dirigent weder alle Instrumente des Ensembles spielen, noch kann ein Fußballtrainer Tore schießen und das Spiel aktiv von außen beeinflussen, die vor einem Publikum abgelieferte Performance entzieht sich der direkten Einflussnahme beider Akteure.

Organisation als Kommunikations- und Interaktionssystem

Militärische Einheiten entwickeln (wie alle Organisationen) ihre Strukturen vor allem dadurch, dass sich Beobachter (z. B. der Bataillonskommandeur, der Dezernatsleiter) beim Beobachten beobachten (z. B. den Brigadekommandeur, den Amtschef) und diese Beobachtungen nachfolgend in die soziale Kommunikation bringen (z. B. im Rahmen einer Stabsbesprechung, einer Kaffeerunde oder eines Appells). Wie sich soziale Strukturen verändern, wird folglich dadurch bestimmt, was durch wen auf welche Art und Weise beobachtet und kommuniziert wird. Genau an dieser Stelle eröffnet Konstruktivismus und Systemtheorie auch für die Bundeswehr eine breitere Perspektive im Kontext von Führung, die zu einem umfassenderen Führungs- und Organisationsverständnis führen kann.

Gerade im Militär (einer vermeintlich perfekten Hierarchie) hält sich hartnäckig die Vorstellung, dass der Verband oder die Einheit über den einzelnen Soldaten konstituiert ist. Über das Organigramm lässt sich folgerichtig die Struktur der jeweiligen Einheit ablesen, weil Informations- und Dienstwege idealtypisch vorgezeichnet sind. Zudem legen klar definierte Rollen und Funktionen fest, was von wem an welcher Stelle der Organisation erledigt wird. Die organisatorische Relevanz der auf diese Weise definierten Tätigkeiten lässt sich am Gehalts- und Dienstgradgefüge ablesen. Zudem begründen funktionale Eingruppierungen den hierarchischen Unterbau. Generalstabsmäßig wird dadurch eine idealtypische Organisation konstruiert – die allerdings Antworten hinsichtlich sozialer und in der Realität immer wieder erlebbaren Eigendynamiken schuldig bleibt.

Weitaus sinnvoller erscheint es daher, auch in einem militärischen Kontext Organisationseinheiten als soziales Interaktions- und Kommunikationssystem zu begreifen. Dies bedeutet, dass nicht der einzelne Soldat, sondern vielmehr Interaktionen und Kommunikationen konstituierende Systemelemente bilden. Nach einer systemtheoretischen Auffassung besteht die Bundeswehr als Organisation daher nicht aus Menschen (Soldaten, Beamten, usw.) sondern vielmehr aus Kommunikationen. An die Stelle des Organigramms treten damit Muster der in der Realität tatsächlich beobachtbaren Abläufe und Interaktionen. Dies liegt durchaus nahe, wenn man sich die Eigengesetzlichkeiten vieler militärischer Einheiten, Ausbildungsinstitutionen und Ämter vor Augen führt. Reflektiert man beispielsweise wer was wann wie tut und wie die Handlungen der Einzelakteure ineinander greifen, erscheint die Mehrheit der beobachtbaren Muster heute weitaus weniger zweckrational, als es die unzähligen Strukturdiagramme auf den ersten Blick suggerieren (bspw. Blockade von Entscheidungen, Informationsvorbehalt, truppengattungsspezifischer Lobbyismus, Kompetenzüberschneidungen, Nutzung informeller Netzwerke, Machtspiele, persönliche Befindlichkeiten, etc.). Zugegebenermaßen ermöglichen es Verantwortlichkeiten, Rollen und Funktionen, dass einzelne Aufgaben arbeitsteiliger Prozesse ausgeführt werden. Dennoch heißt dies nicht, dass diese in einer organisatorischen Gesamtbetrachtung auch sinnvoll realisiert werden. Ob Prozesse und Handlungsabläufe gelingen, hängt vielmehr davon ab, wie gut oder schlecht die Interaktion der jeweiligen Funktionsträger funktioniert. Das es dazu der zwischenmenschlichen Kommunikation – in welcher Form auch immer (schriftlich, mündlich oder in anderer Art und Weise) – bedarf, ist unstrittig. Bedauerlicherweise lässt sich in vielen Organisationen heute genau gegenteiliges beobachten. So werden Gesamtprozesse in kleine Untereinheiten zerhackt, um diese nachfolgend einzelnen Spezialisten und Funktionsträgern zu zuordnen. Die eigentliche Frage, ob sich die fragmentierten Handlungen zu einer wohlgeordneten, flüssigen Komposition zusammenfügen, tritt dabei vielfach in den Hintergrund.

Führungsmythos Objektivität und Kontrolle

Hierarchische Systeme basieren auf der Prämisse, dass derjenige, der in der Hierarchie die oberste Position besitzt, auch über den größten Überblick verfügt. Neben einem besonderen Aufmerksamkeitsbonus, der dem Hierarchen im Vergleich zu anderen Organisationsmitgliedern unweigerlich zu Teil wird, gilt er als privilegierter Beobachter, der über die meisten systemrelevanten und für das Überleben notwendigen Informationen verfügt.

In Zeiten, in denen Heerführer noch auf Feldherrnhügeln standen, mag dieses weit verbreitete Bild idealtypischer Führung noch eine sinnvolle Metapher gewesen sein. Doch ist sie das heute immer noch? Feldherrn konnten sich aus ihrer erhöhten Stellung ein umfassendes Lagebild über das Schlachtfeld verschaffen und daraus folgerichtige Entscheidungen ableiten, beispielsweise bei bedrohter Flanke die Kavallerie zur Unterstützung der Infanterie zum Einsatz bringen. Der Schlachtenlenker war der idealtypische außenstehende, objektive Beobachter, vergleichbar mit dem Bild eines Schachspielers, der durch seinen allumfassenden Überblick die Truppen lagegerecht koordinieren und befehligen konnte. Dieses mustergültige Bild militärischer Führung, welches sich bis heute hartnäckig hält und welches in seinem Wesenskern auch nicht durch das Prinzip der Auftragstaktik aufgeweicht wurde, muss angesichts veränderter Konfliktsituationen (d. h. einer asymmetrischen Bedrohungslage) und auch durch die Existenz unterschiedlicher Führungskontexte (*Routinedienst* vs. *Gefechtssituation*) als überholt bezeichnet werden. Es basiert nämlich auf zwei grundsätzlichen Basisprämissen, die aus einer systemtheoretischen Perspektive (d. h. einzelne Kommunikationen und nicht der Einzelakteur konstituieren ein soziales System) kaum haltbar sind, und zwar den Prämissen der *Vollständigkeit der Information* und der *Kalkulierbarkeit menschlichen Verhaltens*.

Vollständigkeit der Information: Dieser Prämisse folgend kann eine objektiv richtige Entscheidung nur auf der Grundlage vollständiger Information getroffen werden. Unzählige Beispiele – aber auch Konstruktivismus und Systemtheorie zeigen –, dass der Glaube, man könne durch eine rationale Analyse (im Führungsprozess als Lagefeststellung bezeichnet) alle Informationen über ein komplexes System (bspw. ein Ministerium, ein Land, eine Gefechtssituation) beschaffen, jeglicher Grundlage entbehrt. Wären gewisse Entscheidungen rückblickend tatsächlich getroffen worden, wäre man über das Resultat bereits im Vorfeld bereits in Kenntnis gesetzt worden?

Der vor Ort agierende Kompaniechef bzw. Bataillonskommandeur steht – anders als ein Schachspieler – nicht außerhalb des Spielfeldes, sondern ist Entscheider und integraler Systembestandteil zugleich. Er sieht einfach nicht alle Figuren, die neben ihm auf dem Tableau stehen. Die in der Realität möglichen Spielkombinationen entziehen sich seiner direkten Beobachtung und Kenntnis. Auch kann er sich nicht sicher sein, ob das Heute auch noch morgen Bestand haben wird. Wie oft wurde im Zuge des Afghanistaneinsatzes gefordert, dass eine Änderung der einsatzbezogenen Ausbildung erforderlich sei, um die Einheiten besser auf das komplexe, sich ständig ändernde Szenario vorzubereiten? Welche Unruhe kam in die Einsatzverbände, wenn eine veränderte Taktik der Taliban offenbar wurde und man mit bereits bekannten Problemlösungsroutinen zu scheitern drohte? Welche Hilflosigkeit machte sich bei vielen Vorgesetzten trotz aller akribischen Planung und Lagebeurteilung breit, wenn sie die Unkontrollierbarkeit von Situationen vor Ort zu spüren bekamen? Ganz deutlich wird dies in einem Zitat von Captain Dan Kearney (US Army), der mit seiner Einheit über ein Jahr im Korengal-Tal (ISAF, RC East) stationiert war, und sich rückblickend zu seinem Planungsverhalten äußert:

„Als ich von dem Einsatz im Korengal-Tal erfuhr, wollte ich nichts über das Tal lesen, sondern unvoreingenommen da rangehen. Der Colonel sagte mir, man werde da jeden Tag beschossen. Ich dachte: „Wieso lassen die sich das gefallen? Die sollen den Feind einfach töten und nicht so feige sein.“ Darum entwarfen der Colonel und ich einen Schlachtplan. Ich wollte das Problem nach zwei Monaten gelöst haben, damit man nicht mehr auf uns schoss.“

Captain Dan Kearney vor seiner Stationierung im Korengal-Tal, RC East, Afghanistan (Restrepo 2010)

"Verdammt! Ich hätte es besser wissen müssen, ich muss das nächste Mal besser planen. Damit niemand mehr umkommt und niemand wütend wird. Der erste Eindruck zählt. Wir sind die Ersten in Yaka China. Und ich töte einen Haufen böser Jungs, und gleichzeitig töte ich fünf Einheimische, die zwar vielleicht nicht auf uns geschossen haben, aber mit denen [der Taliban; Anm. d. Verf.] zu tun hatten.“

Captain Dan Kearney nach Anforderung eines Close AirSupports im Rahmen einer Zugriffsoperation, bei der fünf unbeteiligte Männer getötet und zehn Frauen und Kinder verletzt worden waren. (Restrepo 2010)

Der Mangel *vollständiger, objektiv richtiger* Information resultiert vor allem aus dem Umstand, dass die für Entscheidungen benötigten Informationen (Entscheidungsprämissen) zumeist durch die handelnden Akteure selbst (d. h. subjektiv) generiert werden. Realitätskonstruktionen müssen folglich als integraler Systembestandteil bezeichnet werden. Bei keinem der Beteiligten kann daher von einer allumfassenden Informationsbasis ausgegangen werden. Als Beispiel sei hierzu die Vorgabe durch US-Verteidigungsminister Rumsfeld genannt, im Irak gäbe es Massenvernichtungswaffen. Diese Annahme diente nicht nur dazu, die militärische Intervention zu legitimieren. Vielmehr bauten alle weiteren Entscheidungen auch darauf auf. Ungewissheit, Unvorhersehbarkeit und Risiko sind somit ganz normale Begleiter in Führungssituationen, und auch die Anwendung standardisierter Tools wird nicht ein Mehr an Handlungssicherheit verschaffen. Vielmehr tragen diese zur Beruhigung der Betroffenen bei, *richtige* und *nicht falsche* Entscheidungen getroffen zu haben.

Kalkulierbarkeit menschlichen Verhaltens: Diese Prämisse beruht auf dem der Vergleich von Führung mit einem Schlachtenlenker oder Schachspieler und geht davon aus, dass das Verhalten von Menschen längerfristig und vor allem nach einer militärischen Logik kontextunabhängig kalkulierbar sei. Dies würde allerdings voraussetzen, dass Soldaten (als aufgeklärte Staatsbürger in Uniform) ihre Autonomie nicht nutzen. Nur unter dieser Bedingung wäre absolute Kontrolle möglich. Nur wenn das Verhalten anderer erwartbar ist (d. h. bei einem bedingungslosen Befolgen militärischer Anweisungen), wären systeminterne Abläufe und Prozesse für einen außenstehenden Beobachter (d. h. einen Vorgesetzten) auch vorhersagbar.

Um Verhalten von Soldaten berechenbarer zu machen, bedarf es militärischen Drill, und immer wieder einstudierte Spielregeln, die – sobald man von ihnen abweicht – einer Sanktionierung unterliegen. Eine Berechenbarkeit wird in diesem Fall durch einen Autonomieverzicht des unterstellten Bereichs erreicht, weil sich der Einzelne einem in der Gemeinschaft akzeptierten Regelablauf unterordnet. Eigeninitiative und Kreativität wären folgerichtig unerwünschte Begleiterscheinungen. Dies ist vor allem überall dort der Fall, wo ein soziales System unter massiven Handlungsdruck gerät und einstudierte Abläufe (der Soziologe Niklas Luhmann spricht auch von Programmen) zum Erzielen eines als eindeutig definierten Resultats beitragen helfen. Das Chirurgenteam stoppt beispielsweise kompromisslos, unter der Anwendung bewährter Handlungsschritte eine Blutung an der sprudelnden Bauchaorta, oder eine Kompanie im Gefecht erwidert unmittelbar den Beschuss Aufständischer, um ein Ausweichen der eigenen Einheit zu gewährleisten. In derartigen Situationen wäre Individualität und Eigeninitiative in Form des Abweichens von einer sozial akzeptierten Norm kontraproduktiv und würde möglicherweise sogar mit erheblichen Konsequenzen verbunden sein. Im ersten Beispiel resultiert die Motivation für den individuellen Autonomieverzicht aus dem drohenden Tod des Patienten und damit aus der Nichterfüllung einer erwarteten medizinischen Leistung, im zweiten Beispiel kann die Nichtbefolgung einstudierter Handlungsabläufe den eigenen Tod und den der Kameraden zur Folge haben. Das individuelle Eigeninteresse wird partikular dem des sozialen Kollektivs untergeordnet.

Zumindest in Szenarien, die durch einen massiven externen Handlungsdruck charakterisiert sind, scheint das Ideal einer berechenbaren Organisation somit zumindest zeitweilig erreichbar. Fehlt dieser aus der Systemumwelt resultierende Druck jedoch, sollte ein Autonomieverzicht von Geführten keinesfalls als kalkulierbare und planbare Größe angenommen werden. Wie rasch durch einen Kontextwechsel individuell motivierte Ziele von vermeintlich „kontrollierten Befehlsempfängern" erneut in den Vordergrund treten, zeigt das Beispiel einiger US Marines, die Anfang 2012 nach stundenlangen Gefechten auf drei tote afghanische Taliban urinierten und dies sogar im Video festhielten. Zweifelsohne ist das Phänomen auf Tote urinierender Soldaten moralisch verwerflich. In einer systemischen Betrachtung ist ein solches Verhalten allerdings erklärbar. So geht es in jedem gewaltsamen Konflikt darum, eine eindeutige Oben-unten-Beziehung herzustellen (Eigenlogik des Konflikts). Insofern kann das Urinieren auf die Toten als logische Konsequenz begriffen werden, um eine fehlende Ordnung angesichts einer gefühlten Unkontrollierbarkeit der Situation wieder herzustellen.

Auch die Bundeswehr als Gesamtheit und militärische Vorgesetze in ihrem täglichen Tun sind mit Situationen konfrontiert, die durch unterschiedliche, soziale Eigendynamiken charakterisiert sind. So ist ein Kontextwechsel zwischen *Routinedienst* und *Gefechtsszenario* systemimmanenter Bestandteil. Eine militärische Führungslogik, die sich an dem Ideal einer linear-kausalen Kommunikation in Form von Befehl und Gehorsam orientiert und die auch für die Auftragstaktik gilt, mag allerdings nur bei Gefechtsszenarien (Einsatz/Übung) oder in äußerst straff geführten Kampfverbänden einigermaßen funktionieren. In anderen Situationen hingegen gilt dies weit weniger – und zwar auch deswegen, weil die im Militär durchaus vorhandenen *Sanktionierungsinstrumente* (erzieherische Maßnahmen, Anklage wegen militärischem Ungehorsam, etc.) im täglichen Routinedienst und insbesondere in höheren Ausbildungs- und Kommandobehörden („*Meine Herren…*") nur zögerlich bis überhaupt angewandt werden. Insbesondere seitdem die Wehrpflicht ausgesetzt wurde, und die Bundeswehr sich als attraktiver Arbeitgeber positionieren muss, kämpft die Bundeswehr demzufolge mit genau den gleichen partikularen Eigeninteressen, Autonomiebestrebungen und aus einem Bereichsdenken heraus resultierenden Eigendynamiken wie andere Großorganisationen.

Zum Scheitern verurteilt ist dadurch ein militärisch antrainiertes und in der Ausbildung immer wieder vermitteltes Führungsverständnis, was sich bei vielen Betroffenen in der Feststellung äußert, dass der unmittelbar unterstellte Bereich einer Reparatur bedürfe, weil er nicht mehr gemäß Anordnung funktioniere. Nur wenige lassen dabei das ungute Bauchgefühl zu, dass des Rätsels Lösung in der eigenen Führungslogik zu suchen ist, da man sich andernfalls ein Scheitern mit den eigenen *Führungstools* eingestehen müsste. Zumeist ist sogar genau Gegensätzliches zu beobachten. So trägt das Gefühl, Führungssituationen nicht in den Griff zu bekommen, entscheidend dazu bei, es mit einem Mehr desselben zu probieren. Mehr Kontrolle und Pedanterie ist die Folge. Radikal in Frage gestellt ist nämlich die (in der Beurteilung zu findende und bewertungsrelevante) Kompetenz als militärische Führungskraft, die eigene Identität droht Schiffbruch zu erleiden. Allerdings lässt sich diese gefühlte Hilflosigkeit kaum mit einem Mehr an Kontrolle unterdrücken, weil paradoxerweise nämlich genau diese einen zunehmenden Kontrollverlust bedeuten kann: Die Steigerung der Kontrollen fordert die Systemintelligenz heraus, und Umgehungstendenzen potenzieren sich. Die weitaus clevere Alternative wäre es demnach, nicht nur von vornherein mit der Autonomie von Geführten zu rechnen, sondern diese im täglichen Tun vielmehr als Chance zu begreifen.

Macht von militärischen Vorgesetzten

Begreift man militärische Verbände und den einzelnen Soldaten als autonome, strukturdeterminierte und selbstreferenzielle Systeme, stellt sich die Frage, ob die vermeintliche Macht militärischer Vorgesetzter nicht ein Irrglaube ist. Was erzählte noch der Kompaniechef seinem Spieß von der zurückliegenden Stabsbesprechung unter der Leitung des neuen Kommandeurs, der für seinen unnachgiebigen Führungsstil bekannt war? Stolz berichtete er, dass er trotz freier Kapazitäten weitere Zusatzdienste erfolgreich abwehren konnte, weil er die unzähligen Verpflichtungen der Kompanie eindrucksvoll darlegen konnte.

Selbstverständlich verfügen militärische Vorgesetzte (sogar weitaus mehr als ihre zivilen Mitstreiter) über Macht und Einfluss. Allerdings müssen diese – wie im Sprachgebrauch herkömmlich üblich – vollkommen neu definiert werden und können nicht mit einfachen Ursache-Wirkungsbeziehungen argumentativ begründet werden. Prinzipiell müssen sowohl soziale (d. h. Organisationen) als auch psychische (d. h. der einzelne Soldat) Systeme als autonom und innengesteuert bezeichnet werden, die zugleich für ihr Überleben auf die Interaktion mit anderen (systemrelevanten) Umwelten (Presse, öffentliche Meinung, politische Entscheidungen) angewiesen sind. So wird die Performance einer militärischen Einheit maßgeblich durch die Interaktion ihrer Mitglieder (Kompaniefeldwebel, Stabsdienstmitarbeiter, Ausbildungsfeldwebel, Bereichsleiter, etc.) beeinflusst. Für den einzelnen Soldaten (als Akteur der jeweiligen Organisationseinheit) stellt sein Umfeld dabei eine relevante Umwelt dar. Diese Umwelt besteht aus Kommunikationen, die für ihn störend oder anregend wirken können. Exemplarisch seien dazu folgende Aussagen genannt:

„Unser Verband hat weitaus mehr Einsatzerfahrung als Eurer!"

„Der Kommandeur lebt doch in seiner eigenen Welt, der hat den Schuss nicht gehört!"

„Gehen Sie bitte zur Besprechung, ihr Chef ist mal wieder auf Lehrgang!"

„Mit der 2. Kompanie kann man einfach nicht mehr zusammenarbeiten."

„Der Verband soll um 200 Stellen reduziert werden, wen wird es treffen?"

In der Beziehung selbstorganisierender Systeme existiert folglich immer eine Dualität zwischen Abhängigkeit und Autonomie. Die Systeme *irritieren* sich wechselseitig, beeinflussen sich aber nicht kausal. Eine einseitig gerichtete Wirkung (an der sich nun mal die Kommunikation beim Prinzip Befehl-und-Gehorsam und auch in der Auftragstaktik orientiert) existiert daher nicht. Auch irritieren sich die Systeme über die Zeit in einem unterschiedlichen Ausmaß. Beispielsweise mag sich ein Kommandeur durch einen eigeninitiativ handelnden Kompaniechef eine Zeit lang mehr gestört fühlen als der Chef selbst, aber spätestens, wenn dessen Handlungsspielraum über die Durchsetzung von Regularien beschnitten wird, kehrt sich die Störung eindeutig um. Die Machtfrage ist eindeutig geklärt, denn sanktionierte Chefs stören zumeist weniger.

Aus einer systemtheoretischen Perspektive besteht die Macht eines Vorgesetzten demnach vor allem darin, den Handlungsspielraum anderer über Sanktionen beschneiden oder vergrößern zu können. Letztendlich geht es damit um die Möglichkeit, Rahmenbedingungen gestalten und vorgeben zu können, die der Verhaltenswahl eines Machtunterworfenen Sinn oder auch Nicht-Sinn geben. Üblicherweise werden dazu von Zeit zu Zeit Exempel statuiert, um nicht nur die möglichen Konsequenzen einer Nichtbefolgung aufzuzeigen, sondern auch um das Prinzip der *Freiwilligkeit* gesamtorganisatorisch möglichst lang aufrechtzuerhalten. Dies kann sogar so weit gehen, die Existenz eines anderen (bspw. durch Versetzung) zu beenden. Neben dem offiziellen Dienstweg entscheiden dabei informelle Kontakte und Netzwerke (bspw. zum Bundesamt für das Personalmanagement der Bundeswehr) über das Machtpotenzial des militärischen Vorgesetzten.

Macht von Vorgesetzten entsteht somit vor allem im zeitlichen Verlauf über Sanktionierung, das heißt, dass diese zur Untermauerung des eigenen Führungsanspruchs funktionalisiert wird. Geeignete Beispiele wären hierfür der drohende Entzug des Landgangs bei übermäßigem Alkoholkonsum oder das Untersagen des Heimschläfervorteils bei Nicht-Einhaltung des Dienstbeginns. Die Macht des Vorgesetzten bedingt also eine *freiwillige Hand-*

lung des Untergebenen, auch wenn grundsätzlich die Option bestehen würde, sich als autonomes und innengesteuertes Individuum ganz anders zu verhalten. Das Abwägen des *Preises*, der bei einer möglichen Nicht-Befolgung unter Umständen gezahlt werden muss, erfolgt hierbei höchst individuell (d. h. systemrational), wobei das durch das Umfeld beobachtbare Resultat oder auch Verhalten dem jeweiligen Kontext geschuldet ist. Eine Koordination individueller Wirklichkeitskonstruktionen (d. h. die Wahrnehmungen und das Handeln einzelner) gelingt demnach vor allem durch den Verweis auf eine *mögliche Zukunft* (in Form des Erreichens eines als positiv oder auch als negativ bewerteten Zustands). Hierbei gilt es zu berücksichtigen, dass ein positiver Zustand für den unterstellten Bereich vormals erlebbar gewesen sein muss, denn nur so ist eine vergleichende Betrachtung und Abwägung drohender Konsequenzen überhaupt erst möglich.

Es zeigt sich, dass die Ausübung von Macht eine notwendige Bedingung dafür ist, dass komplexe Organisationen überleben und sich weiterentwickeln. Als konstituierendes Merkmal generiert sie Verlässlichkeit und gewährleistet, dass sich eine große Anzahl an Akteuren koordiniert verhält. Hierarchisch verlässliche Strukturen werden allerdings erst entstehen, wenn eine Sanktion auch als Entscheidungsprämisse für spätere Entscheidungen in der Organisation fungiert. Dies wird aber erst dann der Fall sein, wenn diese durch andere beobachtbar ist und in der Folge Bestandteil der sozialen Kommunikation wird (also in die Erzählungen des jeweiligen Verbands Einzug erhält). Darüber hinaus müssen die handelnden Akteure mehrheitlich über die jeweilige Macht- bzw. Ohnmachtsposition (bspw. des Bataillonskommandeurs) übereinstimmen. So kann zum Beispiel ein einsatzgebeutelter Verband mit einem langjährig gewachsenen Unteroffizierchor nach einem Wechsel des Kommandeurs eine erstaunliche Eigendynamik entwickeln, wenn der „Neue" den Versuch unternimmt, seine (möglicherweise Karriere motivierten) Ziele einseitig durchzusetzen. Für den unmittelbar Betroffenen mag sich dies in der Aufsässigkeit des unterstellten Bereichs zeigen, für die handelnden Schlüsselakteure in der Nicht-Weitergabe von Informationen und Boykottierung von Entscheidungen. Auch in diesem Beispiel wäre die Machtfrage eindeutig geklärt (allerdings nicht zu Gunsten des Befehle gebenden Vorgesetzten).

Führung in selbstorganisierenden Systemen

Was bedeuten nun die aus Systemtheorie und Konstruktivismus gewonnenen Erkenntnisse für einen verantwortlich zeichnenden Vorgesetzten? Deutlich wird, dass es wenig Sinn macht, die Qualität individueller und sozialer Wirklichkeitskonstruktionen danach zu beurteilen, ob sie „richtig" oder „falsch" sind. Weitaus sinnvoller erscheint es, diese nach ihrer Passung zu den vor Ort beobachteten Phänomenen zu bewerten. Wie Führungskräfte folglich ihre Wirklichkeit konstruieren, ist ein wesentlicher und entscheidender Bestandteil ihres täglichen Führungsinstrumentariums. Entschieden wird damit nämlich darüber, wie mit einem unterstellten Bereich kommuniziert und nachfolgend das operative Tagesgeschäft organisiert wird. Welche Phänomene werden wahrgenommen und zum Bestandteil der Kommunikation gemacht? Welche Sachverhalte werden bewusst (oder unbewusst) aus der Kommunikation ausgespart und stellen ein Tabuthema dar? Welche Entscheidungen werden blockiert oder stoßen in der Gesamtorganisation auf massiven Widerstand? Sind es eher Defizite, Fehler und negative Abweichungen, die die Aufmerksamkeit erregen, oder vielmehr Dinge, die reibungslos funktionieren?

Für den Vorgesetzten lässt sich aus den derart beobachteten Phänomenen eine systemspezifische Handlungsstrategie ableiten, wobei Vergangenheit und Zukunft eine zentrale Rolle spielen. So ist es nämlich nicht ganz unerheblich, ob in der Organisation lediglich ein Status-quo erhalten werden soll oder ob es sich um die Generierung eines vollkommen neuen, noch nie dagewesenen Zustand handelt. Kann in erstem Fall auf bereits bewährtes Wissen zurückgegriffen werden, wird in zweitem die Organisation als Gesamtes oder in Teilbereichen einen kollektiven Lernprozess durchlaufen müssen. Routinisiert werden müssen hierbei Fehler vermeidende Rückkopplungsschleifen (z. B. Einengung von Handlungsspielräumen). Gleichzeitig gilt es, einem Wunschzustand zuträgliche Aktionen und Initiativen bewusst zu fördern. *Kommunikation* und *Beobachtung* erweisen sich auf diese Weise als Führungsmittel der Wahl, während ein standardisiertes Führungsinstrumentarium einer systemspezifischen Eigengesetzlichkeit kaum gerecht werden kann.

Definieren lässt sich nun der zu Beginn schuldig gebliebene Begriff der Führung. Dieser lässt sich vor dem Hintergrund der bisherigen Argumentation nicht auf die Charaktereigenschaften eines Vorgesetzten reduzieren, sondern steht für gelingende Kommunikations- und Interaktionsmuster in einer Organisation:

Führung ist ein Interaktions- und Kommunikationsmuster, bei dem einem der Beteiligten (oder einer Gruppe von Beteiligten) nicht nur formal die Verantwortung dafür zugeschrieben wird, was der oder die anderen bzw. alle zusammen tun, sondern dieses Tun auch maßgeblich von ihm/ihr beeinflusst wird.

In den Fokus rückt damit die Parallelisierung und Sequenzialisierung sozialer Prozesse. Das bedeutet, dass sich die Aufmerksamkeit einer Führungskraft von Funktionen und Rollen auf (Abstimmungs- und Verständigungs-)Prozesse verschieben sollte. Zur Verdeutlichung sei an dieser Stelle das Beispiel eines Fußballspiels erneut aufgegriffen. Jeweils elf autonome, nicht-triviale Systeme (d. h. Spieler) konstituieren die beiden Mannschaften. Wie das jeweils gegnerische Team spielt, lässt sich kaum detailliert prognostizieren, und auch das Verhalten der eigenen Mitspieler lässt sich nicht exakt voraussagen. Der Gewinn des Spiels hängt folglich davon ab, welcher Mannschaft es am ehesten gelingt, das Verhalten der Einzelspieler besser aufeinander abzustimmen und schneller zu koordinieren. Es gibt keine externe Direktive, die dem Einzelnen während des Spiels detailliert anordnet, was er wann wie zu tun hat. Jeder Spieler entscheidet autonom über sein Verhalten und bestimmt damit letztendlich darüber, welche Strukturen in Sekunden Bruchteilen auf- und auch wieder abgebaut werden. Dieses Phänomen sozialer Selbstorganisation kann funktionell, also der Situation angemessen, sein. Es kann aber genauso gut auch vollkommen unangebracht sein. Über den Verlauf der Situation bestimmen die Beobachtungs- und Verantwortungsbereiche der Spieler. Gleichzeitig bedarf es aber auch einer ungemein hohen Rollenflexibilität, denn mit bürokratischen Entscheidungswegen und „Freigabeorgien" wurde sicherlich noch kein Fußballspiel gewonnen. Es sind Sekunden, in denen eine für das Spiel notwendige Entscheidung getroffen werden muss und die letztendlich darüber entscheiden, ob eine bestehende Chance in einen Treffer (als übergeordnetes Ziel des Spiels) umgewandelt wird.

Für den Spielgewinn bedarf es folglich einer ungemein schnellen Kommunikation unter den Spielern. Diese wird aber erst möglich, wenn auf der Ebene individueller Wirklichkeitskonstruktionen ein hoher Übereinstimmungsgrad hinsichtlich des zu Grunde liegenden Interpretations- und Bezugsrahmen erreicht wurde. Je länger also die Spieler miteinander auf dem Platz standen, desto größer ist auch der gemeinsame Erfahrungshorizont.

Man weiß über die Stärken und Schwächen des anderen, kennt dessen Vorlieben und Neigungen und verfügt so über einen gemeinsamen Zeichensatz der Verständigung. Keineswegs bedeutet dies, dass die Gedanken des anderen transparent wären, aber durch das Vorhandensein gemeinsamer Erlebnissen kann von einem *Hier-und-jetzt* auf zukünftiges Verhalten geschlossen werden. Der einzelne erhält dadurch Gewissheit, dass seine Erwartungen zu einem hohen Prozentsatz erfüllt werden. Systemtheoretisch heißt dies, dass die Akteure für ihr effektives Zusammenwirken einen ko-evolutionären Prozess durchlaufen haben müssen, bei dem jeder eine relevante Umwelt des anderen bildet. Ein funktionierendes Kommunikationssystem wird vor allem dadurch erreicht, dass sich der einzelne soweit an den anderen anpasst, dass die Kommunikation nur noch geringer Signale bedarf, um ein gegenseitiges Verstehen zu gewährleisten.

Überträgt man das Bild einer erfolgreichen Fußballmannschaft auf einen Infanteriezug in Afghanistan, lassen sich einige Parallelen entdecken. Auch ein Zugführer kann im Feuergefecht nicht allein für sich die Kontrolle der Situation beanspruchen. Vielmehr ist er auf eine gelungene und schnelle Kommunikation der handelnden Akteure angewiesen, die die Interaktion und Koordination seiner Einheit sicherstellt. Letztendlich entscheidet eine rasche Selbstorganisation (im Zuge erlernter und einem Erfahrungshorizont geschuldeter Problemlösungsroutinen) über das Überleben des Zuges, gerade weil das Verhalten eines asymmetrisch kämpfenden Gegners wohl kaum als erwartbar bezeichnet werden kann. Möglich wird diese verzugslose Kommunikation allerdings erst dann, wenn die Einheit in der Vergangenheit eine Vielzahl kollektiver Erlebnisse hatte, gemeinsam ein Lernprozess durchlaufen werden konnte und auf diese Weise ein gegenseitiges Annähern möglich war.

Ein langjähriges Kennen und eine daraus resultierende verzugslose Kommunikation wird jedoch noch kein effizientes Zusammenwirken ermöglichen. Dies hängt vielmehr auch davon ab, wie sich eine Führungskraft über *Kommunikation* und *Beobachtung* in die hier aufgezeigten sozialen Selbstorganisationsprozesse einmischt. So gilt es nämlich nicht nur, die gegenseitige Beobachtung zu organisieren, sondern auch zu beurteilen, ob deren Resultat dazu beitragen, die Ziele der Organisation zu erreichen. Werden Erfolgsmöglichkeiten eröffnet, verschlossen oder womöglich sogar übersehen? Was ist der kleinste gemeinsame Nenner? Was ist der Sinn und Zweck der Gesamtorganisation?

Hilfreich erscheint es dabei, die Prozessverantwortung dort anzusiedeln, wo die Interaktion der Akteure direkt beobachtbar und damit auch veränderbar ist. Gerade in Hierarchien stellt dies einen ganz entscheidenden Erfolgsfaktor dar, da viele Führungskräfte viel zu weit entfernt vom Tagesgeschäft sind, um die Aufgabe des Prozessbeobachters und -koordinators zu übernehmen. Auch wenn geregelt sein muss, wer im Konfliktfall eine Entscheidung herbeiführt, kann diese Aufgabe durchaus auch auf mehrere Akteure übertragen werden. Dies macht überall dort Sinn, wo es einzelne Prozessschritte zu verzahnen gilt. Die Umweltkomplexität lässt sich dadurch weitaus besser abbilden, weil im nachfolgenden Entscheidungsprozess verschiedenste Perspektiven Berücksichtigung finden können. Wohingegen der einzelne zu einer fahrlässigen Vereinfachung tendieren würde, erhält auf diese Weise eine Vielzahl an divergierenden Interessen, Ambivalenzen und Meinungsdifferenzen Eingang in die Kommunikation, mit denen eine Organisation(-seinheit) zumeist konfrontiert ist. Konflikte entwickeln sich so zu einer wertvollen, organisationalen Ressource, die nicht nur eine Komplexitätsreduktion einzelner verhindert, sondern letztendlich auch zu tragfähigeren Lösungen führt. Bedauerlicherweise ist die dazu erforderliche Konfliktfähigkeit militärischer Vorgesetzter zumeist gering ausgeprägt. Dies kann aber nicht nur auf den Einzelnen zurückgeführt werden, sondern ist vielmehr auch auf der militärischen Sozialisation im Sinne rationalitätsgetriebener Lösungen und rascher Antwortfähigkeit geschuldet.

Führung durch Geschichten

Sanktionen (als mögliches Machtmittel zur Durchsetzung des eigenen Führungsanspruchs) sind vor allem dazu geeignet, um den Spielraum autonom agierender Akteure zu erweitern oder zu begrenzen. Ihr Nutzen stößt jedoch irgendwann an natürlich Grenzen und zwar immer dann, wenn es um die Erfindung und Vorgabe potenzieller sinngebender Zukünfte geht. So hängt gelingende Führung in einem ganz entscheidenden Maß von Kommunikationsstrategien ab, wie sie bspw. Howard Gardner in seinem Buch *Leading Minds: An Anatomy of Leaderhip* (u.a. von George C. Marshall, Martin Luther King, Margaret Thatcher, etc.) untersucht.

Gardner kommt zu dem Ergebnis, dass Führungspersönlichkeiten vor allem erfolgreiche Geschichtenerzähler (*storyteller*) sind. Geschichten ermöglichen es Menschen, sich darin wiederzufinden und einzuordnen. Im

Gegensatz zu bloßen Handlungsanweisungen erzeugen sie ein Spannungsfeld zwischen Gut und Böse, Freunden und Feinden sowie erstrebenswerten Zielen und verwerflichen Zukünften. Über die Beschreibung einer als negativ erlebten Vergangenheit oder Gegenwart und das Aufzeigen einer potenziellen Zukunft wird den Zuhörern ein Zugehörigkeitsgefühl zu einer übergeordneten Einheit vermittelt. Gleichzeitig ermöglichen es Geschichten, Handlungszusammenhänge über einen längeren Zeitraum sinnstiftend zu interpretieren.

Etliche Beispiele belegen, dass sich soziales Verhalten über Geschichten beeinflussen lässt. So sprach beispielsweise George W. Bush von der *„Axis of Evil"*, womit er nicht nur einen Großteil der amerikanischen Öffentlichkeit hinter sich brachte, sondern auch seine Entscheidungen für eine militärische Intervention im Irak und in Afghanistan begründete. Zahlreiche militärische Vorgesetzte nutzten folgendes Gedankenkonstrukt (das für Nicht-Systemangehörigen irritierend wirken mag) dazu, ihre Einheiten zu motivieren:

„Make no mistake. We are experts in the application of violence. We are attacking disease control the population from the taliban. The people are our objective. Our predecessors are watching us. The world will remember what you do here this summer. Forty or fifty years from now you sit around with your grand-children, they gonna ask you what you did in the summer of decision in Afghanistan. I pick you precisely to be the company to go further south. And remember, your measure is not found how much time you have on this earth, but what you do with the time what you have. Echo company is gonna change history, starting early tomorrow morning."

Ansprache eines US-Offiziers vor einer Großoffensive in Helmand (RC South, ISAF) im Juli 2009 vor den versammelten militärischen Einheiten (Frontline: Obama´s War 2009).

Auch militärische Führer können ihrem unterstellten Bereich ein Gefühl vermitteln, Bestandteil einer bestimmten Geschichte zu sein (auch wenn dies aufgrund der Eigenlogik bewaffneter Konflikten sicherlich nicht ganz unproblematisch ist). Dabei sollten sie allerdings aufpassen, welche Art von Geschichten erzählt wird und inwieweit diese in sich schlüssig sind. Welche Rolle spielt der Vorgesetzte selbst darin, welche der Einzelakteur, welche das relevante Umfeld? Sind die erzählten und vorgelebten Geschichten wirklich konsistent? Handelt es sich um Tragödien oder Komödien, in denen es sich lohnt, mitzuspielen? Gerade militärische Vorgesetzte gewinnen oder verlieren ihre Autorität fast immer als Autoren von Geschichten – und zwar immer dann, wenn erlebte Einsatzrealität und erzählte Geschichte aufeinandertreffen. Die in der Vergangenheit zu beobachtende Diskussion über die Sinnhaftigkeit des Afghanistan-Einsatzes, die Suche nach Gründen für das Sterben von Kameraden am Hindukusch und den Umgang mit Hinterbliebenen als Gesamtorganisation zeugen genau von diesem Umstand. Wie äußerte sich erst unlängst ein Hauptfeldwebel nach seinem dritten ISAF-Einsatz als Sicherungszugführer gegenüber dem Autor: „Ich bin über die Jahre deutlich reifer und selbstbewusster geworden. Von Vorgesetzten, die ohne Kenntnis der Einsatzrealität meinen, das Rad neu zu erfinden zu müssen, lasse ich mir heute nichts mehr sagen. Die Entscheidungen vor Ort muss letztendlich ich treffen und verantworten!"

Kommentierte Literaturliste

Foerster, H. von 2003: Understanding Understanding. Essays on Cybernetics and Cognition. New York, Berlin, Heidelberg: Springer Verlag.

Heinz von Foerster´s Kompendium ist eine umfassende Zusammenstellung ausgewählter Artikel über Kybernetik und Wahrnehmung. Es vermittelt einen fundierten Überblick über erkenntnistheoretische Grundlagen und setzt sich intensiv mit unserem Zugang zur Wirklichkeit auseinander. Es werden unter anderem die fundamentalen Prinzipien selbstorganisierender Systeme beleuchtet und die Selbstreferenzialität kommunikativer Prozesse erläutert.

Foerster, H. von/Pörksen, B. 2004: Wahrheit ist die Erfindung eines Lügners. Gespräche für Skeptiker. 6. Aufl., Heidelberg: Carl Auer Verlag.

Heinz von Foerster und Bernhard Pörksen diskutieren die Grenzen unseres Erkenntnisvermögens und die scheinbare Objektivität unserer Sinneswahrnehmung. Zentral ist hierbei das Konstrukt der trivialen und nicht-trivialen Maschine, welches eingehend und verständlich erläutert wird. Abgeleitet werden darüber hinaus die Möglichkeiten und Grenzen der direktiven Einflussnahme von Führung und Management in selbstorganisierenden, selbstreferenziellen Systemen.

Gardner, H. 1995: Leading Minds: An Anatomy of Leadership. New York: Basic Books.

Umfassend setzt sich Howard Gardner in seinem Buch mit den Prinzipien erfolgreicher Führung auseinander. Anhand ausgewählter Führungspersönlichkeiten verdeutlicht er, wie sich diese Geschichten (zum Aufzeigen einer potenziellen Zukunft) zu Nutze machen, um die Gefolgschaft zu erzielen. Neben J. Robert Oppenheimer und George C. Marshall finden Martin Luther King, Margaret Thatcher und Mahatma Gandhi gleichermaßen Berücksichtigung.

Hetherington, T./ Junger, S. 2010: Restrepo: Die blutige Wahrheit des Krieges. Paris: Studiocanal.

Restrepo ist ein amerikanischer Dokumentarfilm, der eine Einheit der 173. US-Luftlandebrigade über zwölf Monate im abgelegenen Korengal-Tal (nahe der afghanischen Grenze zu Pakistan) begleitet. Gezeigt wird der überwiegend durch Feuergefechte geprägte Alltag der Truppe. Es kommen weder Politiker noch hochrangige Offiziere zu Wort. Der Zuschauer erfährt nur, was die Soldaten in diesem Jahr erleben und wie sie mit den Erlebnissen nach ihrer Rückkehr zurechtkommen

Hüther, G. 2007: Bedienungsanleitung für ein menschliches Gehirn. 7. Aufl., Göttingen: Vandenhock&Ruprecht.

Auf Basis der jüngsten Erkenntnisse der modernen Gehirnforschung setzt sich der Neurobiologe Gerald Hüther mit den charakteristischen Eigenarten und der Strukturierung des menschlichen Gehirns auseinander. In einer leicht lesbaren, bildreichen Sprache verdeutlicht er, weshalb menschliche Individuen stets mehr innen- als außengesteuert sind. Anschaulich erklärt er, wie durch Erfahrungen Erwartungen bestimmt und Aufmerksamkeiten gelenkt werden. Gleichzeitig zeigt er aber auch, dass das Gehirn zeitlebens durch eine sinnvolle Nutzung veränderbar und anpassungsfähig bleibt.

Luhmann, N. 2003: Macht. 3. Aufl., Stuttgart: Lucius und Lucius.

Auf Basis der soziologischen Systemtheorie untersucht Niklas Luhmann den Begriff der Macht. Er behandelt diese als symbolisch generalisiertes Medium der Kommunikation, welches dazu genutzt wird, den Selektionsspielraum anderer wirksam zu beschneiden. Damit widerspricht er einem weit verbreiteten, kausalen Ursache-Wirkungsprinzip. Vielmehr zeigt sich für Luhmann Macht in der Möglichkeit der Gestaltung und Vorgabe äußerer Rahmenbedingungen, die der Verhaltenswahl eines Machtunterworfenen Sinn oder auch Nicht-Sinn geben. Neben den Risiken der Macht analysiert er auch deren gesellschaftliche Relevanz sowie organisierte Formen.

Luhmann, N. 2006: Organisation und Entscheidung. 2. Aufl., Wiesbaden: VS Verlag.

Niklas Luhmann reflektiert im Zuge seiner Ausführungen über die Beständigkeit von Organisationen. Für den Leser liefert er damit ein Grundlagenwerk (in Form einer soziologischen Organisationstheorie), das sich mit den charakteristischen Eigenarten und Spielregeln hochkomplexer, autopoietischer Systeme auseinandersetzt. Für Luhmann sind es Entscheidungen und Entscheidungsprämissen, mit denen es einer Organisation gelingt, Unsicherheit zu absorbieren und sich durch operationelle Schließung immer wieder selbst zu reproduzieren. Letztere differenziert er nach Entscheidungsprogrammen, Personal und Kommunikationswegen, die Kompetenzen (Arbeitsteilung) in Entscheidungszusammenhänge umsetzen.

Maturana, H./Varela, F. 1980: Autopoiesis and cognition. The realization of living. Dodrecht, London: Reidel.

Die Neurobiologen Maturana und Varela gehen der zentralen Frage nach, was ein lebendes System zu einem lebenden System macht. Im Zuge ihrer Argumentation erklären sie die biologischen Grundlagen des Erkennens und kommen zu dem Ergebnis, dass eine von uns unabhängige, objektive Außenwelt nicht erkannt werden kann. Vielmehr begreifen sie Realitäten als subjektive Konstrukte eines in sich geschlossenen, lebenden Systems, dessen Erkenntnis durch fortwährende Beobachtung zu keinem wirklichen Ende kommt. Ihre Ausführungen untermauern den im vorliegenden Artikel postulierten Mangel an vollständiger, objektiver Information.

Simon, F. B. 2004: Tödliche Konflikte. Zur Selbstorganisation privater und öffentlicher Kriege. 2., korrigierte und erweiterte Aufl., Heidelberg: Carl Auer Verlag.

Aus einer systemtheoretischen Perspektive analysiert der Psychoanalytiker und Organisationsberater Fritz B. Simon die Entstehungsbedingungen öffentlicher und privater Kriegen. Er kommt zu dem Fazit, dass diese keineswegs nur auf wirtschaftliche oder triebhafte Interessen zurückgeführt werden können, sondern sich vielmehr auf scheinbar antiquierte Werte wie Ehre, Stolz und Status begründen. Berücksichtigung finden Beispiele wie das Attentat auf das World Trade Center oder der Irak-Krieg, an denen die Eigenlogik bewaffneter Konflikte eindrucksvoll veranschaulicht wird.

Simon, F. B. 2006: Gemeinsam sind wir blöd? Die Intelligenz von Unternehmen, Managern und Märkten. 2. Aufl., Heidelberg: Carl Auer Verlag.

Mit viel Humor setzt sich Fritz B. Simon mit intelligenten Kommunikations- und Entscheidungsstrukturen in Organisationen und Unternehmen auseinander. Durch die geschickte Einbindung von praktischen Beispielen sowie einen leicht nachvollziehbaren Schreibstil veranschaulicht er dem Leser so fast schon spielerisch die Grundzüge der soziologischen Systemtheorie. Dabei beleuchtet er neben den Themenfeldern von Führung und Management auch die Bereiche der Strategie und des Veränderungsmanagements. Ein eigenständiger Abschnitt stellt das Denken in Geschichten dar (als effizientes Führungsmittel zur Generierung einer sinngebenden, potenziellen Zukunft).

Simon, F. B. 2009: Einführung in die systemische Organisationstheorie. 2. Aufl., Heidelberg: Carl Auer Verlag.

Auf Basis von Konstruktivismus und Systemtheorie vermittelt Fritz B. Simon dem Leser ein Grundverständnis für die Funktionslogik von Organisationen. Dabei richtet er den Fokus auf die Wechselbeziehungen zwischen den Mitgliedern einer Organisation und der Organisation als soziale Einheit. Neben dem Begriff der Macht setzt er sich intensiver mit der Organisationskultur sowie mit den Grenzen eines zielgerichteten organisationalen Wandels auseinander.

Simon, F. B. 2011: Einführung in Systemtheorie und Konstruktivismus. 5. Aufl., Heidelberg: Carl Auer Verlag.

Fritz B. Simon setzt sich in dieser Einführung mit den unterschiedlichen Theoriensträngen zu Systemtheorie und Konstruktivismus auseinander. Das Spektrum reicht hierbei von den ersten Anfängen über die Chaos- und Komplexitätstheorie bis hin zur Theorie autopoietischer (d. h. selbstorganisierender) Systeme sowie zur neueren soziologischen Systemtheorie. Der Leser erhält auf diese Weise eine umfassende theoretische Basis für das Handeln in nicht berechenbaren Umwelten.

Smith, M. 2009: Frontline: Obama´s war. Online in Internet: URL: http://www.pbs.org/ wgbh/pages/frontline/obamaswar/.

Obama´s War ist ein amerikanischer Dokumentarfilm, der sich mit der Counterinsurgency-Strategie in Afghanistan und Pakistanz beschäftigt. Er begleitet amerikanische Einheiten während ihrer Mission, gleichzeitig werden politische Rahmenbedingungen und landestypische Hintergründe beleuchtet. Unter anderem werden die Gefechte in Helmand gezeigt.

Watzlawick, P./Beavin, J./Jackson, D. 2011: Menschliche Kommunikation: Formen, Störungen, Paradoxien. 12., unveränderte Aufl., Bern: Verlag Hans Huber.

Dieses Standardwerk der Kommunikationswissenschaft formuliert Denkmodelle und veranschaulicht Sachverhalte. Es verdeutlicht, wie zwischenmenschliche Kommunikation funktioniert – und zeigt, welche Folgen es hat, wenn sie gestört ist. Beleuchtet werden dabei unterschiedliche Aspekte und Ebenen der Kommunikation. Gleichzeitig nimmt dieses Buch Abschied von einem linear-kausalen Sender-Empfänger-Modell und unterstreicht damit den nicht-trivialen Maschinengedanken von Foerster´s.

Verzeichnis der AutorInnen

Christian von Blumröder, Oberstleutnant, Dipl.-Kaufmann., Niederländische Generalstabsausbildung, Personalstabsoffizier im Einsatzführungskommando der Bundeswehr in Potsdam. Führungserfahrung als Kompaniechef, Stellvertretender Bataillonskommandeur und von 2010-2012 als Kommandeur Fallschirmjägerbataillon 313, dabei von August 2010-Januar 2011 Kommandeur Ausbildungs- und Schutzbataillon Kunduz.

Angelika Dörfler-Dierken, Wissenschaftliche Direktorin, Professorin für Ev. Theologie. Hat in Göttingen, Heidelberg, Rom und Chicago Theologie und Sozialwissenschaften studiert. Sie leitet gegenwärtig den Forschungsschwerpunkt Innere Führung, Ethik, Militärseelsorge am Zentrum für Militärgeschichte und Sozialwissenschaften der Bundeswehr in Potsdam. Ihre Forschungs- und Arbeitsschwerpunkte sind Bundeswehr und Gesellschaft, Militärische Organisationskultur sowie Geschichte und Umsetzung der Inneren Führung.

Thomas Haupt, Hauptmann a.D., Dipl.-Kaufmann., Dr. rer pol. Hat an der Universität der Bundeswehr München studiert und an der Universität Bayreuth promoviert - jeweils mit gesundheitsökonomischem Schwerpunkt. An seine 12-jährige Offizierslaufbahn bei der Bundeswehr schlossen sich Tätigkeiten im Controlling von Unternehmen des Gesundheitswesens und der Luftfahrt an. Derzeit tätig als kaufmännischer Leiter der Augenklinik Dardenne SE und Geschäftsführer der Tochtergesellschaften dieser Klinik.

Arjan Kozica, Hauptmann, Dipl.-Kaufmann, Dr. rer pol. Hat an der Universität der Bundeswehr München studiert und promoviert. Derzeit tätig im Fachbereich Militärische Führung und Organisation der Führungsakademie der Bundeswehr sowie als assoziierter Forscher an der Universität der Bundeswehr München. Seine Lehr- und Forschungsschwerpunkte liegen im Bereich Change-Management, Organisationstheorie und Führung.

Rafaela Kraus, Prof. Dr., Dipl.-Kauffrau, lehrt seit 2006 Personalmanagement an der Fakultät für Betriebswirtschaft der Universität der Bundeswehr München. Nach dem Studium der Betriebswirtschaftslehre an der Ludwig-Maximilians-Universität in München hat sie nationale und internationale Unternehmen und Organisationen in den Bereichen Human Resources Management, Change Management sowie Organisations- und Personalentwicklung beraten.

Simon Kraus, Major d. Res., Dr. rer. pol., studierte Wirtschafts- und Organisationswissenschaften an der Universität der Bundeswehr München und promovierte am Lehrstuhl für Internationales Management. Als qualifizierter systemischer Organisationsentwickler arbeitet er heute in der Managementberatung (u. a. für die Audi AG in Ingolstadt). Zu seinen Beratungsschwerpunkten zählen die Bereiche Unternehmensstrategie, Change- und Prozess-Management sowie Führung. Als ehemaliger Gebirgsjägeroffizier und ausgebildeter Heeresbergführer ist er mit gruppendynamischen Prozessen hinreichend vertraut und ist sich den Grenzen von Führung bewusst.

Diethelm Krull, Dr. phil., Klassischer Archäologe und Publizist/Kommunikationswissenschaftler, hat in Bochum, Mainz und Rom studiert und 1983 in Bochum promoviert. Nach ein paar Jahren wissenschaftlicher Tätigkeit, vor allem in Mittelmeerländern und im Nahen Osten, verbrachte er bald zwei Jahrzehnte in Führungspositionen im Management internationaler Buchverlage. Seit einigen Jahren nun arbeitet er als Berater für Führungskräfte und Unternehmen, ebenso zu Themen wie Führungskraftentwicklung wie vor allem Kommunikation, heute als Freiberufler (krull.dialog@t-online.de).

Thomas Peisl, Professor für Unternehmensführung an der Hochschule München, Dr. rer.pol., MBA. Dozent an der Führungsakademie der Bundeswehr im Fachbereich Militärische Führung und Organisation, Oberstleutnant d. R. Aktuelle Forschungsschwerpunkte liegen in den Bereichen Innovationsmanagement, Entrepreneurship und Gründungsmanagement. Professor Peisl ist u.a. Gastprofessor an der Edinburgh Napier University und an der University of South Wales.

Kai Prüter, Oberstleutnant i.G. und Diplom-Kaufmann. Nach verschiedenen Führungs-/Stabsverwendungen seit April 2012 an der Führungsakademie der Bundeswehr im Fachbereich Militärische Führung und Organisation als Leitdozent für Führungsgrundlagen eingesetzt.

Die aktuellen Schwerpunkte in der Dozentur liegen im Bereich der Inneren Führung und der Führungskultur.

Martin Rost, Dr. phil., Dipl-Kauffmann, hat an der Ludwigs-Maximilians-Universität München Betriebswirtschaftslehre studiert und in Arbeits- und Organisationspsychologie bei Prof. Dr. Dr. Lutz von Rosenstiel promoviert. Derzeit arbeitet er als Assistant Professor für Personal und Organisation an der Privatuniversität Schloss Seeburg (Salzburg/Österreich) und ist wissenschaftlicher Mitarbeiter an der Universität der Bundeswehr München. Seine Lehr- und Forschungsschwerpunkte sind strategisches Kompetenzmanagement, Führung, Human Resource Management und Evaluation. Neben seinen Tätigkeiten an Hochschulen berät er Unternehmen und öffentliche Einrichtungen zu den Themen Kompetenzmanagement, Change Management und Evaluation.

Sonja A. Sackmann, Ph.D. Management, Dipl.-Psychologin. Sie hat den Lehrstuhl für Arbeits- und Organisationspsychologie an der Fakultät für Wirtschafts- und Organisationswissenschaften der Universität der Bundeswehr München, ist im Vorstand des Instituts Entwicklung zukunftsfähiger Organisationen sowie des Forschungszentrums für Strategie, Führung, Unternehmenskultur und Personalmanagement und Gastprofessorin in St. Gallen. Ihren Ph.D. in Management hat sie an der Graduate School of Management der University of California Los Angeles erworben und ihren Diplom in Psychologie von der Ruprecht-Karls Universität Heidelberg.

René Schulz, Hauptmann, Dipl.-Betriebswirt, ist derzeitig als Kompaniechef im Eurokorps in Straßburg tätig und hat an der Universität der Bundeswehr München Betriebswirtschaftslehre studiert. Seine Studienschwerpunkte lagen in den Bereichen Arbeitsrecht und Personalmanagement.

Jörg Voigt, Oberstleutnant, hat in seiner Offizierlaufbahn umfangreiche Kenntnisse und Praxiserfahrungen zum Thema "Führung" in verschiedensten Führungs-, Stabs-, Einsatz- und Lehrverwendungen im nationalen und multinationalen Rahmen erworben. Er ist seit Anfang 2010 als Dozent für Führungsverfahren und Managementmethoden im Fachbereich Militärische Führung und Organisation der Führungsakademie der Bundeswehr tätig. Die aktuellen Schwerpunkte seiner Dozentur liegen im Bereich Change-Management, Komplexitätsmanagement und Strategische Kommunikation.

Christian Warneke, Prof. Dr. phil., Diplom-Psychologe. Studium der Psychologie und Sportwissenschaften an den Universitäten Hamburg und Lissabon. Promotion an der Universität Hamburg. Professur für Wirtschaftspsychologie und Dekan des Studiengangs "BWL und Wirtschaftspsychologie (B.A.)" an der Europäischen Fernhochschule Hamburg (Euro-FH). Seine Lehr- und Forschungsschwerpunkte liegen im Bereich Persönlichkeitsdiagnostik und Personalauswahl.

Hannes Wendroth, Oberst und Diplom-Pädagoge. Bis April 2013 Leiter des Fachbereichs Militärische Führung und Organisation an der Führungsakademie der Bundeswehr in Hamburg. Seitdem Kommandeur des Landeskommandos Schleswig-Holstein.

Christian Wildhagen, Korvettenkapitän d. R., Dipl.-Staatswissenschaftler Univ. & Master of Science (MSc), Promotion zum Dr. rer. pol. (Universität der Bundeswehr München, Institut für Politikwissenschaft) - Disputation im IV. Q. 2014, 14 Jahre Marineoffizier, 5 Jahre Finanzbranche in verantwortlicher strategischer Sales-Management-Position, Gastdozent an der Führungsakademie der Bundeswehr in Hamburg.

Carola Hartmann Miles-Verlag

Politik, Gesellschaft, Militär

Rüdiger Schönrade, *General Joachim von Stülpnagel und die Politik,* Berlin 2007.

Uwe Hartmann, *Innere Führung. Erfolge und Defizite der Führungsphilosophie für die Bundeswehr,* Berlin 2007.

Dietrich Ungerer, *Militärische Lagen. Analysen – Bedrohungen – Herausforderungen,* Berlin 2007.

Klaus M. Brust, *Söldner – Ausverkauf der Exekutive,* Berlin 2007.

Ingo Werners, *Fahren, Funken, Feuern. Hinweise für die Einsatzvorbereitung,* Berlin 2010.

Peter Heinze, *Bundeswehr „erobert" Deutschlands Osten,* Berlin 2010.

Reinhard Schneider, *Neuste Nachrichten aus unseren Kolonien. Pressemeldungen von den Aufständen in Deutsch-Ostafrika und Deutsch-Südwestafrika 1905-1906,* Berlin 2010.

Dieter E. Kilian, *Politik und Militär in Deutschland. Die Bundespräsidenten und Bundeskanzler und ihre Beziehung zu Soldatentum und Bundeswehr,* Berlin 2011.

Hans Joachim Reeb, *Sicherheitskultur als kommunikative und pädagogische Herausforderung – Der Umgang in Politik, Medien und Gesellschaft, Berlin 2011.*

Reiner Pommerin (ed.), *Clausewitz goes global. Carl von Clausewitz in the 21st Century, Berlin 2011.*

Hans-Christian Beck, Christian Singer (Hrsg.), *Entscheiden – Führen – Verantworten. Soldatsein im 21. Jahrhundert,* Berlin 2011.

Dieter E. Kilian, *Adenauers vergessener Retter – Major Fritz Schliebusch,* Berlin 2011.

Ingo Pfeiffer, *Gegner wider Willen. Konfrontation von Volksmarine und Bundesmarine auf See,* Berlin 2012.

Eberhard Birk, Heiner Möllers, Wolfgang Schmidt (Hrsg.), *Die Luftwaffe zwischen Politik und Technik. Schriften zur Geschichte der Deutschen Luftwaffe, Bd. 2,,* Berlin 2012.

Eberhard Birk, Winfried Heinemann, Sven Lange (Hrsg.), *Tradition für die Bundeswehr. Neue Aspekte einer alten Debatte,* Berlin 2012.

Holger Müller, *Clausewitz' Verständnis von Strategie im Spiegel der Spieltheorie,* Berlin 2012.

Dieter E. Kilian, *Kai-Uwe von Hassel und seine Familie. Zwischen Ostsee und Ostafrika. Militär-biographisches Mosaik,* Berlin 2013.

Angelika Dörfler-Dierken, *Führung in der Bundeswehr,* Berlin 2013.

Peter Heinze, *Berliner Militärgeschichten,* Berlin 2013.

Cornelia Fedtke, Kai-Uwe Hellmann, Jan Hörmann, *Migration und Militär. Zur Integration deutscher Soldaten mit Migrationshintergrund in der Bundeswehr,* Berlin 2013.

Torsten Konopka, *Afrikanische Wehrsysteme und ihre Entwicklung zwischen 1990/91 und 2011,* Berlin 2014.

Ingo Pfeiffer, *Seestreitkräfte der DDR,* Berlin 2014.

Wolf Graf von Baudissin, *Grundwert Frieden in Politik – Strategie – Führung von Streitkräften,* hrsg. von Claus von Rosen, Berlin 2014.

Wolf Graf von Baudissin, *Der Widerstand. „… um nie wieder in die auswegslose Lage zu geraten…",* hrsg. von Claus von Rosen, Berlin 2014.

Marcel Bohnert, Lukas J. Reitstetter (Hrsg.), *Armee im Aufbruch. Zur Gedaneknwelt junger Offiziere in den Kampftruppen der Bundeswehr,* Berlin 2014.

Reihe: Jahrbuch Innere Führung

Uwe Hartmann, Claus von Rosen, Christian Walther (Hrsg.), *Jahrbuch Innere Führung 2009. Die Rückkehr des Soldatischen,* Eschede 2009.

Helmut R. Hammerich, Uwe Hartmann, Claus von Rosen (Hrsg.), *Jahrbuch Innere Führung 2010. Die Grenzen des Militärischen,* Berlin 2010.

Uwe Hartmann, Claus von Rosen, Christian Walther (Hrsg.), *Jahrbuch Innere Führung 2011. Ethik als geistige Rüstung für Soldaten,* Berlin 2011.

Uwe Hartmann, Claus von Rosen, Christian Walther (Hrsg.), *Jahrbuch Innere Führung 2012. Der Soldatenberuf zwischen gesellschaftlicher Integration und suis generis-Ansprüchen,* Berlin 2012.

Uwe Hartmann, Claus von Rosen (Hrsg.), *Jahrbuch Innere Führung 2013. Wissenschaften und ihre Relevanz für die Bundeswehr als Armee im Einsatz,* Berlin 2013.

Uwe Hartmann, Claus von Rosen (Hrsg.), *Jahrbuch Innere Führung 2014. Drohnen, Roboter und Cyborgs – Der Soldat im Angesicht neuer Militärtechnologien,* Berlin 2014.

Einsatzerfahrungen

Kay Kuhlen, *Um des lieben Friedens willen. Als Peacekeeper im Kosovo,* Eschede 2009.

Sascha Brinkmann, Joachim Hoppe (Hrsg.), *Generation Einsatz, Fallschirmjäger berichten ihre Erfahrungen aus Afghanistan,* Berlin 2010.

Artur Schwitalla, *Afghanistan, jetzt weiß ich erst… Gedanken aus meiner Zeit als Kommandeur des Provincial Reconstruction Team FEYZABAD,* Berlin 2010.

Heinz Dietrich Minkewitz, *Aus dem Tagebuch eines Nachrichtensoldaten,* Berlin 2014.

Erinnerungen

Blue Braun, *Erinnerungen an die Marine 1956-1996,* Berlin 2012.

Harald Volkmar Schlieder, *Kommando zurück!,* Berlin 2012.

Harald Volkmar Schlieder, *Opa Willy. 1891 Dresden – 1958 Miltenberg. Von einem, der aufsteigen wollte. Eine sächsisch-deutsche Lebensgeschichte in Frieden und Krieg,* Berlin 2012.

Harald Volkmar Schlieder, *Mein Vater – Musiker und Offizier. 1918 Dresden – 1998 Miltenberg,* Berlin 2013.

Reinhart Lunderstädt, *Aus dem Leben eines Hochschullehrers. Persönlicher Bericht,* Berlin 2012.

Wulf Beeck, *Mit Überschall durch den Kalten Krieg. Mein Leben für die Marine,* Berlin 2013.

Jan Becker, *Aufgewühltes Wasser,* 3 Bde., Berlin 2014.

Heinz Dietrich Minkewitz, *An einem Sonnabend im Oktober,* Berlin 2014.

Monterey Studies

Uwe Hartmann, *Carl von Clausewitz and the Making of Modern Strategy,* Potsdam 2002.

Zeljko Cepanec, *Croatia and NATO. The Stony Road to Membership,* Potsdam 2002.

Ekkehard Stemmer, *Demography and European Armed Forces,* Berlin 2006.

Sven Lange, *Revolt against the West. A Comparison of the Current War on Terror with the Boxer Rebellion in 1900-01,* Berlin 2007.

Klaus M. Brust, *Culture and the Transformation of the Bundeswehr,* Berlin 2007.

Donald Abenheim, *Soldier and Politics Transformed,* Berlin 2007.

Michael Stolzke, *The Conflict Aftermath. A Chance for Democracy: Norm Diffusion in Post-Conflict Peace Building,* Berlin 2007.

Frank Reimers, *Security Culture in Times of War. How did the Balkan War affect the Security Cultures in Germany and the United States?,* Berlin 2007.

Michael G. Lux, *Innere Führung – A Superior Concept of Leadership?,* Berlin 2009.

Marc A. Walther, *HAMAS between Violence and Pragmatism,* Berlin 2010.

Frank Hagemann, *Strategy Making in the European Union,* Berlin 2010.

Ralf Hammerstein, *Deliberalization in Jordan: the Roles of Islamists and U.S.-EU Assistance in stalled Democratization,* Berlin 2011.

Ingo Wittmann, *Auftragstaktik,* Berlin 2012.

Uwe Hartmann, *War without Fighting? The Reintegration of Former Combatants in Afghanistan seen through the Lens of Strategic Thought,* Berlin 2014.

Neue Reihe: Standpunkte und Orientierungen

Daniel Giese, *Militärische Führung im Internetzeitalter – Die Bedeutung von Strategischer Kommunikation und Social Media für Entscheidungsprozesse, Organisationsstrukturen und Führerausbildung in der Bundeswehr,* Berlin 2014.

www.miles-verlag.jimdo.com

Uwe Hartmann / Claus von Rosen (Hrsg.)

Jahrbuch
Innere Führung 2014

Drohnen, Roboter und Cyborgs – Der Soldat im
Angesicht neuer Militärtechnologien

Miles-Verlag

Uwe Hartmann / Claus von Rosen (Hrsg.): Jahrbuch Innere Führung 2014. Drohnen, Roboter und Cyborgs - Der Soldat im Angesicht neuer Militärtechnologien

Berlin 2014, ISBN 978-3-937885-61-2, 368 Seiten, Taschenbuch, 24,80 Euro

Dreißig Jahre nach den Diskussionen und Demonstrationen über die NATO-Nachrüstung mit Pershing II und Cruise Missiles debattiert Deutschland erneut über neue Militärtechnologien. Im Mittelpunkt steht die Ausrüstung der Bundeswehr mit waffenfähigen Drohnen. Vordergründig geht es um eine Militärtechnologie, die von den US-amerikanischen Streitkräften in großen Stückzahlen beschafft und bereits in diversen Kriegs- und Krisengebieten eingesetzt wurde. Im Hintergrund schlummern jedoch grundsätzliche sicherheitspolitische Fragen, deren Beantwortung den Deutschen nicht leicht fällt. Es geht um die Rolle ihres Landes in der Welt, um die Legitimität militärischer Gewaltanwendung, um die Rechtmäßigkeit des Einsatzes bestimmter Waffen, um Änderungen in Strategie, Operation und Taktik und auch darum, welche Aufgaben den Soldaten und Soldatinnen der Bundeswehr zugemutet werden dürfen.

Die Autoren des Jahrbuchs Innere Führung 2014 analysieren die vielfältigen Fragestellungen, die sich bei Entwicklung, Einführung und Einsatz neuer Militärtechnologien aufdrängen. Darüber hinaus gehen sie auf aktuelle Herausforderungen der Führungsphilosophie der Bundeswehr ein.

Mit Beiträgen von

Dirck Ackermann, Said AlDailami, Klaus Beck, Jochen Bohn, Marcel Bohnert, Peter Buchner, Murf Clark, Angelika Dörfler-Dierken, Stephen J. Gerras, Uwe Hartmann, Kristin Haase, Kai-Uwe Hellmann, Jana Hertwig, Joachim Hoppe, Gerhard Kümmel, Götz Neuneck, Hans-Joachim Reeb, Claus von Rosen, Dierk Spreen, Uwe Ulrich, Annika Vergin, Jens Warburg und Jörg Wellbrink.